Kochen für Dummies
Schummelseite

UMRECHNUNGSTABELLEN

Flüssigkeiten

1 Liter (l) = 1 000 Milliliter (ml)

1 Deziliter (dl) = 100 ml

1 Zentiliter (cl) = 10 ml

1 Esslöffel (EL) = 15 ml

1 Teelöffel (TL) = 5 ml

Trockene Zutaten

1 Kilogramm (kg) = 1 000 Gramm (g)

1 Pfund = 500 g

1 Messerspitze (Msp.) = Menge auf der Spitze eines Besteckmessers

1 Prise = Menge, die man zwischen Daumen und Zeigefinger fassen kann

Lebensmittel

1 mittelgroße Zitrone = etwa 3 Esslöffel Zitronensaft oder 2 bis 3 Teelöffel geriebene Schale

1 kg Äpfel = etwa 6 Äpfel

1 Tasse ungekochter Reis = 3 Tassen gekochter Reis

Weitere Tabellen finden Sie in Anhang B.

REZEPTE RICHTIG LESEN

Ein Rezept sollten Sie immer vorausschauend lesen, damit Sie wissen, was auf Sie zukommt. Im Folgenden finden Sie einige Tipps, wie Sie Rezepte am effektivsten lesen, verstehen und umsetzen können:

- ✔ Lesen Sie ein Rezept mindestens zweimal durch, damit Sie die Anweisungen wirklich verstanden haben.
- ✔ Vergewissern Sie sich, ob Sie alle Schritte umsetzen können.
- ✔ Überprüfen Sie, ob Sie alle erforderlichen Utensilien und Zutaten haben.
- ✔ Prüfen Sie, ob Sie genügend Zeit haben, das Rezept vorzubereiten und nachzukochen.
- ✔ Überlegen Sie, ob Sie einen Teil des Rezepts im Voraus zubereiten können (oder müssen).

Kochen für Dummies

Schummelseite

- ✔ Lesen Sie die Liste der Zutaten durch und überlegen Sie, ob Ihnen alle Zutaten schmecken (die Meerschnecken?) und ob das Rezept möglicherweise zu viel Fett, Zucker oder Salz für Ihren Geschmack enthält.
- ✔ Prüfen Sie, ob eine Zutat, wie etwa Butter oder Öl, an unterschiedlichen Stellen im Rezept verwendet wird. Nicht, dass Sie den Fehler machen und von dieser Zutat die gesamte Menge an einer Stelle auf einmal verwenden.
- ✔ Schauen Sie nach, ob Sie den Ofen vorheizen müssen.
- ✔ Beachten Sie die Angabe der Portionen für das Rezept.

EINFACHE MÖGLICHKEITEN, FETT, KALORIEN UND KOHLENHYDRATE EINZUSPAREN

Ersetzen Sie die Zutaten in den Rezepten für Ihre Lieblingsgerichte durch Zutaten mit weniger Fett, weniger Kalorien oder weniger Kohlenhydraten:

- ✔ Verwenden Sie anstelle von Vollmilchprodukten fettarme Milchprodukte oder Magermilchprodukte. Fettarme Milch anstelle von Vollmilch oder Sahne, fettarmen Hüttenkäse und Joghurt anstelle von Hüttenkäse und Joghurt aus Vollmilch, beim Hartkäse fettarme Varianten. Bei vielen dieser Produkte merken Sie keinen Unterschied. Und die Qualität von Gerichten wird durch diese Produkte nicht beeinträchtigt.
- ✔ Verwenden Sie anstelle von normaler Mayonnaise Salatmayonnaise mit weniger Fett und anstelle von normalem Salatdressing ein Dressing ohne oder mit weniger Fett. Suchen Sie nach Marken, die Ihnen gut schmecken, sodass Sie sich beim Fettsparen nicht benachteiligt fühlen.
- ✔ Verwenden Sie Fleisch mit weniger Fett. Anstelle von Rinderhackfleisch Hackfleisch von der Pute oder Rinderhackfleisch mit einem Anteil von 95 Prozent von magerem Fleisch. Verwenden Sie anstelle von dunklem Geflügelfleisch besser weißes Fleisch. Dieses Fleisch hat einen geringeren Fettanteil.
- ✔ Verwenden Sie zum Braten Olivenöl und Rapsöl anstelle von Butter. Diese Öle enthalten einfach ungesättigte Fettsäuren, die für das Herz gesünder sind als die gesättigten Fettsäuren.
- ✔ Kohlenhydrate können Sie sparen, wenn Sie anstelle von Brot Blattsalate für Sandwiches oder Wraps verwenden. Rollen Sie einfach ein mageres Stück Fleisch und fettarmen Käse mit etwas Senf in einem Romana-Salatblatt auf.
- ✔ Garnieren Sie Ihre Salate nicht mit Croûtons oder Vollfettkäse, sondern mit hart gekochten Eiern und Walnüssen.
- ✔ Vermeiden Sie stark verarbeitete Lebensmittel, insbesondere Lebensmittel mit Weißmehl, Zucker und gehärteten oder teilweise gehärteten Fetten, die in Fertiggerichten gern verwendet werden.

Kochen für Dummies

Schummelseite

WELCHER WEIN PASST ZU WELCHEN SPEISEN?

Denken Sie bei der Wahl eines Weins für ein Gericht an die folgenden Grundregeln (ausführlichere Vorschläge finden Sie in Kapitel 3):

- ✔ Weißwein passt zu Fisch, Geflügel und anderen leichten Gerichten wie Suppe und Salat.
- ✔ Rotwein passt zu Rind, Schwein und anderen schwereren Gerichten wie schweren Aufläufen und Nudeln mit schweren Soßen.

EIN SCHÖNES ESSEN MUSS NICHT TEUER SEIN

Im Folgenden finden Sie einige schnelle und preiswerte Möglichkeiten, wie Sie eine einladende Atmosphäre schaffen können, sodass die Zusammenkünfte bei Ihnen für Ihre Gäste sogar dann unvergesslich schön in Erinnerung bleiben, wenn Sie kein spektakuläres Menü kredenzen.

- ✔ Zünden Sie viele Kerzen an. Stellen Sie sie aber nicht in der Nähe von Vorhängen oder anderen leicht entzündbaren Materialien auf!
- ✔ Setzen Sie Musik ein. Nichts verleiht einer Dinnerparty so viel Tiefe und Klasse wie geschmackvolle und angemessene Hintergrundmusik. Legen Sie klassische Musik, Jazz oder eine andere Musikrichtung auf, die zu Ihrer Party passt, wie etwa Salsamusik oder lateinamerikanische Gitarre für eine Fiesta, Opernmusik für einen italienischen Abend oder Chillout-Musik für einen Grillabend.
- ✔ Frische Blumen gehören zu jeder Party und eigentlich auch zu einem gewöhnlichen Familiendinner. Wenn Sie im Garten Schnittblumen pflanzen, können Sie Ihre Blumenvasen preiswert ständig frisch füllen. Oder kaufen Sie frische Blumen im Supermarkt, wenn Sie die Zutaten für die Party besorgen.
- ✔ Fragen Sie den Weinhändler vor Ort, welche Weine er in der Preisklasse, die Ihnen vorschwebt, für Ihr Menü empfehlen kann. Ein guter Wein, der zu einem bestimmten Menü passt, muss nicht teuer sein.
- ✔ Wer sagt, Deko ist nur etwas für Kinder? Mit japanischen Lampions oder Wandschirmen aus Papier oder hawaiianischen Blumenketten und Palmen aus Kunststoff entsteht gleich eine ganz andere Stimmung. Dekorieren Sie den Tisch der Jahreszeit entsprechend und thematisch zum Menü passend.
- ✔ Fragen Sie ein paar verantwortungsbewusste Jugendliche aus der Nachbarschaft, ob diese im Austausch gegen eine Kinokarte oder einen Gutschein für den Videoverleih bei Ihrer Party helfen möchten (Mäntel abnehmen, Tabletts mit Hors d'oeuvres anbieten oder Geschirr abräumen).

Kochen für Dummies

Schummelseite

TIPPS ZUM ZEITSPAREN

Im Folgenden finden Sie ein paar Tipps, mit denen Sie beim Zubereiten einer Mahlzeit oder beim anschließenden Saubermachen Zeit sparen können:

- ✔ Wiegen Sie sämtliche Zutaten ab und stellen Sie sie in greifbarer Nähe bereit, bevor Sie mit dem Kochen beginnen.
- ✔ Kochen Sie Stücke vom Huhn, Fleisch oder Gemüse in der Mikrowelle vor und garen Sie sie unter dem Grill fertig.
- ✔ Kaufen Sie bereits vorbereitetes Gemüse, wenn Sie dadurch häufiger oder mehr Gemüse essen. Es ist nichts dabei, Salatmischungen in der Tüte, bereits in mundgerechte Stücke geschnittenes Gemüse zum Kurzbraten oder Fleischstücke ohne Knochen zu kaufen.
- ✔ Nehmen Sie Steaks und andere Fleischstücke etwa 15 Minuten vor der Zubereitung aus dem Kühlschrank, damit sie sich auf Zimmertemperatur erwärmen. So werden sie schneller und gleichmäßiger gar.
- ✔ Legen Sie das Grillblech beim Grillen mit Alufolie aus. Das erleichtert das anschließende Saubermachen.
- ✔ Verwenden Sie für die Zubereitung von größeren Mengen an Salatdressings mit Zwiebeln, Knoblauch, frischen Kräutern und Ähnlichem die Küchenmaschine oder den Mixer. So sparen Sie sich die Zeit zum Zerkleinern.
- ✔ Legen Sie eine Knoblauchzehe auf ein Schneidbrett und schlagen Sie mit der flachen Seite eines großen Messers oder mit einem Hackmesser auf die Zehe. Dann können Sie die Schale leichter entfernen.
- ✔ Rollen Sie eine Zitrone oder Orange mit der flachen Hand auf der Arbeitsplatte. So lässt sich der Saft leichter auspressen.
- ✔ Räumen Sie gleich auf, noch während Sie arbeiten. Nach dem Essen werden Sie dafür dankbar sein!

Kochen für Dummies

Bryan Miller und Marie Rama

Kochen für dummies

3. Auflage

Übersetzt aus dem Amerikanischen von Elke Jauch

Fachkorrektur von Dr. Gabriele Kalmbach und Elke Wieczorek

WILEY-VCH GmbH

Kochen für Dummies

Bibliografische Information der Deutschen Nationalbibliothek
Die Deutsche Nationalbibliothek verzeichnet diese Publikation in der Deutschen Nationalbibliografie; detaillierte bibliografische Daten sind im Internet über http://dnb.d-nb.de abrufbar.

3. Auflage 2025

© 2025 Wiley-VCH GmbH, Boschstraße 12, 69469 Weinheim, Germany

Original English language edition Cooking Basic for Dummies © 2004 by Wiley Publishing, Inc. All rights reserved including the right of reproduction in whole or in part in any form. This translation is published by arrangement with John Wiley and Sons, Inc.

Copyright der englischsprachigen Originalausgabe Cooking Basic for Dummies © 2004 by Wiley Publishing, Inc. Alle Rechte vorbehalten inklusive des Rechtes auf Reproduktion im Ganzen oder in Teilen und in jeglicher Form. Diese Übersetzung wird mit Genehmigung von John Wiley and Sons, Inc. publiziert.

Wiley, the Wiley logo, Für Dummies, the Dummies Man logo, and related trademarks and trade dress are trademarks or registered trademarks of John Wiley & Sons, Inc. and/or its affiliates, in the United States and other countries. Used by permission.

Wiley, die Bezeichnung »Für Dummies«, das Dummies-Mann-Logo und darauf bezogene Gestaltungen sind Marken oder eingetragene Marken von John Wiley & Sons, Inc., USA, Deutschland und in anderen Ländern.

Das vorliegende Werk wurde sorgfältig erarbeitet. Dennoch übernehmen Autoren und Verlag für die Richtigkeit von Angaben, Hinweisen und Ratschlägen sowie eventuelle Druckfehler keine Haftung.

Coverfoto: © karepa - stock.adobe.com
Korrektur: Nicole Woratz
Satz: Straive, Chennai, India
Druck und Bindung:
CPI Group (UK) Ltd, Croydon, CR0 4YY

Print ISBN: 978-3-527-72269-3
ePub ISBN: 978-3-527-85062-4

Über die Autoren

Bryan Miller arbeitete als Restaurantkritiker und Feuilletonist für die *New York Times*. Daneben ist er Autor, darunter Kochbücher und Ausgaben des *New York Times Guide to Restaurants*. Ihm wurde der »James Beard Who's Who Food and Beverage Award« verliehen, mit dem herausragende Leistungen im Bereich von Lebensmitteln und Wein gewürdigt werden.

Marie Rama ist Lebensmittel-, Getränke- und Medienberaterin. Sie arbeitete als Konditorin und Rezeptentwicklerin für verschiedene Lebensmittelunternehmen und -gesellschaften. Marie Rama war Leiterin der Abteilung »Weddings, Romance and Entertaining« bei Korbel Champagne und als »Lemon Lady« bei Sunkist Growers in Hunderten Fernseh- und Radioshows in den USA und Kanada zu hören und zu sehen. Sie ist Co-Autorin von *Grillen für Dummies*.

Eve Adamson ist eine Journalistin, Autorin und Co-Autorin von über 65 Büchern und Hunderten von Zeitschriftenartikeln zu unterschiedlichen Themen, vom Kochen über Yoga bis zu Haustieren. Sie ist Co-Autorin von *Labrador Retriever für Dummies* und verschiedener Kochbücher und hat Rezepte zu Kochbüchern beigetragen. Eve Adamson ist Mitglied der International Association of Culinary Professionals und Autodidaktin in Sachen Kochen.

Über die Fachkorrektorinnen

Gabriele Kalmbach arbeitet – nach 25 Jahren als angestellte Redakteurin und Produktmanagerin in Sachbuch- und Ratgeberverlagen – seit 2015 freiberuflich als Autorin und als Kochbuchübersetzerin und -redakteurin. Die thematische Bandbreite reicht dabei vom Fischkochbuch über Tortenbäckerei bis zur veganen Küche und zum Käsemachen. Sie verfasst kulinarische Texte und Warenkunde, entwickelt, prüft und redigiert Rezepte, und fotografiert für ihren Blog auch selbst. Im Laufe ihrer Berufspraxis hat sie schon Konzepte für die Kochbücher von Sterne- und TV-Köchen entwickelt. Denn nicht nur Themen, auch Promi- und Foodblogger-Kochbücher, Restaurant- und Länderkochbücher, Anfängerkochbücher, Cocktail- und Backbücher brauchen ein überzeugendes Konzept. Bon appétit!

Elke Wieczorek ist seit 1999 in verschiedenen Funktionen beim Deutschen Hausfrauenbund tätig, war bis 2021 Präsidentin des DHB-Bundesverbands und ist Vorsitzende des Landesverbands Rheinland. Neben ihrem Beruf als Physiklaborantin hat sie eine Ausbildung als Meisterin der städtischen Hauswirtschaft absolviert. Sie hat maßgeblich die Weiterentwicklung des hauswirtschaftlichen Dienstleistungszentrums in Erlangen mitgestaltet und sich intensiv mit der hauswirtschaftlichen Berufsbildung auseinandergesetzt. Sie hat zahlreiche Weiterbildungskurse und Seminarveranstaltungen im Bereich der Nahrungsmittelzubereitung nach ernährungswissenschaftlichen Gesichtspunkten, vornehmlich für Altenpfleger und bei Jugendlichen, organisiert und durchgeführt. Sie ist Vorsitzende des Verwaltungsrats der Verbraucherzentrale NRW und dort hauptsächlich mit Fragen der Umwelt und des Verbraucherschutzes konfrontiert, außerdem Leiterin eines Projektteams im Forum Waschen. Als überzeugte Kreativköchin (Kochen ohne Rezept) vertritt sie nachhaltig die Auffassung, dass jedes Individuum die Fähigkeit besitzt, wenn es nur einige wenige, einfache Grundregeln beherrscht, schmackhafte und ansprechende Gerichte auf den Tisch zu bringen, die eine ausgewogene und gesunde Ernährung gewährleisten.

Die Rezepte im Buch

Vorspeisen

Blätterteighörnchen mit Schafskäsefüllung 262

Bruschetta 263

Forellencreme 265

Frittata mit Spargel, Tomaten und Bärlauch 180

Käse-Quark-Creme mit Zwiebeln 265

Minipizzas 262

Salat mit überbackenem Ziegenkäse 256

Suppen

Erbsensuppe mit Krabben 196

Französische Zwiebelsuppe 195

Hühnersuppe mit Nudeln 191

Kartoffelcremesuppe mit Croûtons 193

Linsensuppe 196

Minestrone mit Graupen 190

Tomatensuppe 194

Salate

Bunter Nudelsalat 210

Eiersalat mit Avocado 175

Einfacher gemischter Blattsalat 209

Gurkensalat mit Dill 210

Kartoffelsalat mit Essig und Öl 203

Kichererbsensalat 210

Salat aus Kirschtomaten mit Fetakäse 210

Linsensalat 267

Platte mit gegrilltem Gemüse und frischem Pesto 211

Reissalat mit roten Paprika 210

Salat mit überbackenem Ziegenkäse 256

Schweizer Wurst-Käse-Salat 266

Taboulé 105

Tomaten mit Mozzarella und Avocado 211

Tomatensalat mit roten Zwiebeln und Basilikum 210

Toskanischer Brotsalat 56

Fleischgerichte

Brathähnchen 142

Coq au Vin 132

Filetsteak vom Rind 125

Frikadellen 263

Gnocchi mit Hähnchen 276

Hackfleischbällchen in Tomatensoße 273

Hähnchenbrust mit Tomaten und Thymian 123

Hähnchenspieße mit Speck 264

Indische Reispfanne 277

Lammkeule mit Kräuterkruste 148

Quiche Lorraine 238

Rinderbraten in Rotwein 131

Rinderfiletbraten 147

Rindfleischeintopf mit Wurzelgemüse 231

Saltimbocca mit Schmortomaten 151

Schweinebraten 145

Schweizer-Wurst-Käse-Salat 266

Spanische Paella 235

Szegediner Gulasch 134

Tagliatelle mit getrockneten Steinpilzen und Schinken 225

Wiener Schnitzel 150

Wokpfanne mit Rindfleisch und Gemüse 274

Fischgerichte

Dorschfilet in Kräutersoße 113

Fischfilet mit Spinat und Kohlrabi im Pergament 126

Lachs-Champignon-Pfanne 122

Zander unter der Gemüsehaube 257

Fleischlose Hauptspeisen

Bohneneintopf mit Kürbis und Tomaten 232

Herzhafter Brotauflauf mit Schinken und Käse 235

Frittata mit Spargel, Tomaten und Bärlauch 180

Gemüse-Curry 233

Kartoffel-Tortilla mit Paprika und Oliven 271

Lasagne für die ganze Familie 226

Platte mit gegrilltem Gemüse und frischem Pesto 211

Omelett mit Kräutern 176

Pellkartoffeln mit Kräuterquark 272

Penne mit Parmesan und Basilikum 224

Bratkartoffeln/Pfannenkartoffeln 121

Risotto 102

Rührei 45

Shakshuka 181

Spaghetti mit einer schnellen, frischen Tomatensoße 222

Spiegelei 44

Gemüse und Beilagen

Bratkartoffeln/Pfannenkartoffeln 121

Gedünsteter Blattspinat 127

Selbstgemachtes Kartoffelpüree 108

Ofengemüse 152

Pellkartoffeln 109

Polenta mit Kräutern 106

Püree aus roten Paprika 112

Parboiled Reis 98

Orientalischer Reispilaw 101

Risotto 102

Salzkartoffeln 109

Soßen, Dressings

Béchamelsoße 158

Dunkle Grundsoße 160

Früchtesalsa 211

Guacamole 165

Hummus 164

Leichtes Mayonnaisedressing 204

Mousseline 160

Pesto 163

Sahnesoße 159

Sauce Béarnaise 162

Sauce Chantilly 160

Sauce Choron 160

Sauce Hollandaise 161

Tomatensoße 222

Vinaigrette 202

Desserts

Apfel-Birnen-Crisp 244

Apfelpfannkuchen mit Quarkcreme 246

Aprikosendessert 242

Drei-Beeren-Dessert 249

Himbeer-Mascarpone-Creme 248

Klassisches Tiramisu 247

Mousse au Chocolat 240

Rote Grütze mit Vanilleeis 242

Sauerkirschen mit Stracciatella-Creme 258

Sommer-Obstsalat 249

Winter-Obstsalat 249

Auf einen Blick

Über die Autoren	9
Über die Fachkorrektorinnen	10
Die Rezepte im Buch	11
Einführung	23

Teil I: Hereinspaziert: Das ist Ihre Küche ... 29
- **Kapitel 1:** Kochen mit Zuversicht ... 31
- **Kapitel 2:** Alle erforderlichen Utensilien zusammentragen ... 47
- **Kapitel 3:** Für die Vorratskammer nur das Allernötigste ... 69

Teil II: Die Kochmethoden kennen ... 93
- **Kapitel 4:** Kochen, Pochieren und Dämpfen ... 95
- **Kapitel 5:** Dünsten und Kurzbraten ... 115
- **Kapitel 6:** Schmoren und Slow Cooking: Das ist echte Hausmannskost ... 129
- **Kapitel 7:** Oh, wie das duftet: Braten ... 135

Teil III: Erweitern Sie Ihr Repertoire ... 153
- **Kapitel 8:** Sensationelle Soßen selbstgemacht ... 155
- **Kapitel 9:** Das erstaunliche Ei ... 167
- **Kapitel 10:** Leckere Suppen selbstgemacht ... 183
- **Kapitel 11:** Salate und Dressings ... 199
- **Kapitel 12:** Pastamanie ... 213
- **Kapitel 13:** One-Pot-Gerichte und Aufläufe ... 229
- **Kapitel 14:** Süße Träume ... 239

Teil IV: Kochen für verschiedene Gelegenheiten ... 251
- **Kapitel 15:** Ein kleines Menü für lieben Besuch ... 253
- **Kapitel 16:** Leckeres für die Party ... 259
- **Kapitel 17:** Rezepte für Eilige: Wenn es mit dem Kochen schnell gehen muss ... 269

Teil V: Der Top-Ten-Teil ... 279
- **Kapitel 18:** Zehn typische Küchenunfälle und wie Sie damit umgehen ... 281
- **Kapitel 19:** Zehn Arten, wie ein Koch zu denken ... 289
- **Kapitel 20:** Zehn Tipps zum Weiterlesen ... 293

Teil VI: Anhänge **295**
Anhang A: Glossar **297**
Anhang B: Ersatzzutaten **305**
Anhang C: Umrechnungstabellen **307**
Abbildungsverzeichnis **309**
Stichwortverzeichnis **311**

Inhaltsverzeichnis

Über die Autoren	9
Über die Fachkorrektorinnen	10
Die Rezepte im Buch	11
Einführung	23
Über dieses Buch	24
Konventionen in diesem Buch	24
Was Sie nicht lesen müssen	25
Törichte Annahmen über die Leser	25
Wie dieses Buch aufgebaut ist	26
Teil I: Hereinspaziert: Das ist Ihre Küche	26
Teil II: Die Kochmethoden kennen	26
Teil III: Erweitern Sie Ihr Repertoire	27
Teil IV: Kochen für verschiedene Gelegenheiten	27
Teil V: Der Top-Ten-Teil	27
Symbole, die in diesem Buch verwendet werden	27
Wie es weitergeht	28

TEIL I
HEREINSPAZIERT: DAS IST IHRE KÜCHE 29

Kapitel 1
Kochen mit Zuversicht 31

Erwärmen Sie sich für Ihre Küche	32
Richten Sie sich Ihren Arbeitsplatz ein	32
Entrümpeln Sie Ihre Arbeitsplatte	33
Einführung in Haushaltsgeräte: Freunde, keine Feinde	35
Lernen Sie einige grundlegende Garmethoden kennen	40
Ein Menü planen	41
Das Einmaleins der Sicherheit in der Küche	42
Jetzt aber ran an den Speck!	43

Kapitel 2
Alle erforderlichen Utensilien zusammentragen 47

Grundlegendes zum Kochgeschirr	48
Das Einmaleins der Töpfe und Pfannen	49
Kochgeschirr vor dem Kauf vergleichen	49
Nicht nur für Unentbehrliches Geld ausgeben	50
Extras, die Sie vielleicht nicht mehr missen möchten	55
Vom Scheibenschneiden bis zum Würfeln: Messer für alle Fälle	55

    Das richtige Messer auswählen 56
        Toskanischer Brotsalat 56
        Messer sicher verwenden 58
    Utensilien zum Rühren und Backen 60
    Kleine Geräte: Notwendigkeiten oder Luxus? 63
        Dampfdruck- oder Schnellkochtopf 64
        Elektrogrill 64
        Rührgerät, Quirl und Standmixer 64
        Eine Küchenmaschine zum Hacken, Würfeln und Hobeln 65
        Kaffeemaschinen und Kaffeemühlen 65
        Spezialgeräte: Echte Hilfe oder alles nur Schwindel? 66
    Allerlei dies und das 66

Kapitel 3
Für die Vorratskammer nur das Allernötigste 69

    Trockenvorräte: Das Rückgrat der Vorratskammer 70
    Getrocknete Kräuter und Gewürze zum Aufpeppen 70
    Jetzt geht es ans Eingemachte 76
    Würzen, mit denen sich alle Gerichte aufpeppen lassen 78
    Einen Vorrat an Backzutaten zulegen 79
    Kühles aus dem Kühlschrank und der Gefriertruhe 80
    Obst und Gemüse kaufen und lagern 83
        So wählen Sie Obst und Gemüse aus 84
        Obst und Gemüse wie ein Profi lagern 84
    Fleisch, Geflügel und Fisch auswählen, kaufen und aufbewahren 87
        Schweinefleisch 87
        Rindfleisch 87
        Lammfleisch 88
        Geflügel 89
        Fisch 90

TEIL II
DIE KOCHMETHODEN KENNEN 93

Kapitel 4
Kochen, Pochieren und Dämpfen 95

    Lebensmittel mit Wasser garen 96
    Reis richtig kochen 97
        Parboiled Reis 98
        Langkornreis und Rundkornreis 100
        Wildreis 103
        Vollkornreis 103
    Andere Getreidearten 104
    Gemüse kochen, blanchieren und dämpfen 107
        Einfache Tipps zum Kochen und Dämpfen von anderen Gemüsesorten .. 109
        Mal was Neues: Gemüsepürees 111
    Fisch pochieren 112

Kapitel 5
Dünsten und Kurzbraten 115
Wann wird Butter und wann wird Öl verwendet?. 116
Ablöschen: Aus dem Rest im Topf eine leckere Soße bereiten. 117
Zwiebeln und Knoblauch hacken 118
Abwechslung beim Dünsten, Sautieren und Kurzbraten. 120
    Gemüse 120
    Fettfisch mit festem Fleisch 122
    Hähnchenfleisch. 123
    Rindfleisch. 124
Fisch und Gemüse dünsten – leicht und gesund!. 126

Kapitel 6
Schmoren und Slow Cooking: Das ist echte Hausmannskost . . . 129
Schmoren und Dünsten im Vergleich. 130
Versuchen Sie, Fleisch zu schmoren – es ist ganz einfach! 130

Kapitel 7
Oh, wie das duftet: Braten 135
Das Einmaleins des Bratens. 136
    Einen Braten würzen 136
    Scharf anbraten oder nicht?. 136
    Mit Bratensaft begießen 137
    Den Braten ruhen lassen 137
    Garzeiten und Temperaturen beim Braten 138
Braten von Geflügel. 140
Große Geschütze auffahren: Schwein, Rind und Lamm 145
Braten in der Pfanne. 150
Ofengemüse. 152

TEIL III
ERWEITERN SIE IHR REPERTOIRE 153

Kapitel 8
Sensationelle Soßen selbstgemacht. 155
Was Soße wirklich ist. 156
Klassische weiße Soßen 157
Dunkle Grundsoße 160
Ei in der Soße 160
Mixersoßen: Beeindruckende Soßen und Dips auf die Schnelle 163

Kapitel 9
Das erstaunliche Ei 167
Frische Eier auswählen 167
    Alles über Eier: Güteklasse, Größe und Farbe 168
    Besondere Eier: Sind sie den Extraspeck wert? 168
Die Wahrheit über rohe Eier 169

Die Techniken richtig lernen 170
  Ein paar Eier aufschlagen 170
  Ein Ei trennen 170
  Eiweiß schlagen 171
  Eiweiß unterheben 172
  Eier kochen und hart gekochte Eier schälen 172
Besonders leckere Eierrezepte 174

Kapitel 10
Leckere Suppen selbstgemacht **183**

Einige wichtige Techniken für das Zubereiten einer Suppe 184
  So geht der Geschmacksquotient nach oben: Fleisch und
  Gemüse anschwitzen 186
  Schlagen Sie diese Zehe: Frischen Knoblauch vorbereiten 186
  So gelangen Sie an das Fleisch frischer Tomaten: Schälen und Entkernen ... 187
  Zwiebeln schälen, ohne zu weinen 188
Tricks aus dem Suppengewerbe 188
  Suppen andicken 189
  Suppen und Brühen abschöpfen 189
Suppen für die Seele 190
Die perfekte Mischung: Püreesuppen 193
Suppen mit Stücken zum Reinbeißen 195

Kapitel 11
Salate und Dressings **199**

So viele Salatsoßen, so wenig Zeit 199
  Scharf auf würzige Vinaigretten 200
  Mayonnaisedressings zubereiten 204
Die Seele des Salats: Knackig frische Blattsalate 205
  Blattsalate gut waschen 205
  Blattsalate kaufen und aufbewahren 205
  Blattsalatglossar 206
Zehn schnelle Salate ... so einfach, dass Sie kein Rezept benötigen ... 210

Kapitel 12
Pastamanie **213**

Getrocknete oder frische Nudeln 214
Tipps und Tricks rund um Nudeln 214
Namen für die Nudeln: Nudelarten und Garzeiten 216
  Makkaroni 216
  Fadennudeln 216
  Flache Bandnudeln 216
  Gefüllte Nudeln 218
  Verschiedene andere Formen 219

Soße: Die beste Freundin der Nudel... 219
    Namen für die Soße: Klassische Pastasoßen... 220
    Auswahl makelloser Tomaten... 221
Pastakreationen... 221

Kapitel 13
One-Pot-Gerichte und Aufläufe... 229
Zeit für Eintopf... 230
Aus dem Ofen auf den Tisch: Einfaches in einer Auflaufform... 234

Kapitel 14
Süße Träume... 239
Die Menge macht's: Messtechniken... 239
Süße Verführer... 240
Herrliche Fruchtdesserts... 242
Obst aus dem Ofen... 243
Heute gibt es Tiramisu... 246

TEIL IV
KOCHEN FÜR VERSCHIEDENE GELEGENHEITEN... 251

Kapitel 15
Ein kleines Menü für lieben Besuch... 253
Vorbereitung macht den Meister... 253
Die richtige Zusammenstellung eines Menüs... 254
Drei-Gänge-Menü... 255
    Vorspeise... 255
    Hauptgang... 256
    Dessert... 258

Kapitel 16
Leckeres für die Party... 259
Die Party vorbereiten... 259
Auf die Plätze, kochen, los... 260
    Fingerfood... 261
    Leckere Fleischgerichte... 263
    Köstliche Brotaufstriche... 264
    Salate... 266
Weitere Leckereien für Ihre Party... 267

Kapitel 17
Rezepte für Eilige: Wenn es mit dem Kochen schnell gehen muss... 269
Auf die schnelle Küche vorbereitet sein... 270
Schnelle Gerichte mit Kartoffeln... 270
Schnelles mit Hackfleisch... 272
Schnelles aus dem Wok... 273
Mit Resten improvisieren... 275

TEIL V
DER TOP-TEN-TEIL 279

Kapitel 18
Zehn typische Küchenunfälle und wie Sie damit umgehen 281
Wenn Sie sich verbrannt haben. 281
Wenn es brennt 282
Wenn das Essen verkohlt ist 284
Wenn Sie sich geschnitten haben 284
Wenn dem Rezept das gewisse Etwas fehlt. 285
Wenn der Grill in Flammen steht 286
Wenn Sie zu viele Personen und nicht genügend zu essen haben 286
Wenn Sie die Arbeitsplatte beschädigt haben. 287
Wenn eine Zutat fehlt 288
Wenn Sie so gut kochen, dass Sie immer kochen müssen 288

Kapitel 19
Zehn Arten, wie ein Koch zu denken 289
Die grundlegenden Techniken kennen 289
Nur frische Zutaten verwenden. 289
Alles zusammenstellen 290
Kräuter verwenden 290
Den Teller schön dekorieren 290
Menüs im Voraus planen 290
Sparsam sein 291
Sich nicht sklavisch an Rezepte halten 291
So viel wie möglich vereinfachen 291
Viel Spaß haben 291

Kapitel 20
Zehn Tipps zum Weiterlesen 293

TEIL VI
ANHÄNGE 295

Anhang A: Glossar 297

Anhang B: Ersatzzutaten 305

Anhang C: Umrechnungstabellen 307
Flüssigkeiten 307
Trockene Zutaten. 307
Backzutaten 308
Lebensmittel. 308

Abbildungsverzeichnis 309

Stichwortverzeichnis 311

Einführung

Ob Sie sich für einen Starkoch am heimischen Herd halten oder keine Ahnung haben, wie man ein Rührei zubereitet, *Kochen für Dummies* hält in jedem Fall Interessantes für Sie bereit. Dank des praxisorientierten Ansatzes dieses Buchs ist es auch dem unerfahrenen Koch möglich, das theoretische Wissen in die Tat umzusetzen und beim Lesen eines Rezepts zu wissen: »Kein Problem, das kann ich nachkochen.« Gäste zum Essen einzuladen, wird Sie nicht mehr schrecken. Die Familie verköstigen? Alles kein Problem. Wenn Sie das Buch gelesen haben, trauen Sie sich vielleicht sogar zu, die ganze Familie an Weihnachten zu bekochen!

Wenn Sie bereits ein wenig Erfahrung haben und Ihre Kenntnisse erweitern möchten, können Sie sich an den über 100 Rezepten in diesem Buch austoben und werden eine Menge Neues lernen.

Im Gegensatz zu anderen Kochbüchern ist dieses Buch mehr als nur eine Zusammenstellung leckerer Rezepte. In diesem Buch erfahren Sie auch etwas über Garmethoden wie Kochen, Dämpfen, Schmoren und Braten. Wenn Sie diese Methoden erst einmal beherrschen, sind Sie nicht mehr Sklave der Rezepte. Sie werden lernen, kreativ zu kochen, und das ist es schließlich, was einen guten Koch ausmacht.

Und das Beste dabei ist, dass Sie beim Kochenlernen und Üben eine Menge guter Gerichte zu essen bekommen. Das wird Ihnen beim Musikunterricht nicht passieren.

Zudem orientiert sich dieses Buch sehr am echten Leben. So finden Sie hier beispielsweise Tipps für den Fall, dass Sie für Gäste kochen sollen und nur 1 Stunde Zeit haben, wie Sie beim Kochen Energie sparen, und wie Sie ein köstliches Mahl aus Ihrem Vorrat zubereiten, auch wenn Sie keine Zeit zum Einkaufen haben. Lieben Sie leichte Küche? Sind Sie Vegetarier? Alles kein Problem.

Am wichtigsten ist jedoch, dass Sie beim Ausprobieren jede Menge Spaß haben. Denn darum geht es letztlich beim Essen.

Mittlerweile stehen Hobbyköchen Produkte zur Verfügung, von denen sie früher noch nicht einmal träumen konnten: Trüffel, Würzessig, exotische Meeresfrüchte, Tiefkühlware, Ziegenkäse und unzählige Arten von Olivenöl, um nur einige wenige Produkte zu nennen. Gleichzeitig werden Küchengeräte aus der Profiküche zunehmend auch in Hobbyküchen verwendet.

Neue Produkte und Geräte machen natürlich noch keinen guten Koch. Das, was eine gute Köchin oder einen guten Koch ausmacht, hat sich nicht verändert: Gebraucht wird ein empfindlicher Gaumen, eine gewisse Kenntnis von Garmethoden und Produkten, Sie müssen gut mit Messern umgehen können und benötigen viel Geduld. All dies sind Fertigkeiten, die Sie mithilfe dieses Buchs entwickeln können.

Über dieses Buch

Lassen Sie uns ganz von vorn beginnen: mit der Küche und den Küchengeräten. Welche Geräte brauchen Sie unbedingt? Wie werden all die Geräte verwendet? In diesem Buch erfahren Sie zunächst, wie Sie in Ihrer Vorratskammer, im Kühlschrank und in der Gefriertruhe einen Vorrat so anlegen, dass Sie wissen, was Sie vorrätig haben. Gleich danach werden Sie Garmethoden kennenlernen und sofort die Gelegenheit erhalten, das Gelernte auszuprobieren. Sie werden sehen, wie befriedigend es sein kann, einfache Dinge gut zu machen.

Je nach Ihren Bedürfnissen und Kenntnissen können Sie vorn im Buch beginnen und sich nach hinten durcharbeiten, oder gleich mit dem Kapitelanfangen, das Sie am meisten interessiert (dabei sind das Inhaltsverzeichnis und das Stichwortverzeichnis hilfreiche Wegweiser).

Konventionen in diesem Buch

Für die optimale Nutzung dieses Ratgebers sollten Sie sich die folgenden Konventionen merken, auch wenn diese nichts mit den Rezepten zu tun haben:

- ✔ Neue Wörter oder Begriffe, die im Buch erläutert werden, sind *kursiv* gedruckt.

- ✔ Mit **Fettdruck** werden Textstellen in nummerierten Schritten gekennzeichnet, an denen Sie in Aktion treten.

Bevor Sie damit beginnen, die Rezepte in diesem Buch auszuprobieren, sollten Sie einige Dinge über die Zutaten und die Anweisungen wissen:

- ✔ **In den Rezepten in diesem Buch wird immer Vollmilch verwendet.** Sie können diese durch fettarme Milch ersetzen. Dadurch werden Suppen und Soßen jedoch dünner und schmecken nicht so sahnig.

- ✔ **Verwenden Sie ungesalzene Butter, sodass Sie die Salzmenge in einem Gericht genau bestimmen können.** Sie sollten Butter nicht durch Margarine ersetzen. Sie hat gleich viele Kalorien wie Butter, schmeckt aber nicht so gut.

- ✔ **Sofern nicht anders angegeben, werden Eier der Gewichtsklasse L verwendet.**

- ✔ **Als Salz wird normales Speisesalz verwendet und Pfeffer wird frisch gemahlen.** Es werden selten genaue Mengen Salz und Pfeffer angegeben, da jeder Koch einen anderen Geschmack hat. Schmecken Sie die Rezepte bei der Zubereitung immer wieder ab und fügen Sie Salz und Pfeffer, wie in den Rezepten beschrieben, nach Geschmack hinzu.

- ✔ **Die Temperaturen für den Backofen werden in Grad Celsius (° C) angegeben.**

Und hier noch ein paar allgemeine Tipps:

- ✔ Lesen Sie ein Rezept immer mindestens einmal ganz durch, damit Sie auch alle erforderlichen Zutaten und Utensilien haben, alle Schritte verstehen und genügend Zeit für die Zubereitung haben. (Alle Rezepte in diesem Buch beginnen mit einer Liste der erforderlichen Kochutensilien. Hier ist auch immer angegeben, wie viel Zeit Sie für die Vorbereitung und zum Kochen benötigen.)

✔ Heizen Sie den Backofen, den Bratrost und den Grill mindestens 10 Minuten vor. Sofern nicht anders angegeben, schieben Sie alle Gerichte auf der mittleren Schiene in den Ofen.

✔ Die meisten Rezepte in diesem Buch sind für vier Portionen. Bei vielen Rezepten können Sie die halbe oder die doppelte Menge nehmen, wenn Sie zwei bzw. acht Portionen zubereiten möchten.

✔ Auf der Suche nach vegetarischen Rezepten werden Sie in der Liste »Rezepte in diesem Kapitel« am Anfang der einzelnen Kapitel fündig. Vegetarische Rezepte sind durch eine Tomate gekennzeichnet.

Was Sie nicht lesen müssen

Dieses Buch wurde geschrieben, damit Sie zum einen Informationen leicht finden, und zum anderen, das, was Sie gefunden haben, gut verstehen. Und obwohl es uns freuen würde, wenn Sie jedes einzelne Wort zwischen den beiden gelben Buchdeckeln aufsaugen würden, machen wir es Ihnen dennoch leicht, die Teile zu überspringen, die Sie nicht unbedingt lesen müssen. Dabei handelt es sich um Informationen, die zwar interessant sind und zum jeweiligen Thema passen, die aber nicht von existenzieller Bedeutung sind.

✔ **Text in Kästen:** Die Kästen enthalten persönliche Beobachtungen, historische Leckerbissen oder spannende Informationen, müssen aber nicht gelesen werden.

✔ **Unsere außergewöhnlichen Biografien:** Sie brauchen nicht zu wissen, wer wir sind, um zu wissen, dass Sie eines der besten Kochbücher aller Zeiten in den Händen halten. Schließlich sind alle ... *für Dummies*-Autoren und -Fachkorrektoren Experten auf ihrem Gebiet. Immer noch nicht neugierig?

Törichte Annahmen über die Leser

Beim Schreiben dieses Kochbuchs haben wir einige Dinge über Sie, die Leserin oder den Leser, vorausgesetzt:

✔ Ihnen gefällt die Vorstellung, lecker zu kochen. Sie sind absolut spitze im Wasserkochen. Aber Sie wissen noch nicht so genau, wie man eine Mahlzeit organisiert, viele Dinge gleichzeitig tut oder Lebensmittel so kombiniert oder Gerichte so würzt, dass sich die Familie nach dem Mahl zufrieden über den Bauch streicht.

✔ Sie haben schon einmal gekocht. Manchmal hat es richtig gut geschmeckt. Manchmal waren Sie froh, dass es keiner außer Ihnen essen musste. Manchmal ging etwas schief. Aber oft hat es wirklich richtig gut geschmeckt! Sie sind überzeugt, dass Sie über verborgene Talente verfügen.

✔ Manchmal träumen Sie davon, einen Kochkurs zu besuchen oder andere damit zu beeindrucken, wie Sie mit Ihrem exklusiven Küchenmesser Knoblauch hacken. Aber Sie besitzen noch kein exklusives Küchenmesser.

✔ Sie verfügen lediglich über die wichtigsten Küchenutensilien wie Töpfe, Pfannen und Messbecher. Sie sind sich jedoch nicht sicher, ob Sie alles Notwendige haben, um richtig zu kochen. Und wahrscheinlich wissen Sie nicht, wie all diese Töpfe und Pfannen überhaupt heißen.

✔ Sie lieben es, essen zu gehen, und fragen sich, ob Sie all die leckeren Gerichte auch selbst zubereiten können.

✔ Sie haben sich dieses Buch gekauft, um alles zu lernen, was es braucht, um den Titel »Richtig guter Koch« verliehen zu bekommen.

✔ Jemand hat Ihnen dieses Buch geschenkt und Sie nehmen an, dass es sich um eine Anspielung auf das interessante überbackene Teil handeln könnte, das Sie letzte Woche ausprobiert haben.

Vielleicht ist es töricht von uns, aber wir gehen davon aus, dass Sie uns vertrauen, dass wir beim Schreiben dieses Kochbuchs unser Bestes gegeben haben, sodass Sie viel Spaß beim Lesen haben werden. Und nicht nur das: Wir möchten, dass Ihnen die Gerichte schmecken, die Sie nach unseren Rezepten kochen. Wir versprechen Ihnen, dass Sie beim Lesen dieses Buchs und beim Nachkochen der Rezepte einige wichtige Dinge über das Kochen lernen und viel Freude Spaß dabei haben werden.

Wie dieses Buch aufgebaut ist

Dieses Buch ist nach Garmethoden strukturiert und orientiert sich an Situationen aus dem echten Leben. Die größeren Abschnitte werden als Teile bezeichnet. Jeder Teil besteht aus Kapiteln zu bestimmten Themen. Im Folgenden finden Sie eine Übersicht über die einzelnen Teile und worum es in diesen Teilen geht.

Teil I: Hereinspaziert: Das ist Ihre Küche

Was für ein seltsamer Raum ist das? Es ist der beliebteste Ort im Haus. Hier hängen Freunde herum und bedienen sich selbst. Hier enden früher oder später alle Partys. Und hier fechten Paare ihre besten Auseinandersetzungen aus. Dieser Teil soll Ihnen helfen, Ihre Angst vor dem Kochen zu verlieren. Hier geht es um die Einrichtung und Organisation der Küche, um die Anordnung der Küchengeräte und darum, wie Sie Ablageflächen und Schränke optimal nutzen können. In diesem Teil werden außerdem wichtige Utensilien wie Töpfe, Pfannen, Messer und all die anderen kleinen Helferlein ausführlich beschrieben. Sie werden erfahren, welchen Vorrat Sie anlegen sollten. Und Sie werden gleich schon im ersten Teil kochen – mit einfachen, aber schmackhaften Rezepten beginnen, die noch mehr Lust auf Kochen machen.

Teil II: Die Kochmethoden kennen

In Teil II beginnt der Spaß erst richtig. In jedem Kapitel finden Sie Rezepte, anhand derer wichtige Garmethoden wie Schmoren, Sautieren, Braten, Grillen und so weiter veranschaulicht werden. Von diesem Anfang ausgehend führen wir Sie durch eine Reihe von Rezeptvariationen, mit denen Sie gekonnt improvisieren können.

Teil III: Erweitern Sie Ihr Repertoire

In Teil III geht es um Pasta, Eier und etwas komplexere Gerichte wie Suppen, Salate, Desserts und One-Pot-Gerichte. Hier erfahren Sie, wie Sie ein perfektes Omelett zubereiten, eine ausgewogene Vinaigrette mischen und aus saisonalen Früchten leckere Desserts zaubern. In diesem Teil finden Sie außerdem Abbildungen und Tabellen, wie zum Beispiel die Abbildung mit den unterschiedlichen Pastasorten (damit Sie Tagliatelle von Linguine unterscheiden können), und natürlich jede Menge leckere Rezepte.

Teil IV: Kochen für verschiedene Gelegenheiten

In Teil IV sind Rezepte für besondere Anlässe enthalten. Hier erfahren Sie alles, was Sie wissen müssen, damit Ihre Abendgesellschaft ein Erfolg wird. Darüber hinaus finden Sie Informationen zu Partys sowie für schnelle Gerichte, wenn nicht viel Zeit zur Vorbereitung und zum Kochen bleibt, aber der Magen knurrt.

Teil V: Der Top-Ten-Teil

Und gerade, wenn Sie meinen, jetzt sei alles behandelt, werden Sie noch mehr Informationen finden! In diesen Kurzübersichten werden Missgeschicke in der Küche, und wie Sie diese vermeiden können, beschrieben. Zudem gibt es hier einige wichtige Gedächtnisstützen und Küchenweisheiten sowie Tipps zum Weiterlesen und -stöbern. Und bevor Sie es merken, werden Sie denken wie ein Koch!

Am Ende des Buchs finden Sie zwei hilfreiche Anhänge. Dieser leicht verständliche Nachschlageteil enthält nützliche Listen und Tabellen sowie ein Glossar. Hier können Sie die Bedeutung von vielen gängigen Fachbegriffen nachschlagen. Außerdem gibt es Hinweise dazu, welche Zutaten Sie durch welche anderen Zutaten ersetzen können, wenn Sie in letzter Minute feststellen, dass Sie eine benötigte Zutat nicht im Haus haben.

Symbole, die in diesem Buch verwendet werden

Symbole sind diese netten kleinen Bilder an den Seitenrändern in diesem Buch. Sie ziehen Ihre Aufmerksamkeit aus unterschiedlichen Gründen auf sich und diese Gründe werden im Folgenden erläutert.

 Wenn Sie etwas einfacher tun, irgendwie Geld sparen oder einen Vorgang beschleunigen können, werden wir Ihnen dies mitteilen und den Tipp mit diesem Symbol versehen.

Die Küche kann ein gefährlicher Ort sein. Dieses Symbol lotst Sie wie ein gelbes Blinklicht um potenzielle Gefahren herum.

Wir hoffen, dass Sie sich all die wertvollen Informationen in diesem Buch merken. Aber falls Sie sich doch nicht alles merken können, sollten Sie zumindest die mit diesem Symbol gekennzeichneten Tipps nicht vergessen.

Wie es weitergeht

Sie werden merken, wie einfach es ist, in diesem Buch von einem Kapitel zum nächsten zu springen, ohne den Überblick zu verlieren. Und das ist so beabsichtigt. So können Sie bei dem Kapitel zu lesen beginnen, das Sie am meisten interessiert. Aber auch wenn Sie sich in der Küche ganz gut auskennen, sollten Sie mit zwei wichtigen Kapiteln beginnen. Zunächst sollten Sie Kapitel 2 lesen, damit Sie auch alle Utensilien haben, die Sie zum Nachkochen der Rezepte in diesem Buch benötigen. Dann sollten Sie noch Kapitel 3 lesen. Hier wird beschrieben, welche Zutaten in einer gut sortierten Vorratskammer, Gefriertruhe und im Kühlschrank immer vorhanden sein müssen.

Wenn Sie gerade dabei sind, ein Haus zu kaufen, eine Küche umzubauen oder nur von einer perfekten Küche träumen, sollten Sie Kapitel 1 lesen. Hier finden Sie Informationen zur Einrichtung einer Küche, von der Beleuchtung über Arbeitsplatten bis hin zu Küchengeräten. Sie haben Fragen zur Sicherheit? Lesen Sie das Ende von Kapitel 1. Oder lesen Sie gleich Kapitel 19. Hier steht eine Liste mit zehn Missgeschicken und Unfällen, die in der Küche häufig vorkommen, und wie Sie diese vermeiden können. Oder vielleicht möchten Sie direkt anfangen zu kochen? In diesem Fall lesen Sie eines der anderen Kapitel in diesem Buch. In einigen Kapiteln geht es um Garmethoden, wie Kochen, Grillen oder Sautieren, die Sie anhand von Rezepten ausprobieren können. In anderen Kapiteln stehen Menüs für Partys oder für Situationen, in denen Sie wenig Zeit haben, im Mittelpunkt. In allen Kapiteln finden Sie jede Menge leckere Rezepte mit einfachen Anleitungen.

Wir sind überzeugt, dass Sie gern mit uns kochen werden. Kochen muss nicht kompliziert sein. Sie müssen nur einige grundlegende Dinge wissen. Also gehen Sie in die Küche, nehmen Sie einen Topf (wir sagen Ihnen, welchen) und fangen Sie an zu kochen. Wir bekommen Appetit, wenn wir nur daran denken!

Teil I
Hereinspaziert: Das ist Ihre Küche

IN DIESEM TEIL ...

Daran führt kein Weg vorbei: Wenn Sie kochen lernen möchten, müssen Sie in die Küche. Aber keine Angst! Die Küche sieht vielleicht so aus, als wäre sie voller seltsamer Geräte, seltsam geformter Utensilien und Flaschen, Gläser und Packungen mit Zutaten, die Sie nicht kennen. Aber für einen Anfänger beginnt hier der Spaß! Wir helfen Ihnen mit organisatorischen Strategien, Vorratslisten und für alle Fälle mit ein paar Tipps zum Umbau, um sich in der Küche zurechtzufinden, all die Gerätschaften und Zutaten in der Küche zu nutzen und sogar Spaß dabei zu haben. Sie werden sicher ein paar Rezepte ausprobieren, die Ihrer Familie und Ihren Freunden bestimmt schmecken werden.

> **IN DIESEM KAPITEL**
>
> Die Küche genau anschauen
>
> Einige grundlegende Garmethoden kennenlernen
>
> Sich ein Menü zusammenstellen
>
> Die Küche sicher und benutzerfreundlich gestalten
>
> Ein einfaches Rezept ausprobieren

Kapitel 1
Kochen mit Zuversicht

REZEPTE IN DIESEM KAPITEL

- **Spiegelei**
- **Rührei**

Sie möchten also herausfinden, wie man kocht? Das ist eine gute Entscheidung! Kochen macht Spaß, entspannt und muntert auf. Wenn Sie selbst kochen, können Sie für weniger Geld essen, als wenn Sie sich irgendwo Fertiggerichte kaufen oder im Restaurant essen. Außerdem wissen Sie so genau, was Sie essen, und können bewusst gesunde Lebensmittel wählen. Wenn Sie selbst kochen, können Sie die Gerichte problemlos an Ihre eigenen ernährungstechnischen und kulinarischen Vorlieben anpassen, egal, ob Sie nun wenig Kohlenhydrate essen möchten oder Vegetarierin sind oder für die klassische französische Küche sterben könnten. Außerdem bekommen Sie so einen engeren Bezug zur Ernährung und zum eigenen Körper, und das kann dazu beitragen, dass Sie sich besser und gesünder fühlen und eine positivere Einstellung zu Ihrem Körper und Ihrem Leben bekommen. Ja, so viel können Sie mit Kochen erreichen!

Wir kochen gern und möchten unser Wissen unbedingt mit Ihnen teilen, aber wir erinnern uns auch noch, wie es ist, Anfänger zu sein. Manchmal fühlen Sie sich nicht sicher genug, ein etwas komplizierteres Rezept auszuprobieren, geschweige denn herauszufinden, welche Utensilien und Zutaten Sie benötigen und wie Sie die Küche optimal einrichten.

Also fangen wir in diesem Kapitel ganz am Anfang an: mit der Küche. Egal, ob Sie eine enge Küche in einer kleinen Wohnung mit einer Arbeitsfläche der Größe eines Serviertabletts haben oder sich in einer großzügigen Landhausküche mit einer Arbeitsinsel ausbreiten können – mithilfe dieses Kapitels können Sie Ihre Küche so einrichten, dass Sie produktiver arbeiten. Platz ist zwar wichtig, aber noch wichtiger ist es, den vorhandenen Platz optimal zu nutzen. Sie wären erstaunt, wenn Sie wüssten, wie klein manche Restaurantküchen sind. Aber diese Küchen funktionieren, weil alles an seinem Platz und leicht erreichbar ist. Sind Sie schon einmal auf der Suche nach einem Pfannenwender panisch durch die Küche gefegt, während Ihr Omelett auf dem Herd verbrannte? Wir sorgen dafür, dass Sie nicht noch einmal in eine solche Situation geraten.

Hierzu bieten wir Ihnen in diesem Kapitel eine umfassende Übersicht darüber, was Sie tun können, um effizient in der Küche zu arbeiten. Wir beschreiben, wie Sie Ihren Arbeitsplatz am besten einrichten, wir stellen die wichtigsten Küchengeräte vor und werfen einen ersten Blick auf einige einfache Garmethoden. Danach erfahren Sie, wie Sie ein Menü planen, Sie erhalten Informationen zur Sicherheit in der Küche, und Sie werden ein erstes einfaches und praktisches Rezept ausprobieren.

Erwärmen Sie sich für Ihre Küche

Da ist sie: die Küche. Vielleicht sehen Sie bislang nur anderen gern beim Kochen zu. Oder vielleicht kochen Sie hier jeden Tag nur Kaffee oder Tee. Keine Angst. Ihre Küche kann ganz schnell zu Ihrem liebsten Raum im Haus werden. Das ist nur eine Frage der Organisation.

Richten Sie sich Ihren Arbeitsplatz ein

Sie brauchen keine großartige Küche, um großartige Gerichte zuzubereiten. Aber ein gut eingerichteter Arbeitsplatz ist angenehmer und erleichtert das Kochen. Es ist eher unwahrscheinlich, dass Sie Ihre Küche gerade umbauen. Also müssen Sie im Wesentlichen mit der Küche auskommen, die Sie haben. Wenn Sie den ganzen Tag laufen möchten, sollten Sie Mitglied in einem Fitnessclub werden. Wenn Sie ein effizientes und angenehmes Kocherlebnis genießen möchten, sollten Sie sich ein paar Gedanken zur Organisation Ihres Arbeitsplatzes machen. An einer großen Wohnküche ist nichts auszusetzen, aber der Arbeitsbereich muss praktisch eingerichtet und das Notwendige leicht zugänglich sein. Sie sollten beispielsweise keine 3 Meter vom Herd weggehen müssen, um das Salz zu holen.

Es sollte möglich sein, in einem Gang von der Arbeitsplatte zum Herd und zum Kühlschrank zu gelangen. Dieser Arbeitsbereich wird als *Küchendreieck* bezeichnet (siehe Abbildung 1.1). Was auch immer hier im Weg ist, ein Tisch, eine Pflanze oder ein kleines Kind, räumen Sie es weg. Aber auch wenn Sie Ihre Küche nicht umbauen können, können Sie Ihren Arbeitsplatz so einrichten, dass Sie optimal damit zurechtkommen. Und das müssen Sie beachten.

Entrümpeln Sie Ihre Arbeitsplatte

Das Wichtigste zuerst: Schauen Sie sich Ihre Arbeitsplatte genau an. Was steht und liegt da alles herum? Kaffeemaschine, Standmixer, Küchenmaschine, ganze Stapel mit Rechnungen, Stundenpläne der Kinder und das Programm der Volkshochschule? In vielen Küchen wird die Arbeitsfläche zu wenig beachtet. Wenn dort nicht nur Lebensmittel (häufig auf einem Schneidbrett) bereitgelegt und vorbereitet werden, sondern sich auch Geschirr stapelt, Küchenmaschinen Platz einnehmen und Autoschlüssel in dem ganzen Durcheinander herumliegen, verleitet die Unordnung leicht dazu, zum Telefon zu greifen und eine Pizza zu bestellen. Ein aufgeräumter, sauberer Arbeitsbereich kann dagegen eine Inspiration für wunderbare Menüs sein. Versuchen Sie daher, Ihre Arbeitsplatte immer ordentlich und sauber zu halten.

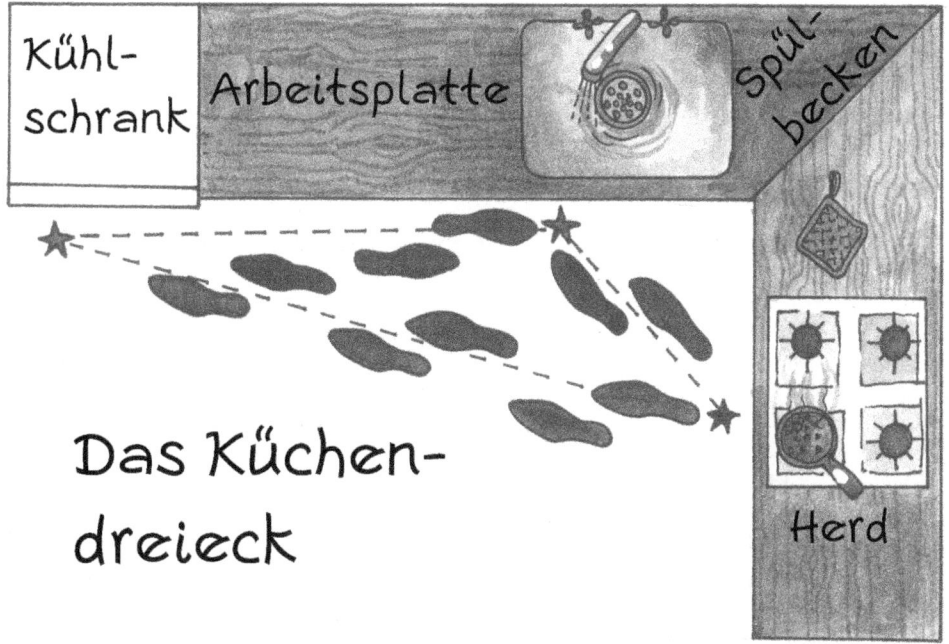

Abbildung 1.1: Ein gut funktionierendes Küchendreieck

Die Arbeitsplatte sollte immer so frei wie möglich sein. Wenn Sie ein Gerät nicht mindestens mehrmals pro Woche nutzen, wie etwa die Kaffeemaschine, den Toaster oder den Mixer, dann räumen Sie es weg. Das ist wertvolle Arbeitsfläche, die Sie da mit allem möglichen Krempel belegen! Und denken Sie immer daran: Eine Arbeitsplatte ist keine Zeitschriftenablage, kein Blumenständer und kein Weinregal. Verwenden Sie sie also auch nicht für diese Zwecke, wenn Sie eigentlich kochen möchten!

 Räumen Sie die Arbeitsplatte nicht nur auf, sondern gehen Sie auch pfleglich mit ihr um. Verwenden Sie ein Schneidbrett zum Schneiden und Untersetzer für heiße Töpfe und Pfannen, und wischen Sie Verschüttetes sofort auf, damit es keine Flecken gibt. Je schöner die Arbeitsplatte aussieht, umso lieber werden Sie sich in der Küche aufhalten.

Es werde Licht

Die Küche, und dort vor allem der Herd und die Arbeitsplatte, müssen gut ausgeleuchtet sein. Wenn Sie einen kombinierten Koch-/Essbereich haben, können Sie das Licht vielleicht über einen Dimmer regeln. So können Sie die Küche gut ausleuchten und gleichzeitig das Licht im Essbereich abdimmen. Eine Beleuchtung unter der Abzugshaube ist beim Rühren in Soßen oder Sautieren von Gemüse sehr hilfreich. Eine weitere Möglichkeit ist eine besondere Beleuchtung für den Kochbereich, entweder in die Hängeschränke oder in die Decke eingelassen. Es gibt nichts Schlimmeres, als Lebensmittel bei schlechter Beleuchtung zu begutachten. Wenn der Kochbereich in Ihrer Küche nicht ordentlich ausgeleuchtet ist, gibt es eine sehr kostengünstige Lösung: Kaufen Sie sich eine nachträglich montierbare Leuchte.

Räumen Sie Ihren Vorratsschrank auf

Im Vorratsschrank werden Grundnahrungsmittel und andere Trockenvorräte aufbewahrt. Trockenvorräte sind Lebensmittel, die nicht gekühlt oder tiefgekühlt werden, wie Mehl und Zucker oder abgepackte Lebensmittel wie Nüsse, Kekse, Nudeln und Reis. Sie können sich glücklich schätzen, wenn Sie für Ihre Vorräte einen ganzen Raum zur Verfügung haben, also eine Speisekammer besitzen. Halten Sie sie in Ordnung und achten Sie darauf, dass Sie sie immer gut überblicken und leichten Zugriff auf die Vorräte haben, die Sie häufig verwenden, wie Mehl, Zucker und Speiseöl. Aber auch wenn Ihnen nur ein oder zwei Schränke für den Vorrat zur Verfügung stehen, ist Ordnung das Zauberwort. (Tipps dazu, was in eine Vorratskammer gehört, finden Sie in Kapitel 3.)

Beim Einrichten des Vorratslagers sollten Sie als Erstes überlegen, welchen Raum oder Schrank Sie verwenden möchten und ob die darin aufbewahrten Lebensmittel gut zugänglich sind.

Auf dem Markt sind viele geniale Küchenschränke erhältlich: zum Beispiel Schränke, bei denen sich sowohl in den Schwenktüren als auch innen im Schrank Fachböden befinden, Karussellschränke, die sich drehen lassen und so den Zugriff auf Vorräte auf den runden Fachböden ermöglichen, oder Apothekerschränke mit auf Schienen ausfahrbaren Fachböden, bei denen auch die Vorräte gut zugänglich sind, die sich ganz hinten im Schrank befinden. Wenn Ihre Schränke nicht so komfortabel ausgestattet sind, können Sie ein wenig improvisieren und selbst Ablagen an der Innenseite der Türen montieren oder diese praktischen Auszüge selbst einbauen. Halten Sie in Baumärkten oder Küchenfachgeschäften nach entsprechenden Bausätzen Ausschau.

Bei einem guten Schrank oder einer guten Vorratskammer sehen Sie mit einem Blick, was Sie vorrätig haben. Das fördert die kulinarische Kreativität. Dabei können Sie nach dem greifen, was Sie benötigen, ohne dabei Essigflaschen und Gewürzdosen umzuwerfen. Bevorraten Sie getrocknete Bohnen und Linsen, Nudeln, verschiedene Sorten Reis, Mehl, Zucker, Tee und Kaffee in großen Gläsern oder Kunststoffbehältern mit Deckel. Diese Art der Bevorratung hält die gefürchteten Schädlinge wie Lebensmittelmotten fern und sieht außerdem professionell aus.

Lebensmittel, die Sie ständig verwenden, lagern Sie am besten in einem Schrank oder auf einem Regal in Herdnähe oder am Arbeitsplatz. Das betrifft beispielsweise das Speiseöl, das Gewürzregal oder Backzutaten wie Backpulver und Vanillezucker.

Кücheninseln sind in puncto Stauraum sehr ergiebig und können als zusätzlicher Küchentisch genutzt werden. Wenn Sie keine Insel (aber den Platz dazu) haben, sollten Sie sich einen Küchenwagen mit Ablagefächern kaufen.

Einführung in Haushaltsgeräte: Freunde, keine Feinde

Da sind sie, diese beeindruckenden Geräte, die Ihre Küche in einen Raum für die Zubereitung und Lagerung von Lebensmitteln verwandeln. Mit diesen Geräten können Sie exquisite Gourmetgerichte zaubern oder die fürchterlichsten Unfälle fabrizieren. Doch in der Regel sind die Geräte Ihre Verbündeten, wenn es um gutes Kochen geht. Wenn Sie sich mit Ihrem Herd, Backofen, Kühlschrank und all den Kleingeräten (die in Kapitel 2 beschrieben werden) erst angefreundet haben, werden Sie sich in der Küche wie zu Hause fühlen. Und wenn Sie die Stärken und Schwächen Ihrer Geräte kennen, können Sie sie optimal nutzen.

Herd und Backofen

Egal, ob Sie einen alten Gasherd haben, der aussieht, als hätten Sie ihn von Ihrer Großmutter geerbt, oder einen topmodernen Herd mit Induktionsfeld, der Herd ist das am häufigsten genutzte Haushaltsgerät in der Küche. Direkt unter dem Kochfeld oder getrennt davon in Augenhöhe befindet sich der Backofen, den Sie wahrscheinlich oft zum Backen, Braten und Aufwärmen von Resten nutzen werden. Der Herd und der Backofen sind Ihre besten Freunde in der Küche. (Rezepte für die Zubereitung von Gerichten auf dem Kochfeld und im Ofen finden Sie in den Teilen II, III und IV.) Und wenn Sie sich einen neuen Herd oder Backofen kaufen, haben Sie die Wahl zwischen allen möglichen neuen technischen Errungenschaften – vom Dampfgarer bis zur Wärmeschublade. Aber auch wenn Sie sich in nächster Zukunft keinen neuen Herd oder Backofen kaufen werden, ist es hilfreich, die eigenen Geräte zu kennen und zu wissen, wie man mit ihnen umgehen muss.

Gasherd

Die meisten ernst zu nehmenden Köche bevorzugen den Gasherd. Eine Gasflamme kann schnell hoch- und heruntergedreht werden, was besonders beim schnellen Anbraten und beim Zubereiten von Soßen wichtig ist. Die Flamme kann in minimalen Schritten angepasst werden, besser als es mit einem Elektroherd mit Zahlen auf den Reglern möglich ist. Für Anfänger ist der Gasherd aufgrund der offenen Flamme möglicherweise abschreckend. Außerdem kann ein Gasherd höhere Temperaturen erzeugen als ein Elektroherd, weshalb sich Köche, die einen Elektroherd gewohnt sind, umstellen müssen, damit sie ihre Gerichte nicht anbrennen lassen oder eine teure Bratpfanne kaputt machen. Aber mit ein wenig Übung bekommen Sie den Dreh mit dem Kochen auf Gas schnell heraus. Wenn Sie mit Überzeugung sagen können, dass Sie nur noch auf Gas kochen möchten, haben Sie eine völlig neue Stufe der Kochkunst erreicht.

In diesem Buch geben wir bei den Rezepten die Temperaturen für Gasbacköfen *nicht* an. Sollten Sie einen Gasbackofen benutzen, finden Sie in der Bedienungsanleitung zu Ihrem Gasbackofen eine Tabelle mit den entsprechenden Temperaturen und Schaltstufen.

Moderne Gasherde zünden elektrisch. Somit strömt Gas erst durch die Leitung, wenn der Herd eingeschaltet wird. Wenn es nach Gas riecht, ist die Leitung undicht. Das ist gefährlich. Rufen Sie sofort die Stadtwerke an. Verwenden Sie weder den Herd noch andere elektrische Geräte, und vermeiden Sie es, das Licht einzuschalten, da hierbei Funken entstehen, die zu einer Explosion führen können.

Glaskeramikkochfeld

Ein Glaskeramikkochfeld ist leicht zu bedienen und zu säubern. Die Kochstelle erwärmt sich über Heizdrähte unter der Oberfläche. Wenn der Regler heruntergedreht wird, dauert es einige Zeit, bis die Temperatur sinkt. Beim Gasherd geschieht das in Sekundenschnelle.

Induktionsherd

Der Induktionsherd funktioniert durch die Übertragung eines Magnetfelds in den Boden des Kochgeschirrs und die Umwandlung in Wärme. Beim Induktionsprinzip erhitzt sich nur der Topf, nicht die Kochstelle. 2 Liter Wasser kochen in gut 1 Minute. Es kann jedoch nur spezielles Kochgeschirr aus ferromagnetischem Material, zum Beispiel Edelstahl oder Gusseisen, verwendet werden. Mit Kupfertöpfen und Glas funktioniert der Induktionsherd nicht. Um zu überprüfen, ob ein Topf für den Induktionsherd geeignet ist, halten Sie einen Magneten an den Boden. Bleibt er haften, ist der Topf für die Induktionskochstelle geeignet.

Backofen

Die meisten Backöfen besitzen verschiedene Beheizungsarten – neben der klassischen Ober- und Unterhitze meist auch Umluftbeheizung. Ein kleiner Ventilator hinten im Ofen verteilt die erhitzte Luft, sodass die Lebensmittel schnell und gleichmäßig gegart werden. Die Temperatureinstellung kann um etwa 30 Grad niedriger gewählt werden als bei der klassischen Beheizung mit Ober- und Unterhitze. Viele professionelle Köche bevorzugen insbesondere zum Backen Elektroöfen, da bei diesen Öfen eine konstante Temperatur sehr genau eingestellt werden kann. Gas- und Elektroöfen von heute erzeugen und halten im Allgemeinen eine Ofentemperatur innerhalb eines Toleranzbereichs von 5 Grad.

Mikrowelle

Das Kochen mit der Mikrowelle lässt sich mit dem konventionellen Kochen nicht vergleichen, denn hierbei müssen ganz andere Regeln beachtet werden. In den meisten Haushalten werden Mikrowellengeräte nur zum Aufwärmen oder Auftauen verwendet. Wenn Sie eine Mikrowelle für diese Zwecke nutzen möchten, ist ein einfaches Gerät mit einer oder zwei Leistungsstufen ausreichend. Wenn Sie nicht viel Platz haben, ist ein Kombinationsgerät mit Grill und Umluft eine Überlegung wert. Damit können Sie – je nach Bedarf – die eine oder die andere Garmethode wählen.

Mikrowellen werden von Metall reflektiert. Daher kann in der Mikrowelle kein herkömmliches Kochgeschirr aus Metall verwendet werden. Für die Mikrowelle eignet sich Geschirr aus feuerfestem Glas, bestimmte Kunststoffarten, Porzellan, Papier, Keramik und Kochbeutel aus Kunststoff. In manchen Mikrowellengeräten kann das Geschirr mit Alufolie abgedeckt werden. Dabei darf die Alufolie jedoch nicht mit den Wänden des Geräts oder mit dem Temperaturfühler in Berührung kommen. Lesen Sie im Handbuch nach, ob Sie in Ihrem Gerät Alufolie verwenden dürfen. Kochgeschirr darf sich in der Mikrowelle nicht erwärmen. Geschieht dies doch, ist das Geschirr möglicherweise nicht mikrowellengeeignet.

Wie funktioniert eine Mikrowelle?

Eine Mikrowelle verfügt über ein *Magnetron*, das aus elektrischem Strom Mikrowellen erzeugt. Mikrowellen dringen durch Material wie Glas, Papier, Porzellan und Kunststoff und werden von Lebensmitteln absorbiert und in Wärme umgewandelt. Durch die Mikrowellen werden die Wassermoleküle in Lebensmitteln in schnelle Drehbewegungen versetzt. Dadurch entsteht Reibungsenergie, die in Wärme umgewandelt wird.

Die Vorstellung, dass Lebensmittel mit Mikrowellen von innen nach außen gegart werden, stimmt so nicht. Mikrowellen dringen durch die Oberfläche maximal 5 Zentimeter tief in die Lebensmittel ein. Die Wärme verbreitet sich im Rest der Lebensmittel durch Wärmeleitung.

Eine Mikrowelle ist zum Grillen von Fleisch, Backen von Brot, Kuchen, Plätzchen und anderen Lebensmitteln, die knusprig braun werden sollen, kein Ersatz für einen konventionellen Ofen, es sei denn, sie ist mit einer Funktion zum Bräunen ausgestattet. Verwenden Sie Ihre Mikrowelle daher als Ergänzung zu anderen Geräten. Sie können beispielsweise ein Hähnchen kurze Zeit in der Mikrowelle vorkochen und anschließend unter dem Grill fertig garen. Hier noch ein paar weitere Tipps zum Kochen mit der Mikrowelle:

- ✔ Für Rezepte, für die viel Wasser benötigt wird, wie beim Kochen von Nudeln, ist die Mikrowelle nicht geeignet. Diese Rezepte lassen sich auf dem normalen Kochfeld schneller zubereiten.

- ✔ Lebensmittel müssen richtig angeordnet werden, damit sie gleichmäßig gegart werden. Legen Sie die dicksten Teile, wie Brokkolistiele nach außen in Richtung Gerätewand. Legen Sie Lebensmittel mit derselben Form und Größe, wie Kartoffeln, mit etwas Abstand zwischen den einzelnen Teilen in einem Kreis oder Quadrat aus. Dabei muss die Mitte des Kreises oder des Quadrats frei bleiben.

- ✔ Durch Abdecken des Kochgeschirrs wird ein Verspritzen verhindert und die Garzeit reduziert. Durch regelmäßiges Umrühren, Drehen und Wenden des Garguts wird die Hitze gleichmäßig verteilt.

- ✔ Wie beim herkömmlichen Garen verkürzt sich auch beim Garen mit der Mikrowelle die Garzeit, wenn das Gargut in kleinere Stücke geschnitten wird.

- ✔ Stechen Sie Lebensmittel mit Schale, wie Kartoffeln und Würstchen, vor dem Garen mit einer Gabel an. So kann Dampf entweichen und die Lebensmittel platzen nicht.

- ✔ Die Garzeit hängt auch vom Typ des Mikrowellengeräts ab. Prüfen Sie daher bereits nach der Mindestkochzeit, ob die Lebensmittel möglicherweise bereits gar sind. Sie können die Lebensmittel dann immer noch etwas länger garen. Beachten Sie außerdem auch die im Rezept angegebene Standzeit, da in der Mikrowelle gegarte Lebensmittel nach dem Herausholen aus dem Gerät immer etwas nachgaren.

- ✔ Verwenden Sie zum Auftauen von Lebensmitteln die Auftaufunktion (30 bis 40 Prozent der Gesamtleistung), damit die Lebensmittel langsam und gleichmäßig aufgetaut werden. Andernfalls kann es vorkommen, dass die Lebensmittel außen bereits zu kochen beginnen, während sie innen noch gefroren sind.

Lesen Sie die Gebrauchsanweisung zu Ihrer Mikrowelle vor Gebrauch sorgfältig durch. Eine Bekannte hat sich ihre Mikrowelle ruiniert, weil sie die Zeiteinstellung als Küchenwecker verwendet und nicht beachtet hat, dass eine Mikrowelle niemals leer betrieben werden darf. Diese Warnung steht aber in jeder Gebrauchsanweisung für Mikrowellen.

Kühlschrank

Der Kühlschrank ist das schwarze Loch der Küche: Dinge gelangen hinein und werden niemals wieder gesehen, zumindest nicht vor dem nächsten großen Reinemachen. Bis dahin ist aus den Resten Kompost geworden. Und was ist wohl in dieser kleinen Kugel aus Alufolie? *Öffnen Sie sie nicht!*

Kühlschränke gibt es in vielen verschiedenen Größen. Für Single-Haushalte reicht ein Kühlschrank mit 120 Liter Fassungsvermögen aus, ein Vier-Personen-Haushalt kann mit 250 Liter Fassungsvermögen zurechtkommen. Beachten Sie beim Neukauf, dass Kühlschränke zu den größten Stromfressern im Haushalt zählen. Bei alten Kühlschränken oder großen Modellen mit 300 Liter Nutzinhalt oder mehr kann der Stromverbrauch sehr hoch ausfallen. Abhängig ist dieser auch davon, ob Ihr Kühlschrank ein integriertes Gefrierfach hat oder nicht, und ob es ein freistehendes oder ein Einbaumodell ist. Ein Gefrierfach im Kühlschrank ist nicht allzu groß, sodass Sie darin nicht besonders viel lagern können. Außerdem ist es nur für die Lagerung bereits tiefgekühlter Waren geeignet, nicht zum Einfrieren von Frischware.

Sorgen Sie dafür, dass sich die Türen des Kühlschranks so bequem wie möglich öffnen lassen. Prüfen Sie auch, ob die Fächer in der Tür groß genug sind, um eine Flasche aufrecht hineinzustellen.

Versuchen Sie, den Kühlschrank nicht zu voll zu packen. So bleibt genügend Platz für die Zirkulation der kalten Luft und die Kühlung der Lebensmittel. Bewahren Sie Vorräte immer am selben Ort auf, sodass Sie nicht jedes Mal, wenn Sie die Tür öffnen, nach dem einen Glas Senf oder Marmelade suchen müssen. Mit durchsichtigen Böden und Behältern haben Sie einen besseren Überblick.

Der untere Bereich ist in der Regel am kältesten. Hier sollten Sie Fleisch, Geflügel und Fisch aufbewahren. Frisches Gemüse liegt im Gemüsefach. Blattsalate und Kräuter können Sie in angefeuchtetes Küchenkrepp oder ein Tuch wickeln und einige Tage aufbewahren. Gemüsesorten wie Brokkoli und Blumenkohl sollten dagegen trocken aufbewahrt und erst kurz vor der Zubereitung gewaschen werden. Feuchtes Gemüse verdirbt schneller.

In den Kühlschrank gehören alle Lebensmittel, die gekühlt werden müssen wie Milchprodukte, Fleisch und Fisch, oder gekühlt werden sollen wie Getränke und Speisereste. Kontrollieren Sie den Inhalt Ihres Kühlschranks wöchentlich auf verdorbene Lebensmittel, und waschen Sie ihn etwa ein Mal im Monat mit einer Wasser-Seifen-Lösung gründlich aus. Wenn Sie ein Schälchen Backpulver hinten im Kühlschrank aufstellen, können Sie unangenehme Gerüche vermeiden. Sie müssen das Backpulver jedoch alle paar Monate austauschen.

Gefrierschrank/Kühl-Gefrierkombination

Die Gefriertruhe eignet sich hervorragend zur Lagerung von Lebensmitteln, die Sie in großen Mengen kaufen, wie Fleisch, Gemüse und Brot sowie für Reste wie Suppe, Eintopf, Auflauf und Gebäck. Wenn Sie eine Gefriertruhe oder eine Kühl-Gefrierkombination haben, umso besser! Sie können Fleisch, Tiefkühlgemüse und Obst im Sonderangebot kaufen, große Mengen kochen und Reste von Suppen, Eintopf, Soßen und Desserts einfrieren. So haben Sie Lebensmittel mit der Auftaufunktion der Mikrowelle immer schnell griffbereit. Um den vorhandenen Platz optimal zu nutzen und Ordnung zu halten, stapeln Sie alles in mit Datum versehenen Behältern sauber aufeinander.

Beachten Sie beim Neukauf, dass die Kühl-Gefrierkombination entsprechend Platz in Ihrer Küche beansprucht. Eine Gefriertruhe beziehungsweise einen Gefrierschrank können Sie dagegen auch in einem anderen Raum oder sogar im Keller aufstellen.

Geschirrspülmaschine

Da Sie Ihre Abende bestimmt sinnvoller nutzen können als mit dem Abwasch des Geschirrs von acht Personen, möchten Sie sicherlich eine Geschirrspülmaschine haben. Wenn Sie für eine ganze Familie kochen, können Sie mit der Geschirrspülmaschine eine Menge Zeit sparen. Für kleine Küchen gibt es inzwischen auch platzsparende Geräte von geringer Breite. Das Spülen in einem modernen Gerät ist bei sorgfältiger Dosierung von Reiniger und Klarspüler nicht teurer als das Spülen von Hand. Das schmutzige Geschirr muss nicht vorgespült werden, grobe Speisereste werden nur abgewischt und in den Abfall entsorgt. Wählen Sie das Spülprogramm nach Geschirrart und Verschmutzungsgrad. Wenn Sie Ihre Töpfe und Pfannen von Hand spülen, müssen Sie in der Spülmaschine kein Intensivprogramm einstellen und sparen so eine Menge Energie.

Lernen Sie einige grundlegende Garmethoden kennen

In Rezepten finden sich zahlreiche Fachausdrücke und Methoden, die ein Küchenneuling möglicherweise noch nicht kennt. Für den Anfang finden Sie hier die grundlegenden Garmethoden und was dazugehört. Sie liegen den meisten Rezepten zugrunde, auf denen wir in unterschiedlichen Abschnitten in diesem Buch aufbauen werden. Wenn Sie diese Ausdrücke erst einmal kennen und die Methoden ausprobiert haben, werden Sie feststellen, dass viele Rezepte viel einfacher sind, als Sie dachten.

- ✔ **Kochen, Pochieren und Dämpfen:** Bei diesen drei Methoden wird Wasser benötigt. Beim *Kochen* wird Wasser erhitzt, bis es sprudelt. Beim *Pochieren* werden Fisch, Eier oder Gemüse in heißem, aber nicht kochendem Wasser sanft gegart. Beim *Dämpfen* werden Lebensmittel nicht in, sondern über kochendem Wasser gegart. Diese Garmethoden werden in Kapitel 4 ausführlich beschrieben.

- ✔ **Kurzbraten und Sautieren:** Das Kurzbraten bezeichnet das schnelle Braten von Lebensmitteln, meist Fleisch, bei starker Hitze in heißem Fett. Beim *Sautieren* werden klein geschnittene Lebensmittel in einer Bratpfanne oder Sauteuse bei starker Hitze unter Schwenken schnell gebraten. In Kapitel 5 erfahren Sie alles über das Dünsten, Kurzbraten und Sautieren.

- ✔ **Schmoren und Dünsten:** Beim *Schmoren* wird Fleisch angebraten und unter Flüssigkeitszugabe (Wein oder Brühe) fertig gegart. So bleibt das Fleisch besonders saftig. Beim *Dünsten* werden Lebensmittel (meist Fisch und Gemüse) in einer geringen Menge gewürzter Flüssigkeit, Brühe und gelegentlich Wein, gegart. Weitere Informationen zum Dünsten und Schmoren finden Sie in Kapitel 5 und 6.

- ✔ **Braten:** Beim *Braten* wird das Gargut längere Zeit in einer Pfanne oder in einem Bräter ohne Deckel im Ofen gegart. Mit dieser Methode werden meist große Fleischstücke, wie ein Schweinebraten oder eine Gans, oder Gemüse gegart. In Kapitel 7 finden Sie ausführliche Informationen zum Braten.

Warum jeder kochen lernen sollte

Es gibt fünf gute Gründe, kochen zu lernen:

- ✔ Sie bestimmen selbst, was Sie essen, und hängen nicht von dubiosen Gerichten ab, die von Schnellrestaurants oder Tiefkühlkostherstellern am Fließband produziert werden.

- ✔ Zu Hause ist durchaus ein Nachschlag drin.

- ✔ Die Familie und Freunde zu bekochen, ist viel privater, als in einem Restaurant essen zu gehen.

> ✔ Wenn Sie ein Gefühl für Nahrungsmittel entwickeln, können Sie qualitativ hochwertige Lebensmittel von zweiter Wahl unterscheiden. Wer weiß: Vielleicht haben Sie sogar Lust, im nächsten Frühjahr einen Gemüsegarten anzulegen.
>
> ✔ Sie beginnen, sich in der Buchhandlung in der Kochbuchabteilung aufzuhalten – fruchtbarer Boden für Begegnungen mit dem anderen Geschlecht.

Ein Menü planen

Es ist eine Sache, ein Rezept nachzukochen. Eine andere Sache ist es, Mahlzeiten für eine ganze Woche oder ein Menü für Gäste zu planen! Beides kann jedoch viel Spaß machen und bietet die Möglichkeit, mit neuen Rezepten und Techniken zu experimentieren. Planen Sie Ihr Menü oder den Wochenspeisezettel und schreiben Sie eine Einkaufsliste, damit Sie alles, was Sie benötigen, im Haus haben, bevor Sie mit dem Kochen beginnen. Manche Köche schreiben erst die einzelnen Gerichte auf, lesen dann die Rezepte und erstellen eine Einkaufsliste für die ganze Woche. Für manche mag sich das lästig anhören. Anderen mag das Lesen all der Rezepte Spaß machen! Aber Sie brauchen nicht so formal vorzugehen. Sorgen Sie einfach dafür, dass Sie alle erforderlichen Zutaten und Geräte im Haus haben. Dann steht Ihrer Kochaktion nichts mehr im Weg.

Bei den meisten Familien besteht eine einfache sättigende Mahlzeit aus einem Hauptgang (einem Fleischgericht oder einem vegetarischen Gericht) und Brot, Reis, Nudeln oder einer anderen Beilage, sowie eventuell zusätzlich einer Suppe, einem Salat oder einem Dessert. Eine gesunde Ernährung beinhaltet mageres Fleisch und Milchprodukte ebenso wie Lebensmittel aus Vollkornprodukten und Hülsenfrüchten (wie Linsen und Bohnen), viel frisches Gemüse und wenig Zucker als Süßungsmittel. Bei wenig Zeit oder kleinem Appetit können Mahlzeiten auch einfacher sein: Manchmal genügt ein herzhafter Salat (siehe Kapitel 11) oder eine Suppe (siehe Kapitel 10). Und was ist mit Frühstück? Hier in Kapitel 1 und in Kapitel 9 finden Sie einige leckere Gerichte mit Eiern.

Feiertage und besondere Anlässe bieten Gelegenheit, etwas aufwendigere Mahlzeiten zu planen. Ein förmliches Abendessen besteht aus mehreren Gängen wie Aperitif, Salat, Suppe, Hauptgang, Dessert und manchmal wird als Abschluss noch Käse gereicht. Das kommt ganz darauf an, wie aufwendig Sie das Ganze gestalten möchten. Besondere Anlässe sind auch eine gute Entschuldigung für extravagante Desserts, die Sie sich nicht jeden Tag gönnen würden. (In Kapitel 14 finden Sie zahlreiche Ideen für Desserts.)

Das Einmaleins der Sicherheit in der Küche

Kochen macht Spaß, erfordert jedoch auch einige Sicherheitsvorkehrungen. Möglicherweise denken Sie, die größte Gefahr besteht darin, dass Sie Gästen ein Menü servieren und die Gäste auf dem Nachhauseweg in hysterisches Lachen ausbrechen. (»Und er hat dieses Fiasko doch tatsächlich als *Abendessen* bezeichnet!«) Das kann zwar sehr beschämend sein. Aber es gibt noch ganz andere Gefahren in der Küche, die ein Hobbykoch kennen sollte, um die entsprechenden Vorsichtsmaßnahmen ergreifen und sorgenfrei kochen zu können.

Achten Sie immer darauf, was Sie tun. Ein kleiner Ausrutscher kann große Schmerzen verursachen. Selbst stumpfe Messer können gefährlich sein, da Sie mehr Druck ausüben und dabei abrutschen können. Weitere Informationen zur Sicherheit in der Küche und wie Sie Unfälle in der Küche vermeiden, beziehungsweise was Sie bei einem Unfall tun müssen, finden Sie in Kapitel 18. Hier ein paar einfache Sicherheitsregeln:

- ✔ Bewahren Sie Messer in einem Messerblock oder an einer Magnetstange außerhalb der Reichweite von Kindern und nicht in einer Küchenschublade auf. Informationen zu Messern und zur Sicherheit im Zusammenhang mit Messern finden Sie in Kapitel 2.

- ✔ Kochen Sie niemals in weit geschnittener Kleidung, die Feuer fangen könnte, und binden Sie langes Haar aus demselben Grund nach hinten (einmal ganz davon abgesehen, dass Sie Ihre Haare außerdem nicht ins Essen hängen lassen sollten!).

- ✔ Kochen Sie niemals mit baumelndem Schmuck, der sich an Topfhenkeln verfangen könnte.

- ✔ Profiköche haben nach jahrelangem Greifen von heißen Pfannen und Töpfen hitzebeständige Hände. Sie nicht. Haben Sie immer Topflappen griffbereit, und verwenden Sie sie.

- ✔ Drehen Sie heiße Topfgriffe von der Herdvorderseite weg, wo Kinder sie greifen und Erwachsene dagegenstoßen könnten.

- ✔ Lassen Sie wärmeempfindliche Lebensmittel nicht in der Küche herumliegen, vor allem nicht bei warmem Wetter. Rohes Fleisch, Fisch und bestimmte Milchprodukte können schnell verderben. Kühlen Sie sie daher sofort oder frieren Sie sie ein.

- ✔ Wenn Sie etwas verschüttet haben, wischen Sie es sofort auf, damit niemand darauf ausrutscht und hinfällt.

- ✔ Kochen Sie nicht, wenn Sie in Hektik oder mit den Gedanken woanders sind, weil Ihre Finger möglicherweise ebenfalls woanders enden.

- ✔ Gehen Sie während des Kochens nicht kurz zur Waschmaschine oder zum Unkrautzupfen. Töpfe, Pfannen, Grill, Wok und Fritteuse sollten Sie ständig im Auge behalten.

✔ Bewahren Sie rohes Fleisch, vor allem Geflügel, getrennt von anderen Lebensmitteln im Kühlschrank auf, um eine Übertragung von gefährlichen Keimen auf andere Lebensmittel zu vermeiden. Legen Sie gekochte Lebensmittel oder Obst und Gemüse niemals auf ein Schneidbrett, auf dem Sie gerade rohes Fleisch geschnitten haben.

✔ Waschen Sie sich die Hände, bevor Sie Lebensmittel in die Hand nehmen. Hände sind, je nachdem, was Sie den Tag über so tun, hervorragende Überträger von Bakterien. Waschen Sie sich die Hände gründlich, nachdem Sie Fleisch, Geflügel oder Eier in der Hand hatten.

✔ Um panikartiges Suchen zu vermeiden, legen Sie immer alle Utensilien bereit und nach dem Gebrauch an ihren Platz zurück. Das gilt auch für Messer.

✔ Räumen Sie gleich auf, noch während Sie arbeiten. Das ist eigentlich selbstverständlich, oder? Und warum machen das dann nicht alle so? Wir kennen Leute, die sich ein belegtes Brot richten und die Küche verlassen, als hätten sie gerade ein Mittagessen für eine ganze Fußballmannschaft gekocht. Legen Sie gebrauchte Messer beiseite, wischen Sie die Arbeitsplatte ab und legen Sie Lebensmittel zwischen den Schritten in einem Rezept in den Kühlschrank zurück. So denken Sie immer strukturiert, und Haustiere kommen erst gar nicht auf die Idee, auf Arbeitsplatten zu springen. Außerdem haben Sie beim nächsten Schritt im Rezept gleich den sauberen Pfannenwender oder Schneebesen zur Hand, wenn Sie ständig alles sauber halten.

✔ Der alte Spruch, dass Öl und Wasser nicht zusammengehören, stimmt tatsächlich. Versuchen Sie niemals, in Feuer geratenes Fett mit Wasser zu löschen. Damit machen Sie alles noch schlimmer, weil das brennende Fett dann spritzt. Wenn das Fett in einem Topf oder in einer Pfanne brennt, decken Sie den Topf beziehungsweise die Pfanne mit einem Deckel ab. Bei einem Feuer im Ofen oder auf dem Boden können Sie die Sauerstoffzufuhr zunächst mit Backpulver oder Salz unterbinden und dann den Feuerlöscher aktivieren.

Jetzt aber ran an den Speck!

Wenn Sie es kaum noch erwarten können, endlich mit dem Kochen anzufangen, probieren Sie doch diese beiden schnellen und einfachen Rezepte für Spiegel- und Rührei aus. Beide Gerichte sind perfekt für Anfänger und schmecken allen gut. Eier sind ein gesunder und nahrhafter Eiweißlieferant. Zudem lassen sich Eier leicht zubereiten. (In Kapitel 9 finden Sie weitere Rezepte mit Eiern.)

Spiegelei

Nichts geht über ein leckeres Spiegelei beim Sonntagmorgen-Frühstück. Damit können Sie wirklich punkten.

Utensilien: Bratpfanne (24 bis 28 cm, am besten antihaftbeschichtet), Pfannenwender, Tasse

Vorbereitungszeit: Etwa 5 Minuten   **Garzeit:** Etwa 4 Minuten   **Portionen:** 4

2 EL Butter

8 Eier

Salz, Pfeffer

1. Die Eier in eine Tasse aufschlagen. Darauf achten, dass das Eigelb dabei ganz bleibt.

2. Butter bei mittlerer Hitze in einer Pfanne zerlassen. (Aufpassen, dass die Butter nicht braun wird.) Sobald die Butter Bläschen wirft, den Herd auf niedrige Temperatur stellen. Die Eier aus der Tasse vorsichtig in die Pfanne gleiten lassen.

3. Die Eier sind fertig, wenn das Eiweiß nicht mehr flüssig ist. Anschließend mit Salz und Pfeffer würzen und mit dem Pfannenwender aus der Pfanne nehmen.

Wenn Sie Ihre Spiegeleier gern mit Schinken oder Speck essen, braten Sie zuerst den Schinken oder Speck in der Pfanne kross, nehmen ihn dann heraus und stellen ihn beiseite. (Wenn der Speck sehr fett ist, brauchen Sie kein Fett zum Anbraten.) Anschließend braten Sie in derselben Pfanne im verbliebenen Fett die Eier, wie oben beschrieben. So nehmen die Eier das wunderbare Aroma des Fleisches an.

Rührei 🍅

Den Eiern wird etwas Flüssigkeit hinzugefügt, wahlweise Wasser, Milch oder Sahne. Durch Sahne werden die Eier schön cremig. Wird Wasser verwendet, erzeugt das ein größeres Volumen, da das Eiweiß stärker schäumt. Für das folgende Rezept können Sie das eine oder das andere oder einfach Milch verwenden. Probieren Sie doch die verschiedenen Varianten aus und finden Sie heraus, was Ihnen besser schmeckt.

Utensilien: Mittelgroße Schüssel, Gabel oder Schneebesen, Bratpfanne (24 bis 28 cm, am besten antihaftbeschichtet), Pfannenwender oder Kochlöffel, Küchenmesser, Schneidbrett, Messbecher

Vorbereitungszeit: Etwa 5 Minuten   **Garzeit:** Etwa 4 Minuten   **Portionen:** 4

8 Eier

75 ml fettarme Sahne, halb Sahne und halb Milch, Milch (Vollmilch oder fettarme Milch) oder Wasser

2 EL fein geschnittener Schnittlauch (nach Geschmack)

½ TL Salz (nach Geschmack)

Etwas schwarzer Pfeffer (nach Geschmack)

2 EL Butter

1. Eier aufschlagen und in eine Schüssel geben. Die Eier mit einer Gabel oder einem Schneebesen schlagen, sodass Eigelb und Eiweiß gut vermischt werden. Danach nicht mehr weiterschlagen. Sahne (oder Milch oder Wasser), Schnittlauch, Salz und Pfeffer (nach Geschmack) unter die Eier mischen.

2. Butter bei mittlerer Hitze in einer Pfanne zerlassen. (Aufpassen, dass die Butter nicht braun wird.) Die Eiermischung zugeben. Wenn die Mischung zu stocken beginnt, die Eier mit einem hitzebeständigen Pfannenwender oder Kochlöffel vorsichtig vom Boden und den Seiten der Pfanne so lösen, dass große Stücke entstehen. Die Eier sind fertig, wenn die Mischung nicht mehr flüssig ist.

Variationen: Sie können dieses Grundrezept für Rührei mit Gewürzen noch aufpeppen. Fügen Sie zur flüssigen Eiermischung ein paar Spritzer Tabasco hinzu, etwas Senfpulver oder geriebenen Parmesankäse, 2 Esslöffel gehackte Petersilie oder Basilikum oder etwa 1 Teelöffel geriebene Zitronenschale.

 Wenn Sie richtig gute Rühreier zubereiten möchten, dürfen Sie sie vor dem Garen nicht zu sehr schlagen.

> **IN DIESEM KAPITEL**
>
> Brandheiß: Kochgeschirr, das Sie *wirklich* brauchen
>
> Sich mit Töpfen und Pfannen eindecken
>
> Messer auswählen und sie richtig benutzen
>
> Die richtigen Backutensilien besorgen
>
> Vorteile kleiner Geräte
>
> Helferlein, die die Arbeit erleichtern

Kapitel 2
Alle erforderlichen Utensilien zusammentragen

REZEPTE IN DIESEM KAPITEL

Toskanischer Brotsalat

Die Küche ist ein bisschen wie ein Auto. Als Sie den Führerschein frisch gemacht hatten, freuten Sie sich über eine verbeulte, zehn Jahre alte Rostlaube. Als Sie dann etwas Erfahrung mit dem Fahren gesammelt hatten, begannen Sie, von einem besseren Auto zu träumen, vielleicht von einem neuen Cabriolet. Wenn Sie die wundervolle Welt des Kochens betreten, sind ein paar einfache Utensilien vollkommen ausreichend: Die Fahrt ist möglicherweise nicht so komfortabel wie in einem neuen Cabriolet, aber Sie werden rechtzeitig zu Ihrer Verabredung kommen.

In diesem Kapitel geht es um Küchenutensilien und wie sie verwendet werden. Es lohnt sich zu lernen, wie Küchenutensilien, etwa ein Küchenmesser, richtig benutzt werden. Wir empfehlen Ihnen einige unentbehrliche Utensilien, für den Fall, dass Sie gerade erst mit dem Kochen anfangen oder nicht so viel Geld ausgeben möchten. Wenn Sie etwas Erfahrung gesammelt haben, können Sie Ihre Ausstattung erweitern. Um das tun zu können, erhalten Sie auch Informationen zu luxuriöseren Utensilien.

Nun wollen wir aber keine Zeit mehr verschwenden, damit Sie erfahren, welche Gerätschaften in Ihrer Küche *unentbehrlich* sind.

Grundlegendes zum Kochgeschirr

Hier eine kurze Liste mit dem absolut unentbehrlichen Küchenbedarf. (Weiter hinten in diesem Kapitel lesen Sie eine ausführlichere Beschreibung zu diesen Küchenutensilien.) In Kapitel 1 finden Sie Informationen zu Geräten. Im Folgenden geht es um Töpfe, Pfannen und andere für Hobbyköche unverzichtbare Requisiten:

- **Kochmesser mit einer 20 bis 25 Zentimeter langen Klinge:** Dieses Messer werden Sie für 80 Prozent der Schneidearbeiten in der Küche verwenden.

- **Brotmesser mit einer 22 bis 30 Zentimeter langen Klinge mit Wellenschliff:** Wenn Sie frisches Brot schneiden möchten, ohne den Laib zu zerquetschen, ist dieses Messer von unschätzbarem Wert. Es ist außerdem hervorragend geeignet zum Schneiden von empfindlichen Lebensmitteln wie frischen Tomaten.

- **Schälmesser:** Mit einer gebogenen Klinge zum Schälen, Entkernen und Schneiden von Gemüse und Obst.

- **Beschichtete Pfanne mit einem Durchmesser von etwa 24 bis 28 Zentimetern:** Die Allzweckpfanne zum Sautieren, Zubereiten von Eiergerichten, Schmoren kleiner Mengen und vielem mehr (24 Zentimeter für 1 bis 2 Portionen, 28 Zentimeter für 3 bis 5 Portionen).

- **Topf mit Deckel mit einem Fassungsvermögen von etwa 3 Litern:** Zum Kochen von Gemüse, Reis, Suppen, Soßen und kleinen Mengen Nudeln.

- **Topf mit Deckel und einem Fassungsvermögen von etwa 5 Litern:** Zum Herstellen von Fonds oder großen Mengen Suppe, Nudeln und Gemüse. Sie werden überrascht sein, wie oft Sie diesen Topf benutzen werden.

- **Ofenfester Bräter:** In einem Bräter können Sie vom Rinderbraten bis zur Weihnachtsgans alles garen. Ein Bräter verfügt über hohe Wände, sodass der ganze Bratensaft aufgefangen wird, aus dem Sie dann eine leckere Soße zaubern können.

- **Messlöffel, Messbecher und Küchenwaage:** Damit Ihnen ein Rezept nicht misslingt, weil Sie von etwas zu viel oder zu wenig genommen haben.

- **Feines Sieb und Küchensieb:** Wichtig für bestimmte Soßen, Nudeln, Salat und Suppen. Kaufen Sie ein feines Sieb und ein Abtropfsieb (auch Seiher oder Durchschlag genannt) aus Edelstahl zum Abgießen von Nudeln und Waschen von Blattsalaten, Gemüse und Beeren.

- **Bratenthermometer:** Raten Sie, wozu.

- **Gemüseschäler, hitzebeständiger Pfannenwender und ein paar Kochlöffel:** Ziehen Sie nicht los und kaufen sich all die vielen Kleinigkeiten für die Küche! Diese Utensilien reichen für den Anfang vollkommen aus.

Das Einmaleins der Töpfe und Pfannen

Haben Sie sich schon einmal gefragt, was der Unterschied zwischen einem Topf und einer Pfanne ist? Wenn es an beiden Seiten Griffe und einen Deckel gibt, ist es ein *Topf*. Pfannen haben einen langen Stiel und können einen Deckel haben oder auch nicht. Was Sie unbedingt haben müssen, finden Sie im vorigen Abschnitt *Grundlegendes zum Kochgeschirr*. In diesem Abschnitt erfahren Sie zusätzlich einige zu beachtende Dinge über Töpfe und Pfannen. Außerdem werden allerlei Arten von schicken Töpfen und Pfannen vorgestellt, die Sie nicht unbedingt brauchen, die Sie aber vielleicht zusätzlich kaufen möchten.

Kochgeschirr vor dem Kauf vergleichen

Töpfe und Pfannen gibt es in unterschiedlichen Materialien: Aluminium mit Antihaftbeschichtung, strapazierfähiger Edelstahl, teures Kupfer und muskelaufbauendes Gusseisen mit und ohne Emailbeschichtung. Im Laufe der Zeit werden Sie feststellen, welcher Topf oder welche Pfanne wofür am besten geeignet ist, und Sie werden Ihre eigenen Vorlieben für bestimmte Töpfe und Pfannen und unterschiedliche Materialien entwickeln.

Einige Tipps für den Kauf von Kochgeschirr:

- ✔ **Überlegen Sie genau, wie Sie kochen und wie Sie die Utensilien verwenden.** Wenn Sie beispielsweise häufig mit wenig oder ganz ohne Fett kochen, sollten Sie einige antihaftbeschichtete Töpfe und Pfannen kaufen. Bei diesem Geschirr ist weniger Butter oder Öl erforderlich, da das Gargut aufgrund der Beschichtung nicht haften bleibt. So können Sie problemlos fettarm kochen.

- ✔ **Überlegen Sie zweimal, ob Sie wirklich ein ganzes Set benötigen.** Auch wenn das Set im Angebot ist. Kaufen Sie es nur, wenn Sie wirklich jedes einzelne Teil davon brauchen. Bei Sets bestehen alle Teile aus demselben Material und alle Teile sind von derselben Machart. Sie werden aber besser fahren, wenn Sie Kochgeschirr unterschiedlicher Machart und aus verschiedenen Materialien haben. Und wozu sollen Sie für all die Töpfe bezahlen, wenn Sie nur einen davon wirklich benutzen werden?

- ✔ **Nehmen Sie den Pfannenstiel im Laden in die Hand.** Er muss bequem in der Hand liegen. Überlegen Sie, ob Sie hitzeabweisende Griffe brauchen oder ob Sie immer daran denken, Topflappen zu verwenden.

Die Griffe von Töpfen und Pfannen vertragen unterschiedlich hohe Temperaturen. So vertragen viele Pfannen mit Metallgriffen besonders hohe Temperaturen. Einige Zubereitungen beginnen auf dem Kochfeld und enden im Ofen oder unter dem Grill. Gehen Sie daher sicherheitshalber immer davon aus, dass jeder Griff richtig heiß ist, und fassen Sie einen Topfgriff immer nur mit einem *guten* Topflappen an. Verwenden Sie kein Geschirrtuch aus Baumwolle als Ersatz für einen Topflappen. Ein Geschirrtuch kann nicht nur Feuer fangen, sondern ist außerdem zu dünn, um bei einem heißen Griff ausreichenden Schutz zu bieten. Und wenn es feucht ist, leitet es die Wärme und Sie verbrennen sich.

✔ **Kaufen Sie die besten Utensilien, die Sie sich leisten können.** In der Küche gilt dieselbe Philosophie wie beim Kaufen von Kleidung: Besser ein langlebiges Qualitätsstück als zwei billige Teile. Billige, nicht besonders stabile Töpfe und Pfannen müssen Sie bei normalem Gebrauch bereits nach ein paar Jahren austauschen.

✔ **Achten Sie auch darauf, wie das Kochgeschirr aussieht.** Das gilt besonders dann, wenn Sie Ihre Töpfe und Pfannen auch zum Servieren nutzen möchten. Formschöne Kupfertöpfe oder gusseiserne Bräter machen sich auch auf dem Esstisch gut.

✔ **Kaufen Sie Töpfe und Pfannen, die an Ihren Herd angepasst sind.** Für einen Induktionsherd benötigen Sie besondere Töpfe, für Glaskeramik sind alle Töpfe und Pfannen geeignet. Für den Gasherd und beim Zubereiten im Backofen verzichten Sie möglichst auf Kunststoffgriffe und achten Sie auf hitzeresistente Metallgriffe. Lassen Sie sich in einem Fachgeschäft beraten.

Nicht nur für Unentbehrliches Geld ausgeben

Die folgende Liste mit unterschiedlichen Arten von Töpfen und Pfannen erhebt nicht den Anspruch, vollständig zu sein, aber sie bietet einen Überblick für den Anfang. Die Liste beginnt mit den Töpfen und Pfannen, die Sie am häufigsten verwenden werden. Die Liste endet mit den Töpfen und Pfannen, die Sie weniger häufig oder überhaupt nicht verwenden werden, es sei denn, Sie träumen davon, eines Tages eine eigene Kochshow zu haben. (Das kann passieren!)

Bratpfanne aus Gusseisen

Die gusseiserne Bratpfanne (siehe Abbildung 2.1) ist seit Hunderten von Jahren Standard in jeder Küche. Und wenn Sie etwas bräunen oder scharf anbraten möchten, eignet sich eine gusseiserne Bratpfanne noch heute besser als manches moderne Kochgeschirr. Außerdem ist eine gusseiserne Bratpfanne eine der langlebigsten Pfannen, die die meisten anderen Pfannen in der Küche überleben wird. Suchen Sie nach einer Pfanne mit ausgestelltem Schüttrand zum zielsicheren Ausgießen von überschüssigem Fett.

Abbildung 2.1: Mit einer gusseisernen Pfanne können Sie bräunen, scharf anbraten und vieles mehr.

Reiben Sie eine gusseiserne Bratpfanne vor dem ersten Gebrauch mit Speiseöl ein und erhitzen Sie sie bei mittlerer Temperatur etwa 2 Minuten lang. Reinigen Sie die Pfanne schonend ohne Spülmittel mit Wasser. Verwenden Sie niemals Stahlwolle. (Topfreiniger aus Kunststoff können Sie dagegen benutzen.) Nach dem Abwaschen müssen Sie die Pfanne gründlich trocken reiben, um zu verhindern, dass sie rostet. Bevor Sie die Bratpfanne wegräumen, wischen Sie sie mit ein paar Tropfen Speiseöl aus. So bleibt die Oberfläche geschützt und es entwickelt sich diese für viel benutzte gusseiserne Pfannen charakteristische Antihaftbeschichtung.

Sauteuse (Schmorpfanne)

Die Sauteuse oder auch Schmorpfanne ist eine der wichtigsten Pfannen. Sie werden sie ständig in Gebrauch haben. Kaufen Sie sich daher eine gute, robuste Pfanne. Wir empfehlen eine schwere antihaftbeschichtete Sauteuse aus Aluminium oder, wenn Sie lieber die Sorte Pfanne verwenden, die auch Köche verwenden, eine robuste Edelstahlpfanne. Bei Letzterer müssen Sie allerdings mehr Öl oder Butter verwenden, damit das Gargut nicht haften bleibt. Im Gegenzug können Sie damit leckere Soßen zubereiten. Die Wahl bleibt Ihnen überlassen. Die antihaftbeschichtete Pfanne ist jedoch leichter zu reinigen (wenn auch nicht immer für die Geschirrspülmaschine geeignet), sofern das ein Kriterium für Sie ist.

Die Sauteuse sollte einen etwa 5 Zentimeter hohen senkrechten oder nach außen gezogenen Rand (siehe Abbildung 2.2) sowie einen Durchmesser von mindestens 25 bis 30 Zentimetern aufweisen. Wählen Sie eine Pfanne mit Deckel, sodass Sie das Gargut abdecken und in beliebigen Mengen Flüssigkeit köcheln lassen können. Eine solche Pfanne eignet sich am besten zum Schmoren, Braten und Zubereiten von schnellen Soßen.

Abbildung 2.2: Mit einer antihaftbeschichteten Sauteuse können Sie Lebensmittel in wenig Fett kurz anbraten.

Die Antihaftbeschichtung ist seit der fertigen Spaghettisoße im Glas die beste Erfindung für Köche mit wenig Erfahrung. Antihaftbeschichtete Pfannen eignen sich außerdem besonders gut zum Kochen mit wenig Fett. Zum Sautieren von Kartoffeln, Gemüse, Fisch, Geflügel und Fleisch ist nur sehr wenig Öl oder Butter erforderlich. In antihaftbeschichteten Pfannen wird das Gargut nicht so schön gebräunt wie in unbeschichteten Metallpfannen. Dafür lassen sie sich besser reinigen. Und schon allein aus diesem Grund kann sich eine solche Pfanne lohnen.

Die Qualität der antihaftbeschichteten Pfannen hat sich in den letzten Jahren erheblich verbessert. Die Beschichtung hält länger als früher (zehn Jahre und mehr). In der Regel dürfen

Sie bei diesen Pfannen jedoch keine Küchenhelfer aus Metall verwenden, da sie die Beschichtung beschädigen. Entscheiden Sie sich für einen bekannten Hersteller, der Ihnen eine Garantie für eine gute Qualität gibt. Dabei spielt es keine Rolle, ob Sie eine antihaftbeschichtete oder eine unbeschichtete Pfanne kaufen – entscheiden Sie sich bloß nicht für eine billige, dünne, leichte Pfanne. Sie wird sich im Laufe der Zeit verbiegen. Eine gute Sauteuse sollte ein gewisses Gewicht haben.

Kasserollen

Als Kasserolle bezeichnet man Stieltöpfe, die aus Edelstahl mit einem Kupfer- oder Aluminiumkern, aus extrahartem Aluminium oder aus einer Kombination aus Metallen bestehen können. Diese Allzwecktöpfe eignen sich für Gemüse, Suppen, Reis und Soßen für Nudeln und andere Gerichte (siehe Abbildung 2.3). Sie sollten mehrere Kasserollen in unterschiedlichen Größen besitzen. Mit einer Kasserolle mit 1 bis 1½ Liter Fassungsvermögen können Sie gut kleine Mengen Butter zerlassen, Schokolade schmelzen oder Milch aufwärmen. Eine mittelgroße Kasserolle mit einem Fassungsvermögen von 2 bis 3 Litern brauchen Sie zum Soßenmachen. Und mit Kasserollen, die etwa 4 Liter oder mehr fassen, können Sie Suppen kochen, Gemüse dämpfen oder eine kleinere Menge Nudeln oder Reis kochen, wenn sie über einen Deckel verfügen.

Abbildung 2.3: Mit einer Kasserolle können Sie Lebensmittel garen und Soßen zubereiten.

Bräter

In einer gut ausgestatteten Küche darf ein ovaler Bräter mit einer Länge von etwa 30 Zentimetern und ein rechteckiger Bräter mit einer Länge von etwa 36 Zentimetern und einer Breite von etwa 28 Zentimetern nicht fehlen. Ein ovaler Bräter eignet sich für Geflügel und kleinere Braten. In einen rechteckigen, 36 Zentimeter langen Bräter passen zwei Hähnchen oder ein großer Braten. Der ovale Bräter sollte aus emailliertem Gusseisen bestehen, sodass er auch als Auflaufform für Gratins verwendet werden kann. (Mehr dazu im nächsten Abschnitt.) Der rechteckige Bräter kann aus extrahartem Aluminium oder Edelstahl sein.

Auflaufform oder Backform mit Deckel

Ein weiterer Klassiker, den Sie haben sollten, ist eine etwa 22 mal 33 Zentimeter große Auflaufform oder Backform mit Deckel. Egal, ob sie aus Aluminium, Glas oder Keramik besteht, damit können Sie Aufläufe machen, Wintergemüse schmoren oder auch Kuchen backen.

Emaillierter Schmortopf aus Gusseisen

Mit diesem praktischen Allzwecktopf (siehe Abbildung 2.4) können Sie langsam garende Eintöpfe, Suppen und alle Arten von herzhaften Wintergerichten zubereiten. In einem emaillierten Topf wird das Gargut nicht so schön gebräunt wie in einem gusseisernen Topf ohne Beschichtung oder in einem Topf aus Edelstahl. Aber Sie können Fleisch in einer separaten Pfanne anbraten, bevor Sie es dann im Schmortopf weitergaren. Ein Topf mit einem Fassungsvermögen von etwa 4 Litern ist optimal.

Abbildung 2.4: Mit einem emaillierten Schmortopf lassen sich Eintöpfe und Suppen am besten kochen.

Suppentopf

Einen Suppentopf muss es in jeder Küche geben. Damit können Sie Suppen kochen, schmoren, dämpfen und pochieren und einiges andere mehr. Wählen Sie einen hohen, schlanken, 5 bis 10 Liter fassenden Topf aus extrahartem Material mit einem dicht schließenden Deckel und Dämpfeinsatz (siehe Abbildung 2.5). Es gibt kostengünstige flexible Dämpfeinsätze, die so geöffnet werden können, dass sie in Töpfe und Pfannen unterschiedlicher Größe passen. Extrahartes Aluminium ist für einen Suppentopf ausreichend, Edelstahl kostet etwa doppelt so viel.

Abbildung 2.5: In einem Suppentopf können Sie Suppen und vieles mehr zubereiten. Mit einem Dämpfeinsatz wird daraus ein Dampfkochtopf.

Sauteuse (Schwenkpfanne) mit gewölbtem Rand

Hierbei handelt es sich um eine kleine Pfanne, die in einer französischen Küche nicht fehlen darf. Wenn Sie sich einmal ein Kochgeschirr aus Kupfer leisten wollen, empfehlen wir Ihnen eine Sauteuse mit gewölbtem Rand (siehe Abbildung 2.6), einem Durchmesser von etwa 20 bis 23 Zentimetern und einem Fassungsvermögen von etwa 3 Litern. Der gewölbte Rand erleichtert das Rühren mit einem Schneebesen. Eine kleine Sauteuse neben der großen zu besitzen, lohnt sich besonders für Fans von Soßen.

Abbildung 2.6: Eine Sauteuse mit gewölbtem Rand wird meist für die Zubereitung von Soßen verwendet.

Kupfer (mit Edelstahl oder Zinn beschichtet) leitet die Wärme besser als alle anderen Metalle. Diese Wärmeleitung ist das Geheimnis sämiger Soßen. Ein Sandwichboden aus Edelstahl und Kupfer oder Aluminium funktioniert auch sehr gut und ist nicht so kostspielig wie die reine Kupfervariante.

Wok

Ein Wok ist eine große, schüsselförmige Pfanne mit einem gerundeten Innenboden. Woks werden am besten über einer Gasflamme eingesetzt. Der Handel bietet aber auch Woks an, die auf dem Elektroherd einsetzbar sind. Bei einem Wok wird der untere Bereich ganz besonders heiß, während sich die Seiten nicht so stark erwärmen. Im Wok werden Fleisch und Gemüse sehr schnell gar, wobei Gemüse schön knackig und Fleisch außen knusprig wird und innen zart bleibt. Sie können Fleisch und Gemüse auch in einer Schmorpfanne unter Rühren kurz anbraten. Aber um ein chinesisches Gericht authentisch zuzubereiten, brauchen Sie schon einen Wok.

Nudeltopf

Ein großer, etwa 8 Liter fassender Edelstahltopf mit Deckel hat die perfekte Größe, um 200 Gramm bis 1 Kilogramm Nudeln zu kochen. (Hierfür können Sie aber auch Ihren Suppentopf verwenden.)

Omelettpfanne

Eine Omelettpfanne mit einem Durchmesser von etwa 25 Zentimetern und gewölbtem Rand (siehe Abbildung 2.7) ist ganz praktisch. Wenn Sie diese Pfanne (mit Antihaftbeschichtung oder aus unbeschichtetem Metall) in tadellosem Zustand halten und vor dem Braten gut einfetten, können Sie damit traumhafte Omeletts zaubern. Im Gegensatz zu den

Herstellerangaben lassen sich in der Omelettpfanne aber nicht nur Eier und Pfannkuchen zubereiten. In dieser Pfanne können Sie auch wunderbar Kartoffeln und anderes Gemüse sautieren. (Weitere Informationen zum Sautieren finden Sie in Kapitel 5.)

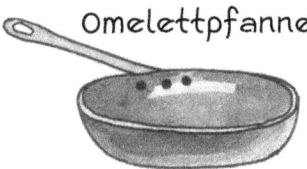

Abbildung 2.7: Omelettpfannen eignen sich besonders gut für Rührei, Spiegelei und andere Eierspeisen.

Extras, die Sie vielleicht nicht mehr missen möchten

So, wie Sie einen Brotbackautomaten oder eine Nudelmaschine vielleicht nicht unbedingt brauchen, aber einfach gern verwenden, kommen Sie durchaus auch ohne Pizzastein, Fischkochtopf oder ähnliche Luxusartikel für die Küche aus. Aber das heißt nicht, dass Sie sie vielleicht nicht haben wollen!

Ein Pizzastein ist eine Tonplatte, die anstelle eines Pizzablechs aus Metall verwendet wird. Damit wird die Pizzakruste sowohl von selbstgemachten Pizzas als auch von Tiefkühlpizzas schön knusprig.

Ein Fischkochtopf ist in der Regel ein Stahl- oder Kupfertopf, der eine ovale Form hat, sodass ein Fisch genau darin Platz findet. In diesem Topf, zu dem auch ein Deckel gehört, wird der Fisch pochiert. Sie können den Fisch aber natürlich auch in einem sehr großen Topf mit Deckel garen. Bei einem Fischkochtopf brauchen Sie allerdings weniger Flüssigkeit, da die Topfform genau an den Fisch angepasst ist.

Weitere Informationen zu verschiedenen Backformen finden Sie im Abschnitt *Utensilien zum Rühren und Backen* weiter hinten in diesem Kapitel.

Und wenn Sie einmal in Ihrem Lieblingsküchengeschäft oder auf Ihrer Lieblingsküchenwebsite stöbern, werden Sie ein noch größeres Angebot an Töpfen, Pfannen und anderen Kochutensilien finden. Wir empfehlen, mit einer Grundausstattung zu beginnen, die Sie mit zunehmendem Interesse am Kochen im Laufe der Zeit erweitern können.

Vom Scheibenschneiden bis zum Würfeln: Messer für alle Fälle

Gute Küchenmesser sind eine Anschaffung für Jahre. Ein gutes Kochmesser ist ein ständiger Begleiter in der Küche, aber Sie werden auch andere Messer häufig in Gebrauch haben. In diesem Abschnitt erfahren Sie alles, was Sie über Messer wissen müssen.

Das richtige Messer auswählen

Messer sind häufig in einem Set, bestehend aus sechs oder acht Messern, erhältlich. Ein solches Set kann recht günstig sein. Aber der Kauf will gut überlegt sein. Brauchen Sie derzeit wirklich ein Ausbeinmesser oder ein Filetiermesser? Manchmal ist es besser, etwas erst zu kaufen, wenn man wirklich damit umgehen kann.

Ein Hobbykoch braucht nur vier Messer: ein 20 bis 25 Zentimeter langes Kochmesser, ein 22 bis 30 Zentimeter langes Brotmesser mit einer Klinge mit Wellenschliff, ein etwa 15 Zentimeter langes Gemüsemesser und ein kleines Schälmesser.

Ein *Kochmesser* (siehe Abbildung 2.8) ist meist 20 bis 25 Zentimeter lang und kann zum Zerteilen, Schneiden, Würfeln, Wiegen und Zerkleinern verwendet werden. Mit diesem Messer werden Sie in der Küche ständig arbeiten. Daher lohnt es sich, in ein richtig gutes Kochmesser zu investieren.

Abbildung 2.8: Ein Kochmesser eignet sich für verschiedene Schneidearbeiten.

Hier ein Gericht, bei dem die Küchenmesser auf unterschiedliche Art zum Einsatz kommen.

Toskanischer Brotsalat

Dieser herrliche Salat aus der Toskana ist bestens für Gäste geeignet. Dazu passt Fisch oder Hähnchen vom Grill. Als leichte Mahlzeit können Sie ihn auch einfach so servieren. Wenn etwas übrig bleibt, können Sie die Reste über Nacht im Kühlschrank aufbewahren. Wenn Sie den Salat länger aufheben, wird er matschig.

Utensilien: Kochmesser, Brotmesser, Gemüsemesser, Küchenkrepp, drei große Schüsseln, Messbecher, Küchenwaage

Vorbereitungszeit: 15 Minuten, 30 Minuten zum Marinieren   **Portionen:** 4

1 Ciabatta (oder 1½ Baguette), am Vortag in dünne Scheiben geschnitten

120 ml Rotweinessig

4 Frühlingszwiebeln, mit dem Grün in feine Ringe geschnitten

1. Die Brotscheiben in große Stücke schneiden und in einer Schüssel in der Hälfte des Essigs einweichen. Gegebenenfalls Wasser zugeben, damit das Brot ganz in Flüssigkeit liegt. Nach 2 Minuten auf Küchenkrepp legen und möglichst viel Flüssigkeit herausdrücken. Das Brot in eine große Schüssel geben und die Frühlingszwiebeln, die Gurke, die Paprika, die Tomaten und den Thunfisch zugeben.

1 Gurke, geschält und quer in etwa 3 mm dicke Scheiben geschnitten

1 rote oder gelbe Paprika, von Kernen und Scheidewänden befreit und in dünne Streifen geschnitten

3 Tomaten, halbiert und gehackt

180 g Thunfisch aus der Dose (in Öl), abgetropft und zerpflückt

6 EL Olivenöl

8 bis 12 Sardellenfilets, abgespült und gehackt (nach Geschmack)

1½ TL Salz

1½ TL schwarzer Pfeffer

1 TL gehackter frischer Majoran (oder ½ TL getrockneter Majoran)

20 frische Basilikumblätter, fein geschnitten

2. In einer dritten Schüssel das Olivenöl mit der anderen Hälfte des Essigs sowie mit den Sardellen (nach Geschmack), Salz und Pfeffer mischen. Gut miteinander verrühren. Dieses Dressing über die Gemüse-Brot-Mischung geben und gut vermischen. 30 Minuten bei Raumtemperatur ziehen lassen. Abschmecken und gegebenenfalls etwas Salz und Pfeffer zugeben. Mit Majoran und Basilikum bestreuen und servieren.

Tipp: Nichts schmeckt so herrlich nach Sommer wie frisches Basilikum. Aber Basilikum ist sehr empfindlich. Basilikum wird, kurz nachdem es geschnitten wurde, gleich dunkel. Der Geschmack geht nicht verloren, aber es sieht nicht mehr schön aus. Schneiden Sie Basilikum daher immer erst kurz vor dem Essen.

Haben Sie schon einmal versucht, ein Baguette mit einem normalen Messer zu schneiden? Das ist nicht nur frustrierend, sondern auch gefährlich. Um dem abzuhelfen, setzen wir ein *Messer mit einer Klinge mit Wellenschliff* oder auch *Zackenmesser* auf unsere Liste mit der Grundausstattung an Messern.

Ein Messer mit einer Klinge (meist zwischen 20 und 25 Zentimeter lang) mit Wellenschliff wird in erster Linie zum Brotschneiden verwendet. Durch die harte Brotkruste wird ein Küchenmesser mit glatter Klinge schnell stumpf. Sehen Sie sich nach einem Zackenmesser mit einem weiten Wellenschliff um.

Ein *Gemüsemesser* (siehe Abbildung 2.9) mit einer bis zu 10 Zentimeter langen Klinge eignet sich für das Hacken von Schalotten und Knoblauch oder Gemüse wie Lauch, Gurke und Karotten.

Abbildung 2.9: Verwenden Sie ein Gemüsemesser zum Hacken von Zutaten.

Ein kleines *Schälmesser* mit gebogener, etwa fünf Zentimeter langer Klinge eignet sich für Aufgaben, die ein wenig Gefühl erfordern, zum Beispiel das Schälen von Äpfeln und anderen Früchten, das Entfernen des Strunks von Erdbeeren, das Entkernen von Tomaten oder zum Herstellen von Dekorationen aus Gemüse oder Obst.

Hier einige Tipps für den Kauf von Messern:

- ✔ Alle Kaufhäuser führen Küchenmesser, und einige Messer sehen sehr beeindruckend aus. Aber kaufen Sie Messer nicht nur nach dem Aussehen. Nehmen Sie ein Messer in die Hand. Bei einem ordentlichen Messer sollten Sie etwas in der Hand haben. Der Griff muss bequem sein. Das Messer muss eine *gute Balance* haben beziehungsweise *ausgewogen* in der Hand liegen, das heißt, der Griff darf nicht wesentlich schwerer sein als die Klinge (und umgekehrt).

- ✔ Hobbyköche sollten Messer aus gehärtetem Edelstahl und mit einem genieteten Griff kaufen. Diese Messer sind langlebig und rosten im Vergleich zu Messern aus unlegiertem Stahl nicht.

- ✔ Die besten Messer haben eine spitz zulaufende Klinge, die von der Spitze bis in den Griff hinein verläuft. Der Fachausdruck für Messer dieser Art ist *geschmiedete Messer*.

- ✔ Kaufen Sie Messer eines namhaften Herstellers. Die zugegeben etwas höheren Anschaffungskosten machen sich jedoch im Laufe der Jahre bezahlt. Ein gutes Messer ist eine Anschaffung fürs Leben.

Messer sicher verwenden

Jedes Jahr werden viele Menschen aufgrund von Küchenunfällen mit einem Messer in die Notaufnahme von Krankenhäusern eingeliefert. Viele verletzen sich, weil sie hungrig sind und schnell ein Tiefkühlgericht aufreißen oder ein hartes Brötchen aufschneiden möchten. Machen Sie diesen Fehler nicht! Schneiden Sie immer von der Hand weg, halten Sie die Finger von der Klinge fern und verwenden Sie die Handinnenfläche niemals als Schneidbrett.

Wenn Sie mit einem Küchenmesser Dinge wie Knoblauch oder Petersilie fein hacken, halten Sie die Messerspitze auf dem Schneidbrett, und bewegen Sie den Griff schnell nach unten und oben. (Sie haben im Fernsehen bestimmt schon Profiköche so schneiden gesehen.) Da Sie das Messer schnell bewegen, müssen Sie auf die Finger besonders achtgeben. Üben Sie den Krallengriff, das heißt, biegen Sie die Fingerspitzen beim Festhalten der Lebensmittel, die Sie schneiden, leicht nach innen, damit Sie, wenn Sie doch einmal danebenzielen, nicht die weiche Fingerkuppe treffen. Übung macht den Meister. Also üben Sie, aber seien Sie vorsichtig.

Benutzen Sie immer ein Schneidbrett, wenn Sie mit dem Messer arbeiten, und achten Sie darauf, dass das Brett nicht auf der Arbeitsplatte hin und her rutscht. Verwenden Sie ein Schneidbrett mit Gummifüßen. Diese geben dem Brett einen besseren Halt auf der Arbeitsplatte. Oder legen Sie ein feuchtes Tuch unter das Schneidbrett.

Hobbyköche sollten ihre Messer (vor allem die am häufigsten verwendeten Messer aus gehärtetem Edelstahl) höchstens zweimal im Jahr von einem Profi schleifen lassen. Denn durch häufiges Schleifen wird die Klinge schnell abgenutzt. Bei Ihrem örtlichen Metzger oder Feinkosthändler können Sie Ihre Messer möglicherweise kostenlos schleifen lassen. Elektrische Messerschleifer für den Hausgebrauch sind ganz in Ordnung. Damit lassen sich Messer aber nicht so gut schleifen wie mit einem rotierenden Wetzstein.

Um ein Messer optimal zu nutzen, ziehen Sie es bei jedem Gebrauch am *Wetzstahl* (ein etwa 30 Zentimeter langer Stahlstab mit Griff) ab. Dabei werden die Moleküle an der Klinge neu ausgerichtet und die scharfe Kante wiederhergestellt. Eine Anleitung mit Abbildung hierzu finden Sie im Kasten *Messer am Wetzstahl nachschärfen*.

Messer am Wetzstahl nachschärfen

Richtig gute Messer sind nur so gut wie die Schärfe der Schnittkante. Und die Schnittkante bleibt nicht von allein scharf. Damit Ihre Messer immer scharf sind, schärfen Sie sie so:

1. **Halten Sie den Wetzstahl gut fest und in einem spitzen Winkel etwas vom Körper weg (siehe nachfolgende Abbildung).**
2. **Halten Sie das Messer mit der anderen Hand gut fest und fahren Sie mit der Klinge in einem Winkel von etwa 20 Grad am Stahl entlang nach unten.**
3. **Beginnen Sie an der Spitze des Wetzstahls und ziehen Sie die Klinge beim Herunterfahren am Wetzstahl von Griffnähe in Richtung Klingenspitze.**
4. **Wiederholen Sie diesen Vorgang auf der anderen Seite der Klinge. Wechseln Sie die Klingenseiten so lange, bis beide Seiten geschärft sind (etwa zehn Mal).**

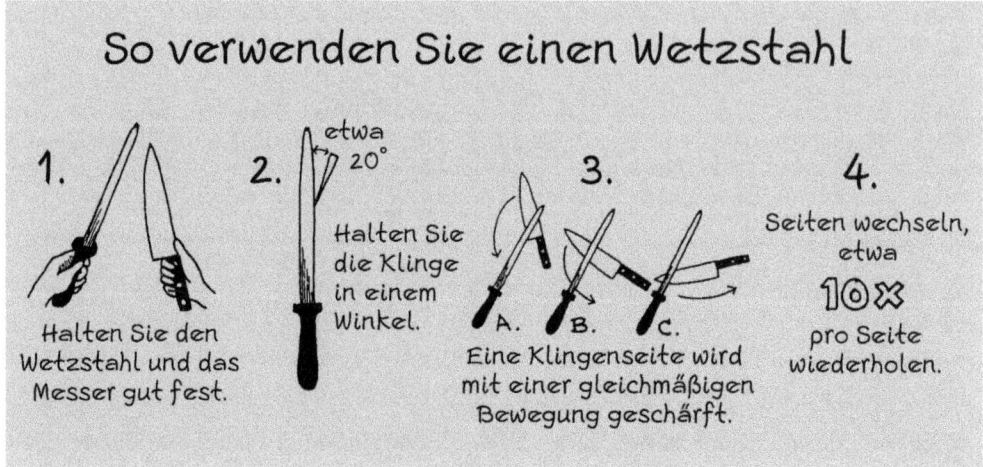

Utensilien zum Rühren und Backen

Zum Backen benötigen Sie Töpfe, Schüsseln, Löffel, Schneebesen und Teigschaber. Einige Utensilien, wie die 22 mal 33 Zentimeter große Backform, die sich besonders gut für Lasagne verwenden lässt, werden Sie sowohl zum Kochen als auch zum Backen verwenden. Viele Backformen, Rührschüsseln und andere Utensilien werden Sie jedoch ausschließlich zum Backen benutzen, denn dafür sind sie letztlich gedacht.

Ob Sie nun Brot, einen Geburtstagskuchen, Muffins oder den göttlichen Schokoladenkuchen nach dem Rezept Ihrer Mutter backen, Sie benötigen hierzu die entsprechenden Gerätschaften:

- ✔ **Rührschüsseln aus Edelstahl, Glas, Kunststoff oder Keramik:** Rührschüsseln sind die in jeder Küche am häufigsten verwendeten Gegenstände. Kaufen Sie Schüsseln in den Größen 5 Liter, 3 Liter und 1 Liter. Kaufen Sie Schüsseln im Set, die sich ineinander stapeln lassen. In diesen Schüsseln können Sie den Teig für Kuchen, Kekse oder Muffins rühren, Eiweiß oder Sahne steif schlagen, Brotteig gehen lassen, Salate anmachen, Soßen und Dressings aufschlagen oder Reste aufbewahren.

- ✔ **Schneebesen:** Ein Schneebesen sollte aus Edelstahl sein. Verwenden Sie zum Aufschlagen von Soßen wie zum Beispiel von einer Béchamelsoße oder von Sahnesoßen einen etwa 15 bis 20 Zentimeter langen Schneebesen. Wenn Sie Eier oder Sahne schlagen möchten, verwenden Sie einen größeren, runderen Schneebesen mit einer Länge von etwa 25 bis 30 Zentimetern.

- ✔ **Löffel, Teigschaber und Zangen:** Sie sollten eine Auswahl an verschiedenen Löffeln besitzen. Ein stabiler Löffel aus Edelstahl mit einer Länge von etwa 30 bis 38 Zentimetern erfüllt die meisten Zwecke. Kaufen Sie Kochlöffel in unterschiedlichen Größen zum Schlagen von Teig, einen **Teigschaber** aus Gummi zum Zusammenkratzen von Resten am Boden einer Rührschüssel und Holzlöffel zum Rühren von Gargut in antihaftbeschichtetem Kochgeschirr.

KAPITEL 2 **Alle erforderlichen Utensilien zusammentragen** 61

✔ Mit einem **Schaumlöffel** aus Edelstahl können Sie feste Lebensmittelteile wie Ravioli aus kochender Flüssigkeit abschöpfen. Mit einem langstieligen Schöpflöffel aus Edelstahl mit 120 bis 180 Milliliter können Sie Suppen schöpfen und Pfannkuchenteig in eine Pfanne geben. Kaufen Sie einen Pfannenwender aus Hartplastik mit gerader Vorderkante zum Wenden von Frikadellen und anderem Gargut. Zum Wenden von zarten Fleischstücken oder Fisch benötigen Sie eine Metallzange. Und eine preiswerte Spaghettizange ist praktisch zum Servieren von gekochten Nudeln.

✔ **Backblech:** Zum Backen von Keksen, Kleingebäck, Kuchen und Broten benötigen Sie ein robustes Backblech aus Metall oder mit Antihaftbeschichtung mit einem etwa 1 bis 2 Zentimeter hohen Rand (damit Butter und Saft nicht in den Backofen laufen). Backbleche gibt es in unterschiedlichen Größen, meist sind sie bereits als Zubehör zu Ihrem Backofen vorhanden.

✔ **Blech für Biskuitrolle:** Auf diesem flachen, rechteckigen Backblech mit den Abmessungen 38 mal 25 Zentimeter können Sie Kuchenteig backen, der gefüllt und aufgerollt werden soll. Wenn Sie schon einmal eine Biskuitrolle gesehen und sich gefragt haben, wie wohl die Füllung in den Teig gewickelt wurde, finden Sie die Antwort in diesem Blech. (Die Füllung wird auf dem Kuchen verteilt. Dann wird der Teig von der kurzen Seite her aufgerollt.) Kaufen Sie ein Blech aus schwerem Aluminium. Genauso gut ist auch ein Metallrahmen, der auf verschiedene Größen eingestellt werden kann und auf ein Backblech gelegt wird.

✔ **Backform für Muffins:** Zum Backen von Muffins brauchen Sie ein Blech mit zwölf Formen aus antihaftbeschichtetem Aluminium. Es ist ganz praktisch, passende Papiereinsätze zur Hand zu haben, sodass Sie die Metallformen nicht alle einzeln einfetten müssen.

✔ **Tarteform:** Eine Backform aus Glas, Keramik oder Aluminium mit einem Durchmesser von 22 bis 24 Zentimetern eignet sich für die meisten Rezepte. Metallformen sind auch mit Hebeboden erhältlich, dadurch lässt sich das Gebäck leichter aus der Form lösen.

✔ **Nudelholz:** Sie brauchen kein ganzes Sortiment an Nudelhölzern wie ein Konditormeister. Kaufen Sie sich ein Nudelholz aus Hartholz mit zwei Griffen und einer Länge von etwa 38 Zentimetern.

✔ **Kuchengitter:** Kekse oder Kuchen müssen nach dem Herausnehmen aus dem Ofen abkühlen. Hierfür gibt es Kuchengitter in vielen verschiedenen Größen und Formen. Kaufen Sie zwei 30 bis 36 Zentimeter lange Kuchengitter aus verchromtem Stahl.

✔ **Nudelbrett:** Ein Nudelbrett ist eine Marmorplatte, die wie ein schickes Schneidbrett aussieht. Dieses Brett dient jedoch nicht zum Schneiden. Der Marmor bleibt schön kühl. Wenn Sie also Kuchenteig kneten oder ausrollen, bleibt er nicht so leicht kleben und die Butter oder Margarine bleibt kühler, wodurch das Gebäck schön mürbe wird.

✔ **Kastenform:** Zum Backen von Kuchen, Brot, Terrinen und Hackbraten benötigen Sie eine 1½ Liter fassende Kastenform (siehe Abbildung 2.10).

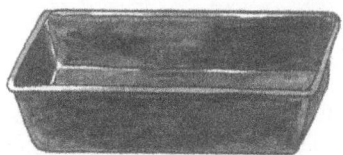

Kastenform

Abbildung 2.10: In einer Kastenform können Sie verschiedene Arten von Kuchen backen.

✔ **Springform:** Aus einer Springform mit Verschluss und herausnehmbarem Boden lassen sich Käsekuchen, Obstkuchen und Streuselkuchen leicht lösen. Kaufen Sie eine Form aus antihaftbeschichtetem Stahlblech mit einem Durchmesser von 26 bis 28 Zentimetern (siehe Abbildung 2.11).

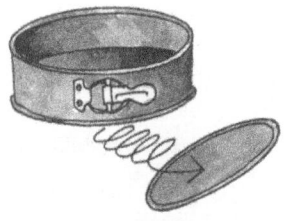

Springform

Abbildung 2.11: Mit einer Springform können Sie leckere Kuchen backen.

✔ **Mehlsieb:** Nicht alle Rezepte verlangen ein Mehlsieb. Doch für einige Rezepte brauchen Sie eines, um das Mehl aufzulockern und Klümpchen herauszusieben. Am besten verwenden Sie ein etwa 500 Gramm fassendes Einhand-Mehlsieb aus Edelstahl. Wenn Sie kein Mehlsieb haben und nach den Angaben in einem Rezept Mehl sieben müssen, können Sie auch ein Küchensieb verwenden (siehe Abbildung 2.12).

So können Sie Mehl auch ohne Mehlsieb sieben

1. Schütten Sie Mehl in ein Küchensieb.

2. Klopfen Sie vorsichtig mit der Hand gegen das Küchensieb.

- Oder -

Schlagen Sie mit dem Küchensieb leicht gegen die Innenseite der Schüssel.

Abbildung 2.12: Zur Not können Sie Mehl auch mit einem Küchensieb sieben.

✔ **Backpinsel:** Zum Auftragen von Kuchenglasuren und Kuvertüren verwenden Sie einen etwa 2 bis 4 Zentimeter breiten Backpinsel mit Naturborsten. Mit dem Backpinsel können Sie auch Gargut mit Bratensaft oder Soßen bepinseln. Kaufen Sie gleich mehrere Pinsel, da diese sich schnell abnutzen. Reinigen Sie die Pinsel mit etwas Spülmittel und spülen Sie sie gründlich aus.

✔ **Kuchentester:** Mit einem Kuchentester können Sie feststellen, ob der Kuchen fertig ist. Stechen Sie mit dem nadeldünnen Kuchentester in den Kuchen. Wenn kein Teig daran kleben bleibt, ist der Kuchen fertig. Zur Not können Sie auch einen Zahnstocher verwenden.

✔ **Messbecher aus Metall für trockene Zutaten:** Um Rezepte genau befolgen zu können, brauchen Sie einen Messbecher für trockene Zutaten. Metall ist besser als Kunststoff, weil es langlebiger ist.

✔ **Messbecher aus Glas oder Kunststoff für Flüssigkeiten:** Kaufen Sie einen Messbecher mit 500 Milliliter und einen mit 1 Liter und einem Schnabel zum Ausgießen von Flüssigkeiten.

Kleine Geräte: Notwendigkeiten oder Luxus?

Einige der nützlichsten Küchengeräte sind nicht groß. (Große Haushaltsgeräte wurden in Kapitel 1 beschrieben.) Sie können sogar recht klein sein, wie eine Kaffeemühle oder ein Pürierstab. Solche kleinen Geräte können die Arbeit enorm erleichtern, vom Spaßfaktor einmal ganz abgesehen! Butter für einen Mürbeteig in Mehl zu kneten, ist mit einem Teigmischer oder einem Paar Messer recht mühselig. Um wie viel einfacher ist es da, alles mit der Küchenmaschine kurz zu hacken!

Sie müssen nicht jedes kleine am Markt erhältliche Gerät kaufen. Aber Sie werden feststellen, dass das eine oder andere Gerät für Sie recht nützlich sein und richtig Spaß machen kann! Wenn Sie eines dieser Geräte kaufen möchten, informieren Sie sich vorher im Internet, und überlegen Sie, wo Sie es die 360 Tage im Jahr aufbewahren werden, an denen Sie es *nicht* verwenden werden. Einige Geräte werden Sie häufiger in Gebrauch haben, andere nicht so oft.

Und noch etwas sollten Sie vor dem Kauf von kleinen Geräten berücksichtigen. Es ist nicht ganz einfach, Saft oder Eis oder Waffeln ohne Saftpresse, Eismaschine oder Waffeleisen herzustellen. Brot, Reis oder Eier können Sie aber durchaus ohne die entsprechenden Geräte zubereiten. Vielleicht hilft Ihnen das bei der Überlegung, ob Sie ein Gerät kaufen oder welches Gerät Sie zuerst kaufen.

Dieser Abschnitt ist ein Leitfaden für wichtige kleine Geräte. Er enthält nützliche Informationen zur Funktionsweise der Geräte sowie dazu, ob Sie sie *wirklich* brauchen.

Dampfdruck- oder Schnellkochtopf

Im Dampfdruckkochtopf, der oft auch Schnellkochtopf genannt wird, werden Lebensmittel bei knapp 2 Bar Druck gegart. Durch diesen Druck entstehen Temperaturen bis etwa 120 Grad im Topfinneren! Dadurch wird das Gargut sehr schnell gar. Jeder Schnellkochtopf ist etwas anders. Befolgen Sie daher die Anweisungen des Herstellers. In jedem Fall werden Sie weniger Flüssigkeit als beim normalen Kochen brauchen und schneller fertig sein. Ein Schnellkochtopf ist nicht unbedingt erforderlich, doch wenn Sie zu denjenigen gehören, die nicht stundenlang am Herd in einer Soße rühren möchten, werden Sie ihn häufig nutzen. Weitere Informationen zu Schnellkochtöpfen finden Sie in Kapitel 13.

Elektrogrill

Ein Elektrogrill ist schnell einsatzbereit, es wird einfach der Stecker in die Steckdose gesteckt und Sie benötigen kein Brennmaterial wie Holzkohle, Briketts oder Gas. Ein Elektrogrill ist ganz nützlich zur Zubereitung von kleineren Fleischstücken, Bratwürsten und Gemüse, nimmt aber auch Platz weg. Brauchen Sie dieses Gerät? Wahrscheinlich vor allem dann, wenn Sie Grillfan sind, statt über einen Garten aber nur über einen Balkon oder nur Innenräume verfügen, und in Ihrer Küche Stauraum übrig haben. Haben Sie wirklich so viel Platz? Das Indoor-Grillen hat seine Risiken, auch wenn es inzwischen Tischgrillgeräte mit Rauchabzug gibt. Auch viele Backöfen haben eine Grillfunktion eingebaut.

Rührgerät, Quirl und Standmixer

Rührgerät, Quirl und Standmixer *sind* für den Hobbykoch wichtig. Sie werden diese Geräte ständig in Gebrauch haben, um Teig zu rühren, Milchmixgetränke oder Smoothies zu mischen oder Eischnee zu schlagen.

Ein elektrisches Standrührgerät ist eine eigenständige Küchenmaschine mit einer Schüssel und einem Metallrührbesen oder Knethaken über der Schüssel. Kaufen Sie sich ein leistungsstarkes und robustes Standrührgerät. Dieses wird Ihnen jahrelang erhalten bleiben. Lassen Sie den Rührbesen Teig rühren, den Quirl Eiweiß und Sahne steif schlagen und den Knethaken Brotteig kneten, während Sie sich zurücklehnen und eine Zeitschrift lesen.

Einen manuellen Quirl oder ein elektrisches Handrührgerät halten Sie in der Hand, setzen die beiden Rührbesen ein und halten sie in den Teig, das Eiweiß oder die Sahne. Die meisten Handrührgeräte sind für schweren Kuchen- oder Brotteig nicht kräftig genug. Daher verwenden wir unser Standrührgerät häufiger. Wenn Sie jedoch etwas Platzsparendes und Tragbares brauchen, sind Handrührgeräte praktischer. Sie können ohne Handrührgerät auskommen, aber manchmal ist ein solches Gerät einfach unheimlich praktisch.

Ein elektrischer Pürierstab oder Stabmixer wird in einen Topf mit Suppe oder etwas anderem wie Früchten eingetaucht, das Sie direkt im Topf pürieren möchten, ohne es in den Standmixer gießen, mixen und dann im Topf wieder erhitzen zu müssen. Er ist nicht unbedingt notwendig, kann aber sehr nützlich sein.

Einen Standmixer müssen Sie unbedingt haben. Auch wenn Sie keine Proteinshakes zum Frühstück mögen, werden Sie einen Mixer für viele Aufgaben, vom Nüssehacken bis zum

Herstellen einer selbstgemachten Salsa, verwenden. Viele Aufgaben können Sie sowohl mit einem Standmixer als auch mit einer Küchenmaschine erledigen. Wenn es um das Herstellen von Getränken und richtig sämigen Pürees geht, ist der Mixer jedoch unschlagbar. Achten Sie bei einem Mixer auf gute Qualität und hohe Belastbarkeit, damit das Gerät viele Jahre hält. Ein billiger Plastikmixer gibt womöglich schon nach ein paar Monaten den Geist auf.

Eine Küchenmaschine zum Hacken, Würfeln und Hobeln

Eine Küchenmaschine (siehe Abbildung 2.13) ist ein vielseitiges Küchengerät, das einmal reiner Luxus war, inzwischen aber für jeden, der viel kocht, ein Muss ist. Mit einer Küchenmaschine und deren Einsätzen aus Stahl können Sie einen Kuchenteig in Sekunden zusammenrühren. Mit anderen Einsätzen können Sie mit demselben Gerät Käse oder Karotten reiben, Tomaten in Scheiben schneiden, Sellerie, Zwiebeln, Knoblauch oder Nüsse hacken oder einfach alles, was Sie wollen, würfeln, raspeln, hobeln oder pürieren. Mit dem Standmixer oder dem Standrührgerät können Sie zwar einige dieser Aufgaben erledigen und Suppen und Getränke prima pürieren oder Teig kneten, dennoch sind diese Geräte nicht so vielseitig wie eine Küchenmaschine. Wenn Sie genügend Platz in Ihrer Küche haben und eine große Familie, lohnt sich die Anschaffung auf jeden Fall.

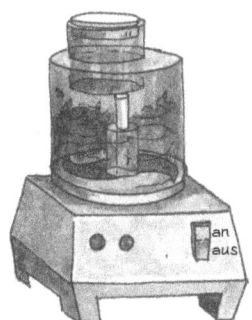

Abbildung 2.13: Eine Küchenmaschine ist sehr vielseitig.

Kaffeemaschinen und Kaffeemühlen

Wenn Sie gern Kaffee trinken oder Gäste zum Kaffee einladen, sollten Sie auf jeden Fall eine Kaffeemaschine Ihr Eigen nennen. Weil einem echten Kaffeeliebhaber Kaffee von frisch gemahlenen Bohnen noch besser schmeckt, wäre es nicht schlecht, wenn Sie auch eine integrierte Kaffeemühle hätte. Sie füllen Kaffeebohnen und Wasser ein, drücken eine Taste, und die Maschine mahlt die Bohnen, schüttet das Pulver in den Filter und brüht den Kaffee. Wenn das nicht frisch ist! Alternativ können Sie auch eine French Press oder Pressstempelkanne verwenden. Hierbei handelt es sich um ein einfaches Gerät, das aus einer Glaskanne und einem Stempel besteht. Sie füllen das Kaffeepulver ein, gießen es mit kochendem Wasser auf und drücken den Stempel langsam nach unten. Und schon ist der Kaffee fertig! Da werden alle mit Kuchen in der Hand vor Ihrer Tür Schlange stehen. Das Café im Ort können Sie vergessen!

Wenn Sie keinen Kaffee trinken und mit niemandem zusammen sind, der Kaffee trinkt, können Sie unseren Rat getrost ignorieren und Ihr Geld stattdessen für einen Wasserkocher ausgeben, mit dem Sie Wasser für einen Kräutertee oder eine heiße Zitrone kochen können.

Spezialgeräte: Echte Hilfe oder alles nur Schwindel?

Jetzt kommen wir zu den wirklich ausgefallenen Dingen. Eine Saftpresse, einen Brotbackautomaten, eine Nudelmaschine, eine Eismaschine, ein Waffeleisen oder einen Eierkocher brauchen Sie so dringend wie ein Paar neue Schuhe oder einen tollen gelben Sportwagen. Aber vielleicht möchten Sie diese Geräte trotzdem haben! Vielleicht sind Sie ein kreativer Typ, der einfach Spaß daran hat, alle möglichen selbstgemachten Eiscremes oder Obstsäfte zu kreieren. Brotbackautomaten verbreiten im ganzen Haus den Duft selbstgebackenen Brots, und das praktisch ohne Aufwand. Selbstgemachte Nudeln sind lecker und zudem können Sie damit Ihre Gäste beeindrucken. Vielleicht sind Ihre Kinder verrückt nach Waffeln. Schaffen Sie sich das eine oder andere dieser Geräte an, wenn Sie meinen, dass Sie es brauchen. Darüber werden wir mit Ihnen nicht diskutieren!

Allerlei dies und das

Und gerade, wenn Sie meinen, Sie hätten jetzt alles, was Sie brauchen, werden wir Ihnen noch mehr zeigen! All die folgenden Kleinigkeiten können aus unterschiedlichen Gründen nützlich sein, und wir können deren Anschaffung nur empfehlen.

- ✔ **Küchenwecker:** Stehen Sie nicht vor dem Ofen herum und starren auf die Uhr wie ein Mönch auf eine Buddhastatue! Stellen Sie den Küchenwecker und schauen Sie sich im Fernsehen Ihre Lieblingssendung an oder lesen Sie ein Buch.

- ✔ **Schneidbretter:** Schonen Sie Ihre Arbeitsplatte und verwenden Sie Schneidbretter zum Schneiden und Abstellen von heißen Töpfen und Pfannen. Profiköche reinigen ihre Holzbretter nur mit einem feuchten Tuch oder bürsten sie mit einem milden Spülmittel nur kurz unter fließendem heißen Wasser. Wenn Sie Holzbretter zu lange einweichen oder in der Geschirrspülmaschine reinigen, können diese splittern, sich verformen oder brechen. Eine regelmäßige Pflege mit Leinöl, Sonnenblumen- oder Rapsöl verlängert die Lebensdauer Ihrer Schneidbretter.

- ✔ **Bratenthermometer:** Im Gegensatz zu Profiköchen können die meisten Hobbyköche nicht durch Drücken feststellen, ob ein Braten gar ist. Es gibt zwei Arten von Bratenthermometer: Ein Thermometer, das aus einem dünnen Dorn besteht, mit dem regelmäßig in den Braten gestochen wird, um zu prüfen, ob das Fleisch gar ist. Die Temperatur kann sofort abgelesen werden. (Dieses Thermometer verwenden wir am liebsten.) Und ein hitzebeständiges Thermometer, das von Anfang bis Ende im Braten stecken bleibt. In Abbildung 2.14 sind beide Bratenthermometer dargestellt.

Bratenthermometer

Abbildung 2.14: Mit dem Bratenthermometer können Sie feststellen, ob der Braten gar ist.

- **Spargeltopf:** In einem Spargeltopf werden die Spargelstangen aufrecht stehend gegart. Ein Spargeltopf sollte nicht aus Aluminium sein, da einige Inhaltsstoffe des Spargels mit Aluminium reagieren und die Spargelstangen sich verfärben könnten.

- **Bratensaftspritze:** Mit diesem Gerät lässt sich ein Braten oder Hähnchen am bequemsten mit Bratensaft begießen. Natürlich können Sie auch einen großen Löffel verwenden, aber mit einer Bratensaftspritze bekommen Sie das heiße Fett schneller und sicherer aus der Fettpfanne.

Im Folgenden sind weitere zehn praktische Utensilien für die Küche aufgelistet:

- Gemüseschäler
- Zitronen- und Käsereibe
- Zitronenpresse
- Pfeffermühle
- Kartoffelstampfer
- Allzweckküchenschere
- Ofenthermometer
- Tortenheber
- Salatschleuder
- Mörser

> **IN DIESEM KAPITEL**
>
> Die wichtigsten Trockenvorräte und Lebensmittel in Dosen, Gläsern und Flaschen
>
> Kräuter, Gewürze und Backzutaten
>
> Das sollten Sie im Kühlschrank und in der Gefriertruhe haben
>
> Gemüse, Obst, Fleisch und Fisch aufbewahren

Kapitel 3
Für die Vorratskammer nur das Allernötigste

Sie könnten wohl eine ganze Weile nur mit Nuss-Nougat-Creme, Thunfisch aus der Dose und Salzstangen überleben, aber irgendwann hätten Sie das satt. Mit diesem Kapitel bringen Sie etwas Abwechslung in Ihre Vorratskammer. Wenn Sie überlegt einkaufen, sparen Sie sich nicht nur zahllose Gänge zum Supermarkt (von der Sorte: kurz vor Ladenschluss schnell noch geriebenen Käse holen), sondern auch viel Geld. Und wenn Sie es nicht mehr in den Supermarkt schaffen, hängt es eben von den Zutaten im Kühlschrank oder im Vorratsschrank ab, was es zum Abendessen gibt.

Mit einem gut bestückten Vorratsschrank und einem Vorrat mit leicht verderblichen Lebensmitteln für maximal eine Woche können Sie jederzeit kurzfristig eine überzeugende Mahlzeit zubereiten. Fügen Sie zu einem Glas Hühnerbouillon etwas Gemüse und Fleisch hinzu, und schon haben Sie eine leckere Suppe oder eine Soße zu Nudeln oder Reis. Mit einem Salat, etwas Brot, einem Glas guten Wein und zum Abschluss etwas Käse und Obst runden Sie die Mahlzeit ab.

Im Folgenden finden Sie einige Listen mit Dingen, die Sie unbedingt in Ihrer Vorratskammer haben sollten. Es ist selbstverständlich, Lebensmittel wie Milch, Käse, Eier und Brot immer vorrätig zu haben. Weniger alltägliche Lebensmittel wie sonnengetrocknete Tomaten, Chutney, Sardellen, Oliven und Artischockenherzen sind auch wichtig, weil Sie damit Allerweltsgerichte wie Blattsalate, Omeletts und Nudeln aufpeppen können. Sie werden nicht alle diese Lebensmittel brauchen. Aber wenn Sie immer ein paar ausgefallene Zutaten vorrätig haben, sind Sie auf alles vorbereitet!

Trockenvorräte: Das Rückgrat der Vorratskammer

In jeder Vorratskammer sollte es eine schöne Menge Trockenvorräte geben. Von diesen Vorräten werden Sie mindestens ein Mal pro Woche etwas brauchen. Also kaufen Sie große Packungen, denn sie sind meist etwas günstiger:

- ✔ **Roggen-, Weizen- oder Dinkelbrot, Brötchen und Toast:** Alle Brotsorten können eingefroren werden. In der Gefriertruhe hält sich Brot sechs bis acht Monate.

- ✔ **Kaffee:** Sie können Kaffeepulver oder ganze Kaffeebohnen einfrieren.

- ✔ **Müslis und Frühstücksflocken:** Müsli und Frühstücksflocken immer in gut verschließbaren Dosen aufbewahren, damit sie frisch bleiben und nicht von Schädlingen befallen werden.

- ✔ **Nusskerne:** Haselnuss- und Walnusskerne, Pistazien, Mandeln und Pinienkerne peppen viele Gerichte auf und geben Salaten knackigen Biss. Achten Sie auf das Mindesthaltbarkeitsdatum, Nusskerne verlieren Knackigkeit und Geschmack und können ranzig werden.

- ✔ **Getrocknete Hülsenfrüchte und Körner:** Getrocknete Bohnen, Linsen und Kichererbsen sind in einem gut verschließbaren Behälter – an einem kühlen, trockenen Ort aufbewahrt – jahrelang haltbar, benötigen aber längere Garzeiten, je älter sie sind. In Kapitel 4 erfahren Sie mehr über Körner von Buchweizen bis Quinoa.

- ✔ **Kräutertee und andere Teesorten:** Bewahren Sie diese in einem gut verschließbaren Behälter an einem kühlen, trockenen Ort auf.

- ✔ **Makkaroni und andere Nudelsorten:** In Kapitel 12 finden Sie eine Übersicht über die Nudelsorten.

- ✔ **Weißer Reis und Naturreis, Wildreis und Arborioreis (für Risotto):** In Kapitel 4 erfahren Sie mehr über die unterschiedlichen Reisarten.

Getrocknete Kräuter und Gewürze zum Aufpeppen

Kräuter und Gewürze brauchen Sie zum Würzen. Kräuter werden aus den Blättern und Stängeln verschiedener Pflanzen gewonnen, während Gewürze aus den Wurzeln, Samen, Knospen, Beeren oder aus der Rinde von Pflanzen hergestellt werden. Folgende Kräuter und Gewürze sollten Sie immer zu Hause haben:

- ✔ **Getrocknete Kräuter:** Lorbeerblätter, Majoran, Oregano, Rosmarin und Thymian

- ✔ **Tiefkühlware:** Der Handel hält viele Kräuter und Kräutermischungen in handlichen Kleinpackungen bereit. Basilikum, Dill, Petersilie und Schnittlauch sind tiefgefroren den getrockneten Kräutern vorzuziehen.

✔ **Salz und Pfeffer:** Speisesalz und Meersalz, ganze Pfefferkörner oder gemahlener Pfeffer (schwarz und weiß), Cayennepfeffer und Chiliflocken

✔ **Gewürze:** Piment, Chilipulver, Zimt, ganze und gemahlene Nelken, gemahlener Kreuzkümmel, Currypulver, gemahlener Ingwer, Senfpulver, Muskat und Paprika

Kaufen Sie getrocknete Kräuter und Gewürze in kleinen Mengen. Nach etwa einem Jahr nimmt ihre Würze deutlich ab. Bewahren Sie alle Kräuter und Gewürze in dicht schließenden Behältnissen auf und schützen Sie sie vor Wärme und direkter Sonneneinstrahlung.

Getrocknete Kräuter schmecken am besten, wenn Sie sie kurz zwischen den Fingern verreiben, bevor Sie sie zu einem Gericht hinzufügen. Ganze Gewürze, wie Pfefferkörner und Muskatnuss, haben ein viel intensiveres Aroma als bereits gemahlene Gewürze. Versuchen Sie daher, Gewürze nach Bedarf selbst zu reiben oder zu mahlen. Verwenden Sie am besten eine für diesen Zweck vorgesehene Mühle. Noch besser ist das Zerreiben der Gewürze in einem Mörser. Für die Muskatnuss brauchen Sie allerdings eine Muskatreibe.

In Tabelle 3.1 finden Sie eine Übersicht, welche Kräuter am besten zu welchen Gerichten passen. Wann immer Sie frische Kräuter erhalten, sind diese den getrockneten oder tiefgefrorenen vorzuziehen (siehe Abbildung 3.1).

Kräuter	Beschreibung
Basilikum	Kräftiger Geschmack. Die meisten frischen Pflanzen sind dunkelgrün. Es gibt jedoch auch Basilikum mit violetten Blättern, Thai-Basilikum und weitere Sorten. Wichtig für die mediterrane Küche, passt sehr gut zu Tomaten, Eiern, Nudeln, Geflügel, Fisch und Blattsalaten sowie in Vinaigretten.
Bohnenkraut	Intensiver, leicht pfeffriger Geschmack, der an eine Mischung aus Minze und Thymian erinnert. Getrocknet und gerebelt ist das Kraut das ganze Jahr über erhältlich, zur Bohnensaison auch frisch. Passt gut zu Salat aus frischen oder getrockneten Bohnen, zu Omeletts, Reisgerichten, Fleisch und Geflügel, Tomaten, Kartoffeln und Zwiebeln. Der Geschmack ist sehr intensiv, deshalb Vorsicht beim Würzen.
Dill	Leichter Kümmelgeschmack. Als frische Pflanze mit federartigen Blättern im Bund, tiefgekühlt oder als getrocknete Samen erhältlich. Verwenden Sie die Samen zum Einlegen. Frischer Dill passt zu Fisch und Meeresfrüchten, Omeletts, Hähnchen, Pute, Dressings und Vinaigretten, Salaten und Marinaden, Fischmousse und Pasteten.
Estragon	Aromatisches Kraut mit nachdrücklichem, leicht süßlichem Geschmack. Der in den Sommermonaten erhältliche, frische Estragon hat einen besonders zarten Geschmack. Passt zu Hähnchen, Schwein, Lamm, Kalb, Fisch, Meeresfrüchten, Omeletts und anderen Eiergerichten, Dips und Dressings, Mayonnaise, zu Gemüseaufläufen und -salaten, Kräuterbutter sowie zum Aromatisieren von Weißweinessig und Kartoffelgerichten.
Kerbel	Recht aromatischer, leicht süßlicher Geschmack. Als frische Pflanze nur saisonal im Sommer erhältlich. Passt zu Fisch und Meeresfrüchten, Eiern, Hähnchen, Tomaten, Spargel, Zucchini, Kräuterbutter, Soßen, Blattsalaten und Suppen.

Kräuter	Beschreibung
Koriandergrün	Sehr kräftiger und aromatischer Geschmack. Als frisches Koriandergrün mit krausen Blättern und als Samen sowie gemahlen (siehe Gewürze Tabelle 3.1 erhältlich. Frischer Koriander wird vor allem in lateinamerikanischen und asiatischen Gerichten verwendet und passt gut zu Reis, Fisch, Schwein, Salsa, Avocado und Tomaten.
Lorbeerblatt	Kräftiger, würziger Geschmack. Als ganze, getrocknete Blätter erhältlich, seltener frisch. Eignet sich sehr gut für Suppen, Eintöpfe, Flüssigkeiten zum Pochieren, Marinaden, Schmorbraten, Reisaufläufe und Grillsoßen. Entfernen Sie das Blatt vor dem Servieren.
Majoran	Schmeckt ein wenig wie Oregano, aber milder und süßlicher. Ein sehr vielseitiges Kraut. Passt zu allen Gemüsegerichten, besonders gut zu Kartoffeln, Zucchini, Tomaten, Mais. Außerdem zu Eintöpfen, Omeletts, Suppen, Kräuterbutter, Reis, Schwein, Lamm, Rind, Geflügel oder Fisch. Getrockneter Majoran entwickelt ein sehr starkes Aroma. Vorsicht beim Würzen!
Minze	Frischer Duft und süßlicher, kräftiger Geschmack. Am häufigsten werden Pfefferminze und Grüne Minze verwendet. Frische Minze passt sehr gut zu Getreide- und Reissalaten, zu Gurken- oder Tomatensalat, gegrilltem Hähnchen, Schweine- und Lammfleisch, zu Meeresfrüchten, frischen Früchten und Fruchtsoßen sowie zu kalten Getränken wie Eistee.
Oregano	Intensiver Geschmack. Frisch oder getrocknet eine wichtige Zutat in italienischen und griechischen Gerichten. Sparsam verwenden für Geflügel, Tomatensoße, Eiergerichte, Gemüseeintöpfe, Pizza und Kurzgebratenes.
Petersilie	Frischer, leicht herber Geschmack. Glatte Petersilie ist etwas kräftiger im Geschmack als krause Petersilie. Ein sehr vielseitiges Gewürz. Passt zu Suppen und Fonds, zu Eintöpfen, Dressings, Füllungen, zu Fisch, Geflügel, Rind, Schwein, Lamm, Kalb, Wild sowie zu allen Gemüsesorten.
Rosmarin	Recht aromatischer Geschmack. Nadelförmige Blätter, die leicht nach Zitrone und Kiefer duften. Sparsam für Gemüse, Reisgerichte und Eintöpfe verwenden. Passt sehr gut zu Kartoffeln, Wild, Fleisch (vor allem gegrillt), Hähnchen, Heilbutt, Lachs, Thunfisch oder zum Aromatisieren von Öl und Marinaden. Der Rosmarinstängel ist ziemlich hart und holzig. Ziehen Sie die Nadeln oder Blätter vom Stängel, und hacken Sie sie fein, bevor Sie sie verwenden. Werfen Sie den harten Stängel weg.
Salbei	Graugrüne oder violette ovale Blätter mit einem leicht bitteren Minzgeschmack. Sparsam verwenden. Passt sehr gut zu weißen Bohnen, Geflügel, Pasteten, Fisch- und Hühnchereintöpfen, Hackbraten und Kräuterbutter, zu Heilbutt und Lachs.
Schnittlauch	Dezenter, milder Zwiebelgeschmack. Als dünne frische Stängel oder gehackt tiefgekühlt erhältlich. Passt gut zu Sahnesoßen oder Suppen, Hähnchen, Eiern, Meeresfrüchten oder angemachten Salaten oder als Garnierung.
Thymian	Kleine Blättchen mit einem Minzaroma und einem teeähnlichen Geschmack. Frisch als Zitronen- und Orangenthymian, meist als echter Thymian erhältlich. Passt zu Gemüse, Fleisch, Geflügel, Fisch, Eiergerichten, Suppen, Eintöpfen, Sahnesoßen, Hackbraten, Pasteten und Fischsuppen.

Tabelle 3.1: Ein paar frische Kräuter, die Sie kennen sollten

Abbildung 3.1: Kräuter

Gewürze, die fast immer getrocknet verkauft werden, spielen beim Kochen bereits seit dem Altertum eine wichtige Rolle. Die meisten Gewürze stammen aus dem Osten. Von dort wurden sie während der Kreuzzüge nach Europa gebracht.

Getrocknete Gewürze sind meist kräftiger als getrocknete Kräuter. Verwenden Sie sie daher sparsam. Und von frischen Kräutern brauchen Sie meist etwas mehr als von getrockneten. Wenn in einem Rezept steht, dass Sie 1 Esslöffel frischen Oregano verwenden sollen, brauchen Sie vom getrockneten nur ½ Teelöffel voll. Wenn Sie die Eigenschaften der unterschiedlichen Kräuter und Gewürze erst einmal kennen, erweitert sich Ihr Kochrepertoire um ein Vielfaches.

Frisch gemahlene Gewürze haben einen viel kräftigeren Geschmack als bereits gemahlene Gewürze. Kaufen Sie nach Möglichkeit immer ganze Gewürze, wie ganze Muskatnüsse und ganze Pfefferkörner, Koriander und Kreuzkümmel als Samen, und reiben oder mahlen Sie die Gewürze, wenn Sie sie brauchen, selbst. Sie können sich dafür eine spezielle Gewürzreibe kaufen oder einen Mörser anschaffen, in dem Sie die Gewürze zerstampfen. Der Mörser hat den Vorteil, dass er leicht zu reinigen ist. Nelken werden häufig in eine Zwiebel gesteckt und zu Aufläufen hinzugegeben. Lagern Sie Gewürze an einem kühlen, trockenen Ort und verbrauchen Sie sie innerhalb von sechs bis zehn Monaten. In Tabelle 3.2 sind die häufig verwendeten Gewürze aufgeführt.

Gewürz	Beschreibung
Cayennepfeffer	Eine scharfe Mischung aus verschiedenen Chilischoten. Gemahlen in Pulverform erhältlich. Sparsam verwenden. Passt besonders gut zu Gerichten mit Eiern, Käse, Reis, Fisch, Hähnchen oder Hackfleisch vom Rind.
Chilipulver	Eine scharfe Gewürzmischung aus getrockneten Chilischoten, Kreuzkümmel, Oregano, Knoblauch, Koriander und Nelken. Gemahlen erhältlich. Ein vielseitiges scharfes Gewürz. Sparsam verwenden. Passt zu Eintöpfen, Suppen, Chilis, Eiergerichten, Dressings, Guacamole und Bohnendips, Grillsoßen und Reis- und Bohnenaufläufen.
Currypulver	Eine Gewürzmischung, die mehr als ein Dutzend Kräuter und Gewürze enthalten kann. Häufig mit Bockshornkleesamen, Chilischoten, Nelken, Kardamom, Senfkörnern, Gelbwurz (die dem Curry die charakteristische gelbe Farbe verleiht), rotem und schwarzem Pfeffer sowie Zimt. Fertigmischungen verlieren ihren Geschmack schnell und sollten innerhalb von zwei Monaten nach Kauf aufgebraucht werden. Passt zu Lamm, Schwein, Hähnchen, Reis und vielen Gemüsesorten wie Zwiebeln, Kohl, Kürbis, Möhren und Kartoffeln.
Gelbwurz oder Kurkuma	Gelborangefarbenes Gewürz mit intensivem Aroma und bitter-pikantem Geschmack. Frisch und in Form von Pulver erhältlich. Wichtige Zutat für Currys. Passt gut zu Reis und Chilis mit Lamm und Kürbis.
Gewürznelke	Scharf und besonders wohlriechend. Als ganze, getrocknete Knospen oder gemahlen erhältlich. Sparsam verwenden. Passt gut zu Fonds, Rotkohl, Wild und Schmortöpfen mit Fleisch sowie zu Lebkuchen.
Ingwer	Scharfer und leicht süßlicher Geschmack. Intensives Aroma. Getrocknet und gemahlen, kandiert, eingemacht und frisch erhältlich. Gemahlen sparsam in Currys, Gewürzkuchen und Marinaden einsetzen. Verwenden Sie kandierten Ingwer für Fruchtsirup und Glasuren sowie für Kuchen. Reiben Sie frischen Ingwer in Hühnersuppe, über kurzgebratenes Schwein, Hähnchen, Rind und frisches Gemüse.
Kardamom	Kräftiger, würzig-süßlicher Geschmack. Als ganze, getrocknete Samen oder gemahlen erhältlich. Passt gut zu Gebäck, Obstsalat, Kürbiskuchen und zu

Gewürz	Beschreibung
Kardamom	indischen Gerichten. Kardamom ist einer der Hauptbestandteile von Garam Masala, eine der wichtigsten Gewürzmischungen in der indischen Küche.
Koriander	Ähnlicher Geschmack wie Kümmel, leicht erdig. Als ganze, getrocknete Samen oder gemahlen erhältlich. Die Samen werden zum Einlegen verwendet, das Pulver für Currys, Lamm, Schwein, Wurst und Gebäck.
Kreuzkümmel oder Cumin	Leicht säuerliches Aroma. Samen mit pikantem Geschmack. Als ganze, getrocknete Samen oder gemahlen erhältlich. Wichtig für orientalische und asiatische Gerichte. Wird in Currys, Chilis und Bohnendips sowie zu Fisch, Lamm, Geflügel und Rind verwendet.
Kümmel	Hat einen pikanten Geschmack, der leicht an Anis erinnert. In Form von getrockneten Samen und gemahlen erhältlich. Wird für Kohl, Eintöpfe, Schweinebraten und Zwiebelkuchen verwendet.
Muskat	Angenehmes Aroma. Leicht süßlicher und pikanter Geschmack. Als ganze Nüsse oder gemahlen erhältlich. Passt sehr gut zu hellen Soßen, Kartoffelgerichten, püriertem Gemüse und Suppen, und gehört in Gewürzkuchen. Schmeckt am besten frisch gerieben. Sehr sparsam verwenden.
Paprikapulver	Rotes Pulver, gemahlen süß bis scharf erhältlich. Man unterscheidet verschiedene Schärfegrade. Gängig sind der milde Edelsüß- und der schärfere Rosenpaprika. Verleiht Dips, sämigen Soßen, Eintöpfen (wie Gulasch), sautiertem Fleisch, Hähnchen und Fisch eine feine Note.
Pfefferkörner	Schwarze Pfefferkörner sind scharf und aromatisch. Fein gemahlen oder als ganze Pfefferkörner erhältlich. Am besten schmeckt frisch gemahlener Pfeffer (gemahlener Pfeffer verliert schnell an Intensität). Schwarzer Pfeffer würzt kräftiger als weißer. (Es handelt sich um die Beeren derselben Pflanze, die jedoch mit unterschiedlichem Reifegrad geerntet werden.) Weißer Pfeffer passt gut zu Sahnesoßen und weißen Gerichten, weil weißer Pfeffer im Gegensatz zu schwarzem Pfeffer keine schwarzen Punkte macht. Rosa Pfeffer ist nicht mit schwarzem Pfeffer verwandt. Die mild-süßlichen Beeren sind die Früchte des Brasilianischen Pfefferbaums und getrocknet erhältlich.
Piment	Die Beeren des immergrünen Pimentbaums schmecken nach Zimt, Muskat und Nelken. Als ganze, getrocknete Beeren oder gemahlen erhältlich. Passt sowohl zu süßen als auch zu pikanten Speisen: zu Pasteten, Eintöpfen, Chilis, pochiertem Fisch, Hackbraten und Frikadellen, Kürbis, Grillsoßen, Kohlrouladen, Chutneys und Eingemachtem sowie zu Lebkuchen.
Safran	Das teuerste Gewürz der Welt. Es wird aus den getrockneten Narben der von Hand gepflückten Blüte einer speziellen violetten Krokusart gewonnen. Als Pulver oder ganze rote Fäden (die meist eine bessere Qualität aufweisen) erhältlich. Schon wenig reicht weit. Wichtig für klassische Gerichte wie Bouillabaisse und Paella, passt aber auch gut zu Reisgerichten und Risotto sowie zu Meeresfrüchten. Färbt sämige Soßen und Reisgerichte gelb.
Zimt	Süßes, aromatisches Gewürz aus der Rinde eines Tropenbaums. Ganz als getrocknete Stangen oder gemahlen erhältlich. Wird in erster Linie als Backgewürz für Kuchen und Kekse verwendet. Verleiht jedoch auch Eintöpfen, Currys, gebackenen Süßkartoffeln, orientalischen Gerichten und Desserts eine schmackhafte Note.

Tabelle 3.2: Ein paar Gewürze, die Sie kennen sollten

Jetzt geht es ans Eingemachte

Typisch für Lebensmittel in Dosen und Gläsern sind Thunfisch, Konfitüre, Honig und Hühner-, Rinder- und Gemüsebrühe. Darüber hinaus sollten Sie immer einen Vorrat an den folgenden wichtigen Lebensmitteln haben:

- ✔ **Verschiedene Öl- und Essigsorten:** In Kapitel 11 finden Sie eine Übersicht über verschiedene Sorten.

- ✔ **Tomatenmark und Tomaten in Dosen:** Um Eintöpfen und Soßen ein intensives Aroma zu verleihen. Beim Zubereiten von Pastasoßen werden Sie froh sein, dass es aromatische Tomaten in Dosen gibt, wenn frische Tomaten etwa im Winter wässrig und geschmacklos sind.

- ✔ **Wein:** Ein trockener Weißwein und ein trockener Rotwein für Soßen, Eintöpfe, Schmorbraten und Suppen. Auch ein trockener Sherry oder Portwein sind ganz praktisch. Im grauen Kasten *Welcher Wein passt zu welchem Gericht?* erfahren Sie, welchen Wein Sie am besten zu welchem Gericht anbieten.

Die folgenden Lebensmittel können Sie beim Kochen auf ganz neue Ideen bringen:

- ✔ **Sardellen:** Sardellen verleihen Salat- und Nudelsoßen einen ganz besonderen Geschmack. Damit können Sie auch fertig gekaufte oder selbst belegte Pizzas aufpeppen.

- ✔ **In Olivenöl eingelegte Artischockenherzen:** Passen wunderbar zu Blattsalaten, marinierten Gemüsesalaten oder auch zu gekochten Nudeln.

- ✔ **Bohnen:** Weiße Bohnen und Kidneybohnen sowie auch Kichererbsen für Suppen, Salate und als schnelle Beilage.

- ✔ **Muscheln und Fischfond:** Für eine schnelle Pastasoße oder als Ersatz für einen selbstgemachten Fischfond.

- ✔ **Kapern:** Für schnelle, scharfe Soßen zu Fisch, Fleisch und Geflügel.

- ✔ **Preiselbeeren:** Zu Wildgerichten, gegrilltem Fleisch und Geflügel oder zum Bestreichen von Braten.

- ✔ **Hoisin-Soße:** Eine wichtige Zutat für die chinesische Küche aus Sojabohnen, Knoblauch, Chilischoten und anderen Gewürzen. Eignet sich hervorragend für Marinaden und passt zu Rippchen, Entenbraten oder Geflügel.

- ✔ **Oliven:** Grün und schwarz in Scheibchen geschnitten in Salaten und Pastagerichten.

- ✔ **Eingelegte Paprikaschoten und eingelegte, getrocknete Tomaten:** Passen zu eingelegtem Gemüse, Blattsalaten und Sahnedips.

Welcher Wein passt zu welchem Gericht?

Wer als Gastgeber etwas auf sich hält, hat zumindest ansatzweise so etwas wie einen Weinkeller. Dabei kann es sich um ein eingebautes Regal im feuchten Keller oder um ein einfaches Weinregal aus Metall auf der Küchentheke handeln. Aber welche Weine sollten Sie hier lagern? Und welche Weine passen zu welchem Gericht?

Der beste Wein für ein Gericht ist der, der Ihnen am besten dazu schmeckt. So lautet auch ein französischer Spruch: »Chacun à son goût« (jeder nach seinem Geschmack). Ein paar bewährte Tipps gibt es aber auch: Rosé passt zu Lamm, Pinot Noir zu Lachs, Silvaner zu Spargel, um nur einige Kombinationen zu nennen. Etwas allgemeiner kann man sagen, dass Weißwein gut zu Fisch, Geflügel und anderen leichten Gerichten wie Suppen und Salate passt, während Rotwein besser zu Rind, Schwein und schwereren Gerichten wie üppige Aufläufe und Pastagerichte mit gehaltvollen Soßen passt.

Wein kann den Geschmack bestimmter Lebensmittel stark in den Vordergrund treten lassen, völlig überdecken oder wunderbar unterstreichen. Ein klassisches Beispiel ist ein kräftiger Rotwein zu einem leichten zarten Fisch. Der Wein wird den Fisch geschmacklich unter sich begraben und Sie werden vom zarten Geschmack des Fischs nichts haben. Ein Gegenbeispiel ist ein leichter Weißwein zu einem blutigen Rumpsteak mit einer Pfeffersoße. Hier kommt der Wein überhaupt nicht zur Geltung und wird vom Fleisch komplett übertönt. Aber letztlich entscheidet der persönliche Geschmack. Wenn Ihnen ein vollmundiger Chardonnay zu einem zarten Filet oder ein üppiger italienischer Rotwein zu gegrilltem Hähnchen schmeckt, soll Sie davon nichts abhalten! Ausführlichere Informationen zum Thema Wein finden Sie in *Wein für Dummies*.

Welche Weine sollten Sie nun also für ein zwangloses Abendessen oder zur Bewirtung von Gästen bereithalten? Im Folgenden finden Sie eine Übersicht über die Weine, die Sie vorrätig haben sollten, sowie ein paar Anmerkungen dazu, zu welchen Gerichten die Weine jeweils ganz gut passen.

- ✔ Ein leichter Rotwein mit moderatem Alkoholgehalt passt zu Fleisch, Geflügel und Fisch mit hohem Fettgehalt wie Lachs. Beispiele hierfür sind Merlot, Pinot Noir/Spätburgunder, Syrah, Beaujolais und einige italienische Rotweine.

- ✔ Schwerer, vollmundiger Rotwein passt zu Fleisch und Soßen, schweren Aufläufen und stark gewürzten Gerichten. Beispiele hierfür sind Cabernet Sauvignon und roter Bordeaux.

- ✔ Ein leichter Weißwein passt zu zart gewürztem Fisch, zu Salaten und nicht zu stark gewürzten Suppen auf Fondbasis. Beispiele hierfür sind trockener Riesling, Sauvignon Blanc, Chablis und Pinot Grigio/Grauburgunder.

- ✔ Ein üppiger Chardonnay passt zu stärker gewürztem Fisch, zu Geflügel, Salaten und Suppen. Ein fruchtig-frischer Chardonnay kann auch gut zu einem mageren Stück Schwein oder Rind passen.

- ✔ Süßer Wein passt zu Desserts (oder *als* Dessert). Beispiele hierfür sind Riesling, Gewürztraminer, Vouvray und Dessertweine wie Sherry und Portwein.

> ✔ Sekt oder andere Schaumweinsorten sollten Sie immer vorrätig haben, da man nie wissen kann, wann es etwas zu feiern gibt! Sekt passt zu vielen Gerichten und ist ein Klassiker als Aperitif.

Würzen, mit denen sich alle Gerichte aufpeppen lassen

Es lohnt sich, gute Würzen und Soßen wie Senf, Chutneys, Miso, scharfe Soßen, Grillsoßen und Ähnliches mehr vorrätig zu haben. Folgende Würzen sollten Sie immer im Bestand haben:

- ✔ **Dijonsenf:** Passt gut zu Salatdressings, Dips und Soßen und eignet sich zum Garnieren von warmem und kaltem Fleisch und Sandwiches. Sie können einen Würzsenf herstellen, indem Sie unter den Dijonsenf Kräuter oder Gewürze, Zitronensaft oder -schale oder ein wenig Honig mischen.

- ✔ **Ketchup:** Für Hamburger und Bratwurst sowie als Zutat zu Grillsoßen.

- ✔ **Mayonnaise:** Ein Grundbestandteil vieler Salatdressings und vieler Fleisch- und Eiersalate. Außerdem schmeckt Mayonnaise lecker auf einem Sandwich.

Auch von den folgenden Dingen sollten Sie immer etwas vorrätig haben:

- ✔ **Essiggurken:** Passen zu Sandwiches sowie in Kartoffel-, Geflügel- und Eiersalat. *Cornichons* sind knackige, kleine Essiggürkchen. Sie passen zu Käse, gebratenem Fleisch und Pasteten. Sie können sie aber auch fein gehackt zu Vinaigretten oder Sahnedressings geben.

- ✔ **Ein Glas Mango- oder Tomatenchutney:** Chutney ist eine pikante Fruchtsoße zu Hähnchen, Lamm, Schwein oder Ente. Sie können es auch zum Bestreichen von Braten oder Geflügel oder Sandwiches mit hart gekochtem Ei, Thunfisch, Hähnchen oder Pute verwenden.

- ✔ **Meerrettich:** Passt zu belegten Broten, Salatdressings, Rinderbraten, Schinkenbrot, zu Wurzelgemüse sowie zu einigen Soßen auf Sahne- und Tomatenbasis.

- ✔ **Pesto (im Glas oder selbstgemacht und tiefgekühlt):** Passt zu Pasta, gegrilltem Fleisch, Fisch, Geflügel oder Gemüse.

- ✔ **Verschiedene Relishsorten:** Ein Relish – ein Püree aus mariniertem Obst oder Gemüse – wie wie etwa ein Tomaten-, Preiselbeer-, Apfel- oder Zwiebelrelish, kann als Brotaufstrich verwendet werden und passt gut zu gegrilltem und gebratenem Fleisch.

- ✔ **Miso:** Die japanische Würzpaste aus Sojabohnen (dunkel und hell) passt zu Suppen und Fonds, Salatdressings und Gemüsepürees.

- ✔ **Sojasoße (dunkel und hell, chinesisch und japanisch):** Für Marinaden, Salatdressings, Kurzgebratenes, Sushi und Soßen. Chinesische Sojasoße ist kräftiger im Geschmack und salziger als die japanische. Helle Sojasoße passt zu Garnelen, Fisch und Gemüse wie kurzgebratene Zuckerschoten oder Brokkoliröschen. Dunkle Sojasoße mit Karamellgeschmack passt gut zu Wokgemüse und Fleisch.

- ✔ **Sonnengetrocknete und in Olivenöl eingelegte Tomaten:** Wertet Soßen (besonders Nudelgerichte), Salate und Dressings auf.

- ✔ **Tabascosoße:** Zum Würzen von pikanten Gerichten. Sehr scharf. Peppt Omeletts auf, passt zu Steaks und in Marinaden, Suppen, Eintöpfe und Aufläufe.

- ✔ **Tahini:** Die orientalische Sesampaste passt zu Dips wie Hummus, zu Salatdressings und Soßen, gegrilltem Gemüse und Hähnchen.

> Würzen wie Chutneys, Essiggurken, Mayonnaise, Senf und Miso halten sich nach dem Öffnen im Kühlschrank mehrere Wochen frisch. Öl, Essig, Honig und Sirup müssen nach dem Öffnen nicht im Kühlschrank aufbewahrt werden und bleiben in einem Schrank – vor Wärme und Sonnenlicht geschützt – mehrere Monate verwendbar. Wenn Sie nicht genau wissen, wie Sie etwas aufbewahren sollen, folgen Sie den Angaben auf dem Etikett des Produkts.

Einen Vorrat an Backzutaten zulegen

Niemand erwartet von Ihnen, dass Sie nach Feierabend um halb acht noch einen Kuchen backen. Aber manchmal brauchen Sie ein schnelles Dessert oder etwas Süßes, das Sie gern selbst machen möchten. Wenn alle Zutaten, die Sie brauchen, vorrätig sind, können Sie gleich anfangen zu backen! Folgendes sollten Sie immer auf Lager haben:

- ✔ **Backpulver und Trockenhefe:** Zwei Backtriebmittel, die bei Kuchen und Plätzchen für eine lockere Beschaffenheit sorgen und zur Volumenvergrößerung verwendet werden. Achten Sie beim Kauf darauf, wie lange sie noch haltbar sind. (Backpulver und Trockenhefe verlieren im Laufe der Zeit an Wirkung.) Kaufen Sie nur kleine Mengen und bewahren Sie beide in einem dicht schließenden Behälter auf. Sie können testen, ob Backpulver noch gut ist, indem Sie eine geringe Menge mit warmem Wasser mischen. Wenn es schäumt, ist es in Ordnung.

- ✔ **Kristallzucker:** Ein vielseitiges Süßungsmittel. Bewahren Sie Zucker in einem gut verschließbaren Behälter auf.

- ✔ **Weizenmehl:** Zum Wenden von Fleisch, Fisch und Geflügel sowie für Pfannkuchen, Plätzchen und Waffeln und natürlich zum Brot- und Kuchenbacken. Bewahren Sie Mehl in einem dicht schließenden Behälter auf, in dem es mehrere Monate frisch bleibt und vor Mehlmotten geschützt ist.

Noch mehr Möglichkeiten haben Sie, wenn sich folgende Zutaten in Ihrem Vorrat befinden:

- ✔ **Gelatine:** Geschmackloses Pulver oder Blattgelatine für Sülzen, Mousse und Desserts. Eine Anleitung zur Verarbeitung von Gelatineblättern finden Sie in Kapitel 14.

- ✔ **Honig:** Für süße Glasuren, Dressings und Sirup. Um kristallisierten Honig wieder flüssig zu bekommen, stellen Sie das Glas in einen Topf mit warmem, nicht zu heißem Leitungswasser.

- ✔ **Gemahlene Mandeln und Haselnusskerne:** Für den Fall, dass Sie einen Kuchen backen wollen, der nicht nur aus Zucker, Mehl und Eiern besteht.

- ✔ **Puderzucker:** Zum Bestäuben von Gebäck und Keksen oder für einen schnellen Zuckerguss.

- ✔ **Schokolade:** Ungesüßte Bitterschokolade am Stück und Kakaopulver für Schokoladensoßen, Schokokekse und heiße Schokolade.

> Schokolade beginnt bei etwa 25 Grad zu schmelzen. Dabei trennt sich die Kakaobutter und lagert sich an der Oberfläche ab. So entsteht an der Schokoladenoberfläche ein weißlicher Belag, der auch als *Fettreif* bezeichnet wird. Dieser Fettreif sieht nicht besonders appetitlich aus, doch die Schokolade kann problemlos gegessen werden. Um zu verhindern, dass sich auf der Schokolade Fettreif bildet, bewahren Sie sie gut verpackt an einem kühlen, trockenen Ort auf (nicht im Kühlschrank).

- ✔ **Speisestärke:** Zum Binden von Suppen, Eintöpfen und Soßen.

- ✔ **Vanille- und Bittermandelaroma:** Zum Aromatisieren von Schlagsahne, Desserts und Gebäck. Andere praktische Aromen sind Orangen- oder Zitronenaroma.

- ✔ **Vanilleschoten:** Für Dessertsoßen und Vanillezucker. Bewahren Sie die Vanilleschoten gut eingewickelt in einer Frischhaltefolie in einem luftdicht schließenden Behälter im Kühlschrank auf. Sie hält etwa sechs Monate frisch.

- ✔ **Weinstein:** Zum Stabilisieren von Eiweiß.

Kühles aus dem Kühlschrank und der Gefriertruhe

Im Folgenden sind einige wichtige Dinge aufgelistet, die Sie im Kühlschrank oder in der Gefriertruhe aufbewahren sollten:

- ✔ **Butter:** Verwenden Sie ungesalzene Butter, sodass Sie die Salzmenge in einem Gericht genau bestimmen können. Im Kühlschrank können Sie Butter etwa zwei bis drei Wochen aufbewahren, in der Gefriertruhe acht bis zwölf Monate. Lassen Sie sie in der Originalverpackung, oder frieren Sie sie in einem Gefrierbeutel ein.

- ✔ **Eier:** Ohne Eier geht es nicht – für Omeletts, zum Frühstück und als schnelles Abendessen. (In Kapitel 9 finden Sie einige Rezepte mit Eiern und Tipps zu Eiern.) Bewahren Sie Eier im Kühlschrank in der Verpackung auf, damit sie keine Gerüche von anderen Lebensmitteln im Kühlschrank annehmen, und verwenden Sie sie, bevor das auf dem Karton aufgedruckte Mindesthaltbarkeitsdatum abgelaufen ist.

✔ **Milch:** Wir verwenden für unsere Rezepte Vollmilch mit einem Fettgehalt von 3,5 Prozent. Sie können auch fettarme Milch mit 1 bis 2 Prozent Fett oder entrahmte beziehungsweise Magermilch verwenden. Die Gerichte werden dann nicht so sahnig. Als Vorrat eignet sich H-Milch, die wochenlang ungekühlt haltbar ist. Nach dem Öffnen der Packung muss H-Milch jedoch wie jede andere Milch gekühlt werden.

✔ **Nudeln:** Halten Sie immer einen Vorrat mit gefüllten Nudelgerichten, zum Beispiel Ravioli, im Gefrierschrank. So haben Sie stets ein schnelles Abendessen zur Hand. Sie können frische Nudeln in Gefrierbeutel packen und sechs bis acht Monate tiefkühlen. Tauen Sie sie vor dem Kochen nicht auf. Geben Sie einfach die gefrorenen Nudeln in kochendes Wasser und kochen Sie sie *al dente* (bissfest).

Ein Vorrat der folgenden Lebensmittel ist ebenfalls ganz praktisch:

✔ **Brötchen, Toastbrot und andere Backwaren dieser Art:** Zum Frühstück und als Sandwiches. Alle Brotteigprodukte können in Gefrierbeuteln eingefroren werden. Sie können Sie auf der Arbeitsplatte, in der Mikrowelle oder im Ofen bei 150 Grad auftauen (aber nehmen Sie sie vorher aus der Plastiktüte!).

✔ **Crème fraîche, Sahne oder Sauerrahm (beziehungsweise saure Sahne):** Für schnelle Soßen zu Fisch, Geflügel und Nudelgerichten. Brauchen Sie diese Produkte bis zum Haltbarkeitsdatum auf oder frieren Sie sie zur längeren Aufbewahrung ein. Sahne (nicht Crème fraîche oder Sauerrahm) können Sie zu Schlagsahne steif schlagen.

✔ **Eiscreme:** Schnelles Dessert. Nach dem Öffnen sollten Sie Eis innerhalb von zwei Wochen aufbrauchen. Nicht geöffnete Behälter können Sie tiefgekühlt bis zum Haltbarkeitsdatum aufbewahren.

✔ **Hart- und Schnittkäse:** Mozzarella, Parmesan, Gouda und Blauschimmelkäse für Salate, Aufläufe, Omeletts, helle Soßen und belegte Brote sowie für Nudelgerichte oder einfach zum Naschen! (Mehr zum Thema Käse finden Sie im nächsten grauen Kasten *Käse – Milch auf ganz besondere Art*)

Packen Sie Käse nach dem Öffnen in Wachspapier, in Alufolie, in einen wiederverschließbaren Plastikbeutel oder in Frischhaltefolie ein. Schneiden Sie Schimmel, der sich an den Außenkanten von Hartkäse bildet, großzügig weg. Bei starkem Befall sollten Sie den Käse lieber wegwerfen. Je nach Sorte hält sich Käse im Kühlschrank mehrere Wochen bis Monate frisch.

Von geriebenem Parmesan oder geriebenem Pecorino raten wir ab, denn er verliert schnell an Geschmack. Bewahren Sie stattdessen ein Stück Käse zum Reiben nach Bedarf im Kühlschrank auf. Käse selbst zu reiben, ist einfach und schmeckt viel besser. Wenn Sie gleich alles aufbrauchen, können Sie mit einem qualitativ hochwertigen, im Feinkostladen frisch für Sie geriebenen Parmesan oder Pecorino Zeit sparen.

✔ **Quark, Ricotta und Frischkäse:** Für Dressings und Dips, zu Snacks, zum Bestreichen von Brötchen oder Toasts und zum Kuchenbacken. Bewahren Sie diese Produkte im verschlossenen Originalbecher beziehungsweise in der Folienverpackung auf und verbrauchen Sie sie in ein bis zwei Wochen.

✔ **Mascarpone:** Italienischer Doppelrahmfrischkäse aus Kuhmilch. Gern für Torten oder Desserts verwendet, etwa als Zutat für Tiramisu.

✔ **Kuchenteig:** Tiefgekühlt hält Kuchenteig bis zu acht Monate. Wenn Sie schnell ein Dessert brauchen, können Sie ihn mit Fruchtmus oder Pudding füllen, oder aus einem salzigen Teig flink eine Quiche zubereiten.

✔ **Naturjoghurt:** Gut geeignet für schnelle Dips, Dressings und fettarme Soßen. Lässt sich gut mit Senfpulver und verschiedenen Kräutern mischen. Damit wird außerdem Pfannkuchenteig leichter. Beachten Sie das auf der Verpackung aufgedruckte Mindesthaltbarkeitsdatum.

Käse – Milch auf ganz besondere Art

Käse wird gern als letzter Gang nach einem Abendessen gereicht. Das ist vor allem dann ganz praktisch, wenn Sie für die Zubereitung eines Desserts keine Zeit haben. Servieren Sie Käse mit Obst, Baguette oder Crackern, die den Käsegeschmack nicht stören. Der Käse sollte beim Servieren Zimmertemperatur haben.

Zu sagen, welche Käsesorten für den letzten Gang nach dem Essen am besten geeignet sind, ist ein bisschen so, als würde man sagen, welches Auto sich für den Weg zum Supermarkt am besten eignet: Die meisten erfüllen ihre Aufgabe, aber manche tun es mit mehr Stil. Überlegen Sie zuallererst, was gut zum Hauptgang passt. Servieren Sie würzige Käsesorten nach kräftig gewürzten Gerichten und milde Käsesorten nach milderen Gerichten. So sollten Sie beispielsweise nach gegrillter Hähnchenbrust mit Sommergemüse keinen kräftigen Blauschimmelkäse servieren. Bedenken Sie beim Kaufen von Käse zudem, dass es große Geschmacksunterschiede zwischen jungem und reifem Käse gibt. Am besten kaufen Sie in einem Laden ein, in dem so viel Käse verkauft wird, dass ständig neue Ware nachgelegt wird und die Auswahl groß ist.

Auch an den Wein sollten Sie denken. So passen zu einem ausgereiften Camembert und zu kräftigen Ziegenkäsesorten beispielsweise kräftige Rotweine (Bordeaux, Cabernet Sauvignon, Zinfandel, Portwein) oder auch ein Bier. Sie sollten einen Wein wählen, der sich gegen den würzigen Käse durchsetzen kann. Milde Käsesorten wie Gouda, Havarti, Brie verlangen für einen ausgeglichenen Geschmack nach entsprechend leichten Weinsorten: Beaujolais, Côtes-du-Rhône und Barbaresco. Ihr Weinhändler berät Sie gern bei der Auswahl eines zum Käse passenden Weins.

Wenn es um die Auswahl der Käsesorte geht, finden Sie hier eine kurze Übersicht über einige häufig gekaufte Sorten, die überall erhältlich sind. Jeder Käse hat einen anderen Geschmack. Probieren Sie die Sorten doch einfach alle aus. So können Sie leicht feststellen, welche Sorten Ihnen am besten schmecken:

✔ **Brie:** Dieser cremige Weichkäse hat einen milden Geschmack und passt gut zu den meisten leichten Rotweinen.

- ✔ **Camembert:** Ein französischer Käse aus der Normandie. Ein cremiger Weichkäse, dem Brie nicht unähnlich, aber kräftiger im Geschmack. Ein reifer Camembert fängt an zu laufen. (Ja wirklich, bei Käse ist *laufen* etwas Gutes.)
- ✔ **Cheddar:** Stammt ursprünglich aus England, wo es nach wie vor den besten Cheddar gibt, wird heute aber weltweit hergestellt. Der Geschmack dieses Schnittkäses reicht von vollmundig, nussig bis sehr würzig.
- ✔ **Emmentaler:** Ein fein-würziger Hartkäse aus der Schweiz.
- ✔ **Gorgonzola:** Aus der Lombardei in Italien. Ein sehr beliebter Blauschimmelkäse. Gorgonzola ist sehr vollmundig und cremig und dennoch angenehm würzig-pikant. Cremiger als der Roquefort.
- ✔ **Gouda:** In verschiedenen Reifegraden im Handel, Gouda schmeckt – je nach Altersklasse – mild bis würzig.
- ✔ **Greyerzer:** Ein herzhafter Hartkäse aus der Schweiz. Leichtes Nussaroma.
- ✔ **Mozzarella:** Kennen alle Pizza- und Lasagneliebhaber. Mozzarella kann man prima auf Brotscheiben legen und überbacken. Das ist eine leckere Vorspeise und heißt *Mozzarella in Carozza*. Dieser Käse passt außerdem gut zu Salaten und kommt auch in Form von Tomate-Mozzarella mit Basilikum als *Insalata Caprese* immer gut an.
- ✔ **Pecorino Romano:** Italienischer Käse aus Schafsmilch. (In Italien heißen alle Käse aus Schafsmilch Pecorino.) Der Pecorino Romano ist als junger Käse weich und mild mit einer gewissen Schärfe. Ein gereifter Pecorino ist sehr fest und würzig. Er wird meist über Pasta gerieben.
- ✔ **Roquefort:** Ein aus Schafsmilch hergestellter und in den berühmten Höhlen von Roquefort in Frankreich gereifter Käse. Der Roquefort ist ein Blauschimmelkäse mit sehr intensivem Geschmack. Er hat eine cremige Konsistenz.
- ✔ **Ziegenkäse:** Ziegenkäse (französisch *chèvre*) gibt es in unterschiedlichen Geschmacksausprägungen. Ein junger Ziegenkäse schmeckt mild, während ein reifer Ziegenkäse krümelig wird und würzig schmeckt.

Obst und Gemüse kaufen und lagern

Obst und Gemüse geben den Lebensmitteln, die Sie essen, Farbe, Geschmack, Vitamine, Mineralien und Ballaststoffe. Die Qualität der Produkte, die Sie kaufen, wirkt sich direkt auf die Qualität der Gerichte aus, die Sie daraus zubereiten. Wer möchte schon einen zusammengefallenen Salat oder eine Schüssel mit matschigem Obst essen? An der Qualität der Produkte, die ein Hobbykoch kauft, kann man erkennen, was er auf sich hält. Seien Sie immer auf der Suche nach der besten Bezugsquelle für frisches Obst und Gemüse. Wenn es in Ihrer Nähe einen Bauernmarkt mit saisonalen Produkten gibt, dann suchen Sie sich das Beste aus. Aus frischen Tomaten und einem frischen Salatkopf können Sie eine ganze Mahlzeit oder zumindest eine unvergessliche Beilage zubereiten. Und wie wäre es mit diesen saftig roten Pfirsichen zum Dessert? Manchmal bekommen Sie aber nur im Supermarkt frisches Obst und Gemüse. Für diesen Fall haben wir ein paar Tipps und Tricks für den Kauf von frischen Produkten zusammengestellt. Hier erfahren Sie auch, welche (gut lagerfähigen) Obst- und Gemüsesorten Sie immer vorrätig haben sollten und wie Sie das Obst und Gemüse am besten aufbewahren, damit es möglichst lange frisch bleibt.

So wählen Sie Obst und Gemüse aus

Bei der Auswahl von frischem Obst und Gemüse gelten ein paar allgemeine Regeln. Vermeiden Sie frisches Obst und Gemüse mit braunen Flecken oder runzliger Schale oder das einfach irgendwie nicht frisch aussieht! Hier einige weitere Regeln für den Kauf von frischem Obst und Gemüse:

- ✔ Zwiebeln, Schalotten, Knoblauch und Kartoffeln müssen sich sehr hart anfühlen. Wenn sie weich sind, sind sie überreif.

- ✔ Avocados und Melonen sollten ein wenig weich sein. Riechen Sie am Strunk einer Cantaloupe-Melone. Wenn sie wie eine Cantaloupe-Melone riecht, ist sie reif. Wenn sie nach nichts riecht, ist sie noch nicht reif.

- ✔ Äpfel und Birnen müssen knackig und hart sein.

- ✔ Sommerfrüchte wie Pfirsiche, Nektarinen und Aprikosen sind reif, wenn sie ein wenig nachgeben, wenn man sie vorsichtig drückt, und wenn sie wie Pfirsiche, Nektarinen oder Aprikosen duften.

- ✔ Halten Sie Ausschau nach grünen und blauen Trauben mit einem blumigen oder weißen, mehlartigen Reif. Daran können Sie erkennen, dass die Trauben reif sind.

- ✔ Kaufen Sie keinen glitschigen Salat

Obst und Gemüse wie ein Profi lagern

Jeder gut ausgestattete Koch sollte folgendes Gemüse immer zu Hause haben:

- ✔ Blattsalate
- ✔ Karotten
- ✔ Kartoffeln
- ✔ Knoblauch
- ✔ Zwiebeln

Darüber hinaus empfiehlt es sich, folgende Produkte vorrätig zu haben. Sie passen sowohl zu pikanten Salaten als auch zu Obstsalaten, können in Scheiben oder Schnitze geschnitten roh verzehrt und als leckere Snacks gereicht oder in Suppen oder mit Kurzgebratenem für verschiedene Gerichte verwendet werden:

✔ Äpfel, Trauben, Pfirsiche oder andere Früchte der Saison

✔ Bananen (das ganze Jahr über erhältlich)

✔ Frühlingszwiebeln

✔ Gurken

✔ Pilze

✔ Rote und grüne Paprikaschoten

✔ Sellerie

✔ Zitrusfrüchte wie Zitronen, Limonen, Orangen und Grapefruit

Die meisten Obst- und Gemüsesorten sind leicht verderblich und müssen im Kühlschrank aufbewahrt werden. Hier einige allgemeingültige Ratschläge zur Lagerung von Obst und Gemüse:

✔ **Ananas:** Reift nach der Ernte nicht mehr nach und wird am besten wenige Tage nach dem Kauf verzehrt. Bewahren Sie sie vor Wärme und Sonnenlicht geschützt bei Zimmertemperatur oder als Ganzes oder geschnitten im Kühlschrank auf.

✔ **Äpfel:** Bewahren Sie Äpfel im Kühlschrank oder an einem kühlen, dunklen Ort auf. Sie bleiben mehrere Wochen frisch.

Äpfel produzieren ein Gas, das andere Früchte schneller reifen lässt. Wenn Sie also nicht möchten, dass Ihre Früchte zu schnell reif werden, halten Sie Abstand zu den Äpfeln, und bewahren Sie sie nicht zusammen mit Äpfeln im Kühlschrank auf.

✔ **Artischocken und Spargel:** Bewahren Sie beides im Kühlschrank auf und brauchen Sie beides innerhalb von zwei bis drei Tagen nach dem Kauf auf.

Spargel und auch Blattgemüse und Salat halten sich im Kühlschrank am besten, wenn Sie sie in ein feuchtes Küchenhandtuch einwickeln.

✔ **Avocados, Papayas, Kiwis und Mangos:** Können Sie bei Zimmertemperatur aufbewahren, bis sie ganz reif sind. Danach sollten Sie sie rasch verbrauchen.

✔ **Bananen:** Bewahren Sie Bananen im Kühlschrank auf, um den Reifeprozess zu verlangsamen. Die Schale wird immer dunkler, das Fruchtfleisch jedoch nicht.

✔ **Blattgemüse, zum Beispiel Spinat und Mangold:** Leicht verderblich. Bewahren Sie dieses Gemüse im Kühlschrank auf und brauchen Sie es innerhalb von ein bis zwei Tagen auf.

- ✔ **Blattsalat:** Im Ganzen im Kühlschrank gelagert bleibt er zwei bis drei Tage frisch. (Weitere Informationen hierzu finden Sie in Kapitel 11.)
- ✔ **Brokkoli und Blumenkohl:** Bleiben im Kühlschrank eine Woche frisch.
- ✔ **Grüne Bohnen:** Bewahren Sie diese im Kühlschrank auf und brauchen Sie sie innerhalb von drei bis vier Tagen nach dem Kauf auf.
- ✔ **Gurken und Auberginen:** Bleiben im Gemüsefach des Kühlschranks eine Woche frisch.
- ✔ **Karotten:** Bleiben im Kühlschrank ein bis zwei Wochen frisch.
- ✔ **Kirschen und Beeren:** Bewahren Sie im Kühlschrank auf. Am besten schmecken sie, wenn Sie sie noch an dem Tag verzehren, an dem Sie sie gekauft haben.
- ✔ **Knoblauch:** Bewahren Sie Knoblauch bei Zimmertemperatur in einer kleinen Schale auf. Wenn Sie allerdings Knoblauch nicht sehr häufig verwenden, sollten Sie ihn besser in den Kühlschrank legen, dort hält er länger.
- ✔ **Kohl:** Bleibt im Kühlschrank oder im kühlen Keller ein bis zwei Wochen frisch.
- ✔ **Paprikaschoten:** Bleiben im Kühlschrank bis zu zwei Wochen frisch.
- ✔ **Pilze:** Bewahren Sie Pilze in einer Papiertüte im Kühlschrank auf. Brauchen Sie sie innerhalb von zwei Tagen auf.
- ✔ **Sellerie:** Bleibt im Kühlschrank ein bis zwei Wochen frisch.
- ✔ **Tomaten:** Behalten ihren Geschmack bei Zimmertemperatur. Bewahren Sie Tomaten an einem kühlen, dunklen Ort oder in einer Papiertüte auf, bis sie vollständig reif sind. Wenn die Tomaten reif sind, sollten Sie sie schnell verbrauchen, damit sie nicht verderben.
- ✔ **Trauben:** Bleiben im Kühlschrank bis zu einer Woche frisch.
- ✔ **Unreife Melonen und Baumfrüchte (wie Birnen, Pfirsiche und Nektarinen):** Bewahren Sie diese bei Zimmertemperatur auf, damit sie nachreifen können und noch süßer werden. Wenn die Früchte ganz reif sind, können Sie sie im Kühlschrank noch einige weitere Tage aufbewahren.
- ✔ **Zitrusfrüchte (wie Zitronen, Grapefruits und Orangen):** Zitrusfrüchte, die nach der Ernte nicht mehr nachreifen und recht lange gelagert werden können, gehören nicht in den Kühlschrank. Dunkel, luftig und nicht zu warm gelagert bleiben sie bis zu zwei Wochen frisch.
- ✔ **Zwiebeln, Kartoffeln, Schalotten und Winterkürbisse (wie der Moschuskürbis):** Bewahren Sie Zwiebeln, Kartoffeln und Winterkürbisse in einer kühlen, trockenen und dunklen Schublade oder Kiste oder im Keller auf, dann bleiben sie bis zu einem Monat frisch. Bei Zimmertemperatur treiben Zwiebeln, Kartoffeln und Schalotten schnell aus.
- ✔ **Zucchini:** Bleiben im Kühlschrank bis zu einer Woche frisch.

Fleisch, Geflügel und Fisch auswählen, kaufen und aufbewahren

Fleisch, Geflügel und Fisch sind leicht verderbliche Lebensmittel, die im Kühlschrank dort liegen sollten, wo es am kältesten ist. Bewahren Sie diese Lebensmittel gut verpackt, am besten in einer eigenen Schublade, auf, um zu verhindern, dass sie mit anderen Lebensmitteln in Berührung kommen.

Achten Sie immer auf das Mindesthaltbarkeits- oder das Verbrauchsdatum. Und lassen Sie Fleisch, Geflügel oder Fisch niemals bei Zimmertemperatur auftauen. Das wäre ein Festtag für Keime. Tauen Sie diese Lebensmittel immer im Kühlschrank auf. Das dauert etwas länger und erfordert etwas mehr Planung, schützt aber vor Keimen.

Schauen Sie sich das Fleisch beim Kauf genau an. Fleisch muss immer frisch und rosa aussehen, niemals matt oder grau. Wenn das Fleisch Saft verliert, kann dies ein Hinweis darauf sein, dass es tiefgekühlt war und aufgetaut wurde. Kaufen Sie dieses Fleisch nicht. Fleischstücke ohne Knochen haben einen etwas höheren Kilopreis, haben dafür aber einen höheren Fleischanteil als Stücke mit Knochen. Unter dem Strich müssen sie also nicht teurer sein.

Bewahren Sie Fleisch im Fleischfach oder im kühlsten Bereich des Kühlschranks auf. Verpacken Sie es gut, damit kein Saft vom rohen Fleisch auf Lebensmittel tropft, die nicht mehr abgekocht werden. Rohes Fleisch sollten Sie innerhalb von zwei Tagen oder bis zu dem auf der Verpackung angegebenen Mindesthaltbarkeits- oder Verbrauchsdatum verwerten. Hackfleisch sollte noch am Tag des Einkaufs verzehrt und bis zur Verarbeitung an der kältesten Stelle des Kühlschranks gelagert werden. Andernfalls sollten Sie es einfrieren. Wenn Sie Fleisch einfrieren, nehmen Sie es aus der Verpackung heraus. Packen Sie es in Alufolie oder einen Gefrierbeutel, drücken Sie möglichst viel Luft heraus und schreiben Sie auf alle Päckchen das Datum. Hackfleisch können Sie bis zu drei Monate, andere Fleischstücke bis zu sechs Monate einfrieren. Tauen Sie Fleisch im Kühlschrank oder in der Mikrowelle auf.

Schweinefleisch

Beim Schweinefleisch erkennt man gute Qualität an der blassroten Fleischfarbe, das heißt, die Muskulatur ist mit Fettgewebe durchwachsen. Die Fleischfasern sollten zart und fein sein. Das Filet ist das zarteste Stück des Tieres und zum Kurzbraten geeignet (wie Sie kurzbraten, lesen Sie in Kapitel 5). Die Keule ist ideal zum Braten im Ganzen. (Alles Wichtige zum Braten lesen Sie in Kapitel 7.)

Rindfleisch

Die Qualität von Rindfleisch wird nach dem Alter des Tiers, dem Fettanteil im Fleisch beziehungsweise der *Marmorierung* (je stärker die Marmorierung, umso saftiger und zarter das Fleisch) sowie nach der Farbe und Struktur bemessen. Die Qualität wird jedoch auch von der Reife bestimmt beziehungsweise davon, wie gut das Fleisch abgehangen ist. Vor noch nicht allzu langer Zeit wurde Rindfleisch grundsätzlich im Ganzen abgehangen, bevor es ausgeliefert wurde. Heute wird Fleisch in der Regel in Teilstücke geschnitten und in Folien vakuumverpackt ausgeliefert. Der Reifeprozess findet in der Verpackung statt. Kaufen Sie Rindfleisch nach Möglichkeit bei Ihrem örtlichen Metzger, der eigenes Rindfleisch noch selbst abhängen lässt. Dafür bezahlen Sie etwas mehr, aber das Fleisch schmeckt viel besser. Gut abgehangenes Fleisch ist zarter und aromatischer als schlachtfrisches Fleisch.

Zu den zarteren Fleischstücken zählen Steaks wie Porterhousesteak, Filetsteak und Mignon sowie Bratenfleisch wie Rippe, Hochrippe und Filet. Zarte Fleischstücke werden in der Regel durch Braten, Grillen und Sautieren zubereitet. (In Kapitel 7 lesen Sie mehr zum Thema Braten, Rezepte zum Sautieren stehen in Kapitel 5.)

Weniger zarte Stücke, die mehr Muskelgewebe und weniger Fett aufweisen, werden nicht kurzgebraten, sondern etwas länger geschmort. (Rezepte zum Schmoren finden Sie in Kapitel 6.) Zu den festen Stücken zählen Bruststück, Kamm, Schulter, Hüfte und Unterschale. Andere Teilstücke eignen sich gut zum Kochen, etwa für selbstgemachte Rinderbrühe, Tafelspitz oder Eintöpfe (ein Rezept dazu finden Sie in Kapitel 13).

Hackfleisch richtig verarbeiten

Hackfleisch ist durch den Fleischwolf gedrehtes, rohes Rind- oder Schweinefleisch. Durch die große Oberfläche ist es sehr anfällig für den Befall durch Keime. Es darf nicht aus tiefgefrorenem, wieder aufgetautem Fleisch hergestellt werden und nur am Tag der Herstellung verkauft werden. Bei abgepacktem Hackfleisch ist das Verbrauchsdatum angegeben (*zu verbrauchen bis ...*). Halten Sie sich unbedingt daran, denn die gesetzlich vorgeschriebene Lagertemperatur für Hackfleisch beträgt 2 Grad. Diese Temperatur wird in den meisten Haushaltskühlschränken *nicht* erreicht. Kaufen Sie Ihr Hackfleisch am besten bei einem Metzger, der es aus größeren Fleischstücken vor Ihren Augen durch den Wolf dreht.

Achten Sie bei der Verarbeitung besonders auf eine hygienische Arbeitsumgebung und arbeiten Sie zügig, indem Sie alle Zutaten vorab bereitstellen und das Hackfleisch erst zur eigentlichen Zubereitung aus dem Kühlschrank nehmen.

Lammfleisch

Milchlammfleisch stammt von Tieren, die nicht älter als sechs Monate sind. Von Lamm spricht man, wenn das Tier nicht älter als ein Jahr ist. Fleisch von ein- bis zweijährigen Tieren bezeichnet man als *Hammelfleisch*.

Das Fleisch von Weidetieren ist wesentlich schmackhafter als das Fleisch bei Stallhaltung. Es hat eine hell- bis ziegelrote Farbe und ist leicht mit Fett durchwachsen. Filet- und Kotelettstücke eignen sich hervorragend zum Kurzbraten, die Keule wird meist als Ganzes im Ofen gebraten.

Geflügel

Es hängt ein wenig vom Erzeuger ab, wie zart und aromatisch frisches Geflügel ist. Probieren Sie daher Geflügel verschiedener Erzeuger aus, um herauszufinden, was Ihnen am besten schmeckt. Die Farbe der Haut ist weder ein Qualitätsmerkmal noch ein Hinweis auf den Fettanteil im Fleisch. Die Haut von Geflügel kann – je nach Fütterung – weiß bis gelb sein.

Die meisten Supermärkte führen die folgenden Geflügelarten:

- ✔ **Ente:** Fettreiches, sehr charakteristisch kräftig schmeckendes Fleisch. Wird als Frühmastente mit etwa 1 500 Gramm angeboten. Junge Enten wiegen etwa 2 000 bis 2 500 Gramm.

- ✔ **Gans:** Fettreiches, sehr schmackhaftes Fleisch. Frühmastgänse werden vor der ersten Federreife geschlachtet und mit einem Gewicht von etwa 2 400 Gramm angeboten. Junge Gänse werden im Alter von sechs bis acht Monaten geschlachtet und haben küchenfertig ein Gewicht von ca. 4 000 bis 6 000 Gramm.

- ✔ **Hähnchen:** Ein etwa sechs Wochen altes Tier mit einem Gewicht von 800 bis 1 200 Gramm. Aromatisches Fleisch, das sich gut zum Grillen, Frittieren, Sautieren oder Braten eignet. Ein ganzes Hähnchen ist immer preiswerter als ein bereits zerlegtes.

- ✔ **Poularde:** Ein etwa sechs bis zwölf Wochen altes Tier mit einem Gewicht von 1 200 bis 2 500 Gramm. Sehr fleischig mit einem hohen Fettanteil unter der Haut. Daher sehr gut zum Braten geeignet.

- ✔ **Pute:** Fettarmes Fleisch, besonders geeignet für Kalorienbewusste. Puten, die im Ganzen zubereitet werden, wiegen idealerweise etwa 4 000 bis 6 000 Gramm. Sie werden im Alter von etwa 20 bis 24 Wochen geschlachtet. Ältere Tiere werden meist in Teile zerlegt angeboten.

- ✔ **Stubenküken:** Ein junges Tier mit einem Gewicht von etwa 300 bis 600 Gramm. Fleischig, saftig und aromatisch, zum Braten geeignet.

- ✔ **Suppenhuhn:** Ein mindestens ein Jahr altes Tier mit einem Gewicht von 1 000 bis 2 000 Gramm. Muss langsam gegart werden, damit es zart wird. Damit lassen sich leckere Suppen und Eintöpfe kochen.

Nehmen Sie das Geflügelklein (Hals, Herz, Magen und Leber) aus der Verpackung im Innern des Geflügels, spülen Sie es unter kaltem Wasser gründlich ab und trocknen Sie es, bevor Sie es weiterverarbeiten. Schneiden Sie auch überschüssiges Fett weg. Waschen Sie nach dem Vorbereiten des Geflügels Ihre Hände und die Arbeitsflächen (Theke und Schneidbrett) mit Seifenlauge, um die Übertragung von Keimen zu vermeiden.

Verwerten Sie ganzes oder zerlegtes Geflügel innerhalb von ein bis zwei Tagen nach dem Kauf. Ein ganzes, rohes Huhn kann gut verpackt bis zu zwölf Monate, Einzelteile können bis zu neun Monate tiefgekühlt werden. Tauen Sie Geflügel im Kühlschrank, niemals bei Zimmertemperatur, auf. Legen Sie eine Verpackung, die auftaut, in eine Schüssel oder auf einen Teller, um möglicherweise austretenden Saft aufzufangen. Geflügel mit einem Gewicht von 2 Kilogramm braucht etwa 24 Stunden zum Auftauen im Kühlschrank, Geflügelteile je nach Größe etwa 3 bis 6 Stunden. Wenn Sie die Mikrowelle zum Auftauen verwenden, sollten Sie eine ganz niedrige Stufe wählen und das Geflügel sofort nach dem Auftauen verwerten.

Geflügel ist sehr oft mit *Salmonellen* kontaminiert, deshalb können mit dem Tropfwasser sehr leicht Hände, Küchengeräte, Arbeitsflächen und Geschirrtücher infiziert und so Salmonellen auch auf andere Lebensmittel übertragen werden. Salmonellen sind pathogene Keime, die schwere Durchfallerkrankungen hervorrufen können. Deshalb sollten Sie nach der Verarbeitung von rohem Geflügelfleisch die Geräte, Arbeitsflächen und Hände sehr gut reinigen. Am besten verwenden Sie Küchentücher aus Papier, die Sie umgehend entsorgen. Salmonellen sterben bei Temperaturen von über 70 Grad ab, daher sollten Sie Geflügelfleisch immer gut durchgaren.

Fisch

Fisch lässt sich in zwei Kategorien unterteilen: in Magerfisch und in Fettfisch. Zu den Magerfischen gehören Seezunge, Flunder, Schnapper, Kabeljau und Schellfisch. Fettfische haben ein intensiveres Aroma und einen höheren Anteil an gesunden Omega-3-Fettsäuren sowie allgemein ein dunkleres Fleisch. Zu dieser Sorte zählen Makrele, Lachs, Schwertfisch und Thunfisch. Generell sollten Sie Filets vom Fettfisch mit intakter Haut kaufen. So zerfällt der Fisch beim Kochen nicht so leicht. Magerfisch erhalten Sie in der Regel ohne Haut im Supermarkt beziehungsweise an der Fischtheke.

Hier ein paar kostengünstigere Fische, die Sie anstelle von teuren Fischsorten wie Seezunge, Schwertfisch oder anderen verwenden können. Fragen Sie den Fischhändler nach dem frischesten Fisch des Tages.

- ✔ **Aal:** Fettes, festes Fleisch, wird meist als Räucherware angeboten.
- ✔ **Dorade:** Grätenarmes, festes Fleisch. Ein äußerst schmackhafter Fisch.
- ✔ **Forelle:** Süßwasserfisch, wird gedünstet oder gebraten serviert. Der würzig schmeckende Fisch wird oft geräuchert angeboten.
- ✔ **Hering:** Sehr charakteristischer, kräftiger Geschmack, eignet sich gut zum Grillen. Hering wird oft als Sauerkonserve angeboten.
- ✔ **Kabeljau:** Milder Geschmack, weißes, festes Fleisch. Zum Grillen, Backen, Braten oder Dünsten geeignet.
- ✔ **Lachs:** Zartrotes Fleisch mit kräftigem Geschmack.
- ✔ **Rotbarsch:** Sehr aromatisch, wenig Gräten. Zum Backen oder Grillen.
- ✔ **Schellfisch:** Fleischig, milder Geschmack, weißes Fleisch. Eignet sich zum Kurzbraten oder zum Dünsten.

- ✔ **Seehecht:** Wohlschmeckendes Fleisch mit wenig Fettanteil, ist universell einsetzbar, kann Kabeljau oder Rotbarsch ersetzen.

- ✔ **Seelachs:** Festes, leicht graues Fleisch, das beim Garen hell wird. Zum Braten oder Dünsten geeignet.

- ✔ **Tilapia:** Gewinnt zunehmend an Popularität. Ein erschwinglicher Zuchtfisch mit mildem Geschmack. Tilapia zerfällt nicht so leicht und kann daher auf viele unterschiedliche Arten zubereitet werden.

- ✔ **Wittling (Merlan):** Feines, halbfestes, weißes Fleisch. Sehr gut zum Grillen oder Kurzbraten geeignet.

- ✔ **Zander:** Süßwasserfisch, festes, weißes Fleisch, relativ milder Geschmack. Wird meist gebraten und mit kräftigen Soßen serviert.

Beim Kauf von Fisch müssen Sie unbedingt auf Frische achten. Und woran ist ein frischer Fisch zu erkennen? Bei einem ganzen Fisch müssen die Augen glänzen und klar sein. Ein frischer Fisch hat keine trüben Augen. Die Kiemen eines frischen Fischs sind dunkelrot bis bräunlich und nicht schleimig. Die Haut glänzt und weist keinen trüben Schleim auf. Und wirklich frischer Fisch riecht nicht nach Fisch. Fisch darf salzig oder nach Seetang riechen, aber nicht nach Fisch. Ein Fisch, der nach Fisch riecht, ist nicht frisch.

Wenn möglich, lassen Sie sich vom Fischhändler vor Ort frische Filets vom ganzen Fisch abschneiden. Kaufen Sie vorgeschnittene Filets nur, wenn diese auf Eis liegen. Filets müssen saftig aussehen und flach liegen, die Schnittkante darf sich nicht einrollen. Verzehren Sie frischen Fisch (und Meeresfrüchte) so schnell wie möglich, im Idealfall an dem Tag, an dem Sie ihn gekauft haben. Frisch gefangenen und ausgenommenen Fisch können Sie gut verpackt in Tiefkühlbeutel zwei bis drei Monate einfrieren. Wir raten aber davon ab, einmal aufgetauten Fisch erneut einzufrieren, er verliert an Geschmack und häufig leidet die Konsistenz.

Schalentiere müssen beim Kauf fest verschlossen und geruchlos sein. Wenn sich Muscheln oder Miesmuscheln beim Klopfen auf eine feste Unterlage nicht schließen, werfen Sie sie weg. Verzehren Sie Muscheln, Austern und Miesmuscheln so schnell wie möglich. Bewahren Sie sie im Kühlschrank in einem Plastikbeutel mit kleinen Löchern für die Luftzirkulation nie länger als 24 Stunden auf. Am besten kaufen Sie Garnelen in der Schale und verzehren sie noch am selben Tag. Und das Wichtigste: Passen Sie auf, dass Schalentiere nicht zu lange kochen, weil diese sonst zäh werden.

Teil II
Die Kochmethoden kennen

IN DIESEM TEIL ...

In Teil II des Buchs geht es um die verschiedenen Methoden, Lebensmittel zuzubereiten: Braten, Dämpfen, Pochieren, Sautieren, Schmoren, und vieles mehr. Sie werden hier garantiert eine Menge lernen. Dass Sie Köpfchen haben, haben Sie durch den Kauf dieses Buchs bereits bewiesen. Der Rest dürfte damit ein Kinderspiel für Sie sein.

Ziel dieses Teils (wie des ganzen Buchs) ist es, Ihnen die Hilfsmittel an die Hand zu geben, die Sie brauchen, um nach einem Rezept zu kochen. Hier werden die einzelnen Techniken ausführlich beschrieben, und Sie finden jede Menge Rezepte zum Ausprobieren. Wenn Sie etwas Erfahrung gesammelt haben, lernen Sie zu improvisieren und denken sich vielleicht sogar eigene Rezepte aus.

IN DIESEM KAPITEL

Garmethoden kennenlernen, für die Wasser benötigt wird

Reis auf unterschiedliche Art kochen

Andere Arten von Getreide zubereiten

Gemüse in Wasser garen

Fisch pochieren

Kapitel 4
Kochen, Pochieren und Dämpfen

REZEPTE IN DIESEM KAPITEL

🍅 **Parboiled Reis**	🍅 **Selbstgemachtes Kartoffelpüree**
Orientalischer Reispilaw	🍅 **Salzkartoffeln**
Risotto	🍅 **Pellkartoffeln**
🍅 **Taboulé**	🍅 **Püree aus roten Paprika**
🍅 **Polenta mit Kräutern**	**Dorschfilet in Kräutersoße**

»Ich kann noch nicht einmal Wasser kochen«, tönt die Klage des Möchtegernkochs. Also, schnappen Sie sich einen Topf, damit wir Ihnen von dieser sprudelnden Erfahrung berichten können, und zwar schneller als Sie »löslicher Kaffee« sagen können.

In diesem Kapitel geht es um drei zentrale Garmethoden mit Wasser: Kochen, Dämpfen und Pochieren. Wir konzentrieren uns dabei auf Gemüse, Reis und Kartoffeln. Hier erfahren Sie etwas über die verschiedenen Arten von Reis. Sie werden unterschiedliche Arten der Zubereitung kennenlernen und sehen, wie Sie Reis würzen können. Kartoffeln sind ein ähnlich vielseitiges Grundnahrungsmittel. Außerdem geht es in diesem Kapitel um das überraschend einfache Pochieren von zartem, saftigem Fisch.

Lebensmittel mit Wasser garen

Entspannen Sie sich. Garen mit Wasser ist einfach. Doch ein wenig Wissen darüber, was beim Kochen passiert, hilft, dass Sie Gemüse nicht matschig kochen und Reis nicht anbrennen lassen. Hier ein paar Fachausdrücke, die Sie kennen sollten:

- *Kochen* bedeutet, dass Sie Wasser auf 100 Grad erhitzen. Dazu brauchen Sie kein Thermometer. Lassen Sie Wasser *sprudelnd kochen* (es bilden sich Blasen, die an der Oberfläche sofort platzen). Wenn Sie den Topf abdecken, geht das umso schneller, weil die Wärme nicht entweichen kann; außerdem sparen Sie Energie. Und kein Mensch weiß, warum: Aber wenn Sie darauf warten, dass Wasser kocht, dauert es ewig!

- Beim *Blanchieren* werden Lebensmittel wenige Sekunden oder Minuten vorgekocht, um sie weich werden zu lassen oder geschmeidiger zu machen, für das Einfrieren vorzubereiten oder gut häuten zu können. Reis wird manchmal als Parboiled Reis verkauft. Dieser teilweise vorgekochte Reis hat eine kürzere Garzeit. Speck kann blanchiert werden, um ihm Würze zu nehmen. Weißkohl- und Wirsingblätter lassen sich leichter zu Kohlrouladen verarbeiten. Und Tomaten können Sie blanchieren, um sie zu häuten.

- Beim *Simmern*, *Sieden* oder *Köcheln* werden Lebensmittel schonend gegart. Beim Simmern bleibt die Temperatur unter dem Siedepunkt. Daher wird diese Technik für langsames Kochen und Dünsten verwendet. (In Kapitel 6 erfahren Sie mehr über das Dünsten.) *Pochieren* und *Simmern* sind mehr oder weniger dasselbe. Diese beiden Begriffe werden synonym verwendet, nur um Sie zu verwirren.

  In Suppen- oder Fondsrezepten werden häufig die Techniken des Kochens und Köchelns angewendet. Da steht dann, dass Sie die Flüssigkeit zum Kochen bringen und die Hitze dann reduzieren sollen, um das Ganze, meist eine etwas längere Zeit, köcheln zu lassen.

- *Reduzieren* bedeutet, dass ein Fond oder eine Flüssigkeit gekocht wird, bis sie eingedickt ist und so der Geschmack verstärkt wird. Beim Reduzieren wird tatsächlich das Volumen der Flüssigkeit durch Verdampfen von Wasser verringert. Dadurch entsteht eine dickflüssigere, geschmackvollere Flüssigkeit. Diese Technik wird meist bei Soßen angewendet.

- *Dämpfen* ist eine besonders schonende Garmethode. Dabei bleiben Farbe, Geschmack, Beschaffenheit, Form und Nährstoffe besser erhalten als beim Kochen oder Pochieren. Beim Dämpfen werden die Lebensmittel über siedendem Wasser in einem Siebeinsatz in einem abgedeckten Topf gegart. Wenn Sie Lebensmittel in einem Gefäß in einem Topf mit Wasser im Ofen dämpfen, wird dies als *Wasserbad* bezeichnet. Soufflés und Eierstich werden so zubereitet. Gelegentlich wird dies auch als *Bain-Marie* bezeichnet.

Wenn Sie Gerichte kochen, simmern, dämpfen oder pochieren, müssen Sie immer dabei sein, damit Sie es rechtzeitig merken, wenn das Wasser oder die Flüssigkeit verdampft ist. (Sonst kann es passieren, dass der Topf keinen so schönen Anblick mehr bietet.) Gießen Sie bei Bedarf etwas mehr Flüssigkeit nach, damit das Gargut nicht anbrennt.

Reis richtig kochen

 Bevor wir zum praktischen Teil kommen und anhand von Rezepten die Techniken Kochen, Simmern, Pochieren und Dämpfen ausprobieren, möchten wir noch ein paar Worte zum Thema Reis verlieren. Reis ist ein unglaublich vielseitiges Lebensmittel, das meist aufgekocht und dann gar geköchelt wird. Reis passt zu zahlreichen gekochten oder gedämpften Lebensmitteln, und Sie können ihn auf viele unterschiedliche Arten würzen.

Weltweit gibt es Tausende von Reissorten. Allein in Indien sind über 1 100 Reissorten bekannt. Zudem hat jede Kultur eine eigene Art, Reis zu würzen. Probieren Sie doch einmal die folgenden Mischungen aus, um Ihren Reisgerichten ein internationales Flair zu verleihen:

✔ **Frankreich:** Knoblauch, Tomaten, frische Kräuter (Thymian, Estragon, Basilikum) und Gemüse oder Meeresfrüchte

✔ **Indien:** Curry und scharfe Gewürze, Hähnchen oder Gemüse

✔ **Mexiko:** Knoblauch, Chili, Zwiebeln (eventuell getrocknete Bohnen)

✔ **Orient:** Zwiebeln, Rosinen, getrocknete Aprikosen, Zimt, Piment, Kurkuma, Kardamom

✔ **Spanien:** Safran, Paprika und anderes Gemüse, auch Hähnchen, Würstchen und Meeresfrüchte

✔ **Südstaaten der USA (Louisiana):** Fleischwurst, Zwiebeln, Knoblauch, Cayennepfeffer (auch mit Meeresfrüchten)

Es wird Ihnen nicht gelingen, alle Reissorten auf dieser Welt kennenzulernen. Doch es ist von Vorteil, wenn Sie zumindest die fünf wichtigsten und heutzutage am häufigsten verwendeten Reissorten kennen:

✔ **Parboiled Reis:** Geschälter, mit Dampf vorbehandelter Reis zum Kochen zu Hause. Mittellanges bis langes Korn.

✔ **Langkornreis:** Dazu zählt der indische Basmati-Reis.

✔ **Rundkornreis (Kurzkornreis):** Hierzu zählen der italienische Arborio- und der Carnarolireis, die für Risotto verwendet werden, und spanischer Paella-Reis.

- ✔ **Vollkornreis:** Gesunder, unbehandelter Reis (das heißt, er verfügt noch über das Silberhäutchen und den Keimling, die bei geschältem Reis entfernt werden) mit einem leicht nussigen Geschmack.

- ✔ **Wildreis:** Ist eigentlich gar kein Reis. (Dazu später noch mehr.)

- ✔ **Milchreis:** Polierter Rundkornreis, der unter Zugabe von Zucker in Milch anstatt in Wasser gegart wird.

- ✔ **Klebreis:** Reiskörner, die beim Dämpfen miteinander verkleben, und in Asien für Breigerichte und Süßspeisen verwendet werden.

Jede Sorte hat eine eigene Beschaffenheit und einen eigenen Geschmack, wie Sie in den folgenden Abschnitten sehen werden.

Parboiled Reis

Sie haben Parboiled Reis bestimmt schon im Supermarkt gesehen. Beim sogenannten *Parboiling-Verfahren* wird der Reis mit einem besonderen Dampfverfahren behandelt. Beim Dämpfen verliert der Reis seine klebrige Stärke, wodurch das Korn weicher wird. Reis wird mit diesem Verfahren behandelt, damit Sie ihn nicht so lange kochen müssen.

Reis nimmt beim Köcheln das Kochwasser auf. Daher ist es wichtig, dass Sie die richtige Menge verwenden: Mit zu viel Wasser wird der Reis suppig, mit zu wenig Wasser trocknet er aus. Wenn der Reis gar ist, die Kochflüssigkeit aber nicht vollständig aufgenommen wurde, schütten Sie den Reis in ein Küchensieb, damit überschüssige Flüssigkeit abtropfen kann. Wenn die Flüssigkeit schon vollständig aufgenommen wurde, bevor der Reis gar ist, fügen Sie etwas (etwa 50 Milliliter) Wasser oder Brühe hinzu. Lassen Sie den Reis weiterköcheln, bis die Körner weich sind. In der Praxis kommen Sie ganz gut zurecht, wenn Sie auf einen Teil Reis zwei Teile Flüssigkeit zugeben.

Zum Üben können Sie das folgende einfache Rezept für Parboiled Reis ausprobieren.

Parboiled Reis

Parboiled Reis lässt sich schnell und einfach zubereiten. Sie werden diesen Reis bestimmt häufig kochen, da er als einfache und leckere Beilage zu praktisch jedem Fleisch oder Gemüse passt.

Utensilien: Mittelgroße Kasserolle (etwa 3 l) mit einem passenden Deckel, Kochlöffel, Messbecher, Küchenwaage

Vorbereitungszeit: Etwa 5 Minuten   **Garzeit:** Etwa 25 Minuten   **Portionen:** 4

500 ml Wasser

250 g Parboiled Reis

½ TL Salz (nach Geschmack), Pfeffer

1. Das Wasser in einer mittelgroßen Kasserolle zum Kochen bringen. Reis und Salz hinzufügen. Mit einem Kochlöffel umrühren und zudecken.
2. Wenn das Wasser kocht, die Temperatur auf die niedrigste Stufe herunterschalten und 20 Minuten köcheln lassen.
3. Den Topf vom Herd nehmen und zugedeckt etwa 5 Minuten ruhen lassen, bis der Reis die Flüssigkeit vollständig aufgenommen hat. (Wenn zu viel Flüssigkeit übrig ist, abtropfen lassen. Wenn die Flüssigkeit nicht ausreicht, etwas kochendes Wasser hinzufügen, umrühren und 3 bis 5 Minuten ruhen lassen.) Den Reis mit einer Gabel auflockern. Nach Belieben mit etwas mehr Salz und Pfeffer abschmecken.

Variationen: Der Geschmack des Reises hängt von der Art der Kochflüssigkeit ab. Wenn Sie das Kochwasser für den Reis teilweise oder ganz durch Hühner-, Rinder- oder Gemüsebrühe ersetzen, durchdringt ihr Geschmack das Korn und macht den Reis zu einer leckeren Beilage für gedämpftes Gemüse oder sautiertes Fleisch oder Geflügel. Außerdem können Sie die Kochflüssigkeit nach Belieben mit Gewürzen, Kräutern, etwas Safran, Zitronenschale oder Zitronensaft würzen. Frische Kräuter fügen Sie am besten während der letzten 10 Minuten Kochzeit hinzu, damit die Kräuter ihren Geschmack nicht verlieren.

Sie können das Rezept für Parboiled Reis nach Lust und Laune abwandeln. Hier ein paar Ideen:

- **Curryreis:** Lassen Sie eine gehackte Zwiebel in einer Pfanne in Butter glasig werden, geben Sie etwas Currypulver zu und rösten Sie es kurz an. Dann fügen Sie den Reis und Hühner- oder Gemüsebrühe, Salz und Pfeffer sowie etwa 2 Esslöffel Rosinen oder gehackte getrocknete Aprikosen hinzu. Das Ganze zugedeckt garen.

- **Kreolischer Reis:** Lassen Sie den Reis kochen. Währenddessen dünsten Sie in einer Sautierpfanne eine gehackte Zwiebel in Butter glasig. Fügen Sie gehackte Tomaten, Salz und Pfeffer hinzu und lassen Sie das Ganze 1 bis 2 Minuten kochen. Rühren Sie dabei immer wieder um. Fügen Sie der Tomatensoße den gekochten Reis sowie fein geschnittenes frisches Basilikum, 1 Teelöffel Zitronensaft und ½ Teelöffel geriebene Zitronenschale hinzu.

- **Kurkumareis:** Verwenden Sie anstelle von Wasser Hühnerbrühe und fügen Sie der Brühe neben dem Reis eine gehackte Zwiebel, fein gehackten Knoblauch, Kurkuma, Thymian und ein Lorbeerblatt hinzu.

Langkornreis und Rundkornreis

Da Reis praktisch zu allem passt, ist es wichtig, Reis gut zubereiten zu können. Hier ein paar Tipps, wie Langkornreis immer gelingt:

- Lesen Sie immer die Kochanweisung auf der Verpackung.
- Messen Sie die Reis- und Flüssigkeitsmenge stets ab.
- Stellen Sie einen Wecker.
- Lassen Sie den Deckel auf dem Topf, damit die Wärme nicht entweichen kann.
- Probieren Sie am Ende der Garzeit, ob der Reis tatsächlich gar ist. Wenn nicht, lassen Sie ihn weitere 2 bis 4 Minuten kochen.
- Lockern Sie den Reis mit einer Gabel auf.

Mit *Pilaw* wird ein Gericht bezeichnet, bei dem das Korn (Reis oder andere Körner) in Butter oder Öl leicht gebräunt und anschließend in einer gewürzten Flüssigkeit, zum Beispiel in Hühner- oder Rinderbrühe, gegart wird. Wenn Sie für dieses Grundrezept erst einmal den Dreh heraushaben, können Sie Gewürze nach Geschmack hinzufügen.

Orientalischer Reispilaw

Dieses Rezept mit Zwiebel, Paprika, Kreuzkümmel, Mandeln und Rosinen verleiht dem Reispilaw nach dem Grundrezept eine ganz besondere Note.

Utensilien: Mittelgroße Kasserolle (etwa 3 l) mit einem passenden Deckel, Küchenmesser, Schneidbrett, Küchenwaage, Kochlöffel, Messbecher

Vorbereitungszeit: Etwa 5 Minuten   **Garzeit:** Etwa 25 Minuten   **Portionen:** 4

1 EL Olivenöl

½ mittelgroße Zwiebel, gehackt

½ rote Paprika, von Scheidewänden und Kernen befreit und gehackt (siehe Abbildung 4.1)

1 TL gemahlener Kreuzkümmel

½ TL Salz (nach Geschmack)

250 g Parboiled Reis

500 ml Hühnerbrühe

1 EL Korinthen oder Rosinen

2 EL gehackte Mandeln

Schwarzer Pfeffer

1. Das Olivenöl bei mittlerer Hitze in einer mittelgroßen Kasserolle erhitzen. Zwiebel und Paprika darin etwa 5 Minuten dünsten, bis die Zwiebel glasig wird. Kreuzkümmel und Salz hinzufügen.

2. Den Reis hinzugeben, gut umrühren und etwa 3 Minuten weitergaren. Die Hühnerbrühe in die Kasserolle gießen und zum Kochen bringen. Die Rosinen hinzufügen, umrühren und den Deckel auflegen.

3. Die Hitze reduzieren und 20 Minuten köcheln lassen.

4. Vom Herd nehmen und zugedeckt etwa 5 Minuten ruhen lassen, bis der Reis die Hühnerbrühe vollständig aufgenommen hat. (Wenn der Reis zu trocken ist, etwas kochendes Wasser hinzufügen, gut umrühren und 3 bis 5 Minuten ruhen lassen.) Den Reis mit einer Gabel auflockern und die Mandeln unterheben. Mit Pfeffer abschmecken.

Passt zu: Diese leicht süße Beilage passt wunderbar zu Schmorgerichten, Gemüse oder Geflügel (siehe Kapitel 6).

Risotto

Beim Zubereiten von Risotto soll der Reis die heiße Brühe so langsam aufnehmen, dass ein sämiger Brei aus weichen und dennoch bissfesten Körnern entsteht. Dem Reis die richtige Menge Flüssigkeit zuzufügen, ist bei Risotto schwierig. Wichtig ist, dass Sie den Reis bei geringer Hitze ständig rühren und immer wieder jeweils so viel Flüssigkeit hinzufügen, dass der Reis stets von Flüssigkeit umgeben ist, aber niemals darin schwimmt. Probieren Sie dieses Grundrezept ein- oder zweimal aus, bis Sie den Dreh heraushaben. Dann können Sie es mithilfe der Vorschläge am Ende des Rezepts oder nach eigenen Ideen abwandeln.

Das Risotto ist nur so gut wie die Hühnerbrühe, in der es gekocht wird. Kaufen Sie daher die beste Brühe, die Sie bekommen können.

Utensilien: Küchenwaage, Küchenmesser, Schneidbrett, Pfanne oder Sautierpfanne, kleine Kasserolle mit Deckel, Kochlöffel, Schüssel, Messbecher

Vorbereitungszeit: Etwa 15 Minuten   **Garzeit:** Etwa 35 Minuten   **Portionen:** 4

1 TL Olivenöl

3 Streifen magerer Speck, in 2 bis 3 cm breite Stücke geschnitten

2 EL gehackte Schalotten oder Zwiebeln

Ca. 1 l Hühner- oder Gemüsebrühe

400 g Risotto-Reis (Rundkornreis)

Salz, Pfeffer

1. Das Olivenöl in einer Pfanne oder Sautierpfanne erhitzen und den Speck darin 2 bis 3 Minuten anbraten, bis er gebräunt ist. Gelegentlich umrühren. Die Hitze reduzieren und die gehackten Schalotten (oder Zwiebeln) zugeben. Die Schalotten glasig werden lassen, aber nicht bräunen. Gelegentlich umrühren.

2. Nebenbei die Brühe in einer kleinen Kasserolle bei mittlerer Hitze zugedeckt zum Kochen bringen. Wenn die Brühe kocht, die Hitze reduzieren und die Brühe köcheln lassen.

3. Wenn die Schalotten glasig sind, den Reis zugeben. Bei mittlerer Hitze 1 bis 2 Minuten ständig rühren, bis der Reis rundum mit Öl bedeckt ist.

4. Mit etwa 125 Milliliter heißer Brühe ablöschen und mit dem Kochlöffel gut umrühren. Wenn der Reis einen Großteil der Brühe aufgenommen hat (und das geht recht schnell), unter ständigem Rühren wieder etwa 125 Milliliter Brühe zugießen. Der Reis muss ständig von Flüssigkeit umgeben sein, darf aber niemals darin schwimmen. Darauf achten, dass der Reis nicht am Boden oder an den Seiten des Topfes festklebt.

5. Unter ständigem Rühren weiterkochen. Sobald der Reis wieder einen Großteil der Brühe aufgenommen hat, jeweils 125 Milliliter Brühe nachgießen. (Möglicherweise wird nicht die ganze Brühe benötigt.) Das Risotto ist nach etwa 25 bis 30 Minuten gar und sämig, aber dennoch bissfest. Während der letzten 10 Minuten nur jeweils 50 Milliliter Brühe zugießen, sodass der Reis einen Großteil der Kochflüssigkeit aufgenommen hat, wenn er gar ist.

6. Vom Herd nehmen. Mit Salz und Pfeffer abschmecken. Sofort servieren.

Tipp: Risotto können Sie als Beilage zu Rinderfiletbraten (siehe Kapitel 7) oder zu Hähnchenbrust (siehe Kapitel 5) servieren.

Variationen: Risotto können Sie mit den unterschiedlichsten Zutaten zu einem eigenständigen Gericht abwandeln. Rühren Sie wenige Minuten vor Ende der Garzeit 1 Tasse frische oder tiefgekühlte Erbsen oder ½ Tasse gehackte Petersilie unter. Oder fügen Sie nach dem Dünsten der Schalotten Blattspinat, in Scheiben geschnittene Pilze, in Stücke geschnittenen Spargel oder fein geschnittenen Lauch hinzu. Garnelen oder Krabbenstücke machen aus dem Risotto ein ganz besonderes Hauptgericht.

Wildreis

Wildreis ist nur ein entfernter Verwandter von weißem Reis, eigentlich ein Wassergras mit langen Körnern. Die Wildform (Wildreis wird inzwischen gezüchtet) wächst überwiegend in der Region der Großen Seen in den USA und ist eine recht teure Rarität. Etwas preiswerter wird es, wenn Sie Wildreis mit Vollkornreis mischen. Wildreis passt aufgrund seines intensiven Geschmacks besonders gut zu kräftigen Fleischgerichten, Wild und Geräuchertem.

Mise en place

Der französische Ausdruck *mise en place* bedeutet, dass man sich alle für die Zubereitung eines Gerichts erforderlichen Zutaten bereitstellt. So werden beispielsweise im Voraus Zwiebeln, Knoblauch und Kräuter fein gehackt, Gemüse geschält und gewürfelt, Zutaten abgewogen und so weiter. Diese Vorbereitung ermöglicht ein effizientes Kochen ohne Unterbrechung, so wie es Profiköche in Restaurants machen. Üben Sie *mise en place* und legen Sie sich alle Zutaten vor dem Kochen zurecht.

Vollkornreis

Wenn Sie bei Vollkornreis an Lokale mit einer Einrichtung aus blankem Holz und Makramee denken, in denen gesunde Mahlzeiten serviert werden, sind Sie auf dem Holzweg.

Vollkornreis kann cool sein. Vollkornreis hat mehr Nährstoffe und Geschmack als geschälter Reis und passt gut zu verschiedenen Gewürzen, Nüssen, Früchten und anderen Leckereien.

Vollkornreis bezeichnet einen Reis, der nicht poliert wurde, das heißt, bei diesem Reis wurde nur die harte, äußere Spelze entfernt. Das Korn verfügt noch über das Silberhäutchen, in dem die ganzen Nährstoffe sitzen. Daher ist Vollkornreis wertvoller und somit auch etwas teurer. Vollkornreis hat einen leicht nussigen Geschmack und ist nicht so lange haltbar wie geschälter Reis. Geschälter Reis ist praktisch unbegrenzt haltbar, während Vollkornreis innerhalb von sechs Monaten nach Kauf aufgebraucht sein sollte.

Andere Getreidearten

Die meisten Getreidearten wie Reis garen schnell in kochendem Wasser oder in kochender gewürzter Flüssigkeit, wie Rinder- oder Hühnerbrühe. In der Regel müssen sie vor dem Kochen nicht eingeweicht werden. Sie sollten jedoch gewaschen werden, um Sand zu entfernen. Hier einige andere Getreidearten, die neben Reis gern verwendet werden:

- ✔ **Buchweizen:** Obwohl Buchweizen eigentlich kein Getreide ist, wollen wir es wie eines behandeln. Buchweizen ist ein Knöterichgewächs und damit ein Verwandter des Rhabarbers. Er hat einen erdigen, leicht nussigen Geschmack und erinnert mehr an Vollkornreis als an andere Getreidesorten. Buchweizen ist etwas für Kenner. Gerösteter Buchweizen ist auch unter dem Namen Kasha erhältlich.

- ✔ **Bulgur:** Weizenkörner, die mit Dampf behandelt und entspelzt, getrocknet und grob geschnitten werden. Feiner wie auch grober Bulgur ist sehr schnell gar. Für manche Rezepte wie Tabulé muss Bulgur überhaupt nicht gekocht, sondern lediglich mit etwas Wasser quellen.

- ✔ **Gerste:** Als hervorragender Ersatz für Reis in Suppen und als Beilage wird Gerste meist in Form von entspelzten Gerstengraupen oder Perlgraupen angeboten. Gerste ist schnell gar, etwa 25 Minuten in kochendem Wasser oder in kochender Brühe. Mit Butter, Salz und Pfeffer würzen.

- ✔ **Polenta:** Einfacher Maisgrieß unter seinem italienischen Namen. Eine im Vergleich zu Reis und Nudeln weniger bekannte Beilage, die jedoch richtig lecker schmeckt. Maisgrieß gibt es fein und grob gemahlen. Der grob gemahlene Grieß hat einen leicht nussigen Geschmack. Probieren Sie beide aus, dann sehen Sie, welche Sorte Ihnen besser schmeckt.

- ✔ **Quinoa:** Ein kleines Korn voller Nährstoffe. Quinoa ist in Reformläden, Asialäden und manchen gut sortierten Supermärkten erhältlich. Quinoa muss vor dem Kochen einige Male gründlich durchgespült werden. Wie bei Reis wird ein Teil Quinoa in zwei Teilen Wasser, jedoch in etwa 15 Minuten, gegart.

Im folgenden Rezept wird Bulgur mit kochendem Wasser Flüssigkeit zugefügt und dann mit einigen einfachen Zutaten zu einem frischen Getreidesalat mit orientalischer Note gemischt.

Taboulé 🍅

Dieser Salat schmeckt sowohl bei Zimmertemperatur als auch gut gekühlt und ist ein leckeres, nahrhaftes und leicht exotisches Mittagessen. Bereiten Sie den Salat am Vorabend vor, damit er gut durchziehen kann, und genießen Sie ihn am nächsten Tag.

Utensilien: Küchenwaage, Messbecher, große Schüssel, Kochmesser, Schneidbrett, Schälmesser, Gabel

Vorbereitungszeit: 1 Stunde (davon die meiste Zeit zum Warten, bis der Bulgur alles Wasser aufgenommen hat) **Portionen:** 4

150 g Bulgur

300 ml kochendes Wasser

2 Tomaten, gewürfelt

3 Frühlingszwiebeln, mit dem Grün in feine Ringe geschnitten

½ mittelgroße Gurke, geschält und gewürfelt

3 EL fein geschnittene frische Petersilie oder Korianderblätter (oder beides)

½ TL getrocknete Minze oder 1 EL fein geschnittene frische Minzblätter

50 ml Zitronensaft (frisch gepresst oder aus der Flasche)

50 ml kaltgepresstes Olivenöl

2 Knoblauchzehen, geschält, fein gehackt oder durch die Knoblauchpresse gedrückt

½ TL Salz

Etwas schwarzer Pfeffer

1. Bulgur in eine große Schüssel geben. 300 Milliliter kochendes Wasser darübergießen. Etwa 25 Minuten ziehen lassen, bis der Bulgur das Wasser vollständig aufgenommen hat.
2. Den Bulgur mit einer Gabel auflockern. Tomaten, Frühlingszwiebeln, Gurke, Petersilie, Minze, Zitronensaft, Olivenöl, Knoblauch, Salz und Pfeffer unterrühren. Abdecken und mindestens 30 Minuten durchziehen lassen. Gut gekühlt oder bei Zimmertemperatur servieren.

Um ein wenig Abwechslung in den Alltag zu bringen, probieren Sie doch mal Polenta aus. Polenta schmeckt als Beilage zu Hähnchen oder Würstchen und Gemüse. Sie ist übrigens im Handumdrehen gemacht. Testen Sie dieses Rezept als Beilage.

Polenta mit Kräutern

Dieses einfache Gericht ist eine schöne Abwechslung zu Nudeln und Reis. Das Rezept lässt sich gut mit Gemüsebrühe oder Wasser zubereiten, wobei Brühe einen besseren Geschmack ergibt. Wenn Sie gern Knoblauch essen, geben Sie der Kochflüssigkeit eine fein gehackte Knoblauchzehe bei.

Durch ständiges Rühren können Sie verhindern, dass die Polenta Klümpchen bildet. Wenn sich Klümpchen bilden, verwenden Sie einen Schneebesen zum Rühren. Polenta wird nach dem Kochen schnell fest. Deshalb sollte sie sofort serviert werden.

Utensilien: Kasserolle mit dickem Boden (2 bis 3 l), Küchenwaage, Kochlöffel, Küchenmesser, Schneidbrett, Messbecher

Vorbereitungszeit: 5 Minuten   **Garzeit:** 3 bis 5 Minuten bei vorgekochter oder fein gemahlener Polenta   **Portionen:** 4

750 ml Wasser oder Gemüsebrühe	1. In der Kasserolle Wasser oder Brühe zum Kochen bringen.
250 g Polentagrieß	2. Polenta langsam in das heiße Wasser einrühren. Den Herd auf niedrigste Stufe herunterschalten. Unter ständigem Rühren etwa 3 bis 5 Minuten weiterkochen, bis die Polenta zu einem dicken Brei wird. Parmesan nach Geschmack, dann die Butter, Estragon (Majoran oder Thymian) unterrühren und mit Salz und Pfeffer abschmecken. (Wenn Sie die Polenta in Gemüsebrühe kochen, brauchen Sie nur wenig oder gar kein Salz.)
2 gehäufte EL frisch geriebener Parmesan (nach Geschmack)	
1 EL Butter	
1 EL frisch gehackter oder 1 TL getrockneter Estragon, Majoran oder Thymian	
Salz, Pfeffer	

Variationen: Geben Sie außer der Butter und den Kräutern sautierte Zwiebeln und Knoblauch hinzu. Sie können die Polenta auch mit gekochten Karotten, Sellerie, Speiserüben oder Stängelkohl mischen.

Passt zu: Dieses Rezept passt als Beilage besonders gut zu Geflügel-, Schweine- oder Kalbsragout oder zu einer Tomaten-Hackfleisch-Soße, ist dann aber nicht mehr vegetarisch.

Polenta schmeckt nicht nur heiß als Püree lecker, sondern auch fest geworden, wenn Sie sie in dicke Scheiben schneiden und auf beiden Seiten grillen, bis diese leicht gebräunt sind. Geben Sie die Polenta dafür nach dem Kochen auf ein gefettetes Backblech, bestreichen Sie sie mit zerlassener Butter oder Olivenöl (je nach Geschmack aromatisiert) und bräunen Sie sie kurz im Grill. Schneiden Sie sie anschließend in Rauten und servieren Sie sie wie Brot zu gegrilltem Gemüse.

Gemüse kochen, blanchieren und dämpfen

Mit allen Techniken, die im Abschnitt *Lebensmittel mit Wasser garen* weiter vorn in diesem Kapitel behandelt wurden, kann Gemüse und auch Obst gegart werden.

Beim *Blanchieren* wird Gemüse oder Obst wenige Sekunden in kochendes Wasser getaucht und anschließend mit kaltem Wasser abgeschreckt, um den Garprozess zu stoppen. So lassen sich Tomaten, Nektarinen und Pfirsiche leichter häuten. (In Kapitel 12 erfahren Sie, wie Sie Tomaten am besten häuten.) Einige Gemüsesorten wie Brechbohnen werden vor dem Einfrieren blanchiert, damit sie ihre Farbe und ihren Geschmack behalten.

Bei manchen Rezepten muss Gemüse blanchiert werden, um es etwas weicher zu machen und dann mit einer anderen Methode fertig zu garen. Bestimmte harte Gemüsesorten, wie Karotten, Kartoffeln und Speiserüben, werden manchmal kurz durch kochendes Wasser gezogen. Beispielsweise Brokkoli, Karotten und Blumenkohl sollten Sie blanchieren, bevor Sie sie zu kurzgebratenen Eiernudeln und Garnelen geben. Mit dieser Technik wird sichergestellt, dass alle Zutaten in einem Gericht gleichzeitig fertig gegart sind. Auch Paprika können Sie blanchieren, bevor Sie sie füllen und schmoren, oder Auberginen, bevor Sie sie braten, sie nehmen dann nicht so viel Öl auf.

Dämpfen ist eine besonders schonende Art, Gemüse und Meeresfrüchte zu garen. Diese Garmethode ist zudem auch besonders gesund, da keine Nährstoffe an die Kochflüssigkeit abgegeben werden. So lassen sich Meeresfrüchte, vor allem Schalentiere wie Garnelen, Jakobsmuscheln und Miesmuscheln, besonders lecker zubereiten.

Es gibt zwei Möglichkeiten, Lebensmittel zu dämpfen: in einem Dämpfeinsatz (und mit aufgelegtem Deckel) über simmerndem Wasser oder in einem hohen Topf mit einer Bodendecke Wasser und aufgelegtem Deckel. Die zweite Variante eignet sich besonders gut für Gemüse wie Brokkoli und Möhren.

Wenn Sie Lebensmittel häufig dämpfen, lohnt sich für Sie die Anschaffung eines Steamers. Ein herkömmlicher Steamer besteht aus zwei Töpfen, wobei der obere einen perforierten Boden und einen Deckel hat. Sie können aber auch kleine Dampfeinsätze aus Metall kaufen, die in die Kasserolle passen, die Sie bereits im Schrank stehen haben.

Sind Sie bereit, Gemüse in Wasser zu garen? Mit den folgenden Rezepten lernen Sie, Kartoffeln für Kartoffelpüree und Brokkoli für eine leckere, knackige und gesunde grüne Beilage zu dämpfen.

Selbstgemachtes Kartoffelpüree 🍅

Mehlige Kartoffeln eignen sich zum Zubereiten eines lockeren Kartoffelpürees besser als festkochende Kartoffeln. Festkochende Kartoffeln werden beim Kochen fest und verkleben beim Stampfen, eignen sich aber gut für Rezepte, bei denen sie ihre Form bewahren sollen, zum Beispiel für Kartoffelsalat.

Für Kartoffelpüree brauchen Sie etwas Zeit. Kartoffelpüree schmeckt viel besser, wenn Sie die Kartoffeln von Hand mit einem Kartoffelstampfer stampfen, mit einer Gabel zerdrücken oder durch eine *Kartoffelpresse* (ein rundes Gerät aus Metall mit kleinen Löchern, durch die Lebensmittel gedrückt werden) drücken. Mixer und Küchenmaschinen sind zu schnell und produzieren einen prima Kleister. Auch wenn Sie Kartoffeln von Hand stampfen, übertreiben Sie es nicht. Stampfen Sie nur so, dass keine Klümpchen mehr im Püree sind.

Utensilien: Schälmesser, Kochmesser, mittelgroße Kasserolle mit passendem Deckel, Messbecher, Küchenwaage, Gabel, Kartoffelstampfer oder Kartoffelpresse, Küchensieb, Kochlöffel

Vorbereitungszeit: Etwa 15 Minuten   **Garzeit:** Etwa 20 Minuten   **Portionen:** 4

1 kg mehligkochende Kartoffeln	1. Kartoffeln schälen und in Viertel schneiden.
½ TL Salz (nach Geschmack)	2. In eine mittelgroße Kasserolle geben und ca. ½ Liter Wasser zugeben. Den ½ Teelöffel Salz zufügen.
¼ l Milch	3. Abdecken und bei hoher Temperatur schnell zum Kochen bringen. Die Temperatur auf mittlere Stufe herunterschalten und zugedeckt etwa 15 Minuten kochen oder so lange, bis sich die Kartoffeln mit einer Gabel leicht durchstechen lassen.
3 EL Butter	
Schwarzer Pfeffer	
Muskatnuss, gerieben	4. Den Topf vom Herd nehmen und das überschüssige Wasser abgießen, die Kartoffeln ausdampfen lassen.
	5. Die Kartoffeln mit einem Kartoffelstampfer, einer Kartoffelpresse oder einer Gabel pürieren. Milch und Butter zugeben und mit Salz, Pfeffer und geriebener Muskatnuss abschmecken. So lange stampfen, bis ein sämiger Brei entstanden ist.

Passt zu: Kartoffelpüreeliebhaber werden sagen, Kartoffelpüree passt zu allem. Probieren Sie dieses Kartoffelpüree zu Bratengerichten oder mit Sauer- oder Rotkraut.

Variationen: Für ein Kartoffelpüree mit mehr Geschmack können Sie auch anderes gekochtes Gemüse wie Brokkoli, Karotten, Kürbis, Pastinaken, Wirsing oder Süßkartoffeln pürieren und unter das Püree heben. Wenn Sie statt Püree lieber etwas stückigen Kartoffelstampf mögen, zerdrücken Sie die Kartoffeln einfach mit einer Gabel nur bis zur gewünschten Konsistenz.

Salzkartoffeln

Wenn Sie wie im vorstehenden Rezept für Kartoffelpüree die Schritte 1 bis 4 befolgen, bekommen Sie leckere Salzkartoffeln. Man benötigt 1 Kilogramm Kartoffeln und ½ Liter Wasser für vier Personen. Wichtig dabei ist, dass die Kartoffeln nicht im Wasser schwimmen. Das Wasser soll am Ende des Garvorgangs möglichst vollständig verdampft sein.

Pellkartoffeln

Pellkartoffeln bereiten Sie wie Salzkartoffeln zu, dabei müssen Sie die Kartoffeln vorher *nicht* schälen.

Tipp: Salzkartoffeln und Pellkartoffeln können Sie auch in einem Dampftopf, also nur in Wasserdampf, garen.

Einfache Tipps zum Kochen und Dämpfen von anderen Gemüsesorten

Einige gern verwendete Gemüsesorten lassen sich genauso einfach kochen wie Kartoffeln:

✔ **Blumenkohl:** Einen ganzen Kopf in Röschen zerteilen, mit leicht gesalzenem Wasser bedecken und bei kleiner Flamme in etwa 8 bis 10 Minuten bissfest garen. Der Blumenkohl bleibt schön weiß, wenn Sie der Kochflüssigkeit den Saft einer halben Zitrone zugeben.

Zum Dämpfen die Röschen in einen Dampfeinsatz etwa 2 bis 3 Zentimeter über kochendem Wasser dämpfen. Das Gemüse zugedeckt etwa 5 Minuten oder bis zum gewünschten Garzustand dämpfen. In einer Soße aus zerlassener Butter, Zitronensaft und frischer, gehackter Petersilie schwenken.

✔ **Grüne Bohnen:** Enden abschneiden. Bohnen mit leicht gesalzenem, kochendem Wasser bedecken und in etwa 8 bis 10 Minuten bissfest kochen. Sie sollten noch schön grün sein.

Zum Dämpfen die Bohnen in einem Dampfeinsatz etwa 2 bis 3 Zentimeter über kochendem Wasser mit aufgelegtem Deckel dämpfen. Nach 5 Minuten prüfen, ob sie gar sind. Heiße Bohnen mit einer einfachen Buttersoße servieren oder in einer Vinaigrette marinieren und vor dem Servieren kalt stellen.

✔ **Möhren** oder **Pastinaken:** Mit einem Gemüseschäler schälen und die Enden abschneiden. In Scheiben geschnitten in einen Topf geben, mit leicht gesalzenem Wasser bedecken und mit aufgelegtem Deckel etwa 12 bis 15 Minuten, ganze Karotten etwa 20 Minuten auf kleiner Flamme garen. Oder Karotten in einen Dämpfeinsatz legen und im zugedeckten Topf über etwa 1 bis 2 Zentimeter kochendem Wasser dämpfen. In Scheiben geschnittene Karotten oder Pastinaken sind in 5 Minuten gedämpft, während 5 bis 6 Zentimeter große Stücke etwa 12 Minuten brauchen. Mit einer mit Zitronensaft und etwas Ingwer gewürzten hellen Soße oder einfach nur mit zerlassener Butter übergossen servieren.

✔ **Kohl:** Den Kopf vierteln, den harten Strunk herausschneiden und anschließend die Kohlviertel in Streifen schneiden. Die Streifen in etwas Fett andünsten und etwas Wasser oder Brühe angießen. Die Garzeit beträgt etwa 12 Minuten, Kohl sollte bissfest bleiben.

✔ **Kürbis** und **Zucchini:** Gründlich waschen und Enden abschneiden. In 1 bis 2 Zentimeter dicke Scheiben schneiden, Kürbis schälen (außer Hokkaido) und von Kernen befreien. In einem Dampfeinsatz etwa 2 bis 3 Zentimeter über kochendem Wasser zugedeckt circa 4 Minuten bissfest garen.

✔ **Mais:** Maiskolben erst kurz vor dem Kochen aus dem Kühlschrank nehmen. (Der Zucker im Mais wird bei Zimmertemperatur schnell in Stärke umgewandelt. Damit der Mais süß bleibt, sollten Sie ihn kühl lagern und noch an dem Tag verwerten, an dem Sie ihn gekauft haben.) Die Blätter vom Mais entfernen. Die Maiskolben in einen großen Topf legen, mit Wasser bedecken und zugedeckt etwa 5 Minuten kochen. Mit einer Zange aus dem Topf nehmen und sofort mit Butter servieren.

✔ **Rosenkohl:** Mit einem scharfen Schälmesser die äußeren harten Blätter abschneiden. Mit dem Schälmesser eine sehr dünne Scheibe am unteren Ende abschneiden. In das untere Ende ein X schneiden, damit der Strunk und die Blätter gleichzeitig gar werden. Wasser etwa 2 bis 3 Zentimeter hoch in einen Topf füllen. Rosenkohl darin in etwa 8 bis 10 Minuten bissfest garen. Probieren, ob der Rosenkohl gar ist. Abtropfen lassen und mit einer einfachen Zitronen-Butter-Soße servieren.

Zum Dämpfen von Rosenkohl das vorbereitete Gemüse in einen Dampfeinsatz etwa 2 bis 3 Zentimeter über kochendem Wasser im Dampf garen. Den Deckel auflegen und den Rosenkohl je nach Größe circa 8 Minuten dämpfen.

✔ **Spargel:** Die Spargelstangen mit einem Gemüseschäler schälen, dabei am Kopfende beginnen, die holzigen Enden abschneiden. In einem ausreichend großen Topf Wasser zum Kochen bringen, etwas Zitronensaft und 1 Teelöffel Zucker zugeben. Die Spargelstangen einlegen und mit aufgelegtem Deckel bei geringer Temperatur in etwa 8 bis 10 Minuten (bei Spargel mit mittlerem Durchmesser) bissfest garen. Die Garzeit hängt vom Durchmesser der Spargelstangen ab. Abtropfen lassen und sofort mit Butter, Zitronensaft, Salz und Pfeffer oder, je nach Geschmack, mit einer Soße servieren.

✔ **Süßkartoffeln:** Die Kartoffeln gründlich waschen, die spitz zulaufenden Enden abschneiden und Schrammen herausschneiden. (Sehr große Süßkartoffeln quer halbieren oder vierteln.) Kartoffeln in einen großen Topf legen, mit kaltem Wasser bedecken und ganze Süßkartoffeln mit aufgelegtem Deckel etwa 35 bis 40 Minuten, Kartoffelhälften oder -viertel etwa 20 bis 25 Minuten köcheln lassen. Kartoffeln sind gar, wenn sie sich mit einer Gabel leicht durchstechen lassen. Nicht zu lange kochen, da sie sonst im Wasser zerfallen. Abtropfen und vor dem Schälen etwas abkühlen lassen. Pürieren oder in großen Stücken mit Butter, Salz, Pfeffer und nach Geschmack mit gemahlenem Ingwer oder Muskat servieren.

✔ **Zuckerschoten:** Die Zuckerschoten waschen, die Enden abschneiden und den Mittelfaden entfernen. Mit kochendem Wasser bedecken und 2 Minuten kochen. In einem Sieb abtropfen lassen und mit kaltem Wasser abschrecken, um den Garprozess zu stoppen, sodass die Zuckerschoten ihre grüne Farbe behalten.

Frisches Gemüse schmeckt besser und die Nährstoffe bleiben eher erhalten, wenn Sie es nur *bissfest* garen. Die B-Vitamine und Vitamin C sind wasserlöslich und gelangen beim Kochen des Gemüses in die Kochflüssigkeit. Gießen Sie die vitaminreiche Kochflüssigkeit daher nicht weg, sondern verwenden Sie sie für andere Gerichte wie Suppen und Eintöpfe.

Mal was Neues: Gemüsepürees

Bei Gemüsepüree handelt es sich einfach um gegartes, püriertes Gemüse. Stärkehaltige Wurzelgemüse wie Kartoffeln, Süßkartoffeln, Steckrüben, Pastinaken und Karotten lassen sich am besten zu Püree verarbeiten. Aber auch Brokkoli, Blumenkohl, Sellerie, gebratene Paprikaschoten und Auberginen eignen sich gut zum Pürieren. Dicke Pürees sind eine herrliche Beilage. Probieren Sie das folgende Rezept für ein leckeres, farbenfrohes Püree.

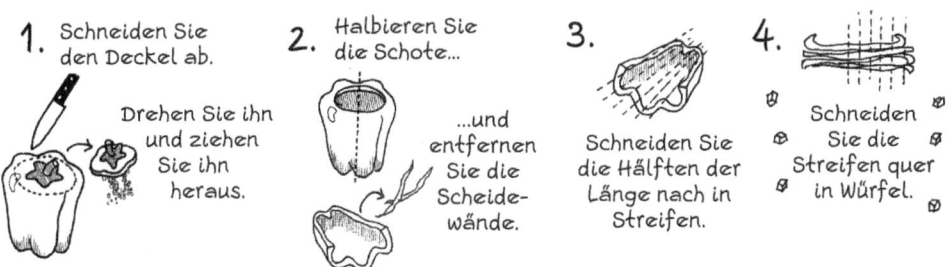

Abbildung 4.1: Kerne und Scheidewände aus Paprika entfernen

Püree aus roten Paprika

Dieses Püree aus roten Paprika ist ein Farbtupfer für jedes zarte Fleisch und für Fisch. Oder probieren Sie es mit gebackenen Kartoffeln oder gedämpftem Spargel.

Utensilien: Kochmesser, Schälmesser, Schneidbrett, mittelgroßer Topf, Kochlöffel, Küchenmaschine oder Stabmixer

Vorbereitungszeit: 10 Minuten   **Garzeit:** Etwa 20 Minuten   **Portionen:** 6

1 EL Olivenöl	1. Olivenöl in dem Topf bei mittlerer bis hoher Temperatur etwa 3 Minuten erhitzen.
3 mittelgroße rote Paprikaschoten, Scheidewände und Kerne entfernt und gehackt (wie das geht, sehen Sie in Abbildung 4.1)	2. Paprika, Zwiebel und Knoblauch zugeben. Etwa 15 Minuten dünsten, bis das Gemüse glasig, aber nicht gebräunt ist.
1 rote Zwiebel, geschält und gehackt	3. Das Gemüse mit dem Paprikapulver, dem Koriander und dem Zitronensaft in die Küchenmaschine geben (oder einen Stabmixer nehmen). Etwa 15 Sekunden lang pürieren. Mit Salz und Pfeffer würzen. Warm zu Fleisch, Fisch oder Gemüse servieren.
2 Knoblauchzehen, geschält und fein gehackt oder durch die Knoblauchpresse gedrückt	
1 TL Paprikapulver	
1 EL frisch gehackter Koriander	
Saft einer halben Zitrone	
½ TL Salz	
Etwas schwarzer Pfeffer	

Variation: Heben Sie etwas Sahne oder Crème fraîche unter dieses Püree und servieren Sie es zu Pasta.

Fisch pochieren

Beim Pochieren bleiben Geschmack und Beschaffenheit von Fisch wunderbar erhalten. Sie müssen lediglich auf die Zeit achten, damit das zarte Fischfleisch nicht zerfällt. Und lassen Sie die Pochierflüssigkeit nur leicht simmern. Wenn Sie Fisch in Gemüsebrühe pochieren, nimmt er einen zarten Kräutergeschmack an. Sehr empfehlenswert ist auch ein Fischfond, den man in Gläsern kaufen kann. Aber Sie können natürlich auch Wasser oder Wein verwenden. Am besten lässt sich Fisch mit festem Fleisch pochieren, zum Beispiel Lachs, Thunfisch, Kabeljau und Heilbutt.

Dorschfilet in Kräutersoße

Utensilien: Schälmesser, Kochmesser, Schneidbrett, Kasserolle, Messbecher, Küchenwaage

Vorbereitungszeit: Etwa 10 Minuten **Garzeit:** 15 Minuten **Portionen:** 4

2 EL Butter

4 Schalotten oder kleine Zwiebeln, geschält und gewürfelt

⅛ l trockener Weißwein oder Fischfond

250 g Sahne

3 EL frische, gehackte Kräuter nach Wahl, zum Beispiel Dill oder eine Mischung aus Salbei, Thymian und Rosmarin

Salz, Pfeffer

600 g Dorschfilet

1. Die Butter in der Kasserolle bei mittlerer Einstellung erhitzen.
2. Die Schalotten oder Zwiebeln in der heißen Butter bei milder Hitze glasig dünsten. Mit dem Wein oder Fischfond und der Sahne ablöschen, auf die Hälfte reduzieren.
3. Dann die Hitze reduzieren und die Kräuter zugeben, mit Salz und Pfeffer abschmecken.
4. Die Fischfilets in der heißen, nicht mehr kochenden Soße ca. 5 Minuten pochieren.

Dazu passt: Reis und ein gemischter Salat

Wann sind Fisch und Meeresfrüchte gar?

Für das Garen von Fisch gibt es eine einfache Regel. Messen Sie bei einem Fischsteak oder -filet die dickste Stelle und garen (kochen, dämpfen, backen, grillen oder pochieren) Sie den Fisch 8 bis 10 Minuten pro 2½ Zentimeter. Prüfen Sie nach etwa 8 Minuten, ob der Fisch gar ist. Wenn der Fisch an der dicksten Stelle beispielsweise knapp 2 Zentimeter dick ist, garen Sie ihn 6 bis 7 Minuten. Ein Fischfilet oder -steak ist gar, wenn es sich mit einer Gabel leicht zerteilen lässt.

Bei einem ganzen Fisch lässt sich sehr leicht feststellen, ob er gar ist. Wenn sich die Rückenflosse leicht herausziehen lässt, ist der Fisch gar, wenn nicht, muss er noch ein wenig weiter gegart werden. Als Anfänger werden Sie aber wohl kaum gleich mit der Zubereitung eines ganzen Fischs beginnen. Jakobsmuscheln werden undurchsichtig, wenn sie gar sind, und Garnelen, die nur wenige Minuten brauchen, werden rot. Lachs und Thunfisch sind in der Mitte dunkelrot, wenn sie medium sind. Weißer Fisch sollte nur im inneren Kern glänzen und feucht aussehen. Wenn es im Rezept nicht anders steht, nehmen Sie gegarten Fisch sofort vom Feuer oder aus der Pochierflüssigkeit.

Bei Miesmuscheln, Muscheln und Austern ist deutlich zu erkennen, ob sie gar sind: Egal, wie Sie sie garen, ihre Schalen öffnen sich, als hätten sie einen Küchenwecker eingebaut.

IN DIESEM KAPITEL

Mit Butter und Öl dünsten oder kurzbraten

Ablöschen, um eine leckere Soße zu erhalten

Zwiebeln und Knoblauch hacken

Gemüse, Fisch, Hähnchen und Steaks wie ein Profi zubereiten

Kapitel 5
Dünsten und Kurzbraten

REZEPTE IN DIESEM KAPITEL

- Bratkartoffeln/Pfannenkartoffeln
- Lachs-Champignon-Pfanne
- Hähnchenbrust mit Tomaten und Thymian
- Filetsteak vom Rind
- Fischfilet mit Spinat und Kohlrabi im Pergament
- Gedünsteter Blattspinat

Bei der Zubereitung von Steaks und zum Beispiel Hähnchenbrust spricht man im Allgemeinen von *Kurzbraten*. Dabei wird das Gargut schön knusprig.

Beim *Dünsten* wird das Gargut mit einer geringen Menge Fett (Butter oder Öl zum Beispiel), damit es sich nicht festsetzt, in einem Topf oder einer Pfanne gegart. Gedünstet wird bei geschlossenem Deckel bei mittlerer Hitze, dank der enthaltenen Flüssigkeit garen dann Gemüse oder Fleisch im eigenen Saft.

Sautieren ist eine bestimmte Technik und wird in erster Linie mit der französischen Küche in Verbindung gebracht. Das französische Wort sauter bedeutet wörtlich *springen*. Köche schwenken die Sautierpfanne über großer Hitze und wenden so das Gargut ohne weitere Utensilien, um zu verhindern, dass es anbrennt, und damit es gleichmäßig gebräunt wird. Üben Sie diese Technik mit einer leeren kalten Pfanne und getrockneten Erbsen. Wenn Sie nicht so mutig sind, benutzen Sie einfach einen Pfannenwender.

Da beim Sautieren und Kurzbraten eine starke Hitze verwendet wird, darf das Gargut nur kurz in der Pfanne bleiben. Wenn Sie beispielsweise ein Steak in eine richtig heiße Pfanne legen (vielleicht mit etwas Öl, um zu verhindern, dass es sich festsetzt), bildet sich in wenigen Minuten eine dunkle Kruste. Dieser Effekt ist erwünscht, da so der Saft im Steak gefangen wird. Wenn Sie das Steak nicht rechtzeitig wenden, um die andere Seite scharf anzubraten, ist die erste Seite schnell verkohlt.

Wenn das Steak auf beiden Seiten gebräunt ist, sollten Sie die Temperatur herunterschalten und das Fleisch bei mittlerer Hitze fertig garen. So bleibt das Steak außen knusprig und innen schön saftig. Dickere Steakscheiben gelingen sehr gut, wenn Sie die Pfanne nach dem Anbraten in den auf ca. 100 bis 120 Grad vorgeheizten Backofen stellen und dort weitergaren. Je nach Garzeit ist das Steak nach 15 bis 20 Minuten innen noch rot oder rosa.

In diesem Kapitel geht es um das Dünsten, Sautieren und Kurzbraten. Hier finden Sie einige nützliche Tipps und leckere Rezepte zum Ausprobieren. Sie werden innerhalb kürzester Zeit Gemüse, Fleisch, Hähnchen und Meeresfrüchte wie ein Profi zubereiten.

Wann wird Butter und wann wird Öl verwendet?

Wenn Sie Lebensmittel nicht in Wasser zubereiten (siehe Kapitel 4) benötigen Sie Fett. Aber welches Fett: Butter oder Öl? Je nach Temperatur ist mal Butter, mal Öl besser geeignet. Wenn Sie bei sehr hoher Temperatur kurzbraten, verwenden Sie am besten Öl, da Öl nicht so schnell verbrennt. Bei mittlerer Temperatur können Sie wegen des Geschmacks auch Butter verwenden. Milcheiweiß und Milchzucker in Butter können jedoch verbrennen beziehungsweise braun werden und so die Farbe und den Geschmack von Lebensmitteln verändern.

Fleisch wird in der Regel in Öl sautiert oder kurzgebraten, da bei Fleisch höhere Temperaturen erforderlich sind. Gemüse wird wegen des Geschmacks dagegen gern in Butter gedünstet. Für Meeresfrüchte kann Butter oder Öl verwendet werden. Viele Köche nehmen sogar halb Butter und halb Öl: So erhält das Gargut den leckeren Buttergeschmack und gleichzeitig wird durch das Öl verhindert, dass die Butter schnell verbrennt.

Wenn Sie zum Kurzbraten Öl verwenden möchten, sollten Sie wissen, dass Öle unterschiedliche *Rauchpunkte* aufweisen, das heißt, dass sich bei unterschiedlichen Ölen bei unterschiedlich hohen Temperaturen Rauch entwickelt. Daher sind Öle mit einem höheren Rauchpunkt zum Garen bei hohen Temperaturen besser geeignet. Zu den Ölsorten, die sich zum Kurzbraten gut eignen, zählen Raps-, Mais-, Oliven- und Erdnussöl. Wenn im Rezept nicht angegeben ist, welches Öl verwendet werden soll, können Sie eines dieser Öle nehmen. Rapsöl sollten Sie am besten immer vorrätig haben, da es sich aufgrund seines neutralen Geschmacks und seines hohen Rauchpunkts für viele Gerichte eignet. Kaltgepresste Öle sind wegen der darin enthaltenen Pflanzenstoffe nicht für hohe Temperaturen geeignet. Diese hochwertigen Öle sollten Sie lieber für Ihren Salat nehmen!

Öl muss heiß sein, darf aber nicht rauchen, wenn Sie das Gargut in die Pfanne geben. Butter muss am Rand schäumen, aber nicht braun werden. Einige Köche schwören auf *geklärte Butter* beziehungsweise *Butterschmalz* oder *Ghee* (Butter wird erhitzt, Milcheiweiß und Milchzucker werden abgeschöpft; dadurch erhält die Butter einen ähnlich hohen Rauchpunkt wie Speiseöl), da Butterschmalz nicht so schnell verbrennt, der Buttergeschmack jedoch erhalten bleibt. Die Eigenschaften geklärter Butter gleichen also denen von Öl. Das hört sich interessant an? Nun, so können Sie Butter selbst *klären*:

1. Zerlassen Sie Butter in einer Kasserolle, um Milcheiweiß und Milchzucker (beides setzt sich am Topfboden ab) vom Rest zu trennen.

2. Gießen Sie die Butter in eine kleine Schüssel. Lassen Sie das Ganze einen Moment ruhen, damit sich das restliche Milcheiweiß und der restliche Milchzucker im Schaum an der Oberfläche absetzen.

3. Schöpfen Sie den Schaum mit einem Löffel ab.

    Übrig bleibt die geklärte Butter.

Ablöschen: Aus dem Rest im Topf eine leckere Soße bereiten

Wenn Sie Fleisch, Geflügel oder Fisch in eine sehr heiße Pfanne geben, beginnt der Garprozess sofort. Dabei wird der aus dem Fleisch laufende Bratensaft gebräunt, und am Pfannenboden bleibt ein Bratensatz haften. Dieser Bratensatz enthält jede Menge Aromastoffe. Beim *Deglacieren* entsteht daraus eine leckere Soße.

Deglacieren ist der küchentechnische Fachausdruck für das Ablöschen mit einer Flüssigkeit und Lösen des Bratensatzes vom Pfannenboden. Dafür gehen Sie wie folgt vor:

1. **Nehmen Sie das Fleisch, das Geflügel oder den Fisch aus der heißen Pfanne und fügen Sie sofort eine Flüssigkeit hinzu. Sie können Wasser, Wein, Brühe oder eine Mischung davon verwenden.**

    Nehmen Sie etwa doppelt so viel Flüssigkeit, wie Sie Soße benötigen. Wenn Sie etwa 250 Milliliter Soße benötigen, löschen Sie beispielsweise mit 500 Milliliter Wein ab.

    Welchen Wein Sie verwenden, hängt davon ab, was Sie zubereiten: Verwenden Sie Weißwein für Geflügel und Meeresfrüchte und Rotwein für Fleisch.

2. **Bringen Sie die Flüssigkeit bei hoher Temperatur unter ständigem Rühren zum Kochen. Lösen Sie dabei den Bratensatz vom Pfannenboden und rühren Sie weiter, bis sich der Bratensatz in der Soße auflöst.**

    Das ständige Rühren und Lösen des Bratensatzes ist das Wichtigste beim Deglacieren: Dieser ganze leckere karamellisierte Bratensatz wird von der Flüssigkeit aufgenommen und gibt einen wunderbaren Geschmack.

3. **Lassen Sie die Flüssigkeit unter ständigem Rühren kochen, bis sie auf die Hälfte reduziert ist beziehungsweise bis von dem ½ Liter Wein (oder Wasser oder Brühe) noch etwa ¼ Liter übrig ist.**

   Und woran ist das zu erkennen? Nun, das ist einfach Augenmaß. Wenn es so aussieht, als hätte sich die Menge halbiert, ist es Zeit zu probieren.

   Und wie lautet das Urteil? Schmeckt die Soße lecker oder braucht sie noch etwas Salz und/oder Pfeffer? Vielleicht ein paar frische Kräuter? Würzen Sie nach, wenn Sie meinen, dass die Soße noch etwas Geschmack braucht. Sie können auch 1 bis 2 Teelöffel Butter oder Olivenöl unterrühren, damit die Soße noch besser schmeckt und schön sämig wird. (Viele Profiköche tun das.) Geben Sie die Soße dann über das gegarte Fleisch, das Geflügel oder über den Fisch und servieren Sie das Gericht. Na, wenn das nicht profimäßig ist (siehe Abbildung 5.1)!

Abbildung 5.1: Durch Deglacieren wird Ihre Soße besonders lecker.

Zwiebeln und Knoblauch hacken

Zwiebeln und Knoblauch werden Sie für viele Gerichte hacken. Unabhängig von der Zubereitungsart stellen gehackte Zwiebeln und Knoblauch die Geschmacksgrundlage für Fleisch und Gemüse gleichermaßen dar, gehören in viele Suppen und roh in manche Salate.

Egal, wie Sie eine Zwiebel hacken, eine Zwiebel hat immer ein intensives Aroma. Daher werden gehackte Zwiebeln auch in vielen Rezepten verwendet. Durch die Dämpfe der Zwiebel werden jedoch die Augenschleimhäute gereizt. Um Tränen beim Zwiebelschneiden zu vermeiden, verwenden Sie am besten ein scharfes Messer, um die Zwiebel möglichst schnell schneiden zu können, und spülen die Zwiebel immer wieder mit kaltem Wasser ab.

Und so gehen Sie vor, um eine Zwiebel zu hacken (siehe Abbildung 5.2):

1. **Schneiden Sie die Zwiebel der Länge nach in der Mitte durch in zwei Hälften. Entfernen Sie die papierartige Schale und schneiden Sie den oberen Teil ab, ohne das Wurzelende zu beschädigen.**

   Wenn Sie die Zwiebel in Ringe schneiden, verhindert das unbeschädigte Wurzelende, dass die Ringe unter dem Messer hervorrutschen.

2. **Legen Sie die beiden Hälften mit der Schnittfläche nach unten auf ein Schneidbrett. Schneiden Sie die Zwiebel vom Wurzelende her der Länge nach in 4 bis 5 Millimeter breite Streifen.**

3. **Schneiden Sie parallel zum Schneidbrett einige waagerechte Scheiben beliebiger Stärke.**

4. **Schneiden Sie im rechten Winkel zum Schneidbrett, sodass Würfel in der gewünschten Größe entstehen. Zum Schluss schneiden Sie das Wurzelende ab.**

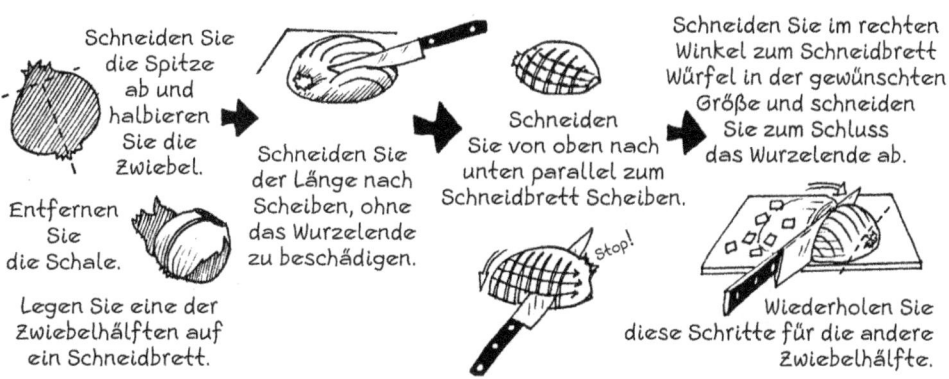

Abbildung 5.2: Zwiebeln schneiden

Wie Zwiebeln gibt Knoblauch beim Schneiden oder Hacken scharfen Saft ab. Je feiner Sie ihn schneiden, umso kräftiger der Geschmack. Roher, gepresster Knoblauch ist besonders scharf, während gebratene Knoblauchzehen eher nussig und leicht süßlich schmecken. Und so wird eine Knoblauchzehe gehackt:

1. Schälen Sie den Knoblauch, indem Sie mit der Fläche eines Küchenmessers auf die auf einem Schneidbrett liegende Knoblauchzehe schlagen und dann die Schale abziehen.

2. Halten Sie die Knoblauchzehe auf dem Schneidbrett, wobei die Knöchel von Zeige- und Mittelfinger leicht gegen die Seite der Klinge drücken.

   Halten Sie die Fingerspitzen nach innen, um zu vermeiden, dass Sie sich selbst schneiden.

3. Schneiden Sie vor allem mit der Messerspitze. Wiegen Sie das Küchenmesser auf und ab und bewegen Sie dabei die Knöchel langsam an das andere Ende der Knoblauchzehe.

   Schneiden Sie nicht zu schnell, denn das müssen Sie ein wenig üben.

Wenn sich das nach zu viel Arbeit anhört, verwenden Sie eine Knoblauchpresse! Mit diesem praktischen Küchenhelfer, der Ihnen das Hacken abnimmt, wird die Knoblauchzehe durch kleine Löcher gedrückt.

Abwechslung beim Dünsten, Sautieren und Kurzbraten

Sie können praktisch jede Art von Fleisch, Fisch und Gemüse in wenig Fett zubereiten, denn Fett ist ein hervorragender Geschmacksträger. Probieren Sie es einfach aus und genießen Sie leckere Gerichte. In diesem Abschnitt finden Sie einige Rezepte, mit denen Sie beginnen können.

Gemüse

Gemüse schmeckt besonders lecker, wenn es nicht ausschließlich in Wasser gekocht oder gedämpft wird, sondern nur vorgegart und anschließend in einer Pfanne in Butter und vielleicht mit frischen Kräutern fertig gegart wird. Auch Bratkartoffeln kann man aus bereits gekochten Kartoffeln zubereiten, vorzugsweise am nächsten Tag, wenn sie nicht mehr so feucht sind. Mindestens genauso gut oder besser schmecken Bratkartoffeln aus rohen Kartoffeln. Im folgenden Rezept werden die Kartoffeln in kleine Würfel geschnitten und in einer heißen Pfanne knusprig gebraten.

Vorsicht, wenn Sie gewaschenes Gemüse (oder andere Lebensmittel) in einen Topf mit heißem Fett geben. Durch das am Gemüse haftende Wasser spritzt das Fett, was zu schweren Verbrennungen führen kann.

Bratkartoffeln/Pfannenkartoffeln 🍅

Diese in Würfel geschnittenen und in Öl und Butter gebratenen Kartoffeln passen gut zu Steak oder Kalbskoteletts. Durch die Verwendung von Butter und Öl erhalten die Kartoffeln einen guten Geschmack, verbrennen aber nicht so leicht.

Utensilien: Küchenwaage, Schälmesser, Kochmesser, Schneidbrett, Gemüsebürste, Küchensieb, Küchenkrepp, große antihaftbeschichtete Pfanne, Pfannenwender, Schaumlöffel, große Schüssel

Vorbereitungszeit: Etwa 15 Minuten   **Garzeit:** Etwa 20 Minuten   **Portionen:** 4

750 g Kartoffeln

1 EL Raps- oder Maisöl

2 EL Butter

1 mittelgroße Zwiebel, geschält und gehackt (siehe Abbildung 5.2)

½ grüne Paprikaschote, von Scheidewänden und Kernen befreit und gehackt (siehe Abbildung 4.1)

½ TL getrockneter Oregano

½ TL Salz oder weniger

Etwas schwarzer Pfeffer

⅛ TL Cayennepfeffer oder Chiliflocken (nach Geschmack)

1. Augen und unschöne Stellen an den Kartoffeln herausschneiden. Kartoffeln mit einer Gemüsebürste gründlich putzen, aber nicht schälen. In gut ½ Zentimeter große Würfel schneiden.

2. Die Kartoffelwürfel in ein Küchensieb im Waschbecken geben. Die Kartoffeln etwa 10 Sekunden mit heißem Wasser abspülen. (Mit dem heißen Wasser wird die Stärke von den Kartoffeln abgespült, sodass diese in der Pfanne nicht zusammenkleben. Zudem werden so Verfärbungen vom Schälen und Schneiden entfernt.) Gut abtropfen lassen und mit Küchenkrepp trocknen.

3. Das Öl in einer großen antihaftbeschichteten Pfanne bei hoher Temperatur erhitzen. Die Kartoffeln hinzugeben und etwa 10 Minuten unter häufigem Wenden gleichmäßig bräunen. Die Kartoffeln mit einem Schaumlöffel aus der Pfanne nehmen und in eine große Schüssel geben. Das restliche Fett ausgießen und die Pfanne mit einem Küchenkrepp ausreiben.

4. Butter bei mittlerer Hitze in der Pfanne zerlassen. Aufpassen, dass sie nicht braun wird. Zwiebel, Paprika, Oregano, Salz, Pfeffer und Cayennepfeffer 4 bis 5 Minuten darin garen und dabei gelegentlich wenden. Die Kartoffeln zurück in die Pfanne geben und mit dem Gemüse etwa 5 weitere Minuten sautieren, bis die Kartoffeln gebräunt und knusprig sind. Die Kartoffeln mit einem Schaumlöffel herausnehmen und sofort servieren.

Passt zu: Als Beilage zu Rinderfiletbraten (siehe Kapitel 7) oder Saltimbocca (siehe Kapitel 7)

Fettfisch mit festem Fleisch

Fettfisch mit einem hohen Fettgehalt, wie Lachs, Thunfisch und Makrele, ist besonders schmackhaft. Und Sie können ihn mit einer der in diesem Buch vorgestellten Soßen, die sich in nicht einmal 15 Minuten herstellen lassen, noch aufpeppen. Aufgrund des hohen Fettgehalts passen zu diesen Fischarten auch würzige Soßen sehr gut.

Lachs-Champignon-Pfanne

Utensilien: Beschichtete Pfanne, Küchenmesser, Schneidbrett, Kochlöffel, Messbecher, Küchenwaage

Vorbereitungszeit: 15 Minuten   **Garzeit:** 15 Minuten   **Portionen:** 4

500 g Lachsfilet, in 1 cm dicke Streifen geschnitten

1 EL Rapsöl

4 Frühlingszwiebeln, in feine Ringe geschnitten

250 g Champignons, geputzt und in Scheiben geschnitten

1 kleine Stange Lauch, in feine Ringe geschnitten

125 ml Gemüsebrühe oder Fischfond

Pfeffer und Salz

1. Das Öl bei mittlerer Temperatureinstellung in der Pfanne erhitzen und die Lachsstücke ca. 2 Minuten auf beiden Seiten anbraten. Den Lachs herausnehmen und warm stellen.
2. Im Bratfett nun Frühlingszwiebeln, Champignons und Lauch dünsten und mit der Brühe oder dem Fischfond ablöschen.
3. Das Ganze etwas reduzieren und mit Salz und Pfeffer abschmecken.
4. Den Lachs der Soße zugeben und kurz durchziehen lassen.

Dazu passt: Reis

Eine würzige Soße zu einem zarten Fisch wie Seezunge ist dagegen eine kulinarische Katastrophe. Würzige Soßen passen allgemein am besten zu Fettfisch mit festem Fleisch.

Eine Soße binden bedeutet, die Zutaten der Soße im Topf zu mischen und durch Einrühren von Butter, Sahne oder Speisestärke beziehungsweise Mehl eine sämige und dickere Konsistenz zu erzeugen. Eine Soße wird ganz am Ende der Soßenherstellung kurz vor dem Servieren gebunden.

Hähnchenfleisch

Kurzbraten ist eine Möglichkeit, Hähnchenfleisch einen besonders guten Geschmack zu verleihen. Das Fleisch bleibt schön saftig und erhält eine schmackhafte Kruste, vor allem, wenn verschiedene Kräuter und Gewürze verwendet werden, es muss aber immer durchgegart sein. Zudem können Sie nach dem Garen des Hähnchenfleischs aus dem restlichen Öl oder der restlichen Butter und den Kräutern durch Ablöschen mit Wein, Saft oder Hühnerbrühe und Reduzieren der Flüssigkeit eine leckere Soße herstellen. Mit ein paar Kartoffeln oder etwas Reis und Salat haben Sie ein köstliches Hähnchengericht.

Hähnchenbrust mit Tomaten und Thymian

Bei diesem einfachen Rezept wird Hühnchen mit dem leicht süßen Geschmack von Zwiebeln und Tomaten kombiniert. Dieses Rezept können Sie leicht abwandeln, indem Sie anderes Gemüse und/oder andere Kräuter verwenden.

Utensilien: Schälmesser, Kochmesser, Schneidbrett, große Sautier- oder Bratpfanne, Pfannenwender, Kochlöffel, Servierplatte oder großer Teller, Alufolie, 4 Teller, Messbecher

Vorbereitungszeit: Etwa 20 Minuten   **Garzeit:** Etwa 10 Minuten   **Portionen:** 4

4 Hähnchenbrustfilets ohne Haut und Knochen

Salz, Pfeffer

2 EL Olivenöl

1 mittelgroße Zwiebel, geschält und gehackt

1 große Knoblauchzehe, geschält und gehackt

2 mittelgroße Tomaten, geschält, von Kernen befreit und in Würfel geschnitten (eine Anleitung hierzu finden Sie in Kapitel 10)

1 TL gehackter frischer Thymian (oder ¼ TL getrockneter Thymian)

2 EL gehacktes frisches Basilikum (nach Geschmack)

100 ml Weißwein oder Hühnerbrühe

1. Die Hähnchenbrustfilets auf ein Schneidbrett legen, auf beiden Seiten gut mit Salz und Pfeffer würzen.

2. Olivenöl bei mittlerer Hitze in einer großen Sautier- oder Bratpfanne erhitzen. Das Fleisch darin auf beiden Seiten etwa 4 bis 5 Minuten, oder bis das Fleisch gar ist, braten. (Prüfen Sie, ob das Fleisch gar ist, indem Sie in der Mitte der einzelnen Stücke einen kleinen Einschnitt machen. Das Fleisch muss weiß sein und darf keine rosa Stellen mehr aufweisen.) Die Stücke auf eine Servierplatte oder einen großen Teller legen und mit Alufolie abdecken, damit sie nicht auskühlen.

3. Die Zwiebel bei mittlerer Hitze in die Pfanne geben. Etwa 1 Minute rühren. Dabei Bratenrückstände vom Pfannenboden lösen. Knoblauch zugeben und unter gelegentlichem Rühren 1 weitere Minute garen. Tomaten, Thymian, Basilikum (nach Geschmack) zufügen. Etwa 1 Minute rühren. Mit Weißwein oder Brühe ablöschen, Temperatur auf höchste Stufe stellen und unter gelegentlichem Rühren etwa 2 bis 3 Minuten, oder bis ein Großteil der Flüssigkeit verdampft ist, kochen. (Die Mischung muss feucht, darf aber nicht suppig sein.). Mit Salz und Pfeffer abschmecken.

4. Die Fleischstücke auf vier Teller verteilen. Die Soße zu gleichen Teilen auf den Fleischstücken verteilen.

Variationen: Anstelle von Hähnchenbrust können Sie Putenbrust oder Scheiben von der Kalbsbrust verwenden, mit den Tomatenwürfeln Mais aus der Dose zugeben, mit der Brühe oder dem Wein 2 Esslöffel Sahne zugeben, anstelle von Thymian Estragon, Majoran oder andere Kräuter verwenden oder etwas Parmesan über das Gericht streuen.

Dazu passt: Zu den Hähnchenbrustfilets können Sie Kartoffelpüree oder Reis (beide in Kapitel 4) und einen Blattsalat (siehe Kapitel 11) als Beilage servieren.

Rindfleisch

Rindfleisch eignet sich besonders gut zum Kurzbraten und Sautieren. Steaks werden außen schön dunkel und knusprig, bleiben innen jedoch zart und saftig. Egal, ob Sie mundgerecht geschnittene Steakstücke sautieren oder ein großes saftiges T-Bone Steak in einer heißen Pfanne scharf anbraten, Sautieren ist die für Rindfleisch häufigste Zubereitungsart.

 Wie gar ein Steak ist, erkennen Sie an der Farbe im Inneren des Fleischstücks. Blutiges Fleisch ist hellrot und saftig. Rosa Fleisch ist im Kern hellrosa und außen leicht gebräunt. Durchgebratenes Fleisch ist braun, durch und durch trocken und nicht zu empfehlen. Manche Menschen bevorzugen ihr Steak durchgebraten. Rosa Fleisch ist aber viel saftiger und zarter.

Filetsteak vom Rind

Ein perfekt kurzgebratenes Rinderfiletsteak, das innen rosa und zart ist, gehört schon zur hohen Kochkunst. Es gibt die Gargrade rare, medium und well done. Ihre Zubereitungszeit unterscheidet sich nur durch wenige Sekunden oder Minuten! Well done ist als sehr durchgebraten für feines Rinderfilet nicht zu empfehlen.

Utensilien: Messer, Küchengarn, Schneidbrett, Küchensieb, Messbecher, Küchenwaage, großer Topf, große Sautier- oder Bratpfanne, Kochlöffel, Alufolie

Vorbereitungszeit: Etwa 30 Minuten   **Garzeit:** Etwa 15 Minuten   **Portionen:** 4

4 EL Butterschmalz	1. Das Fleisch aus dem Kühlschrank nehmen und etwa 30 Minuten Zimmertemperatur annehmen lassen.
4 Filetsteaks à 200 g	2. Die Filetsteaks mit Küchengarn in Form binden, dann garen sie gleichmäßiger.
Salz, Pfeffer	
4 EL Kräuterbutter	3. Den Backofen auf 90 Grad vorheizen.
	4. Butterschmalz in einer großen Pfanne erhitzen und die Filetsteaks darin bei hoher Temperatur von jeder Seite 1 Minuten braten. Die Temperatur herunterstellen und die Filetsteaks von jeder Seite weitere 2 Minuten braten (3 Minuten für medium).
	5. Anschließend herausnehmen, auf Alufolie legen, mit Salz und Pfeffer würzen, einschlagen und 5 bis 10 Minuten im Ofen ruhen lassen.
	6. Mit Kräuterbutter servieren.

Dazu passt: Ofengemüse (in Kapitel 7) oder Bratkartoffeln und gedünsteter Blattspinat (in diesem Kapitel)

So können Sie Pfefferkörner zerstoßen

1. Legen Sie ganze Pfefferkörner in die Mitte eines Schneidbretts.

2. Drücken Sie mit dem Handballen auf die untere Kante einer Pfanne.

3. Wiederholen Sie Schritt 1 und 2, bis die Pfefferkörner die gewünschte Größe haben.

Abbildung 5.3: Pfefferkörner mit einer schweren Pfanne zerstoßen

Fisch und Gemüse dünsten – leicht und gesund!

Wenn Sie Lebensmittel in wenig Fett und dem eigenen Saft garen, wird daraus nicht nur eine echte Aromapackung, sondern auch ein kalorienarmes, gesundes Gericht mit vielen Nährstoffen und Vitaminen. Ganz einfach ist das Dünsten, wenn Sie die Zutaten in Pergamentpapier packen und im Ofen garen.

Fischfilet mit Spinat und Kohlrabi im Pergament

Utensilien: Küchensieb, Küchenmesser, Schneidbrett, 2 Töpfe, Backblech, 4 Bögen Pergamentpapier/Backpapier, Backpinsel, Küchenwaage

Vorbereitungszeit: Etwa 30 Minuten   **Garzeit:** 15 Minuten   **Portionen:** 4

500 g Spinat, gewaschen, dicke Stiele entfernt

1 Kohlrabi, geschält

½ unbehandelte Zitrone

2 EL Olivenöl

2 Knoblauchzehen, geschält und in feine Würfel geschnitten

4 Frühlingszwiebeln, in dünne Ringe geschnitten

8 Fischfilets (à 80 bis 100 g), vorzugsweise Forelle oder Saibling

Salz, Pfeffer

1. Den gewaschenen, noch feuchten Spinat in einen Topf geben, Deckel auflegen und 2 Minuten erhitzen, bis der Spinat zusammenfällt. In ein Sieb schütten und abtropfen lassen.

2. Den Kohlrabi vierteln und in 0,5 Zentimeter dicke Scheiben schneiden. In einem Topf Wasser aufkochen und den Kohlrabi darin 2 Minuten blanchieren. Abgießen.

3. Den Backofen auf 200 Grad vorheizen. Die Schale der halben Zitrone dünn abschneiden (ohne das Weiße) und die Zitrone auspressen. Den Spinat zerpflücken und mit Knoblauch, Frühlingszwiebeln sowie Zitronenschale vermischen. Mit Salz und Pfeffer abschmecken.

4. Pergamentpapier auf der Arbeitsfläche ausbreiten und jeweils mit Olivenöl einpinseln. ⅛ des Spinats mit einem Löffel jeweils in die Mitte eines Papierblattes geben. Je zwei Fischfilets und etwas Kohlrabi auf den Spinat legen und mit dem Zitronensaft beträufeln. Einen weiteren Löffel Spinat darauf verteilen.

5. Die vier Papierbögen zusammenfalten und die Enden eindrehen, sodass die Päckchen gut verschlossen sind. Im vorgeheizten Ofen 15 Minuten garen.

Passt zu: Reis, Baguette

Gedünsteter Blattspinat

Diese schnelle und gesunde Beilage passt gut zu kurzgebratenem Lamm oder Omeletts, zu Lachs und anderen Fischgerichten. Sie werden feststellen, dass Ihnen Spinat wieder schmeckt, wenn Sie ihn auf diese Weise zubereiten!

Utensilien: Küchenwaage, Küchenmesser, Schneidbrett, große Sautier- oder Bratpfanne mit passendem Deckel, Kochlöffel

Vorbereitungszeit: Etwa 15 Minuten   **Garzeit:** Etwa 4 Minuten   **Portionen:** 6

800 bis 1000 g frischer Spinat

1 EL Olivenöl

1 EL Butter

¼ TL gemahlene Muskatnuss

Salz, Pfeffer

1. Harte Spinatstängel abschneiden und unschöne Blätter aussortieren. Den Spinat in kaltem Wasser gründlich waschen und gut abtropfen lassen. (In Kapitel 11 erfahren Sie, wie Sie Blattgemüse beziehungsweise Salat am besten waschen und schneiden.)

2. Öl und Butter bei mittlerer Hitze in einer großen Sautier- oder Bratpfanne zerlassen. Spinat zufügen und mit Muskat, Salz und Pfeffer würzen.

3. Den Blattspinat so wenden, dass er mit Öl benetzt ist. (Spinat fällt so schnell zusammen, dass Sie vielleicht denken, er reicht nicht einmal für eine Portion. Aber er wird reichen.) Zugedeckt auf mittlerer Stufe etwa 2 bis 3 Minuten oder so lange garen, bis der Blattspinat ganz zusammengefallen ist. Vom Herd nehmen und servieren.

Tipp: Spinat, mit gerösteten Pinienkernen bestreut, sieht nicht nur gut aus – er schmeckt auch so!

IN DIESEM KAPITEL

Kochen mit Zeit und Muße

Das zarte Ergebnis des Schmorvorgangs zu würdigen wissen

Kapitel 6
Schmoren und Slow Cooking: Das ist echte Hausmannskost

REZEPTE IN DIESEM KAPITEL

Rinderbraten in Rotwein

Coq au Vin

Szegediner Gulasch

Wenn es Ihnen wie den meisten Menschen geht, haben Sie vor allem während der Woche kaum Zeit, lange am Herd zu stehen. Wenn das so ist, dann wurde dieses Kapitel für Sie geschrieben. Das Schmoren ist eine langsame Garmethode, bei der Sie alle Zutaten in den Topf geben, die Temperatur herunterschalten und 1, 2 Stunden etwas anderes tun können, zum Beispiel den Fernseher abstauben oder dem Nachbarn die Zeitung zurückbringen, die Ihr Hund jeden Morgen abfängt.

Geschmortes oder Eintöpfe schmecken, als hätten Sie sich den ganzen Tag am heißen Herd abgeplagt. Das sind die Gerichte, die Ihre Oma immer zubereitet hat, die Ihnen ein warmes und behagliches Gefühl vermitteln und Sie den Rest des Tages glücklich vor sich hin summen lassen. Diese Gerichte sind Seelennahrung.

Schmorgerichte benötigen etwas länger (auch wenn Sie die meiste Zeit davon nur ein Auge auf den Herd haben müssen) und schmecken am besten, wenn sie am Vortag gekocht und am nächsten Tag aufgewärmt werden. So kommt der Geschmack besser zur Geltung. Schmorgerichte eignen sich außerdem gut für Partys, da sie leicht in großen Mengen zuzubereiten und recht preisgünstig sind (meist werden preiswertere Fleischstücke verwendet).

Für die meisten Gerichte in diesem Kapitel werden die preisgünstigeren vorderen Stücke vom Rind verwendet: Kamm, Bruststück und Keule. Für ein Steak eignen sich diese Stücke mit viel Muskelfleisch nicht. Aber wenn Sie es einige Stunden schmoren, werden die groben

Fasern mürbe, und das Fleisch wird schön saftig. Diese Teilstücke sind in mancher Hinsicht schmackhafter als teure Filetstücke. Eilige können bei der Zubereitung von Schmor- und Eintopfgerichten den Dampfdrucktopf verwenden. Kenner bevorzugen jedoch die konventionelle Art, weil sich dabei das Aroma besser entwickeln kann.

In diesem Kapitel erfahren Sie, wie Sie selbst schmoren und Eintöpfe wie zu Großmutters Zeiten zubereiten können. (Aber seien Sie gewarnt: Es kann passieren, dass Ihre Nachbarn plötzlich ständig in Ihrer Küche herumhängen, weil es so herrlich duftet.)

Schmoren und Dünsten im Vergleich

Sowohl beim Schmoren als auch beim Zubereiten von Eintöpfen werden Lebensmittel langsam in Flüssigkeit gegart. Beim *Schmoren* liegt das Gargut in Flüssigkeit, wird von der Flüssigkeit jedoch nicht bedeckt, sodass das Gargut gleichzeitig geschmort und gedämpft wird. Wenn Sie Fleisch schmoren, wird es normalerweise zuerst in heißem Öl angebraten, damit es eine schöne Farbe erhält.

Größere Fleischstücke wie beispielsweise ein Rinderbraten werden in der Regel geschmort. Das braucht seine Zeit, doch mit dieser Methode wird das Fleisch schön zart. Kleinere Fleischstücke können auch gedünstet werden, ein schonendes und deutlich schnelleres Garverfahren (siehe Kapitel 5). Beim *Dünsten* werden Lebensmittel ohne oder mit nur sehr wenig Flüssigkeit zubereitet und garen in Dampf oder im eigenen Saft. Gut dafür eignen sich Lebensmittel, die selbst schon etwas Wasser enthalten, vor allem Gemüse, aber auch Fisch und helles, fettarmes Fleisch, besonders Geflügel.

Wozu passt ein Frikassee?

Ein klassisches *Frikassee* wird aus Geflügelfleisch, meist Hühnerfleisch, zubereitet. Es ist eine Art Ragout, für das das Fleisch nicht zuerst angebraten wird. Das Fleisch wird in mundgerechte Stücke geschnitten und gart in Brühe, die dann mit Sahne verfeinert wird. Daher ist die Soße hell und mild. Traditionell serviert man Reis zum Frikassee. Gemüsebeilagen wie Spargel, Möhren oder Erbsen runden den Genuss ab.

Versuchen Sie, Fleisch zu schmoren – es ist ganz einfach!

Schmoren ist so einfach, dass Sie es sofort ausprobieren können. Am einfachsten geht ein klassischer Schmorbraten. Dafür können Sie einen Rinderbraten oder einen Schweinebraten oder ein anderes größeres Stück Fleisch wie etwa ein ganzes Hähnchen verwenden. Braten Sie es auf allen Seiten in heißem Öl gut an, damit es eine schöne Farbe und ein gutes Aroma bekommt. Lassen Sie es anschließend in der Flüssigkeit schmoren.

Rinderbraten in Rotwein

Utensilien: Küchenmesser, Schneidbrett, Küchenwaage, großer Bräter mit Deckel, Pfannenwender, Kochlöffel, Messbecher, Küchensieb, Gemüseschäler, kleiner Topf für die Soße

Vorbereitungszeit: Etwa 15 Minuten   **Garzeit:** Etwa 2 Stunden   **Portionen:** 4

1 kg Rindfleisch	1. Rindfleisch waschen, abtrocknen, mit Salz und Pfeffer einreiben.
Salz, Pfeffer	
3 EL Öl oder Butterschmalz	2. Das Fett oder Öl bei hoher Temperatur in einem großen Bräter erhitzen und das Fleisch darin rundherum anbraten. Wenn das Fleisch von allen Seiten schon angebräunt ist, die Zwiebel und das Gemüse zugeben und ebenfalls anbraten.
1 Zwiebel, geschält und in feine Würfel geschnitten	
2 Möhren, geschält und in feine Würfel geschnitten	3. Das Tomatenmark zugeben, 1 Minute mitrösten und dann mit dem Rotwein ablöschen.
2 Stangen Staudensellerie, in feine Würfel geschnitten	4. Den Aufguss nochmals mit Salz und Pfeffer würzen, Rinderbrühe, Lorbeerblatt und Gewürznelken zugeben und den Braten 2 Stunden mit aufgelegtem Deckel schmoren.
1 bis 2 EL Tomatenmark	5. Das Fleisch herausnehmen und warm halten. Die Soße durch ein Sieb in einen kleinen Topf streichen und zum Kochen bringen. Den Schmorbraten in Scheiben schneiden (siehe Abbildung 6.1) und mit der Soße servieren.
400 ml Rotwein	
250 ml Rinderbrühe	
1 Lorbeerblatt	
2 Gewürznelken	

Passt zu: Salzkartoffeln, Knödel, Bandnudeln

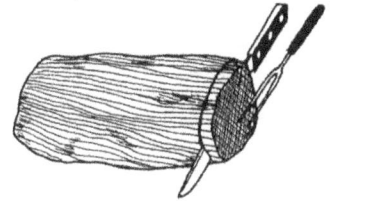

Abbildung 6.1: Quer zur Faser schneiden, um das Fleisch nicht zu reißen

Kochen mit Wein

Einen Ratschlag, den Sie immer befolgen sollten, lautet: »Verwenden Sie zum Kochen nur Wein, den Sie auch trinken würden.« Das ist die einzige Regel, die Sie beim Kochen mit Wein beachten müssen. Wenn Sie im Supermarkt eine Flasche mit dem Etikett »Kochwein« sehen, lassen Sie sie stehen. Zu einem hauchdünnen Kalbsschnitzel und Coq au Vin nehmen Sie Weißwein, für Rindfleisch bevorzugen Sie Rotwein.

In einem lange geschmorten Eintopf bleibt vom Alkohol nichts übrig. Was bleibt, ist der Geschmack des Weins und vielleicht etwas mehr Gehalt. Wenn Sie eine wilde und verrückte Nacht verbringen möchten, müssen Sie zum Eintopf eine Menge Wein trinken. Informationen dazu, welcher Wein zu welchen Lebensmitteln passt, finden Sie in Kapitel 3.

Coq au Vin

In Wein geschmortes Hähnchen ist ein klassisches französisches Gericht. Wir haben hier ein einfaches Rezept für Sie. Laden Sie Ihren Schwarm ein. Damit können Sie sie oder ihn schwer beeindrucken. Je nach Größe des Kochgeschirrs müssen Sie das Fleisch möglicherweise portionsweise garen. In diesem Fall garen Sie zuerst die Hähnchenbrust (weißes Fleisch) und anschließend die Schlegel (dunkles Fleisch). Das dicke Fleisch der Brüstchen benötigt manchmal eine etwas längere Garzeit. Schneiden Sie das Geflügelfleisch an, um zu prüfen, ob es gar ist.

Dieses Rezept schmeckt am nächsten Tag noch besser, wenn die Soße etwas eingedickt ist und der Hahn noch mehr von dem köstlichen Geschmack aufgenommen hat. Sie können das Gericht am Vortag zubereiten und im Kühlschrank aufbewahren. Wärmen Sie es einfach in einer großen Sautierpfanne bei mittlerer Hitze auf, bis es durch und durch erhitzt ist.

Utensilien: Küchenwaage, Küchenkrepp, Küchenmesser, Schneidbrett, große Sautierpfanne mit Deckel, Pfannenwender, Gemüseschäler, Schaumlöffel, Messbecher, großer Servierteller

Vorbereitungszeit: Etwa 25 Minuten   **Garzeit:** Etwa 1 Stunde   **Portionen:** 4

1 ganzes Hähnchen, zerlegt, Gesamtgewicht etwa 1 kg

Salz, Pfeffer

1 EL Olivenöl

1 EL Butter

4 dicke Scheiben Speck, in etwa 2 bis 3 cm breite Streifen geschnitten

1 mittelgroße Zwiebel, geschält und gehackt

1 Stange Lauch, geputzt und in feine Ringe geschnitten

125 g Champignons, geputzt und in Scheiben geschnitten

1 Knoblauchzehe, geschält und fein gehackt

1 TL getrockneter Thymian

1 Lorbeerblatt

750 ml fruchtiger Weißwein

3 Möhren, geschält und gewürfelt

½ TL Salz (nach Geschmack)

3 EL gehackte frische Petersilie

1. Hähnchenteile unter fließendem kalten Wasser abwaschen und mit Küchenkrepp trocken tupfen. Abstehende Hautstücke oder überschüssiges Fett wegschneiden. Auf beiden Seiten salzen und pfeffern.

2. Öl und Butter in einer schweren Sautierpfanne erhitzen. Die Pfanne muss groß genug sein, dass alle Hähnchenteile nebeneinander Platz haben. Die Hähnchenteile in die Pfanne legen und bei mittlerer Hitze etwa 5 Minuten anbraten, bis sie auf einer Seite goldgelb sind. Die Hähnchenteile wenden und weitere 5 Minuten braten, bis sie auch auf dieser Seite goldgelb sind. Die Hähnchenteile mit dem Schaumlöffel aus der Pfanne nehmen und auf einen großen Servierteller legen.

3. Speck, Zwiebeln und Lauch in die Pfanne geben und unter gelegentlichem Wenden 4 bis 5 Minuten anbraten. Die Pilze zugeben und unter gelegentlichem Rühren weitere 3 Minuten braten.

4. Das Hähnchenfleisch zum Gemüse in die Pfanne geben. Knoblauch, Thymian und das Lorbeerblatt hinzufügen und unter ständigem Rühren 1 Minute weiterbraten. Der Knoblauch darf nicht braun werden. Den Wein und die Möhren zugeben, Temperatur erhöhen und aufkochen.

5. Den Deckel auflegen und bei mittlerer Hitze 25 bis 30 Minuten, oder bis Fleisch und Gemüse gar sind, köcheln lassen.

6. Alles auf einen Servierteller geben. Das Lorbeerblatt herausnehmen. Wenn die Soße zu dünnflüssig wirkt, um sie über das Hähnchen zu gießen, die Temperatur höher schalten und die Soße unter ständigem Rühren in 2 bis 3 Minuten etwas eindicken lassen. Mit Salz und Pfeffer abschmecken. Die Soße über das Hähnchen geben und mit gehackter Petersilie bestreuen.

Variationen: Damit die Soße schön sämig wird, können Sie nach dem Reduzieren der Soße 2 bis 3 Esslöffel Sauerrahm einrühren und alles gut durchwärmen. Wenn Sie Kalorien sparen möchten, entfernen Sie vor dem Servieren die Hähnchenhaut.

Szegediner Gulasch

Dieses Rezept ungarischer Herkunft ist eine Variante des klassischen Schweine- oder Rindergulaschs, in das nur Zwiebeln kommen. Mit Sauerkraut zusammen gegart, wird es zu einer wohltuenden Wintermahlzeit.

Utensilien: Küchenwaage, Küchenmesser, Schneidbrett, großer Topf mit Deckel, Schüssel, Messbecher

Vorbereitungszeit: Etwa 20 Minuten   **Garzeit:** Etwa 1 Stunde   **Portionen:** 4

800 g Schweinegulasch

3 Zwiebeln, geschält und gehackt

2 TL Paprikapulver edelsüß

2 TL Tomatenmark

Salz, Pfeffer

3 EL Olivenöl

250 ml Gemüsebrühe

500 g Sauerkraut, abgetropft

Schmand oder saure Sahne

1. Die Gulaschstücke in einer Schüssel mit Zwiebeln, Paprikapulver, Tomatenmark, Salz und Pfeffer verrühren. 15 Minuten in der Marinade ziehen lassen.

2. Öl in dem großen Topf erhitzen und das Fleisch darin 2 Minuten anbraten. Auf mittlere Hitze herunterstellen und mit der Gemüsebrühe ablöschen, dabei Bratreste vom Boden des Kochtopfs lösen.

3. Den Deckel auflegen und das Schweinegulasch bei mittlerer Hitze 30 Minuten sanft köcheln. Ist es noch zäh, das Fleisch noch weitere Zeit schmoren lassen.

4. Sauerkraut zum Gulasch geben und weitere 20 Minuten köcheln. Falls erforderlich, etwas Wasser oder Gemüsebrühe hinzufügen.

5. Das Gulasch in tiefen Tellern mit einem Klecks Schmand oder saurer Sahne servieren.

Dazu passt: Salzkartoffeln

IN DIESEM KAPITEL

Grundlegende Techniken beim Braten

Hähnchen oder Pute auf den Punkt braten

Rezepte zum Braten von Gemüse, Rindfleisch, Schweinefleisch und noch mehr

Schnitzel – klassisch und mal anders

Kapitel 7
Oh, wie das duftet: Braten

REZEPTE IN DIESEM KAPITEL

Brathähnchen	**Wiener Schnitzel**
Schweinebraten	**Saltimbocca mit Schmortomaten**
Rinderfiletbraten	🍅 **Ofengemüse**
Lammkeule mit Kräuterkruste	

Ein Braten in der Röhre erfüllt das ganze Haus mit einem herrlichen Duft. Egal, ob Sie einen aufwendigen Braten für einen Feiertag oder einen einfachen Braten für eine kleine Familienmahlzeit zubereiten, ob Sie Fleisch oder Geflügel, Fisch oder Gemüse braten, Braten ist immer eine besonders leckere Art der Zubereitung von Lebensmitteln im Ofen. Beim Braten entfalten sich die Aromen besonders gut, und das Gargut wird schön zart und bleibt saftig.

Nach der strengen Definition versteht man unter *Braten* das Garen ohne Deckel im Ofen. Braten ist eine ebenso bequeme wie einfache Technik. Sie kaufen einfach ein großes Stück Fleisch oder eine Auswahl an Gemüse, schalten den Ofen ein und werfen alles in eine Form oder auf ein Backblech (nun ja, so ähnlich jedenfalls). Ein ganzer Fisch, gut gewürzt und gebraten, ist eine Delikatesse. Und Wurzelgemüse, wie Möhren, Zwiebeln und Rote Bete, werden beim Braten besonders süß und aromatisch.

Die Kunst des Bratens besteht zu 90 Prozent aus einem guten Zeitgefühl und zu 10 Prozent aus Geduld. Und wenn Sie beim Braten ein Bratenthermometer verwenden, kann eigentlich gar nichts schiefgehen. Wenn Sie den Dreh mit dem Zeitgefühl erst einmal heraushaben, können Sie sich den schöneren Dingen des Bratens zuwenden.

Als krönenden Abschluss des Kapitels weihen wir Sie in die Geheimnisse des Anbratens von Schnitzeln ein. Na gut, das ist leichter als gedacht.

In diesem Kapitel finden Sie einige Rezepte, mit denen Sie beginnen können.

Das Einmaleins des Bratens

Braten ist einfach, aber ein paar Tricks zu kennen, hat noch keinem geschadet. Richtig gewürzt schmecken gebratenes Fleisch, gebratener Fisch und gebratenes Gemüse noch besser. Fleisch wird vor dem Braten am besten in einer heißen Pfanne scharf angebraten, um die Poren zu schließen, damit das Fleisch saftig bleibt. Zudem sollte Fleisch nach dem Braten *ruhen*, bevor es verzehrt wird. In den folgenden Abschnitten erklären wir Ihnen alles Wissenswerte, damit Ihr Braten gelingt.

Einen Braten würzen

Haben Sie schon einmal ein herrliches, über Holzkohle gegrilltes Steak gegessen, das auf der Zunge zergeht wie ein guter, alter Wein? Ein Teil des guten Geschmacks ist darauf zurückzuführen, dass das Fleisch vor dem Garen gewürzt wurde. Sie können Fleisch, Geflügel, Fisch und Gemüse mit Kräutern und Gewürzen, Salz und Pfeffer würzen. Sie müssen jedoch wissen, von welchem Gewürz wie viel verwendet werden muss.

Das wichtigste Gewürz ist Salz. Salz ist ein Geschmacksverstärker, der den Geschmack von Lebensmitteln zur Geltung bringt. Daher ist es wichtig, Fleisch, Fisch, Geflügel und Gemüse vor dem Braten zu salzen. Aber Vorsicht: Ein Gericht ist schnell versalzen. Und während ein gut gesalzener Braten lecker schmeckt, kann man das von einem versalzenen Braten nicht behaupten. Am besten verwenden Sie pro Kilogramm Fleisch maximal 1 Teelöffel Salz. Viele verwenden viel weniger oder gar kein Salz. Manche Menschen dürfen nicht so viel Salz zu sich nehmen. Daher sollten Sie Ihre Gäste rechtzeitig vorher fragen. Dank des Aromas anderer Gewürze und Kräuter kann an Salz durchaus etwas gespart werden.

Frische Kräuter, getrocknete Kräuter und gemahlene Gewürze können den Geschmack eines Bratens zur Geltung bringen. Wenn Sie jedoch zu viele verschiedene Geschmacksrichtungen kombinieren, wirkt sich dies auf das Ergebnis nachträglich aus. Verwenden Sie neben Salz maximal drei oder vier verschiedene Kräuter oder Gewürze. Sie können einen Braten beispielsweise mit Oregano, Basilikum, Thymian und Petersilie würzen. Ein Brathähnchen schmeckt mit Estragon und Zitronenpfeffer oder mit Rosmarin und weißem Pfeffer lecker. Kreuzkümmel oder Chilipulver passen gut zu Putenbraten. Oder Sie können einen Fisch mit Paprikapulver, schwarzem Pfeffer und Dill würzen. Probieren Sie einfach aus, welche Kombinationen Ihnen am besten schmecken (in Kapitel 3 erfahren Sie mehr zur Verwendung von Gewürzen). Würzen ist eine Kunst, und je mehr Sie üben, umso versierter werden Sie.

Scharf anbraten oder nicht?

Wenn Sie Fleisch *scharf anbraten*, erhitzen Sie Fett in einer sehr heißen Pfanne und wenden das Stück Fleisch (meist einen Braten) darin, um die gesamte Oberfläche zu bräunen, sodass sich die Poren schließen und das Fleisch saftig bleibt. Das ergibt schöne Röstaromen, außerdem erhält das Fleisch eine goldbraune Farbe, die es allein vom Braten im Ofen nicht bekommen würde.

Sie müssen Fleisch aber nicht unbedingt scharf anbraten. Wenn Sie es nicht scharf anbraten, hat es eine hellere Farbe und einen milderen Geschmack, aber Sie können es ja entsprechend würzen. Wenn Sie das Fleisch scharf anbraten, haben Sie eine Pfanne mehr zum Abwaschen. Wenn Sie das Fleisch nicht scharf anbraten, sparen Sie somit nicht nur einen Arbeitsschritt beim Kochen, sondern auch beim Abwasch. Der Braten hat nicht dieselbe Kruste wie ein scharf angebratenes Stück Fleisch, aber vielleicht schmeckt Ihnen das sogar besser. Sie können Fleisch einmal scharf anbraten und beim nächsten Mal nicht scharf anbraten, um festzustellen, wie es Ihnen besser mundet. Wenn Sie das Fleisch nicht scharf anbraten, können Sie es stattdessen mit Bratensaft begießen. Darum geht es im nächsten Abschnitt.

Mit Bratensaft begießen

In vielen Rezepten wird der Braten während der Garzeit mit Bratensaft begossen. Dadurch erhält er eine gleichmäßig schöne Farbe und trocknet an der Oberfläche nicht aus. Zudem wird das Fleisch so auch ohne scharfes Anbraten sehr aromatisch.

Zum Begießen können Sie einen großen Löffel, eine Bratensaftspritze oder einen Pinsel verwenden, um die Oberfläche des Bratens mit dem Bratensaft oder Öl zu bedecken. Begießen Sie das Fleisch während des Bratens alle 15 bis 30 Minuten. Durch das Begießen mit Bratensaft trocknet das Fleisch oder das Gemüse nicht aus, schrumpelt nicht und erhält eine gleichmäßig braune Kruste oder Haut.

Seien Sie beim Begießen vorsichtig, denn Sie greifen dabei in einen heißen Ofen. Sie können den Rost herausziehen. Dann ist die Gefahr, dass Sie sich die Hände verbrennen, nicht mehr so groß. Aber Sie haben es immer noch mit kochend heißem Bratensaft zu tun. Wenn Sie davon etwas verspritzen oder zu stark auf die Bratensaftspritze drücken, kommt es leicht zu Verbrennungen!

Den Braten ruhen lassen

Wenn es Ihnen so geht wie uns, dann hat Sie der betörende Bratenduft, wenn der Braten endlich aus dem Ofen kommt, so hungrig gemacht, dass Sie den Braten wie ein Wolf verschlingen könnten. Aber immer schön langsam. Holen Sie einmal tief Luft, trinken Sie einen Schluck Wein und lassen Sie den Braten mit einer Alufolie abgedeckt 15 bis 20 Minuten ruhen (wenn das Bratenstück groß ist). Auch ein Brathähnchen oder eine gebratene Ente sollten Sie aus dem Ofen nehmen und 10 Minuten ruhen lassen, bevor Sie sie tranchieren. Wenn Sie den Braten *ruhen lassen*, entspannt sich das Fleisch, der Braten wird saftiger und er verliert beim Anschneiden nicht so viel Saft. Wenn Sie den Braten ruhen lassen, kühlt er außerdem auf eine Temperatur herunter, bei der er sich besser schneiden lässt und die sich auch zum Essen besser eignet. Also haben Sie etwas Geduld! Sie werden sehen, es lohnt sich.

Garzeiten und Temperaturen beim Braten

In den Tabellen 7.1 bis 7.4 sind die Garzeiten und die Backofentemperatur für verschiedene Braten und Gewichte angegeben. Wenn die Kerntemperatur 2 bis 3 Grad *unter* der Kernendtemperatur liegt, nehmen Sie den Braten aus dem Ofen und lassen ihn etwa 15 Minuten ruhen. Während der Ruhezeit erhöht sich die Kerntemperatur um weitere 2 bis 3 Grad. Das alles ist natürlich keine Wissenschaft. Um das gewünschte Ergebnis zu erzielen, müssen Sie ein Bratenthermometer verwenden. In Abbildung 7.1 ist dargestellt, wie ein Bratenthermometer verwendet wird.

 Wenn Sie mit einem Bratenthermometer in einen Braten stechen, darf das Metall nicht den Knochen berühren, da sonst eine falsche Temperatur gemessen wird, denn der Knochen ist deutlich heißer als das Fleisch.

Richtiges Einstechen mit dem Bratenthermometer

Braten ohne Knochen	Geflügel	Fleisch mit Knochen
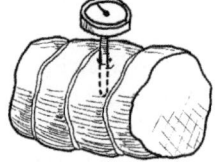	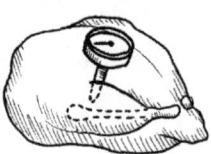	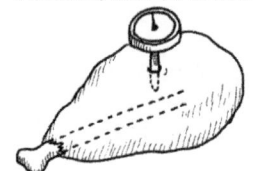
Bis in den Kern stechen	In den Schlegel einstechen	An der dicksten Stelle des Bratens einstechen

* Damit die richtige Temperatur angezeigt wird, darf das Thermometer weder Knochen, noch Fleisch oder das Bratengeschirr berühren.

Abbildung 7.1: So stechen Sie mit einem Bratenthermometer in verschiedene Braten ein.

Rinderbraten	Ofen vorheizen auf	Gewicht	Ungefähre Gesamtgarzeit	Bei dieser Kerntemperatur Braten aus dem Ofen nehmen
Rinderfilet	180 Grad	1 kg	Blutig: 30 Minuten	57 Grad
			Rosa: ca. 40 Minuten	66 Grad
Roastbeef	200 Grad	1 kg	Blutig: 30 Minuten	57 Grad
			Rosa: ca. 40 Minuten	66 Grad
Kalbskeule	200 Grad	1 kg	1 bis 1½ Stunden	70 Grad

Tabelle 7.1: Übersicht zum Braten von Rindfleisch

Jedes weitere ½ kg Fleisch etwa 5 Minuten länger braten

Blutig: 60 bis 63 Grad Kernendtemperatur nach 10 bis 15 Minuten Ruhezeit

Rosa: 68 bis 71 Grad Kernendtemperatur nach 10 bis 15 Minuten Ruhezeit

Berechnen Sie je nach Fleischstück 150 bis 180 g rohes Rindfleisch ohne Knochen pro Portion und 180 bis 200 g Fleisch mit Knochen pro Portion.

Geflügel	Gewicht	Ofen vorheizen auf	Garzeit
Hähnchen (nicht gefüllt)	1 kg	180 Grad	45 Minuten bis 1 Stunde
Hähnchen, Poularde (nicht gefüllt)	1,5 kg	180 Grad	1 bis 1¼ Stunden
Ganze Pute (aufgetaut und nicht gefüllt)	2,5 bis 3,5 kg	160 Grad	2 bis 3 Stunden
Gans	3,5 bis 5 kg	170 Grad	2½ bis 3 Stunden
Ente (ganz, nicht gefüllt)	1,5 bis 2 kg	180 Grad	1 bis 1½ Stunden

Tabelle 7.2: Übersicht zum Braten von Geflügel

Je nach Größe des Geflügels muss die Garzeit bei gefülltem Geflügel um 15 bis 20 Minuten verlängert werden. Die Kerntemperatur in der Füllung muss 74 Grad betragen. Die Kerntemperatur im Fleisch muss im Schlegel mindestens 83 Grad betragen. Berechnen Sie pro Portion 250 Gramm rohes Geflügelfleisch mit Knochen.

Diese Tabellen nennen lediglich die groben Richtwerte. Für die tatsächlichen Garzeiten sollten Sie beim Garen von Geflügel immer ein Bratenthermometer verwenden.

Fleischstück	Höhe/Gewicht	Kernendtemperatur	Garzeit
Schinkenstück, Schulter, Nacken	1 bis 1,5 kg	75 Grad	1½ bis 2 Stunden
Kotelettstück, Kasseler	1 bis 1,5 kg	75 Grad	1 bis 1½ Stunden
Filetstück bei 140 Grad braten	ca. 750 g	66 bis 70 Grad	30 bis 35 Minuten

Tabelle 7.3: Übersicht zum Braten von Schweinefleisch

In einer flachen Pfanne ohne Deckel bei 180 Grad braten. Berechnen Sie je nach Fleischstück 150 bis 180 g rohes Fleisch ohne Knochen pro Portion und etwa 180 bis 200 g mit Knochen pro Portion.

Jeder Ofen ist anders, egal, wie teuer er ist. Die eingestellte Temperatur kann erheblich abweichen, Schwankungen von fast 30 Grad sind möglich. Das ist dann, als würden Sie einen edlen Kaffee mit heißem Leitungswasser zubereiten. Backen ohne exakte Temperatur kann in einer Katastrophe enden. Daher lohnt sich die Anschaffung eines Bratenthermometers.

Braten	Gewicht	Kernendtemperatur	Ungefähre Garzeit pro ½ kg
Lammkeule (mit Knochen)	ca. 1,5 kg	Blutig: 63 bis 66 Grad	60 bis 75 Minuten
		Rosa: 68 bis 71 Grad	90 Minuten
Lammrücken	ca. 1 kg	Blutig: 63 bis 66 Grad	45 Minuten
		Rosa: 68 bis 71 Grad	50 Minuten

Tabelle 7.4: Übersicht zum Braten von Lammfleisch

Ofen auf 160 Grad vorheizen und bei etwa 5 Grad vor Erreichen der gewünschten Kernendtemperatur aus dem Ofen nehmen. Berechnen Sie 150 bis 180 g Lammfleisch ohne Knochen pro Portion und 180 bis 200 g Lammfleisch mit Knochen pro Portion.

Öffnen Sie nicht ständig die Ofentür, um zu prüfen, ob der Braten fertig ist. Dadurch wird es nur in der Küche unnötig heiß und das Fleisch braucht länger.

Braten von Geflügel

Geflügel zu braten, scheint zunächst eine Herausforderung. Aber lassen Sie sich nicht einschüchtern. Sie können zwar nicht einfach nur das Fleisch in den Ofen werfen und sich ein Bier genehmigen. Auf ein paar Details müssen Sie schon achten, wenn Sie ein gutes Ergebnis erzielen möchten, ob Sie nun ein 1-Kilogramm-Hähnchen oder eine 6 Kilogramm schwere Gans zubereiten.

Vor dem Braten von Geflügel nehmen Sie das Geflügelklein (Hals, Herz, Magen und Leber) aus der Verpackung im Innern des Geflügels. Spülen Sie das Geflügel innen und außen unter fließendem, kaltem Wasser gründlich ab. Tupfen Sie die Haut mit einem Küchenkrepp trocken und würzen Sie das Fleisch. Im folgenden Rezept wird aus dem Geflügelklein eine leckere Soße zubereitet.

Verwenden Sie beim Garen von Geflügel unbedingt ein Bratenthermometer! (Was würden Sie bevorzugen, wenn Sie sich fiebrig fühlen: einen Arzt, der das Fieber mit der Hand auf Ihrer Stirn misst, oder einen, der ein Fieberthermometer verwendet?) Egal, welche Art von Thermometer Sie verwenden (ein Thermometer zum Sofortablesen, das Sie in das Fleisch einstechen, wenn Sie denken, dass es bald gar ist, oder ein hitzebeständiges Thermometer, das Sie gleich von Anfang an in das Fleisch einstechen und zusammen mit dem Geflügel in den Ofen stellen und während des Garvorgangs beobachten können), stecken Sie es immer zwischen dem Schlegel und der Brust tief in das Geflügelfleisch. Wenn Sie kein Thermometer haben, stechen Sie mit einem Messer in den dicken Teil des Schlegels. Wenn klarer Bratensaft austritt, ist das Geflügel gar. Wenn der Bratensaft noch rosa ist, lassen Sie das Fleisch noch etwa 15 Minuten länger im Ofen und prüfen Sie dann erneut, ob das Geflügelfleisch gar ist. Gehen Sie anschließend ein Thermometer kaufen, sodass Sie beim nächsten Mal eines haben!

Wenn Sie möchten, dass das Geflügel beim Braten seine Form behält, können Sie es *dressieren*. Wenn Sie in Eile sind, können Sie diesen Schritt auslassen, aber wir erklären trotzdem, wie es geht. In den Abbildungen 7.2 und 7.3 finden Sie Bilder zur Anleitung.

Ein Hähnchen dressieren

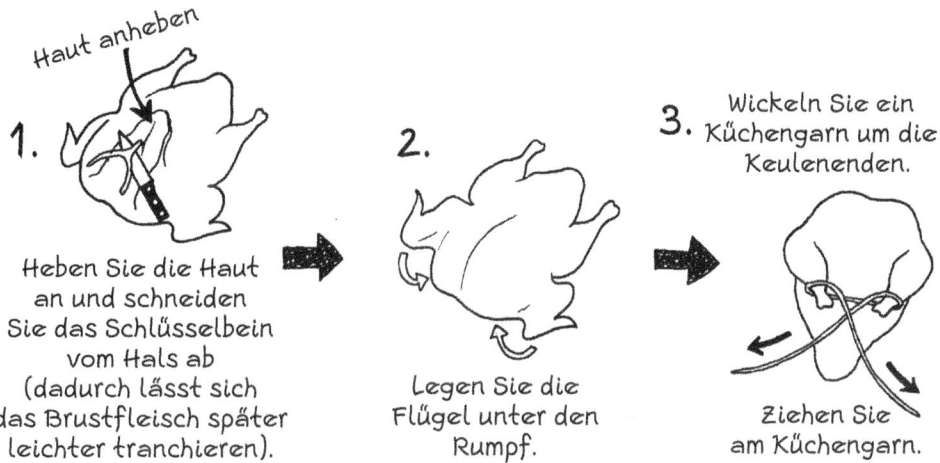

Abbildung 7.2: Dressieren hält Geflügel in Form.

Noch schneller...

1.
Legen Sie die Flügel unter den Rumpf wie in Abb. 7.2 in Schritt 2.

2. Kreuzen Sie die Schlegel 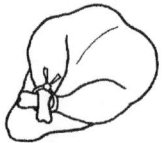 und binden Sie sie zusammen.

3.
Binden Sie ein weiteres Stück Küchengarn um das Geflügel, um die Flügel anzubinden.

Abbildung 7.3: So dressieren Sie Geflügel auf die schnelle Art.

Brathähnchen

Ein nicht ausreichend heißer Ofen ist der häufigste Fehler, den Hobbyköche beim Braten von Hähnchen machen. Für dieses Rezept müssen im Backofen 220 Grad herrschen, damit das Hähnchen eine knusprige, goldbraune Haut bekommt. Unwiderstehlich!

Utensilien: Küchenkrepp, Küchenmesser, Schneidbrett, Gabel, große Fettpfanne aus Metall, Rost, Bratenthermometer, Küchengarn (zum Dressieren), großer Löffel, Sauciere oder kleine Schüssel, Tranchierbrett oder Servierteller, Alufolie, Messbecher aus Glas, Schaumlöffel

Vorbereitungszeit: Etwa 15 Minuten (oder 20 Minuten, wenn Sie dressieren)
Garzeit: Etwa 1 Stunde und 15 Minuten, plus 15 Minuten Ruhezeit   **Portionen:** 4

1 Hähnchen, 1 bis 1,5 kg	1. Den Backofen auf 220 Grad vorheizen. Das Hähnchen unter fließendem, kalten Wasser innen und außen abwaschen und mit Küchenkrepp trocken tupfen.
Salz, Pfeffer	
1 Zitrone, mehrmals mit einer Gabel angestochen	2. Das Hähnchen innen und außen nach Geschmack mit Salz und Pfeffer würzen. Die Zitrone mit dem Thymian und dem Knoblauch in das Innere des Hähnchens legen. Die Außenseite des Hähnchens gründlich mit Olivenöl einreiben.
2 Zweige frischer Thymian oder ½ TL getrockneter Thymian	
1 Knoblauchzehe, ganz, geschält	3. Das Hähnchen gegebenenfalls mit Küchengarn dressieren. (Eine Anleitung finden Sie in den Abbildungen 7.2 und 7.3.)
2 EL Olivenöl	
1 mittelgroße Zwiebel, geschält und geviertelt	4. Das Hähnchen mit der Brust nach oben auf einen Rost in einer Fettpfanne legen. Die Zwiebel in der Fettpfanne verteilen.

125 ml selbstgemachte oder fertige Hühnerbrühe

125 ml Wasser

2 EL Butter

Petersilie, Rosmarin, Estragon oder andere frische Kräuter nach Geschmack

5. Das Hähnchen in den Ofen schieben und 45 Minuten braten.

6. Die Fettpfanne vorsichtig aus dem Ofen nehmen und die Ofentür schließen. Mit einem großen Löffel Fett vom Bratensaft in der Fettpfanne abschöpfen. Hühnerbrühe, 125 ml Wasser (oder nach Bedarf etwas mehr) und Butter in die Fettpfanne geben. 20 bis 30 Minuten weiterbraten.

   Wenn das Hähnchen fertig ist, hat es eine rundum goldbraune Farbe und es tritt kein roter Bratensaft mehr aus, wenn Sie mit einem Messer in das Gelenk zwischen Ober- und Unterkeule stechen. Das Hähnchen erst aus dem Ofen nehmen, wenn das Bratenthermometer im Schlegel 82 Grad anzeigt (siehe Abbildung 7.1). Das Hähnchen anheben, um den Bratensaft aus dem Innern (der klar sein muss und nicht rosa sein darf) in die Pfanne laufen zu lassen. Das Hähnchen auf ein Tranchierbrett oder einen Servierteller legen, mit Alufolie abdecken und 10 bis 15 Minuten ruhen lassen.

7. Inzwischen die Fettpfanne auf den Herd stellen. Mit einem Schaumlöffel die Zwiebel herausnehmen. Flüssigkeit gegebenenfalls mit Wasser oder Brühe auf etwa 250 Milliliter auffüllen. (Sie können den Bratensaft in einen Messbecher aus Glas gießen, um die Flüssigkeitsmenge in der Pfanne abzumessen.) Bei mittlerer Einstellung zum Kochen bringen und 1 bis 2 Minuten reduzieren (das heißt, die Soße bei hoher Temperatur verdampfen lassen), dabei ständig rühren und den Bratensatz am Pfannenboden lösen. Nach Geschmack frische Petersilie, Rosmarin, Estragon oder andere frische Kräuter hinzufügen. Den Herd ausschalten, wenn die Soße um etwa ⅓ reduziert ist. Die Soße vor dem Servieren in eine Sauciere oder kleine Schüssel gießen.

8. Gegebenenfalls das Küchengarn am Hähnchen entfernen. Hierzu das Garn mit einem scharfen Messer oder einer Küchenschere durchschneiden. Die Zitrone und die Thymianzweige aus dem Hähnchen nehmen und wegwerfen.

9. Das Hähnchen in Stücke zerlegen (siehe Abbildung 7.4) und mit der heißen Soße servieren.

Variationen: Zu einem warmen oder kalten Brathähnchen passt eine mildwürzige Senfmayonnaise. Mischen Sie unter 100 Gramm Mayonnaise Dijonsenf nach Geschmack. (Beginnen Sie zunächst mit 1 Teelöffel und fügen Sie nach Geschmack nach und nach mehr Senf hinzu.) Mit Salz und Pfeffer und frisch gehackten Kräutern würzen, zum Beispiel Estragon, Basilikum, Kerbel, Petersilie oder Oregano. Diese Mayonnaise passt auch gut zu Schweinefleisch, Geflügel, Fisch und zu gegrilltem Fleisch. Ist Ihnen Mayonnaise zu gehaltvoll, »strecken« Sie sie mit etwas Joghurt.

Dazu passt: Reis und ein mildes Gemüse oder Salat

Ein Hähnchen tranchieren

1. Legen Sie das Hähnchen mit der Brust nach oben auf ein Tranchierbrett.

Ziehen Sie den Schlegel vom Körper weg und durchtrennen Sie das Gelenk.

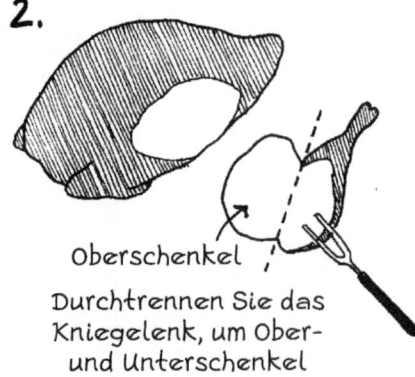

2. Oberschenkel

Durchtrennen Sie das Kniegelenk, um Ober- und Unterschenkel voneinander zu trennen.

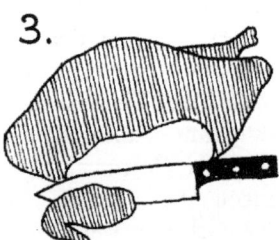

3. Ziehen Sie den Flügel vom Körper weg und durchtrennen Sie das Gelenk zwischen Brust und Flügel so nah wie möglich an der Brust. (Wenn Sie möchten, können Sie die Flügelspitzen abschneiden).

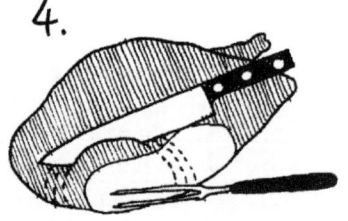

4. Lösen Sie das Brustfleisch mit einem scharfen Messer beiderseits vom Brustbein und schneiden Sie es parallel zu den Rippen in Scheiben.

Abbildung 7.4: So tranchieren Sie ein Hähnchen.

Große Geschütze auffahren: Schwein, Rind und Lamm

Viele Menschen leben immer gesundheitsbewusster und viele fragen nach einem mageren Stück Fleisch. Und statt jeden Tag Fleisch zu essen, bereiten sie lieber nur ab und zu ein bewusst ausgewähltes Stück zu – den klassischen Sonntagsbraten oder wenn Familie oder Freunde zu Gast sind, eine knusprige Lammkeule oder ein feines Rinderfilet.

Wenn Sie Fragen zu Schweinefleisch oder anderem Fleisch haben, denken Sie daran, dass gute Metzger auch im Kochen sehr bewandert sind. Sie bieten häufig Rezepte, Tipps und Informationen zum Vorbereiten eines »bratfertigen« Bratens an. An einem bratfertigen Braten wird beispielsweise überschüssiges Fett weggeschnitten, manchmal wird der Braten mit Küchengarn zusammengebunden, damit er aufgrund der gleichmäßigen Form möglichst gleichmäßig gart. Eine Lammkeule kann mit Knochen gebraten werden, für eine Kräuterkruste sollte er entfernt werden.

Schweinebraten

Verglichen mit anderen Fleischarten ist Schweinefleisch recht günstig. Schweinefleisch ist leichter und magerer als früher. Außerdem können Sie dieses unkomplizierte Gericht in ½ Stunde vorbereiten und dann einfach in den Backofen schieben.

Utensilien: Küchenmesser, Gemüseschäler, Schneidbrett, große Fettpfanne, Messbecher, großer Löffel, Bratenthermometer, Alufolie, Kochlöffel, großes Messer

Vorbereitungszeit: Etwa 25 Minuten **Garzeit:** Etwa 1 Stunde und 5 Minuten, plus 15 Minuten Ruhezeit **Portionen:** 6

Kotelettstück ohne Knochen, etwa 1,5 kg

4 EL Olivenöl

2 EL gehackter frischer Thymian oder 1 TL getrockneter Thymian

Salz, Pfeffer

6 mittelgroße Kartoffeln, geschält, gewaschen und der Länge nach halbiert

3 mittelgroße Zwiebeln, geschält und geviertelt

1. Den Backofen auf 200 Grad vorheizen.

2. Den Braten in eine große Fettpfanne (ohne Rost) legen und das Fleisch rundum gut mit 3 Esslöffeln des Öls einreiben. Mit Thymian, Salz und Pfeffer würzen. Mit der fetten Seite nach oben 15 Minuten im Backofen braten.

3. Die Fettpfanne aus dem Ofen nehmen und die Kartoffeln, Zwiebeln, Möhren und das Lorbeerblatt um den Braten verteilen. Den restlichen Esslöffel Olivenöl über das Gemüse träufeln und mit einem großen Löffel das Gemüse im Bratensaft wenden. Den Knoblauch über das Gemüse streuen und das Gemüse nach Geschmack mit Salz und Pfeffer würzen. 125 Milliliter Wasser in die Pfanne gießen.

4 Möhren, geschält und in 5 cm große Würfel geschnitten

1 Lorbeerblatt

2 große Knoblauchzehen, geschält und fein gehackt

125 ml Wasser

2 EL gehackte frische Petersilie

4. Die Ofentemperatur auf 180 Grad herunterstellen und 45 bis 50 Minuten, oder bis das Bratenthermometer an der dicksten Stelle des Bratens 68 Grad anzeigt, weiterbraten.

5. Die Fettpfanne aus dem Ofen nehmen und den Braten auf ein Schneidbrett legen. Mit Alufolie abdecken und vor dem Tranchieren 15 Minuten ruhen lassen. Die Ofentemperatur auf 150 Grad herunterstellen und die Fettpfanne mit dem Gemüse in den Ofen schieben und warm halten.

6. Das tranchierte Fleisch und das Gemüse zum Servieren auf einem Servierteller anrichten. (Gießen Sie den Bratensaft, der sich möglicherweise um das Fleisch angesammelt hat, in die Fettpfanne.) Das Lorbeerblatt aus der Fettpfanne nehmen und die Fettpfanne auf den Herd stellen. Den Bratensaft unter ständigem Rühren zum Kochen bringen. Dabei den Bratensatz mit einem Kochlöffel vom Pfannenboden und von den Seiten der Pfanne lösen – etwa 1 bis 2 Minuten, oder bis die Soße etwas reduziert und leicht angedickt ist. Die Soße über das Fleisch gießen und mit gehackter Petersilie bestreuen.

Dazu passt: Dieses deftige Gericht schmeckt mit Wintergemüse, Knödeln oder mit einem einfachen gemischten Blattsalat (siehe Kapitel 11) besonders gut.

Rinderfiletbraten

Dieses schmackhafte Gericht ist zwar etwas kostspieliger, aber schnell und einfach zubereitet und schmeckt einfach immer: ein echter Retter in letzter Sekunde vor der Party. Servieren Sie diesen Braten mit einfachen Beilagen wie Kartoffelpüree mit Knoblauch und feinen Gemüsen oder einem gemischten Salat. Das Filetstück wird auch als Lendenstück bezeichnet, unterscheidet sich jedoch vom sogenannten Medaillon.

Utensilien: Rost, Fettpfanne, Bratenthermometer, großer Löffel, Tranchierbrett, Alufolie, großes Messer

Vorbereitungszeit: Etwa 10 Minuten   **Garzeit:** Etwa 45 Minuten, plus 10 Minuten Ruhezeit   **Portionen:** 8

1 Rinderfiletbraten (Lendenstück), bratfertig vom Metzger, etwa 2 kg

Salz, Pfeffer

2 EL Pflanzenöl

Kräuterbutter (nach Geschmack)

1. Den Ofen auf 220 Grad vorheizen.
2. Das Fleisch auf einen Rost in einer großen Fettpfanne legen und mit Öl bepinseln oder einreiben. Etwa 45 Minuten blutig oder bis zum gewünschten Garzustand braten. Bei einem blutigen Fleischstück zeigt das Bratenthermometer 58 bis 60 Grad und bei einem rosa Fleischstück 66 bis 68 Grad an. Das Fleisch nach der halben Bratzeit wenden und mit dem Bratensaft begießen.
3. Das Fleisch auf ein Tranchierbrett legen, nach Geschmack mit Salz und Pfeffer würzen, mit Alufolie abdecken und vor dem Tranchieren 10 Minuten ruhen lassen.
4. Das Filet in gut 1 Zentimeter dicke Scheiben schneiden und sofort servieren. Nach Geschmack Kräuterbutter dazu reichen.

Dazu passt: Rinderfilet (Lendenstück) können Sie mit fast allem, von einem einfachen Salat bis zu einem aufwendigen Risotto oder Kartoffelgratin, servieren.

Wenn das Roastbeef verkocht ist

Leider haben Öfen keinen Rückwärtsgang. Aber es gibt viele Möglichkeiten, ein zu sehr durchgebratenes Roastbeef auf leckere Art zu retten. Sie können immer ein Rindfleischpastetchen oder verschiedene Suppen wie den Rindfleischeintopf (Kapitel 13) damit zubereiten. Außerdem können Sie verkochtes Rindfleisch auch für alle Soßen auf Flüssigkeits- oder Sahnebasis verwenden.

Lammkeule mit Kräuterkruste

Utensilien: Bräter, Küchenmesser, Schneidbrett, Messbecher, Küchenwaage, Knoblauchpresse, großer Löffel, 2 kleine Schüsseln, Schneebesen

Vorbereitungszeit: 10 Minuten   **Garzeit:** Etwa 1½ Stunden   **Portionen:** 6

1,2 kg Lammkeule, ohne Knochen

3 EL Butterschmalz

150 ml Rotwein

150 ml Wasser

Für die Kräuterkruste:

1 Bund glatte Petersilie, gehackt

1 Bund Basilikum, fein geschnitten

½ Bund Thymian, Blättchen abgezupft

4 Zweige Rosmarin, fein gehackt

6 Blätter Salbei, fein gehackt

100 g Semmelbrösel

3 Knoblauchzehen, geschält und zerdrückt

2 EL Senf

4 EL Olivenöl

2 EL Crème fraîche

Salz, Pfeffer

1. Den Backofen auf 180 Grad vorheizen.
2. Die Lammkeule salzen. Butterschmalz in einen Bräter geben und erhitzen. Die Lammkeule darin 15 Minuten rundherum anbraten. Den Bräter ohne Deckel in den Ofen stellen und die Lammkeule 1½ bis 1¾ Stunden braten.
3. Nach 1 Stunde Wein und 150 Milliliter Wasser zum Braten angießen und den Braten ab und zu mit Bratenfond beschöpfen.
4. Für die Kräuterkruste in einer Schüssel Kräuter, Semmelbrösel, Knoblauch, Senf und Olivenöl vermischen. Die Masse auf der Lammkeule verstreichen und die Ofentemperatur auf 220 Grad heraufstellen. Den Braten weitere 15 Minuten knusprig überbacken.
5. Den Bratensaft entnehmen, in einem Topf bei mittlerer Einstellung aufkochen. Etwas Bratensaft in eine kleine Schüssel geben, mit dem Schneebesen Crème fraîche unterrühren, in den Topf zurückgeben und einige Sekunden erhitzen, möglichst nicht mehr aufkochen. Mit Salz und Pfeffer abschmecken.

Dazu passt: Grüne Bohnen, Salzkartoffeln

Eine Lammkeule tranchieren

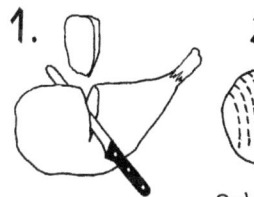 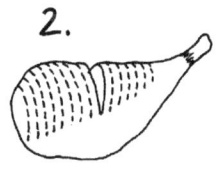 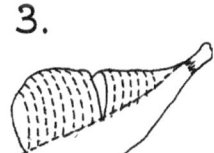 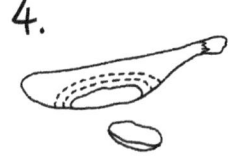

1. Schneiden Sie einen schmalen Keil heraus.
2. Schneiden Sie das Fleisch auf beiden Seiten des Keils bis auf den Knochen in Scheiben.
3. Trennen Sie die Scheiben vom Knochen ab.
4. Drehen Sie die Keule um. Schneiden Sie das Fett weg und schneiden Sie Scheiben parallel zum Knochen ab.

Abbildung 7.5: Die richtige Technik beim Tranchieren einer Lammkeule

Der besondere Sonntagsbraten

Ein *Keulenstück* ist ein mageres nicht ganz so zartes Stück Rindfleisch. Es ist jedoch recht preisgünstig und ergibt – richtig zubereitet – einen leckeren Braten für die ganze Familie. Lassen Sie sich von Ihrem Metzger beraten. Sagen Sie ihm, was und wie Sie es zubereiten möchten, und er wird Ihnen ein passendes Stück empfehlen.

Zubereitung eines Keulenstücks für sechs Personen:

1. Kaufen Sie ein 1,5 bis 2 Kilogramm schweres Keulenstück.
2. Reiben Sie es mit frisch gehacktem Knoblauch, etwas Olivenöl, Salz und Pfeffer sowie mit Kräutern nach Geschmack ein.
3. Legen Sie es auf einen Rost in einer flachen Fettpfanne und schieben Sie es in einen auf 160 Grad vorgeheizten Ofen. Braten Sie das Fleischstück, bis das in der Mitte des Bratens eingestochene Bratenthermometer 60 Grad (blutig) oder 66 Grad (rosa) anzeigt.
4. Denken Sie daran, dass der Braten beim Ruhen weitergart, weshalb Sie zu dem am Bratenthermometer abgelesenen Wert etwa 2 bis 3 Grad addieren können. Ein 1,5 bis 2 Kilogramm schwerer Braten braucht 1¾ bis 2 Stunden (blutig) beziehungsweise 2¼ bis 2½ Stunden (rosa).
5. Nehmen Sie den Braten aus dem Ofen und lassen Sie ihn – mit Alufolie abgedeckt – vor dem Tranchieren 15 Minuten ruhen.

Braten in der Pfanne

Dünne Fleischscheiben wie Steaks oder Schnitzel werden in der Pfanne ohne Deckel in heißem Fett gebraten. Dabei muss die Pfanne gut erhitzt sein, damit das Fleischstück nicht am Pfannenboden haften bleibt. Die ideale Fetttemperatur liegt bei 200 Grad.

Beim Braten in der Pfanne sollten Sie auf jeden Fall Fette mit hohem Siedepunkt verwenden, zum Beispiel Butterschmalz oder Pflanzenöle, die zum Braten geeignet sind, wie Sonnenblumen- oder Rapsöl. Fleischstücke, die nicht paniert sind, salzen Sie erst nach dem Braten, da das Salz dem Fleisch Wasser entzieht – wer möchte schon schuhsohlenähnliche Schnitzel essen? Verwenden Sie einen Pfannenwender, um das Bratgut zu wenden, stechen Sie niemals mit der Gabel hinein, sonst tritt Fleischsaft aus.

Ein typisches Pfannengericht ist das Schnitzel, eine dünne Fleischscheibe aus der Keule des Schweins oder Kalbs. Meist wird es paniert zubereitet, seltener als Schnitzel natur, dann meist mit einer Soße serviert. Ein echtes Wiener Schnitzel ist immer ein Kalbsschnitzel, das paniert, gebraten und mit einer Zitronenscheibe garniert, serviert wird.

Wiener Schnitzel

Utensilien: 3 flache Schalen oder Suppenteller, Küchenwaage, großes Küchenmesser, Schneidbrett, Pfanne, Pfannenwender, Küchenkrepp

Vorbereitungszeit: 5 Minuten   **Garzeit:** 6 Minuten   **Portionen:** 4

4 Kalbsschnitzel à 150 g (ca. ½ cm dick)

50 g Mehl

2 Eier

2 EL Wasser

Salz, Pfeffer aus der Mühle

80 g feine Semmelbrösel (wie Sie Semmelbrösel herstellen, finden Sie am Ende von Kapitel 13)

80 g Butterschmalz zum Ausbacken

1 Bio-Zitrone, in Scheiben geschnitten

1. Schnitzel mit der breiten Klinge eines großen Küchenmessers sanft auf ca. 3 Millimeter flach drücken. Leicht salzen und mit dem Pfeffer aus der Pfeffermühle würzen.
2. Die Panade in drei Schalen bereitstellen. In die erste Schale kommt das Mehl, in die zweite Schale kommen die Eier, sie werden mit dem Wasser verschlagen. In die letzte Schale kommen die Semmelbrösel.
3. Schnitzel nacheinander erst in Mehl wenden, abschütteln. Dann in dem Ei und zuletzt in den Semmelbröseln wenden. Die Brösel dabei leicht festklopfen.
4. Fett in einer Pfanne bei mittlerer Einstellung erhitzen. Schnitzel darin auf jeder Seite 2 bis 3 Minuten goldbraun ausbacken. Herausnehmen, auf Küchenkrepp abtropfen lassen und sofort mit einer Zitronenscheibe belegt servieren.

Dazu passt: Gedünstete und in Butter geschwenkte Gemüse, wie Möhren, Erbsen, grüne Bohnen und Kartoffeln

Tipps zum Panieren und Braten

- ✔ Das Mehl darf das Fleisch nur als dünne Schicht überziehen.
- ✔ Das Ei soll nur einen leichten Film darum bilden.
- ✔ Die Semmelbrösel müssen das Schnitzel als Hülle umschließen, überschüssige Brösel werden abgeschüttelt, sie würden beim Ausbacken im Butterschmalz schwimmen und verbrennen.
- ✔ Alles Panierte wird in einer großen Pfanne mit hohem Rand in heißem Butterschmalz schwimmend ausgebacken. Man nimmt so viel Butterschmalz, dass es – zerlassen – etwa 2 Zentimeter hoch in der Pfanne steht.
- ✔ Während des Ausbackens die Pfanne wiederholt rütteln, damit das Fett auch über die Oberfläche des Schnitzels spült, dadurch geht die Panade auf und schlägt die beim Wiener Schnitzel gewünschten »Wellen«.
- ✔ Schnitzel nach dem Backen immer auf Küchenpapier abtropfen lassen und dann sofort servieren, dann bleibt die Panade bis zum Essen schön knusprig.

Saltimbocca mit Schmortomaten

Utensilien: Küchenmesser, Schneidbrett, Messbecher, Küchenwaage, Zahnstocher, Bratpfanne ohne Deckel, kleiner Topf oder Sauteuse mit Deckel, Pfannenwender

Vorbereitungszeit: 10 Minuten **Garzeit:** 10 Minuten **Portionen:** 4

8 Tomaten

8 dünne, kleine Kalbsschnitzel à 75 g

4 EL Butter

8 Scheiben roher Schinken, am besten Parmaschinken

8 Blätter Salbei

Salz, Pfeffer aus der Mühle

150 ml trockener Weißwein

1. Die Haut der Tomaten kreuzweise einschneiden. In einem kleinen Topf 1 Esslöffel der Butter bei niedriger Einstellung erhitzen, die Tomaten hineinsetzen, den Deckel auflegen und sanft dünsten.
2. Auf jedes Schnitzel eine Scheibe Schinken und ein Salbeiblatt legen und mit einem Zahnstocher am Fleisch befestigen.
3. In der Pfanne die restlichen 3 Esslöffel Butter bei mittlerer Einstellung erhitzen. Die Schnitzelchen von beiden Seiten 2 bis 3 Minuten kurz anbraten, vorsichtig salzen (der Schinken ist schon salzig) und pfeffern. Die Schnitzel herausnehmen und warm halten.
4. Den Bratensatz mit dem Weißwein ablöschen, kräftig aufkochen. Abschmecken, die Schnitzel kurz in die Soße legen und erhitzen.
5. Schnitzel auf Tellern anrichten, mit der Soße übergießen und mit den Schmortomaten garnieren.

Dazu passt: Pfannenkartoffeln und gedünsteter Blattspinat

Ofengemüse

Auch wenn Sie Gemüse sonst nicht so gern essen, schmeckt es im Ofen gebacken doch besonders lecker. Anders als beim Kochen in Wasser erhält es – im Ofen gebacken – Röstaromen und einen fast süßen Geschmack, der einfach unwiderstehlich ist. Zudem lässt es sich einfach und schnell vorbereiten. Hier ein paar Beispiele:

- ✔ **Aubergine und Zucchini:** Schneiden Sie das Gemüse der Länge nach in 2 bis 3 Zentimeter dicke Scheiben und verteilen Sie diese auf einem mit Backpapier ausgelegten Backblech. Bepinseln Sie die Gemüsescheiben mit Öl, würzen Sie sie nach Geschmack und garen Sie sie 15 bis 20 Minuten unter dem Backofengrill, bis sie schön gebräunt und weich sind, dabei nach der Hälfte der Zeit einmal wenden.

- ✔ **Kartoffeln, Karotten, Zwiebeln und Pastinaken:** Schälen Sie das Gemüse und schneiden Sie es in gleich große Stücke. Verteilen Sie das Gemüse auf einem mit Backpapier ausgelegten Backblech. Beträufeln Sie es mit Olivenöl, würzen Sie es nach Geschmack. Legen Sie drei Zweige Rosmarin darauf. Im auf 200 Grad vorgeheizten Ofen 40 bis 45 Minuten garen.

- ✔ **Tomaten:** Halbieren Sie feste, reife Romatomaten und pinseln Sie die Hälften mit Olivenöl ein. Bestreuen Sie sie mit Salz und Pfeffer und verteilen Sie sie mit der Schnittfläche nach oben auf einem mit Backpapier ausgelegten Backblech. Im auf 200 Grad vorgeheizten Ofen 10 bis 15 Minuten garen. Eine optisch ansprechende Beilage sind Ofentomaten, wenn sie dafür Kirschtomaten noch am Strunk verwenden. Dann jeweils alle Tomaten mit einem spitzen Messer einstechen.

Teil III
Erweitern Sie Ihr Repertoire

IN DIESEM TEIL ...

Hier geht es nun ernsthaft zur Sache. Nehmen Sie Ihre kulinarischen Waffen zur Hand und fangen Sie langsam mit den Grundlagen an. Davon ausgehend werden Si erfahren, wie Sie Rezepte (immer schön harmonisch) aufpeppen können.

In diesem Teil geht es um verschiedene Arten von Speisen: von Soßen über Suppen und Salate bis hin zu Süßem. Wir erläutern die Grundlagen und bieten einige Ideen zum Improvisieren an.

Nach ein bisschen Übung können Sie bereits freiwillige Testesser zu einem Essen einladen. Fragen Sie Ihre Gäste nach ihrer Meinung. Die sollte natürlich immer mit einem Lob beginnen. Und denken Sie daran: Jeder Vorschlag ist eine prima Möglichkeit, Neues auszuprobieren!

> **IN DIESEM KAPITEL**
>
> Die Soßenklassiker kennenlernen
>
> Weiße und braune Soßen zusammenrühren
>
> Mit Soßen auf Eierbasis experimentieren
>
> Schnelle Soßen und Dips im Mixer zubereiten

Kapitel 8
Sensationelle Soßen selbstgemacht

REZEPTE IN DIESEM KAPITEL

- 🍅 Béchamelsoße
- 🍅 Sahnesoße
- Dunkle Grundsoße
- 🍅 Sauce Hollandaise
- 🍅 Sauce Béarnaise
- 🍅 Pesto
- 🍅 Hummus
- 🍅 Guacamole

Wie kaum ein anderer Aspekt des Kochens gilt die Zubereitung von Soßen als hohe Kunst der Profis. Das ganze Reduzieren, Mischen, Würzen und Abschmecken scheint mindestens so geheimnisvoll zu sein wie ein DNA-Test.

Die Zubereitung von Soßen ist aber durchaus auch für einen absoluten Neuling auf dem Gebiet des Kochens zu bewältigen. In diesem Kapitel werden Sie erfahren, wie das geht, und Sie können einige der wichtigsten Grundsoßen in allen möglichen Variationen ausprobieren. Diese Soßen mögen kompliziert wirken, aber sind sie deswegen schwierig zuzubereiten? Nicht unbedingt.

Die französische Küche steht für Sahne-Butter-Soßen. Aber nicht alle Soßen müssen die Arterien verstopfen. Viele Soßen, die heute in Restaurants gereicht werden, werden nach mediterranem Stil mit Olivenöl, aromatischen Kräutern, Gemüse und vielleicht Wein zubereitet. Und vielen fettarmen Soßen verleiht ein konzentrierter *Fond* heute einen leckeren Geschmack.

Wir werden die klassischen Soßen dennoch vorstellen. Verwenden Sie sie sparsam und genießen Sie den einzigartigen Geschmack!

> **Wer hatte eigentlich die Idee mit den Soßen?**
>
> Im Mittelalter und in der Renaissance wurde zu Fleisch, Wild und Geflügel *Bratensoße* oder eingedickter Bratensaft gereicht. Das waren keine so aufwendigen Soßen, wie wir sie heute kennen. Erst im 18. Jahrhundert hielt eine ganze Reihe an Soßen Einzug in die Küche. Zu den berühmtesten französischen Soßen heute zählen die *Ravigote* (eine kräftige weiße Soße), *Sauce Champagne* (eine mit Champagner zubereitete weiße Soße), *Sauce Bourguignonne* (Rotweinsoße mit Pilzen und Zwiebeln), *Sauce Poivrade* (Rotweinsoße mit schwarzem Pfeffer), Tomatensoße, *Sauce au Raifort* (Meerrettichsoße), *Mayonnaise* (Emulsion aus Eigelb und Öl) und *Sauce Provençale* (meist mit Tomaten und frischen Kräutern).
>
> Heute kennt die französische Küche mehrere Hundert Soßen. Und wenn Sie dann noch all die Soßen aus Spanien, Italien, Amerika und Deutschland dazunehmen, erhalten Sie eine ganz unglaubliche Liste. Aber keine Sorge. Die meisten Köche verwenden maximal ein Dutzend Soßen und ein paar Variationen. Und das schafft jeder, der ein Würstchen warm machen und dabei ein Gespräch führen kann.

Was Soße wirklich ist

Sie können sich Soße als Grundflüssigkeit (beispielsweise Hühner-, Rinder-, Fisch- oder Gemüsebrühe oder Wein) vorstellen, der mit Zutaten (wie Schalotten, Knoblauch, Tomaten und so weiter) ein Geschmack verliehen und die mit Salz, Pfeffer und Kräutern gewürzt wird.

Vor dem Servieren wird eine Soße häufig reduziert. *Reduziert* bedeutet einfach, dass die Soße auf großer Flamme gekocht wird, sodass Wasser verdampft, die Flüssigkeit eindickt und der Geschmack entsprechend intensiver wird. Manche Soßen werden durch ein Küchensieb gestrichen, um feste Teile wie Petersilienstängel oder Zwiebelstücke zu entfernen. Andere Soßen werden in einem Mixer püriert. Um besser zu verstehen, was es mit Soßen auf sich hat, sollten Sie zunächst die Grundsoßen kennenlernen:

- ✔ *Weiße Soßen* bestehen meist aus Milch oder Sahne.
- ✔ *Weiße Buttersoßen* basieren auf einer Reduktion aus Butter, Essig und Schalotten.
- ✔ *Braune Soßen* basieren auf einem dunklen Fond wie Lamm- oder Rinderfond.
- ✔ *Gemüsesoßen* werden aus gekochtem und püriertem Gemüse, zum Beispiel Tomaten, zubereitet.
- ✔ *Vinaigretten* werden aus Öl, Essig und Gewürzen zubereitet.
- ✔ *Sauce Hollandaise* und Variationen wie die *Sauce Béarnaise* sind Soßen mit Eigelb und Butter als Basis.
- ✔ *Mayonnaise* wird aus Eigelb und Öl zubereitet.

Klassische weiße Soßen

Über Jahrhunderte hinweg war die Béchamelsoße die Stütze der französischen Küche. Mit ihrem leicht nussigen Buttergeschmack ist die Béchamelsoße auch Bestandteil leckerer Aufläufe wie Makkaroni mit Käse und Lasagne. Die Béchamelsoße kann auf viele Arten abgewandelt und an das jeweilige Gericht angepasst werden.

Wenn Sie beispielsweise zum Fisch eine Sahnesoße zubereiten wollen, können Sie für die Soße statt Milch Fischfond verwenden und vor dem Servieren ein wenig Sahne (macht die Soße sämiger) und etwas frischen Zitronensaft (macht die Soße fruchtiger) hinzufügen. Wenn ein Gericht Geflügel enthält, können Sie Hühnerbrühe verwenden.

Die Béchamelsoße basiert in all ihren Abwandlungen – wie die meisten weißen Soßen – auf einer *Mehlschwitze*. Bei einer Mehlschwitze wird Butter in einem Topf zerlassen und mit Mehl bestreut (jeweils zu gleichen Teilen) und bei kleiner Flamme verrührt. Die Mehlschwitze ist der erste und wichtigste Schritt für die Zubereitung guter französischer Soßen. Im nachfolgenden Rezept für eine Béchamelsoße werden Sie mit einer Mehlschwitze beginnen.

Béchamel und verschiedene Abwandlungen

Die Béchamelsoße ist so grundlegend, dass sie einen perfekten Ausgangspunkt für viele Variationen darstellt. Fügen Sie einfach etwas Käse, Meerrettich oder gekochtes Gemüse hinzu und schon haben Sie eine völlig neue Soße! Hier ein paar klassische Varianten der Béchamelsoße zum Ausprobieren:

- ✔ **Sauce Mornay:** Fügen Sie zur köchelnden Béchamelsoße geriebenen Käse, zum Beispiel Greyerzer oder Parmesan, sowie Fischfond (optional) und Butter hinzu.

- ✔ **Meerrettichsoße:** Fügen Sie frisch geriebenen Meerrettich nach Geschmack hinzu. Passt zu Wild, Fisch, zum Beispiel zu Forelle, oder zu lange geschmortem Rindfleisch aus der Schulter oder vom Nacken.

- ✔ **Sauce Soubise:** Schwitzen Sie Zwiebeln glasig an, pürieren Sie sie im Mixer und fügen Sie sie zur Soße hinzu. Schmecken Sie die Soße mit Salz und Pfeffer ab. Die von den Zwiebeln süßliche Sauce Soubise passt zu Wild, Geflügel und Fleisch.

Aber lassen Sie sich in Ihrer Fantasie durch diese Liste nicht beschränken. Sie können viele andere Zutaten verwenden, die sich in einer gut gefüllten Speisekammer oder im Kühlschrank finden, um den Geschmack der Béchamelsoße nach Belieben abzuwandeln. Hier eine kurze Übersicht über weitere Möglichkeiten: frische Tomaten (gehäutet und fein gehackt); gedünstete Pilze, Schalotten, Zwiebeln, Knoblauch oder Lauch; geriebener Ingwer oder Currypulver; frisch gehackter Estragon, Dill, Petersilie oder Majoran; Paprika; geriebene Zitronenschale; weißer Pfeffer; Tabasco. Fügen Sie diese Zutaten kurz vor Ende der Kochzeit der Béchamelsoße nach Belieben hinzu.

Béchamelsoße

Die Béchamelsoße passt zu allen möglichen Gerichten, zum Beispiel zu pochiertem und gegrilltem Fisch, Hühnchen und Kalb, sowie zu Gemüse, zum Beispiel zu Rosenkohl, Brokkoli und Blumenkohl. (In Kapitel 4 erfahren Sie, wie Sie diese Gemüsesorten dämpfen und kochen, bevor Sie sie mit Béchamelsoße begießen.)

Utensilien: Kleine Kasserolle, mittelgroße Kasserolle, Messbecher, Küchenwaage, Kochlöffel, Schneebesen

Vorbereitungszeit: Etwa 5 Minuten   **Garzeit:** Etwa 8 Minuten   **Portionen:** Etwa 8

500 ml Milch	1. Die Milch bei mittlerer Temperatur in einer kleinen Kasserolle erhitzen, bis sie fast kocht. (Wenn die Milch beim Zugießen zur Butter-Mehl-Mischung heiß ist, entstehen nicht so leicht Klümpchen.)
30 g Butter	
30 g Mehl	
¼ TL gemahlene Muskatnuss (oder nach Geschmack)	2. Inzwischen in einer mittelgroßen Kasserolle bei mittlerer Hitze Butter zerlassen (nicht braun werden lassen). Mehl zufügen und mit einem Kochlöffel 2 Minuten ständig rühren. (Das ist die Mehlschwitze aus Butter und Mehl.) Aus der Mehlschwitze muss eine dicke Paste werden.
Salz, Pfeffer	
	3. Die heiße Milch unter ständigem Rühren nach und nach zugießen. Nach dem Glattrühren der Soße die Temperatur herunterschalten und die Soße 3 bis 4 Minuten köcheln lassen. Dabei immer wieder umrühren. Die Béchamelsoße ist eine sehr dicke Soße. Vom Herd nehmen, mit Muskat, Salz und Pfeffer abschmecken und gut verrühren.

Tipp: Wenn die Butter dunkel wird oder anbrennt, sollten Sie von vorn beginnen, da Sie sonst anstelle einer weißen Soße eine braune Soße erhalten.

Variationen: Sie können Gemüse mit einer Béchamelsoße aufpeppen und so die Zubereitung dieser Soße üben. Geben Sie einfach Béchamelsoße zu gekochtem Gemüse, zum Beispiel zu Kohlrabi, Erbsen oder Karottenscheibchen, hinzu.

Sahnesoße

Die Sahnesoße passt hervorragend zu pochiertem Fisch, Geflügel, Kalb, Gemüse und Eiern. Sobald Sie den Dreh für die Zubereitung dieser Soße heraushaben, können Sie dieses Rezept beliebig variieren. Dabei gilt es zu beachten: Verwenden Sie Hühner- statt Gemüsebrühe, ist die Sahnesoße nicht mehr vegetarisch.

Utensilien: Messbecher, Küchenwaage, mittelgroße Kasserolle, kleine Kasserolle, Schneebesen, Kochlöffel, Butterbrotpapier

Vorbereitungszeit: Etwa 10 Minuten   **Garzeit:** Etwa 8 Minuten   **Portionen:** Etwa 6

500 ml selbstgemachte oder fertige Hühner- oder Gemüsebrühe

30 g Butter

30 g Mehl

75 g Sahne oder Crème fraîche

Salz und weißer Pfeffer

1. Die Brühe bei mittlerer Temperatur in einer kleinen Kasserolle erhitzen, bis sie fast kocht.
2. Die Butter bei mittlerer Hitze in einer mittelgroßen Kasserolle zerlassen (nicht braun werden lassen). Mehl hinzufügen und mit einem Kochlöffel glatt rühren. Temperatur herunterschalten und 2 Minuten ständig rühren.
3. Die Temperatur auf mittlere Stufe hochschalten und die heiße Hühnerbrühe nach und nach zugießen. (Seien Sie vorsichtig, dass es nicht spritzt.) Die Soße etwa 1 Minute, oder bis sie eingedickt ist, rühren. Die Temperatur weiter hochschalten und die Soße zum Kochen bringen. Sofort herunterschalten, die Soße etwa 2 Minuten köcheln lassen und dabei häufig rühren.
4. Die Sahne zugeben und mit Salz und Pfeffer abschmecken. Die Temperatur wieder erhöhen und die Soße unter ständigem Rühren erneut zum Kochen bringen. Wenn die Soße kocht, den Topf vom Herd nehmen und die Soße bis zum Servieren mit Butterbrotpapier abdecken (so verhindern Sie, dass sich auf der Soße eine Haut bildet).

Tipp: Wenn Sie vergessen haben, die Sahnesoße mit Butterbrotpapier abzudecken und sich an der Oberfläche der Soße eine Haut gebildet hat, rühren Sie die Haut einfach unter die Soße. Wenn die Soße etwas zu lange gekocht hat und zu dick ist, geben Sie etwas mehr Brühe oder Sahne hinzu.

Dunkle Grundsoße

Die Herstellungsweise für die dunkle Grundsoße ist genau die gleiche wie bei der Béchamelsoße.

Man nimmt lediglich 50 Gramm Mehl für die gleiche Menge an Butter und röstet das Mehl so lange, bis es eine braune Farbe annimmt. Als Flüssigkeit bietet sich ein dunkler Bratenfond an.

Getrocknete oder frische Kräuter? Wenn Sie nicht gerade in südlichen Gefilden leben, in denen es das ganze Jahr über frische Kräuter gibt, brauchen Sie getrocknete Kräuter als Ersatz. Getrocknete Kräuter sind in diesem Fall besser als nichts. Aber denken Sie daran, dass getrocknete Kräuter dreimal so hoch konzentriert sind wie frische Kräuter. Wenn es in einem Rezept beispielsweise heißt, Sie sollen 1 Esslöffel frischen Thymian verwenden, dann nehmen Sie nur 1 Teelöffel getrockneten Thymian. (Eine Übersicht über Kräuter und Gewürze finden Sie in Kapitel 3.)

Ei in der Soße

Soßen auf Eierbasis sind sehr schwere, ergiebige Soßen. Sie sind jedoch auch sehr vielseitig und lassen sich mit ein paar Kräutern, etwas Gemüse oder Sahne auf viele Arten abwandeln. Die Zubereitung der meisten Soßen auf Eierbasis beginnt mit der Zubereitung einer Sauce Hollandaise, der bekanntesten aller Soßen auf Eierbasis.

Die schwere Sauce Hollandaise mit leichtem Zitronengeschmack hat chamäleonartige Qualitäten: Wenn Sie etwas Estragon und Kerbel hinzufügen, haben Sie eine Sauce Béarnaise (passt hervorragend zu Lachs). Wenn Sie Tomaten hinzufügen, haben Sie eine Sauce Choron (passt wunderbar zu einem Steak). Heben Sie leicht geschlagene Sahne unter, und schon haben Sie eine Sauce Chantilly, auch als Mousseline bezeichnet (ganz besonders lecker zu Hühnchen oder Spargel). Und mit Senfpulver passt die Soße besonders gut zu gegartem Gemüse.

Sauce Hollandaise

Die Sauce Hollandaise ist eine gute Übungssoße für Anfänger, denn wenn sie misslingt, können Sie sie leicht retten (Tipps dazu finden Sie am Ende des Rezepts).

Utensilien: Küchenwaage, Schneebesen, Schüssel, Wasserbad, Teigschaber

Vorbereitungszeit: Etwa 10 Minuten   **Garzeit:** Etwa 10 Minuten   **Portionen:** Etwa 6

4 Eigelb, getrennt (eine Anleitung zum Trennen von Eiern finden Sie in Abbildung 9.1)

125 g weiche Butter, in 8 Stücke geschnitten

2 EL frischer Zitronensaft

Salz und weißer Pfeffer

1. Die Eigelb 2 Minuten, oder bis sie dick und hellgelb sind, in der Wasserbadschüssel schlagen. 1 Esslöffel kaltes Wasser zugeben und eine weitere Minute schlagen, bis die Mischung einen Löffel leicht bedeckt.

2. Die Wasserbadschüssel mit der Eiermischung in den Wasserbadtopf über (nicht in) fast kochendes Wasser hängen. Etwa 3 Minuten erwärmen. Dabei ständig mit einem Teigschaber oder Schneebesen rühren.

3. Von der Butter immer jeweils 2 Esslöffel zugeben und gut verrühren. Erst dann wieder 2 Esslöffel Butter zugeben. Kochen, rühren und die Soße von den Seiten schaben, bis die Soße so dick ist, dass sie die Rückseite eines Metalllöffels bedeckt. Den Zitronensaft und Salz und Pfeffer nach Geschmack hinzufügen und etwa 1 Minute, oder bis die Soße sämig und heiß genug ist, weiterkochen.

Tipp: Anstelle eines Wasserbadgeschirrs können Sie auch eine hitzebeständige Schüssel verwenden, die in eine Kasserolle passt. Dabei sollten Sie darauf achten, dass sich zwischen dem Boden der Schüssel und dem Topfboden etwa 5 bis 15 Zentimeter Platz für kochendes Wasser befindet.

Tipp: Anfänger machen bei der Zubereitung der Sauce Hollandaise meist den Fehler, dass sie die Soße zu heiß werden lassen, sodass sie gerinnt. Wenn das passiert, oder wenn die Soße zu dick wird, einfach 1 bis 2 Esslöffel kochendes Wasser unterrühren. Rühren Sie so lange, bis die Soße sämig wird. Damit die Sauce Hollandaise keine Klümpchen bekommt, sollten Sie sie bei niedrigerer Temperatur zubereiten.

Sauce Béarnaise 🍅

Diese leckere Variation der Sauce Hollandaise passt zu Lachs, Rinderfilet oder Spargel. Diese Soße schmeckt so lecker, dass Sie die Soßenreste im Topf am liebsten mit einem Stück Baguette ausschlecken möchten. Nur zu. Wir werden es nicht weitersagen!

Utensilien: Kleine Kasserolle, Messbecher (aus Glas) mit Schnabel, Küchenwaage, Wasserbad- oder Edelstahlschüssel, Schneebesen, mittelgroße Kasserolle

Vorbereitungszeit: Etwa 5 Minuten   **Garzeit:** Etwa 15 Minuten   **Portionen:** Etwa 8

125 g Butter

3 EL trockener Weißwein (zum Beispiel Chardonnay oder Sauvignon Blanc)

3 EL Weißweinessig oder Estragonessig

1 EL gehackte Zwiebel

1 TL getrockneter Estragon oder 1 EL frisch gehackte Estragonblätter

⅛ TL schwarzer Pfeffer

3 große Eigelb (Eiweiß für ein anderes Rezept aufbewahren)

¼ TL Salz

1. Die Butter in einer kleinen Kasserolle auf kleiner Flamme (oder in einem Messbecher aus Glas in der Mikrowelle) zerlassen. Aufpassen, dass sie nicht verbrennt. Die Butter darf nicht braun werden. Die Butter nach dem Zerlassen auf dem Herd in einen Messbecher aus Glas gießen.

2. Die Kasserolle auswischen. Den Weißwein mit Essig, Zwiebel, der Hälfte der Estragonblätter und Pfeffer bei mittlerer Hitze unter gelegentlichem Rühren kochen, bis die Flüssigkeit auf etwa die Hälfte reduziert ist. Vom Herd nehmen und beiseitestellen.

3. Etwa 2 bis 3 Zentimeter hoch Wasser in eine mittelgroße Kasserolle geben und bei mittlerer Hitze erwärmen. Inzwischen Eigelb und 1 Teelöffel Wasser in den Wasserbadtopf oder in die Edelstahlschüssel geben. Mit dem Schneebesen etwa 2 Minuten, oder bis das Eigelb heller wird, schlagen.

4. Wenn das Wasser in der Kasserolle zu kochen beginnt, den Wasserbadtopf oder die Schüssel (mit dem Eigelb) in die Kasserolle hängen. Das Wasser darf den Boden des Wasserbadtopfs oder der Schüssel nicht berühren. Das Eigelb weiterschlagen. Die warme (nicht heiße) zerlassene Butter langsam zum Eigelb gießen. Die Butter nur sehr langsam hinzufügen und dabei ständig rühren, damit die Eier nicht stocken. Die Soße soll schließlich flüssig bleiben. Die Soße nach dem Unterschlagen der Butter vom Herd nehmen.

5. Die Wein-Essig-Mischung, die restlichen Estragonblätter und das Salz unterrühren. Sofort servieren.

Mixersoßen: Beeindruckende Soßen und Dips auf die Schnelle

Für Köche in Eile kann der Standmixer von unschätzbarem Wert sein. Mixersoßen lassen sich in Minutenschnelle zubereiten. Und sie können außerdem gesünder sein, vor allem, wenn sie mit Gemüse, fettarmem Käse (zum Beispiel Ricotta), Joghurt und Ähnlichem gebunden werden.

Küchenmaschinen sind unschlagbar, wenn es um Hacken, Schneiden und Reiben geht. Beim Pürieren und Zubereiten von Soßen hat jedoch der Standmixer die Nase vorn. Beim Mixer rotieren die Schneiden schneller und binden dadurch Flüssigkeiten besser. Die Schneiden bei einer Küchenmaschine schneiden durch Flüssigkeiten anstatt sie zu mischen. Und die weiten, flachen Schüsseln sind zu groß zum Mixen von kleinen Mengen Soße.

Mixersoßen lassen sich so schnell zubereiten, dass Ihre Gäste vermuten werden, dass Sie zaubern können. Aus einem einfachen pochierten Fisch können Sie etwas Spektakuläres machen, wenn Sie etwas von der Pochierflüssigkeit mit Wein, frischer Brunnenkresse, Gewürzen und einem Schuss Sahne oder Ricotta mischen. Im Mixer mit ein paar Stückchen Butter vermengt, ergeben diese Zutaten eine leckere und besonders sämige Soße.

Bestimmte Fruchtsoßen für Desserts, sei es ein Püree aus Himbeeren (nach Geschmack mit Himbeergeist) oder eine Soße aus Mango mit Limone und Rum, können Sie ebenfalls in einem Mixer besser zubereiten als in einer Küchenmaschine. Für die folgenden schnellen Rezepte ist die Zubereitung im Mixer besonders zu empfehlen.

Pesto

Pesto ist eine sehr beliebte Sommersoße, die Sie leicht im Mixer zubereiten können. Sie passt sehr gut zu Pasta, kaltem Fleisch und rohem Gemüse. Geben Sie etwas Pesto in eine Soße aus Sommertomaten zu gegrilltem Fisch oder Hähnchen oder Pasta.

Utensilien: Mixer, Reibe, Teigschaber, Küchenwaage, Messbecher

Vorbereitungszeit: Etwa 15 Minuten   **Portionen:** Etwa 8

2 Handvoll frische Basilikumblätter ohne Stängel, etwa 60 g

125 ml Olivenöl, kaltgepresst

3 EL Pinienkerne oder Walnüsse (geknackt)

3 große Knoblauchzehen, geschält und grob gehackt

Salz, Pfeffer

100 g geriebener Parmesan

1. Die Basilikumblätter abwaschen und trocken tupfen.
2. Die Basilikumblätter in das Gefäß der Küchenmaschine oder in den Mixer geben. Pinienkerne oder Walnüsse, Knoblauch, Olivenöl, Salz und Pfeffer hinzufügen. So mixen, dass eine feine Konsistenz, aber kein sämiges Püree entsteht. Falls erforderlich, 1 Esslöffel heißes Wasser zufügen. Den Mixer zwischendurch ausschalten, um die Mischung an den Behälterwänden nach unten zu schaben, sodass die Zutaten unter die Messer des Mixers gelangen.
3. Parmesankäse hinzufügen und noch ein paar Sekunden mixen. Bis zum Servieren kalt stellen.

Hummus

Hummus ist ein sehr beliebter orientalischer Dip aus Kichererbsen und Sesampaste. Er schmeckt wunderbar auch zu Falafel, rohen Gemüsesticks oder gegrilltem Lammhack.

Utensilien: Mixer, Reibe, Teigschaber, Küchenwaage, Messbecher, Schale

Vorbereitungszeit: Etwa 15 Minuten   **Portionen:** Etwa 8

2 Dosen Kichererbsen (à 400 g), abgetropft

4 EL Tahin (helle Sesampaste)

6 El Olivenöl, kaltgepresst

3 EL Zitronensaft

3 Knoblauchzehen, geschält und grob gehackt

Salz, Pfeffer

2 EL gehackte glatte Petersilie

1. Alle Zutaten in das Gefäß der Küchenmaschine oder in den Mixer geben. So mixen, dass eine feine Konsistenz entsteht. Falls erforderlich, 1 Esslöffel heißes Wasser zufügen. Den Mixer zwischendurch ausschalten, um die Mischung an den Behälterwänden nach unten zu schaben, sodass die Zutaten unter die Messer des Mixers gelangen.

2. In eine Schale füllen und bis zum Servieren kalt stellen. Mit Petersilie bestreut servieren.

Guacamole

Guacamole ist ein südamerikanischer Dip, der insbesondere in Mexiko beliebt ist. Die Grundlage bilden Avocados, daher können Sie das Püree leicht im Mixer zubereiten. Der Dip passt sehr gut zu Tacos, Tortillachips, gegrilltem Fleisch und rohem Gemüse.

Utensilien: Küchenmesser, Mixer, Teigschaber, Küchenwaage, Zitronenpresse, Schale

Vorbereitungszeit: Etwa 15 Minuten **Portionen:** Etwa 4

2 reife Avocados, geschält und entkernt

2 frische Chilischoten, entkernt und gewürfelt

1 kleine rote Zwiebel, geschält und gehackt

2 Knoblauchzehen, geschält und grob gehackt

Saft von 1 Limette

Salz, Pfeffer

2 Tomaten, gewürfelt

1 Handvoll frische Korianderblätter ohne Stängel

1. Alle Zutaten bis auf Tomaten und Koriander in das Gefäß der Küchenmaschine oder in den Mixer geben. So mixen, dass ein sämiges Püree entsteht. Falls erforderlich, mehr Limettensaft zufügen. Den Mixer zwischendurch ausschalten, um die Mischung an den Behälterwänden nach unten zu schaben, sodass die Zutaten unter die Messer des Mixers gelangen.

2. Das Avocadopüree in eine Schale geben und bis zum Servieren kalt stellen. Mit Tomatenwürfeln und Koriander bestreuen und servieren.

IN DIESEM KAPITEL

Frische Eier auswählen

Fakten über rohe Eier

Grundlegende Eierkochtechniken perfektionieren

Mit Eiern leckere Gerichte zubereiten

Kapitel 9
Das erstaunliche Ei

REZEPTE IN DIESEM KAPITEL

- Eier kochen
- **Eiersalat mit Avocado**
- **Omelett mit Kräutern**
- **Frittata mit Spargel, Tomaten und Bärlauch**
- **Shakshuka**

Eier könnten direkt als perfektes Lebensmittel durchgehen. Welches andere Lebensmittel hat so viele Nährstoffe und ist so in sich geschlossen? Der wichtigste Bestandteil des Eis (das Eigelb) und ein Aufhellungsmittel (das Eiweiß) befinden sich beide in einer einzigen praktischen Verpackung.

Eier zubereiten, ist eine gute Möglichkeit für den Anfang als Kochneuling, vor allem, wenn Ihre Familie gern ausgiebig frühstückt. Und glauben Sie uns: Wenn Sie zum ersten Mal ein perfektes Omelett auf einen Teller rutschen lassen, werden Sie süchtig nach Eiern sein.

Frische Eier auswählen

Frische ist für Eieresser ganz besonders wichtig. Bei einem älteren Ei zersetzen sich Eiweiß und Dotterhaut allmählich. Wenn Sie also ein älteres Ei zubereiten, ist die Gefahr größer, dass das Eigelb ausläuft.

Verbraucher sind auf das auf dem Karton aufgedruckte *Mindesthaltbarkeitsdatum (MHD)* angewiesen. Nach Ablauf des MHD dürfen die Eier nur noch durcherhitzt verzehrt werden, das bedeutet, hart gekocht.

> **Was hat es mit dem Fleck auf sich?**
>
> Im Gegensatz zur landläufigen Meinung bedeuten Blutflecken in einem rohen Ei nicht, dass das Ei befruchtet wurde. Meist entstehen diese dadurch, dass ein Blutgefäß an der Dotteroberfläche reißt. Der Fleck beeinträchtigt den Geschmack nicht und das Ei kann bedenkenlos verzehrt werden. Sie können den Blutfleck mit einer Messerspitze entfernen, müssen das aber nicht.

Alles über Eier: Güteklasse, Größe und Farbe

Auf jedem Ei muss ein Code aufgedruckt sein. Die erste Zahl gibt die Haltungsform an:

- **0:** ökologische Haltung
- **1:** Freilandhaltung
- **2:** Bodenhaltung
- **3:** Käfighaltung

Die folgenden beiden Buchstaben stehen für das Herkunftsland (DE = Deutschland, AT = Österreich usw.). Dann folgt eine mehrstellige Nummer, die den Hersteller angibt.

Die Gewichtsklasse gibt das Gewicht von Eiern an: ab 73 Gramm XL, 63 bis 73 Gramm L, 53 bis 63 Gramm M und unter 53 Gramm S. Für die meisten Rezepte (und für alle Rezepte in diesem Buch) werden Eier der Gewichtsklasse L verwendet.

Die Farbe der Schale sagt nichts über die Qualität. Sie hängt lediglich von der Rasse ab.

Besondere Eier: Sind sie den Extraspeck wert?

Neben Eiern in unterschiedlichen Größen und Farben haben Sie bestimmt auch schon Eier im Supermarkt gesehen, die zusätzlich mit anderen Merkmalen gekennzeichnet sind. Sie wissen schon, wir meinen die Eier, die als »Freilandeier« oder als Eier aus »ökologischer Erzeugung« oder »Omega-3-Eier« gekennzeichnet sind. Mit den folgenden Informationen können Sie vielleicht besser entscheiden, ob Ihnen diese Eier das Geld wert sind:

- **Freilandeier:** Im Gegensatz zu Eiern von Hennen in Kleingrupenhaltung werden diese Eier von Hennen gelegt, die ihre Körner im Freien picken können, ihnen steht ein Auslauf von 4 Quadratmetern zu. Allerdings kommen auf 1 Quadratmeter 9 Hühner. Diese Eier sind mit 1 = Freilandhaltung gekennzeichnet. Die Hennen haben, auch wenn sie im Freien nicht viel Platz haben, zumindest etwas frische Luft und die Sonne gesehen, und sie werden theoretisch etwas humaner behandelt. Wenn Sie sich damit wohler fühlen, dann kaufen Sie diese Eier.

✔ **Bioeier aus ökologischer Erzeugung:** Diese Eier werden von Hennen gelegt, denen keine Medikamente prophylaktisch verabreicht werden dürfen, deren Futter aus ökologischem Anbau stammt und die frei herumlaufen können. Befürworter meinen, dass die Eier dadurch gesünder sind, die Haltung ist die tierfreundlichste. Der Auslauf beträgt ebenfalls mindestens 4 Quadratmeter mit bis zu 6 Hühnern. Diese Eier sind mit 0 = aus ökologischer Erzeugung gekennzeichnet.

✔ **Omega-3-Eier:** Diese Eier enthalten zusätzliche, angeblich gesundheitsfördernde Fettsäuren und haben einen höheren Vitamin-E-Gehalt als normale Eier. Die Eier entstehen, wenn den Hennen hochwertigere Körner verfüttert werden.

Viele Menschen kaufen Eier, die nicht aus Käfig- oder Bodenhaltung stammen, nicht nur, weil die Hühner tierfreundlicher gehalten werden, sondern auch deshalb, weil diese Eier besser schmecken. Probieren Sie selbst, und entscheiden Sie, ob sie Ihnen das Geld wert sind.

Euros für Eierköpfe

Für den Fall, dass Sie es jemals zu *Wer wird Millionär?* schaffen und Günther Jauch Ihnen folgende Frage stellt:

»*Für 500 Euro: Was können Sie feststellen, wenn Sie ein Ei auf einem Tisch drehen?*«

»*Und, wie lautet Ihre Antwort?*«

»*Hm, die Schwerkraft im Raum?*«

»*Ist das Ihr letztes Wort? Tut mir leid. Aber die richtige Antwort lautet: Sie können feststellen, ob das Ei gekocht ist. Ein hart gekochtes Ei, das im Innern fest ist, dreht sich leicht und schnell. Ein rohes Ei, bei dem sich Flüssigkeit im Innern mitdreht, dreht sich kaum.*«

Die Wahrheit über rohe Eier

Vom Verzehr roher Eier wird allgemein oft abgeraten, obwohl für viele Rezepte rohe Eier benötigt werden. Salmonellen, eine von vielen verschiedenen Keimarten, die eine Lebensmittelvergiftung verursachen können, wurden in einigen wenigen rohen Eiern (etwa 0,005 Prozent oder in 1 von 20 000 Eiern) gefunden. Obwohl die Chance, sich von rohen Eiern eine Salmonellenvergiftung zuzuziehen, gering ist, empfehlen wir, rohe Eier nur für Rezepte zu verwenden, in denen sie unbedingt erforderlich sind, zum Beispiel in Mousse au Chocolat. Verwenden Sie für diese Rezepte nur ganz frische Eier, denn die Salmonellen vermehren sich bei längerer Lagerung explosionsartig.

Am Aussehen eines Eis ist nicht zu erkennen, ob es mit Keimen behaftet ist. Aber Keime werden abgetötet, wenn das Ei auf eine Temperatur von 70 Grad erhitzt wird. Verzehren Sie keine Eier mit Rissen in der Schale. Durch Risse können Keime in das Ei eindringen. Werfen Sie solche Eier also besser weg.

Die Techniken richtig lernen

Wenn Sie mit Eiern arbeiten, müssen Sie ein paar Techniken beherrschen: Sie müssen wissen, wie ein Ei aufgeschlagen wird, wie Eier getrennt werden und wie Eiweiß steif geschlagen wird. Bevor Sie Eierrezepte ausprobieren, sollten Sie den Umgang mit Eiern etwas üben.

Ein paar Eier aufschlagen

Zum Zubereiten eines Omeletts (oder eines Baisers oder eines Kuchens) müssen Sie ein paar Eier aufschlagen. Und so gehen Sie vor:

1. **Halten Sie das Ei in einer Hand.**

2. **Schlagen Sie das Ei an den Rand einer kleinen Schüssel oder eines Messbechers aus Glas, um die Schale leicht aufzubrechen.**

   Schlagen Sie nicht zu stark, da sonst das Ei zerbricht und voller Schalenstückchen ist.

3. **Schieben Sie beide Daumen in den Riss und öffnen Sie das Ei vorsichtig, sodass Eigelb und Eiweiß in die Schüssel oder in den Messbecher fallen.**

   Wenn ein Stück Schale in das Ei fällt, schieben Sie es mit der Spitze eines Messers vorsichtig am Schüsselrand nach oben und nehmen es heraus.

Schlagen Sie Eier immer in einer separaten Schüssel oder Tasse auf, bevor Sie sie zu den restlichen Zutaten hinzufügen. So können Sie Schalenstückchen entfernen, bevor sie beispielsweise im Geburtstagskuchenteig verloren gehen. Ein faules Ei kann Ihnen so auch nicht die restlichen Zutaten verderben.

Ein Ei trennen

Für viele Rezepte müssen Eier getrennt werden. Aber keine Angst: Das Trennen von Eiern ist wirklich nicht so schwer, wie es aussieht. Gehen Sie wie im Folgenden beschrieben und in Abbildung 9.1 dargestellt vor, um ein Ei aufzuschlagen, ohne das Eigelb zu beschädigen. (Es darf kein Eigelb in das Eiweiß gelangen, da sich das Eiweiß sonst nicht mehr steif schlagen lässt.)

1. **Halten Sie das Ei in einer Hand über zwei kleinen Schüsseln.**

2. **Schlagen Sie die Schale am Rand einer Schüssel gerade so weit auf, dass sich in der Schale und der Membran ein Riss bildet, ohne dass das Eigelb beschädigt wird oder die Schale in Stücke springt. Dieser Schritt braucht etwas Übung. Wiederholen Sie ihn gegebenenfalls auf der anderen Seite.**

3. Brechen Sie die Eierschale mit beiden Daumen auf und lassen Sie den Großteil des Eiweißes vorsichtig in eine der Schüsseln fallen.

4. Lassen Sie das Eigelb vorsichtig von einer Schalenhälfte in die andere und wieder zurück gleiten und dabei weiteres Eiweiß in die Schüssel fallen.

5. Wenn alles Eiweiß in der Schüssel ist, geben Sie das Eigelb vorsichtig in die andere Schüssel. (Es ist nicht schlimm, wenn das Eigelb platzt.) Wenn Sie das Eigelb nicht gleich weiterverwerten, decken Sie es ab und stellen Sie es in den Kühlschrank.

So trennen Sie Eier

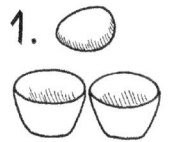 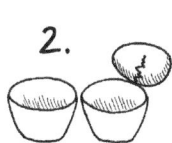   

| 1. Halten Sie das Ei in einer Hand über zwei kleinen Schüsseln. | 2. Schlagen Sie die Schale am Rand einer Schüssel auf. | 3. Lassen Sie das Eiweiß in eine der Schüsseln fallen. | 4. Lassen Sie das Eigelb von einer Schalenhälfte in die andere und wieder zurück gleiten und weiteres Eiweiß in die Schüssel fallen. | 5. Wenn alles Eiweiß in der Schüssel ist, lassen Sie das Eigelb in die andere Schüssel fallen. |

Abbildung 9.1: Für viele Rezepte müssen Eier getrennt werden. Befolgen Sie diese Schritte, um den gewünschten Teil des Eis zu erhalten.

Eiweiß schlagen

Geschlagenes Eiweiß lässt Soufflés aufgehen. Achten Sie vor dem Schlagen von Eiweiß darauf, dass die Rührschüssel und die Rührbesen sauber, trocken und absolut fettfrei sind. Schon Spuren von Schmutz, Öl oder Eigelb können verhindern, dass das Eiweiß steif wird. Benutzen Sie möglichst eine hohe, schmale Schüssel. Schlagen Sie das Eiweiß auf kleiner Stufe schaumig. Erhöhen Sie dann die Rührgeschwindigkeit, um möglichst viel Luft einzuarbeiten, bis das Eiweiß geschmeidige, glänzende Zipfel bildet. (Für einen Schneebesen gilt dasselbe.) Wenn Sie ein süßes Soufflé zubereiten, fügen Sie den Zucker erst hinzu, wenn das Eiweiß weiche Zipfel bildet.

Wenn das Eigelb beschädigt wird und vor dem Steifschlagen etwas davon in das Eiweiß gerät, entfernen Sie das Eigelb mithilfe eines Küchenkrepps oder mit einer der leeren Eierschalen (die Eierschale zieht das Eigelb magisch an). Verwenden Sie zum Steifschlagen von Eiweiß möglichst keine Schüsseln aus Kunststoff. Fett bleibt am Kunststoff haften, wodurch sich das Volumen des geschlagenen Eiweißes verringert.

Wenn Sie das Eiweiß zu stark geschlagen haben, verliert es seinen Glanz und sieht trocken und körnig aus. In diesem Fall fügen Sie ein weiteres Eiweiß hinzu und schlagen das Ganze noch einmal kurz auf, um die gewünschte Konsistenz wiederherzustellen.

Eiweiß unterheben

Wenn Sie Eiweiß unter einen Teig, ein Soufflé oder eine andere Masse heben, rühren Sie zunächst etwa ein Viertel des Eischnees in die Mischung. (Dadurch wird der Teig etwas aufgelockert.) Geben Sie anschließend den restlichen Eischnee obenauf. Schneiden Sie mit einem großen Gummischaber durch die Mitte der Mischung bis auf den Boden der Schüssel. Ziehen Sie den Schaber zu sich her an den Rand der Schüssel. Drehen Sie den Schaber dabei, um etwas von der Eigelbmischung nach oben über das Eiweiß zu bringen. Drehen Sie die Schüssel um eine Vierteldrehung und wiederholen Sie diesen Schritt mit schaufelnden Bewegungen (je nach Teigmenge) etwa 10- bis 15-mal, bis der Eischnee und die Mischung gut vermengt sind. Mischen Sie nicht zu lange, da der Eischnee sonst zusammenfällt. In Abbildung 9.2 finden Sie eine Anleitung für diese Technik.

Die Kupferverbindung

Wir wollen nicht zu tief in die wissenschaftlichen Details einsteigen, warum Kupferschüsseln zum Schlagen von Eiweiß am besten geeignet sind. Glauben Sie uns einfach. Bis Mitte des 18. Jahrhunderts war das allgemein bekannt. Merken Sie sich einfach für den Fall, dass Sie ein Baiser oder ein anderes Gericht zubereiten, für das Sie Eischnee brauchen, dass Eiweiß in einer Kupferschüssel mit einem Schneebesen luftiger und stabiler wird. Wenn Sie keine Kupferschüssel haben, hilft auch eine Prise Backpulver, um den Schnee zu stabilisieren.

Eier kochen und hart gekochte Eier schälen

Eier sollten (in der Schale) eigentlich nicht hart *gekocht*, sondern hart *gesiedet* werden. Wenn Eier in sprudelndem Wasser gekocht werden, hüpfen sie im Topf, die Schalen brechen und das Eiweiß läuft aus. Richtig gehen Sie vor, wenn Sie die Eier wie in der folgenden Anleitung in kaltes Wasser legen, das Wasser zum Kochen bringen und dann den Topf sofort vom Herd nehmen:

1. Stechen Sie die Eier am stumpfen Ende, wo der Luftsack sitzt, mit einem Ei-Piker oder einer spitzen Nadel an. Damit verhindern Sie, dass beim Erhitzen ein Überdruck im Ei entsteht; das Ei platzt nicht.

2. Legen Sie die Eier in eine Kasserolle, die groß genug ist, dass alle Eier nebeneinander Platz haben. Füllen Sie kaltes Wasser etwa 2 bis 3 Zentimeter hoch ein.

So heben Sie Eischnee unter ein Soufflé

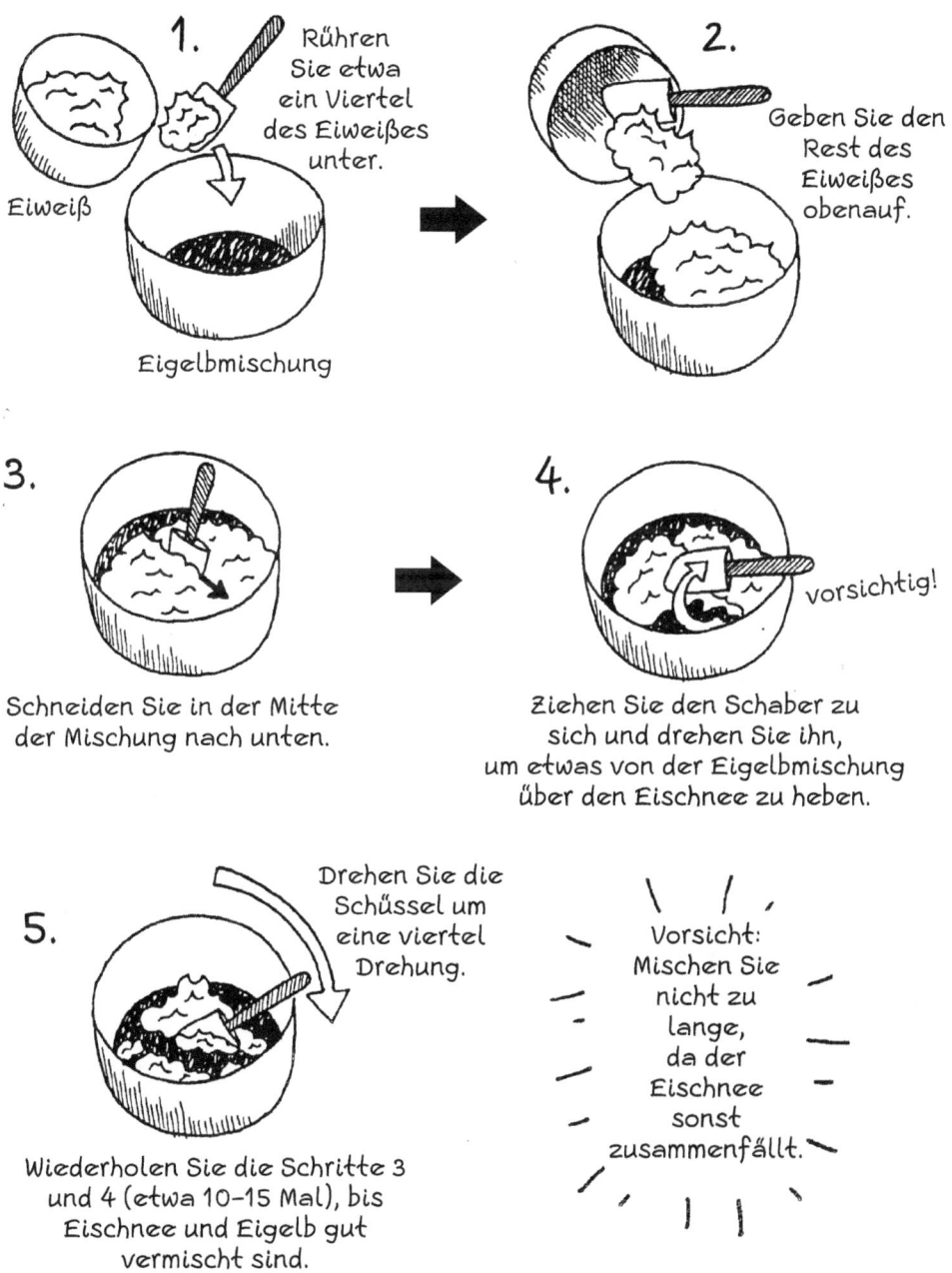

Abbildung 9.2: Beim Unterheben von Eischnee müssen Sie schaufeln.

3. **Decken Sie den Topf zu und bringen Sie das Wasser bei hoher Temperatur so schnell wie möglich zum Kochen. Schalten Sie den Herd aus.**

   Bei einem Elektroherd nehmen Sie den Topf vom Herd.

4. **Lassen Sie die Eier im zugedeckten Topf stehen: 15 Minuten bei Eiern der Größe L, 18 Minuten bei Größe XL und 12 Minuten bei Eiern der Größe M.**

   Für ein Frühstücksei mit weichem Dotter bringen Sie Wasser im Topf zum Kochen, schalten auf kleine Stufe zurück und lassen das Ei 4 Minuten darin ziehen.

5. **Lassen Sie die Eier in einem Küchensieb abtropfen und brausen Sie sie mit kaltem Wasser ab, bis sie vollständig abgekühlt sind.**

Hart gekochte Eier können vielseitig verwendet werden. Schneiden Sie sie in einen gemischten grünen Salat oder in einen Kartoffelsalat, bereiten Sie gefüllte Eier zu, hacken Sie sie für Eiersalatsandwiches oder schälen Sie sie einfach und verzehren Sie sie mit etwas Salz zum Butterbrot. Das hört sich doch wie eine leckere Brotzeit an! Am besten haben Sie immer ein paar hart gekochte Eier im Kühlschrank. Aber brauchen Sie sie innerhalb einer Woche oder von zehn Tagen auf.

Folgendes zum Eierschälen: Je frischer das Ei, umso schwieriger lässt es sich schälen. Wenn Sie das Ei unter fließendem, kalten Wasser schälen, lässt sich die Schale etwas leichter vom Eiweiß trennen und somit das Ei etwas leichter schälen. Die perfekte Methode zum Schälen sieht wie folgt aus:

1. Sobald das hart gekochte Ei so weit abgekühlt ist, dass Sie es anfassen können, schlagen Sie es vorsichtig auf eine Tischfläche oder Arbeitsplatte, damit die Schale rundum bricht.

2. Rollen Sie das Ei zwischen den Händen, um die Schale zu lösen.

3. Schälen Sie das Ei am stumpfen Ende beginnend.

Besonders leckere Eierrezepte

Mit Eiern können Sie viele Gerichte zubereiten: einfache, wie das folgende Rezept für Eiersalat oder etwas aufwendigere wie Baiser oder Soufflé. Hier einige leckere Eierrezepte als Einstieg in das Eierkochen. (Rezepte für Rühr- und Spiegelei finden Sie in Kapitel 1).

Eiersalat mit Avocado

Utensilien: Kleine Kasserolle, Messer, Zitronenpresse, Salatschüssel

Vorbereitungszeit: 15 Minuten zum Kochen der Eier   **Zubereitungszeit:** 10 Minuten
Portionen: 4

4 frische Eier, hart gekocht und abgeschreckt	1. Die Eier vierteln oder achteln. Wie Sie Eier kochen, lesen Sie weiter vorn in diesem Kapitel.
4 EL Mayonnaise	2. In der Salatschüssel aus Mayonnaise, Joghurt, Zitronensaft, Currypulver, Senf, Salz und Pfeffer ein Dressing rühren.
4 EL Naturjoghurt	
1 EL Zitronensaft	
1 EL mildes Currypulver	3. Die hart gekochten Eier und das Fruchtfleisch der Avocado in das Dressing geben.
2 TL Senf	
Salz, Pfeffer	4. Die Kresse vom Beet schneiden und den Eiersalat damit garnieren.
1 Avocado, geschält, vom Kern befreit und gewürfelt	
1 Packung Kresse	

Omelett mit Kräutern

Ein einfaches Omelett wird schnell und einfach auf dem Herd zubereitet, während ein Souffléomelett mit Eischnee aufgelockert und im Ofen fertiggegart wird.

Wenn Sie das Omelett richtig zubereiten, ist es in der Mitte noch saftig. Sie können – je nach Saison und persönlichen Vorlieben – unterschiedliche Kräuter verwenden. Und für die Füllung haben Sie eine unbegrenzte Auswahl: Käse, gekochtes Gemüse, Schinken, Pilze und vieles mehr. (Weitere Vorschläge finden Sie im Kasten unter der Überschrift *Omelettvariationen*.)

Dieses einfache Omelett können Sie zum Frühstück, Brunch, Mittag- oder Abendessen servieren. Zudem können Sie das Omelett mit Brunnenkresse, Petersilie, Estragon oder Schnittlauch garnieren, denn das Auge isst bekanntlich mit.

Utensilien: Küchenmesser, mittelgroße Schüssel, Gabel, Omelettpfanne mit etwa 25 Zentimeter Durchmesser (am besten antihaftbeschichtet), Pfannenwender, Topflappen

Vorbereitungszeit: Etwa 10 Minuten   **Garzeit:** Etwa 1 Minute   **Portionen:** 1

1 TL gehackter Estragon

2 TL gehackte Petersilie

1 EL fein geschnittener Schnittlauch

3 Eier

Salz, Pfeffer

2 TL Butter

1. Estragon, Petersilie und Schnittlauch in einer mittelgroßen Schüssel mischen. 1 Teelöffel von der Kräutermischung abnehmen und zum Garnieren beiseitestellen.

2. Eier und ein paar Prisen Salz und Pfeffer in die Schüssel geben und mit einer Gabel so verrühren, dass sich Eiweiß und Eigelb vermischen.

3. Die Pfanne bei mittlerer Hitze erwärmen. Butter in die Pfanne geben und zerlassen. Die Pfanne schwenken, damit sich die Butter gleichmäßig verteilt. Wenn Sie die Eier in die Pfanne geben, muss die Butter heiß sein, darf aber nicht braun werden.

   Wenn die Butter braun wird, bevor Sie die Eiermischung in die Pfanne geben, wischen Sie die Pfanne mit Küchenkrepp gut aus und beginnen Sie von vorn. Achten Sie diesmal besonders darauf, dass die Butter nicht braun wird. Erhitzen Sie sie erst, kurz bevor Sie die Eier in die Pfanne geben. Oder Sie können, wenn Sie keine Butter vergeuden möchten und die Butter nur gebräunt, aber nicht schwarz und verbrannt ist, die Eier trotzdem in die Pfanne geben. Das Omelett wird dann aber kleine braune Butterflecken aufweisen. Manchen macht diese Farbe nichts aus.

4. Die Eiermischung in die Pfanne geben. Die Mischung beginnt am Rand der Pfanne sofort zu stocken.

5. Die gestockten Kanten mit einem Pfannenwender in die Mitte ziehen und die Pfanne kippen, sodass die flüssige Mischung an die freigelegte Stelle läuft. Wenn die Mischung fest wird, die Pfanne vom Herd nehmen und einige Sekunden ruhen lassen. Die Mitte muss ein wenig feucht sein, da das Omelett in der heißen Pfanne weitergart.

    Wenn Sie ein Omelett mit Füllung zubereiten, fügen Sie die Füllung jetzt hinzu.

6. Die Pfanne so halten, dass sie von Ihnen weg zeigt, und mit dem Pfannenwender etwa ein Drittel von der Ihnen zugewandten Seite des Omeletts in die Mitte falten.

7. Den Pfannengriff mit einer Hand gut festhalten, die Pfanne vom Herd heben und leicht nach unten geneigt von Ihnen weghalten. (Verwenden Sie einen Topflappen!) Ein Stück am Griffende freihalten. Mit der anderen Hand 2- bis 3-mal mit der Faust auf das Griffende schlagen, sodass das gegenüberliegende Pfannenende nach oben schwingt. Dabei wird die gegenüberliegende Kante des Omeletts zurückgefaltet, sodass ein Umschlag entsteht. Mit dem Pfannenwender das Omelett an der Fuge schließen. Das Omelett mit der Fuge nach unten auf einen warmen Teller gleiten lassen. Mit den restlichen Kräutern bestreuen.

    Eine Anleitung finden Sie in Abbildung 9.3.

Passt zu: Servieren Sie das Omelett zum Mittagessen oder als leichtes Abendessen mit einem gemischten Blattsalat und Pfannenkartoffeln (siehe Kapitel 5) oder mit dem Kartoffelsalat aus Kapitel 11.

Variation: Sie können das Omelett auch mit der Halbmondmethode falten. Lassen Sie die Hälfte des Omeletts auf einen Servierteller gleiten und drehen Sie die Pfanne so darüber, dass das Omelett zu einer Halbmondform gefaltet wird.

Tipp: Ein Omelett lässt sich in einer antihaftbeschichteten Pfanne leichter zubereiten. Denken Sie jedoch daran, dass das Omelett in einer antihaftbeschichteten Pfanne eine dünne Haut bekommt, was für die meisten jedoch kein Problem ist.

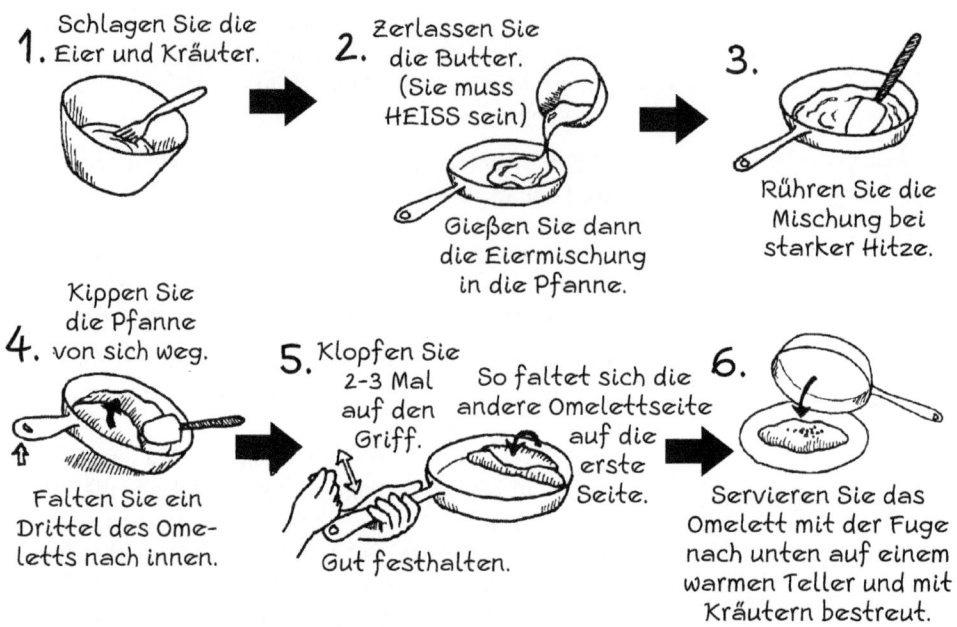

Abbildung 9.3: Das Falten eines Omeletts ist nicht so schwierig, wie Sie meinen.

Omelettvariationen

Das Omelettgrundrezept in diesem Kapitel können Sie abändern und anstelle der Kräuter andere Zutaten verwenden. Und Sie können die Zutaten, Kräuter oder Gewürze zum Zubereiten oder Füllen des Omeletts beliebig kombinieren. Füllungen müssen Sie auf jeden Fall zubereiten, bevor Sie mit dem Zubereiten des Omeletts beginnen.

Geriebenen Hartkäse, wie Cheddar, Schweizer oder Greyerzer Käse, und Weichkäse oder halbfesten Schnittkäse, wie Mozzarella, Ziegenkäse oder Brie, sollten Sie der Eiermischung direkt hinzufügen.

Bei der Zubereitung der folgenden Omeletts geben Sie die Füllung wenige Minuten vor dem Falten auf das Omelett:

- ✔ **Spanisches Omelett:** Eine Kombination aus gehackten Tomaten, grünen Paprikaschoten, Zwiebeln plus scharfe Soße oder ein paar Esslöffel Salsa
- ✔ **Vegetarisches Omelett:** Gekochter, klein geschnittener Spargel, Artischockenherzen, Pilze, Kartoffeln, Spinat, Brokkoli oder Blumenkohl, Avocadoscheiben, gegrillte Auberginenscheiben und rote Paprika
- ✔ **Westernomelett:** Fein geschnittener Schinken und grüne Paprikaschoten
- ✔ **Omelett mediterran:** Fetakäse, Tomaten, Spinat und Zwiebeln
- ✔ **Omelett mit Meeresfrüchten:** Geräucherter Lachs oder geräucherte Forelle, Krebsfleisch oder gekochte Garnelen
- ✔ **Omelett mit Fleisch:** Gekochter und zerkrümelter Speck oder Würstchen, gekochte Schinken- oder Salamiwürfel
- ✔ **Omelett mit verschiedenem Blattgemüse:** Brunnenkresse, Rucola oder Spinat mit einem Klacks saure Sahne oder Crème fraîche.
- ✔ **Omelett mit Pilzen:** Gedünstete Champignons oder Austernpilze

Denken Sie daran, dass frische und getrocknete Kräuter ähnlich im Geschmack, aber sehr unterschiedlich in der Intensität sind. Frische Kräuter sind zarter, getrocknete Kräuter konzentrierter. Wenn Sie laut Rezept beispielsweise 1 Teelöffel frischen Thymian verwenden sollen und nur getrockneten Thymian zur Hand haben, reicht etwa ein Drittel bis die Hälfte der angegebenen Menge.

Frittata mit Spargel, Tomaten und Bärlauch

Utensilien: Große Schüssel, ofenfeste Pfanne, Küchenwaage, Schneebesen, Küchenmesser, Schneidbrett, Pfannenwender

Vorbereitungszeit: 15 Minuten **Garzeit:** 20 Minuten **Portionen:** 4

10 frische Eier

50 g geriebener Emmentaler

50 g geriebener Parmesan

4 EL fein geschnittener Bärlauch

2 EL gehackte glatte Petersilie

Salz, Pfeffer

2 EL Butter

150 g grüner Spargel, bissfest gegart und in Stücke geschnitten

400 g Kirschtomaten, halbiert

1. Die Eier in eine große Schüssel schlagen und mit geriebenem Käse, Bärlauch, Petersilie, Salz und Pfeffer aufschlagen.
2. Den Backofen auf 170 Grad vorheizen.
3. In einer ofenfesten Pfanne die Butter zerlassen. Wenn sie schäumt, die Eimasse hineingeben. Spargel und Kirschtomaten gleichmäßig darauf verteilen.
4. Nach 5 Minuten auf dem Herd die Pfanne in den vorgeheizten Ofen stellen und 15 Minuten backen, bis die Eimasse gestockt ist.
5. Um die Frittata aus der Pfanne zu nehmen, mit einem Pfannenwender vorsichtig darunterfahren und auf einen Teller gleiten lassen.
6. Zum Servieren in Spalten schneiden oder als Fingerfood zu Drinks in kleine Würfel.

Dazu passt: Grüner Salat

Shakshuka

Dieses würzige Eiergericht mit Tomaten und Kräutern bringt etwas Orient auf den Tisch. Das Rezept eignet sich für einen herzhaften Brunch wie auch als leichtes Hauptgericht.

Utensilien: Schüssel, Küchenmesser, Schneidbrett, große ofenfeste Pfanne, Esslöffel, Schaumlöffel

Vorbereitungszeit: 15 Minuten   **Garzeit:** 40 Minuten   **Portionen:** 4

2 EL Olivenöl	1. In einer großen Pfanne das Olivenöl erhitzen. Zwiebeln, Knoblauch (nach Geschmack) und Paprikastreifen darin 8 bis 10 Minuten glasig anschwitzen.
2 Zwiebeln, geschält und gehackt	
2 Knoblauchzehen (nach Geschmack), geschält und gehackt	2. Tomatenmark, Kreuzkümmel und Paprikapulver hinzufügen und kurz anrösten.
1 rote Paprikaschote, von Samen und Scheidewänden befreit, in dünne Streifen geschnitten	3. Die Tomaten, Salz und Pfeffer hinzufügen und unter stetigem Rühren 10 bis 15 Minuten einkochen lassen, sodass die Soße dickflüssiger ist.
	4. Den Backofen auf 180 Grad vorheizen.
2 EL Tomatenmark	5. Mit einem Esslöffel vier Mulden in die Tomatensoße drücken und die Eier vorsichtig hineinschlagen.
1 TL gemahlener Kreuzkümmel	6. Die Pfanne in den Ofen schieben (mittlere Schiene). Die Eier 10 bis 15 Minuten stocken lassen, bis das Eiweiß oder (nach Geschmack) auch das Eigelb fest geworden ist.
1 TL Paprikapulver edelsüß	
2 Dosen stückige Tomaten (à 400 g)	7. Die Eier mit einem Schaumlöffel aus der Pfanne heben und mit der Soße auf vier Teller verteilen. Mit Koriander garnieren und warm servieren.
Salz, Pfeffer	
4 Eier	
1 Bund frischer Koriander, Blättchen abgezupft	

Tipp: Mögen Sie Schärfe, geben Sie zu den Gewürzen auch noch etwas Chilipulver oder Cayennepfeffer.

Variation: Statt mit Koriander schmeckt Shakshuka auch mit Petersilie.

IN DIESEM KAPITEL

Ein paar grundlegende Handgriffe kennenlernen

Lange erprobte Tipps führen zum Erfolg

Suppen als Seelenfutter

Suppen mit pürierten oder stückigen Zutaten zubereiten

Kapitel 10
Leckere Suppen selbstgemacht

REZEPTE IN DIESEM KAPITEL

Minestrone mit Graupen	🍅 Tomatensuppe
Hühnersuppe mit Nudeln	Französische Zwiebelsuppe
🍅 Kartoffelcremesuppe mit Croûtons	Erbsensuppe mit Krabben
	Linsensuppe

Ohne die gastronomischen Zauberkünstler der großen gewerblichen Suppenhersteller beleidigen zu wollen, aber die meisten Siebenjährigen können mit einem Rezept und einer Trittleiter eine Suppe kochen, die besser schmeckt als eine Suppe aus der Dose. Zum einen sind Suppen in der Dose immer verkocht. Gemüse bleibt bei der für das Eindosen erforderlichen Sterilisation nicht knackig und glänzend. Zum anderen besteht die Würze bei Dosensuppen in der Regel aus zwei Zutaten: Salz und Petersilie. Nicht besonders spannend, aber so gedacht, dass die Suppe einem möglichst breiten Publikum schmeckt.

Selbstgemachte Suppen sind leicht zuzubereiten. Außerdem können Sie damit Eindruck schinden und haben eine gute Mahlzeit für die Seele. Selbstgemachte Suppe ist nahrhaft und schmeckt so lecker, dass Sie sich fragen werden, warum Sie jemals eine andere Suppe gegessen haben. Was ist schon so einfach wie Fleisch und Gemüse in eine Brühe geben? Eine Suppe kann eine vollständige Mahlzeit oder eine leckere Vorspeise sein. In den Wintermonaten ist eine dampfende Schüssel Suppe wärmendes Seelenfutter. Wir bekommen Appetit, wenn wir nur daran denken.

Suppen haben außerdem den Vorteil, dass Sie immer schnell eine Suppe zubereiten können, ob Sie gerade einkaufen waren oder nicht. Suppen sind flexibel: Geben Sie Fleisch, Gemüse, Milchprodukte und/oder Stärke zur Brühe oder auch zum Wasser, und schon haben Sie eine Suppe! Suppen bieten außerdem eine hervorragende Möglichkeit, Reste loszuwerden. Statt alle jammern zu hören: »Nicht schon wieder Pute!« oder »Ist das nicht der Reis von gestern?«, werden Sie vielmehr so etwas wie »Mmm, Puten-Reis-Suppe mit Erbsen und Sahne. Wie bist du denn auf so eine leckere Zusammenstellung gekommen?« zu hören bekommen.

Das Zubereiten einer Suppe bietet zudem eine gute Gelegenheit, das Gemüsefach auszuräumen. Suppe kann zwar nicht zaubern und aus schlechten Zutaten gute machen. Aber wenn Sie für den Beutel Möhren oder die Sellerieknolle keine rechte Verwertung haben, dann ist Suppe die Lösung! Möhren, Sellerie, Zwiebel, Knoblauch, etwas Pfeffer ... das hört sich für uns wie Suppe an. Wenn Sie das Gemüse putzen und klein schneiden, ergibt das eine Gemüsesuppe. Oder seihen Sie das Gemüse ab, nachdem Sie es 1 Stunde gekocht haben, und schon haben Sie Gemüsebrühe. Oder bereiten Sie eine herrliche Orangen-Möhren-Suppe zu, indem Sie das Ganze pürieren und einen Klacks Crème fraîche unterrühren.

Halten Sie sich für den Anfang an die einfachen Varianten: Hühnersuppe mit Nudeln (das perfekte Seelenfutter), eine deftige Linsensuppe perfekt für einen Winterabend mit Familie oder Freunden oder ein paar andere Lieblingssuppen, die Sie bestimmt zubereiten werden. Keine Angst. Suppen zubereiten ist ein Kinderspiel!

Einige wichtige Techniken für das Zubereiten einer Suppe

Bevor Sie alle Gemüsereste und den Braten von gestern Abend in den Suppentopf werfen, sollten Sie einige wichtige Techniken beachten. Die meisten Suppen enthalten Fleisch und/oder Gemüse. Beides können Sie kochen. Wenn Sie es aber zunächst in wenig Fett anschwitzen, wird die Suppe viel schmackhafter. Viele Suppen enthalten darüber hinaus auch Knoblauch, Zwiebeln und Tomaten. Daher werden Sie in diesem Abschnitt erfahren, wie Sie diese Zutaten am besten vorbereiten. Wenn Sie die Techniken üben, sind die nachfolgenden Rezepte kinderleicht!

Was esse ich denn da? Suppendefinitionen

Suppen lassen sich in unterschiedliche Kategorien einteilen. Hier einige Suppenarten, von denen Sie bestimmt schon gehört haben:

- ✔ **Bisque:** Eine dicke, üppige, pürierte Suppe meist aus Schalentieren (zum Beispiel Krabben oder Hummer), gelegentlich aber auch mit Gemüse wie Tomatenbisque.

- ✔ **Brühe:** Eine klare, aromatische Flüssigkeit aus Wasser, in der Gemüse, Kräuter und Knochen von Fleisch, Geflügel oder Fisch gesimmert wurden. Bräunen Sie Fleischknochen im Ofen, bevor Sie sie in einen Topf mit köchelnder Flüssigkeit, Gemüse und Kräutern geben. Sie können die Knochen auch im Suppentopf in etwas Fett bräunen und dann mit Flüssigkeit aufgießen. Durch das Bräunen erhält die Brühe eine schöne Farbe und kräftiges Röstaroma. Sie können eine Brühe auch aus einem ganzen Huhn, aus Knochenresten vom Putenbraten oder anderen Fleischknochen zubereiten. Eine **Gemüsebrühe** bereiten Sie mit Zwiebeln, Knoblauch, Möhren, Sellerie und verschiedenen Kräutern zu. Bei den meisten Rezepten können Sie selbstgemachte Brühe durch eine Instantbrühe ersetzen. Sie schmeckt zwar nicht so lecker, ist aber praktischer. Wenn Sie jedoch die Zeit haben, dann lassen Sie Knochen und Gemüse ein paar Stunden köcheln und – et voilà – schon haben Sie eine selbstgemachte Brühe. Seihen Sie die Brühe ab und servieren Sie sie mit Basilikum, Pilzscheiben oder etwas Parmesankäse bestreut als klassische Vorspeise. Das französische Wort für Brühe ist *Bouillon*. (Das darf allerdings nicht mit dem verwechselt werden, was Sie erhalten, wenn Sie einen dieser salzigen Brühwürfel verwenden, etwas das in einer echten selbstgemachten Suppe wirklich nichts verloren hat.)

- ✔ **Chowder:** Eine dicke Suppe mit Fischstücken oder Muscheln und meist mit Gemüse wie etwa Kartoffeln.

- ✔ **Consommé:** Eine klare Brühe, enthält keinerlei Fett und Schwebstoffe. Eine Mischung aus Eiweiß und manchmal klein geschnittenem Fleisch und Gemüse wird in der Brühe gesimmert. Beim Gerinnen bindet das Eiweiß Schwebstoffe an sich. Nachdem die Brühe mindestens 1 Stunde gesimmert wurde, wird sie durch ein Seihtuch gefiltert, sodass sich eine sehr klare, reine Consommé ergibt.

- ✔ **Court Bouillon:** Ein Fischsud, meist geseiht, der nur kurz (maximal 30 Minuten) simmert. Das reicht aus, um dem Gemüse im Sud das Aroma zu entziehen. Wird als Pochierflüssigkeit für Fisch, Meeresfrüchte und Gemüse verwendet.

- ✔ **Eintopf:** Dicker als eine einfache Suppe. Ein Eintopf enthält Fleisch und Gemüse, das in wenig Brühe oder im eigenen Saft gegart wird.

- ✔ **Fumet:** Eine geseihte Brühe aus Gräten, Wasser, Gemüse und Kräutern. Fumet (französisch für »Fischbrühe«) wird etwa 30 Minuten gekocht und als aromatische Grundlage für Suppen und Soßen verwendet.

> ✔ **Püreesuppe:** Eine Suppe, bei der die festen Zutaten in einem Standmixer oder in einer Küchenmaschine püriert werden. Manchmal werden die Zutaten nur grob püriert wie bei einer Gazpacho. Andere Püreesuppen sind sahnig und sämig wie ein Püree aus gekochten Kartoffeln und Lauch. Häufig wird der Gemüsemischung Brühe, Sahne oder eine Velouté zugegeben. Das macht die Suppe sämiger und verleiht ihr einen guten Geschmack.

So geht der Geschmacksquotient nach oben: Fleisch und Gemüse anschwitzen

Anschwitzen bedeutet, Fleisch, Geflügel, Fisch oder Gemüse bei mittlerer Hitze in Fett, zum Beispiel in Butter oder Olivenöl, glasig oder goldbraun zu garen und erst dann Brühe hinzuzufügen. Hierfür können Sie eine Bratpfanne (eine große, runde, flache Pfanne mit langem Griff) oder eine Sautierpfanne (eine runde Pfanne mit geradem oder gewölbtem Rand) verwenden, dann müssen Sie für die Zubereitung der Suppe alles in einen Topf umfüllen, oder einen Topf oder Stieltopf (ein runder, tieferer Topf mit geradem Rand) verwenden. Manche Köche sautieren, indem sie die Zutaten in einer Pfanne mit hohem Rand mit einer geübten ruckartigen Bewegung schwenken (in Kapitel 5 erfahren Sie mehr über das Sautieren). Aber auch ein Pfannenwender funktioniert prima. Außerdem besteht bei einem Pfannenwender keine Gefahr, dass Ihre schön sautierten Zutaten in der ganzen Küche herumfliegen. Hier eine kleine Übung: Wenn Sie diese Schritte befolgen, werden Sie wie ein Profi anschwitzen:

1. Geben Sie Fett (Butter oder Öl) in die Pfanne und schalten Sie den Herd auf mittlere Hitze.

2. Wenn die Butter oder das Öl zu duften beginnt, fügen Sie die Zutaten hinzu, die Sie anschwitzen möchten, beispielsweise Zwiebel, Paprika, Kohl oder Speck. Rühren Sie alles schnell um, damit die Zutaten mit dem Fett bedeckt werden.

3. Rühren Sie die Zutaten weiter, bis sie leicht gebräunt sind.

Schlagen Sie diese Zehe: Frischen Knoblauch vorbereiten

Knoblauch wird in Knollen verkauft, die aus einzelnen Zehen bestehen. Kaufen Sie keinen weichen, sondern festen und harten Knoblauch. Die Knoblauchzehen dürfen nur wenig nachgeben, wenn Sie mit dem Finger darauf drücken. Sie können den Knoblauch hacken, klein schneiden oder durch eine Knoblauchpresse drücken. So bereiten Sie ihn für Ihre Lieblingsgerichte vor:

1. Brechen Sie eine Zehe aus der Knolle, legen Sie sie auf ein Schneidbrett und schlagen Sie mit der flachen Seite eines Küchenmessers darauf.

   Daraufhin sollte sich die Zehe mühelos schälen lassen.

2. Hacken Sie den Knoblauch in feine Stücke oder drücken Sie ihn durch eine Knoblauchpresse. Das ist ein praktisches Gerät, mit dem der Knoblauch durch Zusammendrücken der Griffe durch kleine Löcher gepresst und so zerkleinert wird.

   Wenn Sie die Knoblauchzehe vorher schälen, können Sie die in der Knoblauchpresse verbleibende Haut gleich mit in die Suppe (oder was Sie gerade kochen) geben. Verwenden Sie zum Herauslösen die Spitze eines Messers.

   Wenn Sie sich zum Schälen keine Zeit nehmen möchten und eine robuste Knoblauchpresse haben, können Sie eine Knoblauchzehe, auch ohne sie vorher zu schälen, durch die Knoblauchpresse drücken. Sie brauchen etwas mehr Kraft.

So gelangen Sie an das Fleisch frischer Tomaten: Schälen und Entkernen

Tomaten sind Grundbestandteil vieler Rezepte, aber Sie möchten Tomaten ohne Haut und Kerne. Und so können Sie eine frische Tomate schälen und entkernen:

1. Bringen Sie Wasser in einem zugedeckten Topf bei hoher Temperatur zum Kochen.

2. Schneiden Sie den Stielansatz der Tomate heraus.

3. Ritzen Sie unten in die Tomate ein X in die Haut und legen Sie die Tomate in ein Küchensieb mit Griff.

   Wenn Sie kein Küchensieb haben, können Sie auch einen Schaumlöffel für den nächsten Schritt verwenden.

4. Nehmen Sie den Deckel vom Topf und halten Sie die Tomate 10 bis 30 Sekunden in das kochende Wasser.

5. Nehmen Sie die Tomate aus dem Topf, spülen Sie sie mit kaltem Wasser ab, bis Sie sie in die Hand nehmen können. Schälen Sie die Tomate und beginnen Sie dabei an dem X, das Sie an der Unterseite eingeritzt haben.

   Die Tomate lässt sich nun leicht schälen. Wenn nicht, halten Sie sie noch einmal etwa 30 Sekunden lang in kochendes Wasser.

6. Halbieren Sie die Tomate.

7. Lösen Sie die Kerne heraus und schneiden Sie anschließend das verbleibende Fleisch in Würfel.

Zwiebeln schälen, ohne zu weinen

Beim Schälen von Zwiebeln kann es schon passieren, dass einem die Tränen in die Augen schießen. Hier ein Tipp, damit es nicht ganz so schlimm wird:

1. Schneiden Sie das obere Ende, nicht jedoch das Ende mit den Wurzeln ab.

2. Schälen Sie die Schale bis zu den Wurzeln. Schieben Sie sie über die Wurzeln und verwenden Sie sie als Griff.

3. Spülen Sie die Zwiebel unter kaltem Wasser und schneiden Sie sie dann in dünne Ringe.

Tricks aus dem Suppengewerbe

Neben den grundlegenden Handgriffen sind auch ein paar Insidertipps zum Zubereiten einer leckeren Suppe recht hilfreich, Sie wissen schon, die Dinge, die Profiköche tun, damit ihre Gerichte ganz besonders lecker werden. Wenn Sie diese Suppentricks befolgen, werden Ihre Familienmitglieder oder Gäste über den vorzüglichen Geschmack und die unwiderstehliche Sämigkeit Ihrer selbstgemachten Suppen staunen.

✔ Fügen Sie frische Kräuter immer kurz vor dem Servieren zu Suppen oder Soßen hinzu. So behalten die Kräuter ihr frisches Aroma. Wenn Sie getrocknete Kräuter verwenden, fügen Sie sie früher im Kochprozess hinzu, damit sie ihr Aroma entfalten können.

✔ Suppen, die Milch oder Sahne enthalten, sollten Sie nur kochen, wenn es ausdrücklich im Rezept steht. Cremesuppen brennen leicht an, was den Geschmack ruiniert und sich durch stetes Rühren vermeiden lässt. Milch oder Sahne wird meist gegen Ende des Kochvorgangs hinzugefügt und auf kleiner Flamme erwärmt.

✔ Wenn Sie die Suppe versalzen haben, schütten Sie sie nicht gleich weg. Fügen Sie einfach Wasser hinzu. Wenn Sie die Suppe nicht mit Wasser verdünnen möchten, fügen Sie papierdünne Kartoffelscheiben hinzu. Kochen Sie die Scheiben, bis sie glasig sind. Die Kartoffel saugt das Salz wie ein Schwamm auf. Sie können die Kartoffelscheiben entweder in der Suppe lassen oder sie mit einer Gabel herausfischen und wegwerfen. Frische Tomaten oder Tomaten aus der Dose (aber ohne Salz) erfüllen denselben Zweck.

✔ Eine fade Suppe können Sie mit einigen besonders aromatischen Zutaten aufpeppen: mit 1 Teelöffel Salz, Kreuzkümmel oder Chilipulver, etwas frisch gemahlenem schwarzem Pfeffer, einem Teelöffel Chilipaste, mit milden grünen Chilischoten (je nachdem, wie scharf die Suppe werden soll) oder mit einigen frischen oder getrockneten Kräutern, wie etwa mit Rosmarin, Salbei, Bohnenkraut, Estragon oder Thymian. Sie können auch etwas Zitronensaft oder trockenen Sherry hinzufügen.

Suppen andicken

Manchmal möchten Sie Ihre Suppe andicken, sodass sie aufwendiger aussieht und üppiger schmeckt. Andere Suppen werden Sie dagegen gar nicht andicken wollen (zum Beispiel eine Suppe auf Basis einer Brühe, wie eine Hühnersuppe mit Nudeln). Es gibt mehrere Möglichkeiten, eine Suppe anzudicken: Sie können beispielsweise 1 Teelöffel Butter oder Sahne einrühren oder püriertes Gemüse hinzufügen.

Hier eine klassische Technik zum Andicken von Suppen, die Sie ausprobieren sollten:

1. Nehmen Sie 1 Esslöffel weiche Butter und verkneten Sie sie mit 1 Esslöffel Mehl. Verwenden Sie hierfür eine Gabel. Verarbeiten Sie die beiden Zutaten, bis eine weiche Butterpaste entsteht.

   Die Franzosen nennen das *beurre manié*, aber das braucht Sie nicht zu kümmern.

2. Gießen Sie etwa 1 Tasse Suppenflüssigkeit in eine kleine Schüssel und vermischen Sie die Flüssigkeit mit der Mehl-Butter-Mischung, bis diese sich vollständig in der Suppenflüssigkeit aufgelöst hat.

3. Geben Sie diese Mischung zur Suppe und kochen Sie das Ganze bei mittlerer Hitze etwa 5 Minuten, bis die Suppe allmählich dick wird.

Noch eine Methode zum Andicken von Suppen, die noch einfacher ist:

1. Verrühren Sie mit einer Gabel oder einem kleinen Schneebesen 1 Esslöffel Mehl mit 2 Esslöffeln kalter Suppenbrühe.

2. Verrühren Sie alles gut. Fügen Sie eine weitere Tasse Brühe hinzu. Verrühren Sie wieder alles gut und geben Sie diese Mischung zur Suppe.

3. Kochen Sie die Suppe nun bei mittlerer Hitze 5 bis 10 Minuten, oder bis die Suppe allmählich dick wird.

 Dürfen wir es zugeben? Mit Kartoffelpüreepulver lässt sich jede Suppe im Handumdrehen binden! Geben Sie 1 Esslöffel voll in die Suppe und rühren Sie, bis die Suppe dick wird.

Suppen und Brühen abschöpfen

Beim Zubereiten von Suppen, vor allem von Suppen mit getrockneten Bohnen oder Linsen, Fleisch oder Geflügel, muss häufig Schaum von der Oberfläche der köchelnden Flüssigkeit abgeschöpft werden. Mit einem langstieligen Löffel verbrennen Sie sich die Hände nicht so leicht über der brodelnden Suppe. Schöpfen Sie den Schaum von der Oberfläche, sobald er sich dort bildet. Wenn der Schaum in der Brühe mitkocht, verändert sich der Geschmack der Suppe.

Manchmal steigt auch Fett an die Oberfläche, vor allem, wenn die Suppe Fleisch mit hohem Fettgehalt, zum Beispiel Würstchen, enthält. Schöpfen Sie beim Kochen der Suppe Fett von der Oberfläche ab. Wenn Sie die Suppe am Vortag zubereiten und im Kühlschrank aufbewahren, erstarrt das Fett an der Oberfläche. Dann lässt es sich ganz einfach abnehmen.

Suppen für die Seele

Suppen verbreiten ein behagliches Gefühl von Wärme und Sicherheit. Bestimmte Lebensmittel fördern dieses Gefühl. Diese Suppen kennen wir aus unserer Kindheit, wenn auch viele nur die Instant- oder Dosenvariante kennen! Zum Glück sind die selbstgemachten Varianten einfach und schmecken sogar noch besser. Sie enthalten außerdem mehr Vitamine und nur einen Bruchteil des Salzes, das in Fertigsuppen ist. Probieren Sie diese Suppen aus und führen Sie eine neue Tradition ein. Eines Tages werden Ihre Kinder, Freunde oder wer immer seine Mahlzeiten mit Ihnen teilt, eigene liebe Erinnerungen an Suppen haben, und das nur Ihretwegen.

Suppen als Seelenfutter lassen sich leicht zubereiten, sofern Sie ein paar grundlegende Dinge beachten. Eine Rinder-, Hühner- oder Gemüsebrühe wird mit ein paar leckeren, schmackhaften Suppengemüsesorten wie Zwiebeln, Knoblauch, Möhren, Petersilienwurzeln und Sellerie zu einer wärmenden Suppe. Kartoffeln, Nudeln oder Reis als Einlage machen jede Suppe nahrhafter und sättigender. Möchten Sie nicht auf Rindfleisch, Hähnchen, Pute oder Garnelen in Ihrer Suppe verzichten, schneiden Sie alles in Stücke und sautieren Sie es, bevor Sie es in die Suppe geben. Mit diesem Grundwissen können Sie alle möglichen Suppen zubereiten.

 Es gibt einen besseren Geschmack, wenn Sie das Fleisch zuerst sautieren. Aber Sie können diesen Schritt auch auslassen und das Fleisch zusammen mit der Brühe zugeben, da es in der Suppe kocht.

Minestrone mit Graupen

Sie können die Zutaten für dieses Rezept kaufen oder Gemüse- und Fleischreste verwenden. So können Sie noch ein paar Röschen Rosenkohl, Wirsing oder Petersilienwurzeln zugeben, das funktioniert prima. Wenn Sie gegarte Rindfleischreste verwenden, verzichten Sie auf den Speck und dünsten nur das Gemüse an. Sie können für die Suppe auch andere Gemüsesorten verwenden, je nachdem, was Sie zur Hand haben. Probieren Sie grüne Bohnen oder Paprikaschoten aus.

Utensilien: Großer Topf, Küchenmesser, Schneidbrett, Gemüseschäler, Schüssel, Kochlöffel, Messbecher, Küchenwaage

Vorbereitungszeit: Etwa 25 Minuten   **Garzeit:** Etwa 1 Stunde   **Portionen:** 6

2 EL Speiseöl

150 g durchwachsener Speck, fein gewürfelt

1 große Zwiebel, geschält und gehackt

3 Möhren, geschält und in ½ cm große Scheiben geschnitten

2 Stangen Staudensellerie, in ½ cm große Stücke geschnitten

2 Kartoffeln (ca. 250 g), geschält, in ½ cm große Würfel geschnitten

1 kleine Stange Lauch, in feine Ringe geschnitten

200 g Perlgraupen (geschälte und polierte Gerstenkörner)

1 l Rinderbrühe

1 TL Salz (nach Geschmack), Pfeffer

3 EL frische gehackte Petersilie

1. Das Öl in einem großen Topf bei mittlerer Hitze erwärmen. Den Speck darin etwas anbraten, dann die Zwiebel hinzufügen und glasig dünsten.
2. Nach und nach das restliche Gemüse zugeben und jeweils unter Rühren etwa 10 Minuten garen.
3. Mit der Rindfleischbrühe ablöschen, 1 Liter Wasser und die Perlgraupen hinzufügen und zum Kochen bringen.
4. Danach die Temperatur verringern, mit Salz und Pfeffer würzen und die Suppe 45 Minuten leicht köcheln lassen, bis die Graupen gar sind.
5. Die Suppe in Suppentassen oder -teller füllen und jede Portion mit etwas Petersilie bestreuen.

Variationen: Wenn Sie lieber eine Suppe mit größeren Stücken mögen, schneiden Sie die Möhren in etwa 5 Zentimeter lange Stücke, vierteln Sie die Kartoffeln, oder lassen Sie kleinere Kartoffeln ganz.

Tipp: Die übrig gebliebene Suppe dickt möglicherweise etwas ein. Wenn Sie sie am nächsten Tag aufwärmen, fügen Sie einfach etwas Wasser oder Brühe hinzu.

Hühnersuppe mit Nudeln

An einem kalten Tag oder einfach zum Aufwärmen gibt es nichts Besseres als eine Hühnersuppe mit Nudeln. Wenn Sie dieses Rezept erst einmal beherrschen, können Sie Ihrer Kreativität freien Lauf lassen und anstelle von Nudeln Reis und Gemüse verwenden. Dieses Rezept ergibt eine klassische Hühnersuppe mit Nudeln, die Art von Suppe, bei der alle gern an ihre Kindheit denken, mit Ausnahme einer Änderung. Früher haben unsere Mütter Hühnersuppe aus einem ganzen Huhn zubereitet, das Fleisch von den Knochen gelöst und die Knochen weggeworfen. Für unsere Rezeptversion brauchen Sie Hähnchenbrust ohne Haut und Knochen. Das spart Zeit, macht nicht so viel Arbeit und hat weniger Fett. (Wenn das nicht perfekt ist!) Bei diesem Rezept wird das Fleisch gleich in der Brühe gekocht, weil es sich so leichter zerkleinern lässt.

Utensilien: Großer Topf, Küchenmesser, Schneidbrett, Gemüseschäler, Knoblauchpresse, Küchenwaage, Messbecher, Kochlöffel

Vorbereitungszeit: Etwa 15 Minuten   **Garzeit:** Etwa 50 Minuten   **Portionen:** 6

2 EL Butter	1. Die Butter in einem großen Topf bei mittlerer Hitze zerlassen.
1 große Zwiebel, geschält und gehackt	2. Die Zwiebel, Knoblauch, Möhren, Sellerie, Oregano und Thymian zugeben. Das Gemüse mit dem Kochlöffel in der Butter wenden und etwa 5 Minuten garen, bis die Zwiebelstücke glasig, jedoch nicht gebräunt sind. Dabei alle 1 bis 2 Minuten rühren.
2 Knoblauchzehen, geschält und fein gehackt oder durch die Knoblauchpresse gedrückt	
3 Möhren, geschält und in ½ cm dicke Scheiben geschnitten	3. Die Hühnerbrühe und die Hähnchenbruststücke zugeben. Mit aufgelegtem Deckel zum Kochen bringen. Temperatur herunterschalten und ohne Deckel etwa 30 Minuten, oder bis das Fleisch gar ist, köcheln lassen. (Schneiden Sie ein Stück Fleisch durch, um zu testen, ob es gar ist.)
125 g Sellerie, geschält und in ½ cm große Stücke geschnitten	
1 TL getrockneter Oregano	4. Die Temperatur wieder höher schalten und die Suppe zum Kochen bringen. Die Nudeln zugeben und die Temperatur wieder zurückschalten. Ohne Deckel etwa 10 Minuten köcheln lassen, bis die Nudeln bissfest sind. (Probieren Sie ein paar Nudeln, um zu testen, ob sie gut sind.)
1 TL getrockneter Thymian	
2 l Hühnerbrühe (Instant)	5. Wenn die Nudeln bissfest sind, die Suppe mit Salz, Pfeffer und Cayennepfeffer abschmecken.
500 g Hähnchenbrust ohne Haut und Knochen, in 2 cm große Würfel geschnitten	6. Die Suppe in Suppentassen oder -teller füllen und jede Portion mit etwas Petersilie oder Koriander bestreuen.
100 g Suppennudeln	
1½ TL Salz (nach Geschmack), Pfeffer	
1 Prise Cayennepfeffer (nach Geschmack)	
3 EL frische gehackte Petersilie oder Koriander (nach Geschmack)	

Die perfekte Mischung: Püreesuppen

Für Püreesuppen benötigen Sie einen Standmixer, eine Küchenmaschine oder einen Pürierstab, damit Sie die Zutaten pürieren können. Wenn Sie erst einmal verstanden haben, was es mit dem Pürieren auf sich hat, sind Ihrer Kreativität beim Thema Püreesuppen keine Grenzen mehr gesetzt. Spargel, Brokkoli, Erbsen, Mais, Karotten, Kartoffeln, Kürbis, Pilze, Pastinaken, Petersilienwurzeln, Spinat und Tomaten eignen sich hervorragend für eine leckere, sämige Suppe.

 Wenn Sie eine Suppe im Standmixer pürieren möchten, sollten Sie sie zuvor etwas abkühlen lassen. Andernfalls kann der eingeschlossene Dampf explodieren und Ihre Küchendecke nett verzieren (von den Verbrennungen, die Sie erleiden könnten, ganz zu schweigen!).

Kartoffelcremesuppe mit Croûtons

Utensilien: Küchenmesser, Schneidbrett, Gemüseschäler, Küchenkrepp, Messbecher, Küchenwaage, Suppentopf, Pürierstab oder Mixer, Kochlöffel, kleine Pfanne

Vorbereitungszeit: 20 Minuten **Garzeit:** 20 Minuten **Portionen:** 4

2½ EL Butterschmalz	1. In einem Suppentopf das Butterschmalz bei mittlerer Hitze zerlassen. Möhren, Sellerie und Petersilienwurzel darin 5 Minuten anschwitzen. Die Kartoffeln und den Majoran hinzufügen und weitere 5 Minuten garen.
100 g Möhren, geschält und fein gewürfelt	
100 g Sellerie, geschält und fein gewürfelt	2. Den Lauch und die Gemüsebrühe zufügen. Die Temperatur herunterstellen und die Suppe 20 Minuten sanft köcheln lassen.
100 g Petersilienwurzel, geschält und fein gewürfelt	
500 g Kartoffeln, geschält, gewaschen und gewürfelt	3. Die Suppe im Standmixer pürieren, dann zurück in den Topf geben. Die Sahne unterrühren. Mit Salz, Pfeffer und Muskat würzen. Die Temperatur heraufstellen und die Suppe aufkochen, sofort die Temperatur wieder herunterstellen.
1 TL getrockneter Majoran	
1 Stange Lauch, geputzt und in feine Ringe geschnitten	4. In einer kleinen Pfanne bei mittlerer Temperatur die Butter zerlassen und die Brotwürfel darin goldbraun rösten. Die Suppe in Suppentassen oder -tellern anrichten, mit Croûtons und Petersilie bestreuen.
1 l Gemüsebrühe	
200 g Sahne	
Salz, Pfeffer, geriebene Muskatnuss	

1 EL Butter

1 Scheibe Toastbrot, in 1 cm große Würfel geschnitten

2 EL Petersilie, fein geschnitten

Tomatensuppe

Gibt es ein Kind, dem Tomatensuppe mit gerösteten Brotwürfeln *nicht* schmeckt? (Und gibt es einen Erwachsenen, dem das in einem dieser nostalgischen Momente nicht auch schmeckt?) Diese Suppe lässt sich fast so einfach zubereiten, wie sich eine Dose öffnen lässt, und sie schmeckt einfach fantastisch. Damit lässt sich im Sommer eine Tomatenschwemme im Garten prima verarbeiten. Sie können aber auch Tomaten aus der Dose verwenden.

Utensilien: Mittelgroßer Topf, Küchenmesser, Mixer, Küchenmaschine oder Pürierstab, Messbecher, Kochlöffel, Zitronenpresse

Vorbereitungszeit: Etwa 5 Minuten   **Garzeit:** Etwa 15 Minuten, einschließlich der Zeit zum Abkühlen vor dem Pürieren und zum Pürieren   **Portionen:** 6

2 EL Butter

1 kleine Zwiebel, geschält und gehackt

1 Knoblauchzehe, geschält und fein gehackt

750 ml Gemüsebrühe

2 Dosen (à 400 g) Tomaten, nicht abgetropft und grob gehackt

2 EL frischer Zitronensaft

2 TL Zucker

Salz, Pfeffer

1 EL Koriander, Basilikum oder Estragon, frisch gehackt (nach Geschmack)

1. Die Butter bei mittlerer Hitze in einem mittelgroßen Topf zerlassen. Die Zwiebelstücke und den Knoblauch zugeben und etwa 10 Minuten anschwitzen.

2. Die Brühe und die Tomaten zur Zwiebel-Knoblauch-Mischung geben. Zum Kochen bringen.

3. Topf vom Herd nehmen und 5 Minuten abkühlen lassen. Vorsichtig in einen Mixer oder in eine Küchenmaschine gießen. Gründlich pürieren. Wenn Sie einen Pürierstab benutzen, können Sie die Suppe direkt im Topf pürieren.

4. Das Püree wieder in den Topf geben. Den Zitronensaft, Zucker, Salz und Pfeffer nach Geschmack hinzufügen. Bei mittlerer Temperatur etwa 5 Minuten erhitzen. Dabei mit dem Kochlöffel rühren.

5. Die Suppe in Suppentassen oder -teller füllen und mit Koriander, Basilikum oder Estragon garnieren.

Tipp: Tomatensuppe und ein Salat (siehe Kapitel 11) ergeben eine vollwertige Mahlzeit.

Suppen mit Stücken zum Reinbeißen

Wir lieben herzhafte Suppen mit zarten Fleischstücken und viel Gemüse. Wenn Sie eine pikante Zwiebelsuppe oder eine sämige Gemüsesuppe mögen, dann ist dies der richtige Abschnitt für Sie.

Französische Zwiebelsuppe

Diese Suppe, die in keinem Bistro fehlen darf, ist einfach zuzubereiten und so elegant, dass sie auf jede Party passt, aber auch einfach für ein gemütliches Abendessen zu Hause geeignet ist.

Utensilien: Suppentopf, Küchenmesser, Schneidbrett, Kochlöffel, 6 feuerfeste Suppentassen oder Auflaufförmchen, Backblech, Grillfunktion im Backofen oder Elektrogrill, Messbecher, Suppenkelle

Vorbereitungszeit: Etwa 15 Minuten   **Garzeit:** Etwa 1 Stunde, einschließlich Zeit zum Köcheln und Überbacken   **Portionen:** 6

4 EL Butter

4 große Gemüsezwiebeln, geschält und in dünne Scheiben geschnitten

1,5 l Rinderbrühe

1 Lorbeerblatt

6 Scheiben Baguette, getoastet

1 Tasse geriebener Schweizer Käse

1. Die Butter bei mittlerer Hitze in einem Suppentopf zerlassen. Zwiebeln hinzufügen, in der Butter schwenken und etwa 10 Minuten glasig anschwitzen.

2. 250 Milliliter der Rinderbrühe zugeben und weiterrühren und etwa 35 Minuten kochen, bis die Brühe fast ganz verdampft ist.

3. Die restliche Brühe und das Lorbeerblatt hinzufügen, dabei die karamellisierten Teile vom Topfboden lösen. Mit aufgelegtem Deckel zum Kochen bringen. Temperatur herunterschalten und etwa 15 Minuten köcheln lassen. Dabei gelegentlich umrühren.

4. Das Lorbeerblatt aus der Suppe nehmen und wegwerfen. Die Suppe in sechs feuerfeste Suppentassen oder Auflaufförmchen schöpfen. Auf jedes Förmchen eine Scheibe Baguette legen und mit je einem Sechstel des Käses bestreuen. Die Förmchen auf ein Backblech stellen.

5. Den Grill im Backofen oder den Elektrogrill einschalten und das Backblech vorsichtig auf der obersten Schiene unter den Grill schieben. (Vorsicht, das Gargut kann unter dem Grill leicht verbrennen.) Wenn der Käse (nach etwa 1 bis 2 Minuten) goldbraun wird, das Backblech aus dem Ofen nehmen und die Suppe servieren.

Vorsicht: Wenn Sie eine dicke Suppe wie diese köcheln lassen, rühren Sie sie von Zeit zu Zeit um und schaben Sie mit einem Kochlöffel am Topfboden entlang, um zu verhindern, dass die Suppe anbrennt. Geben Sie bei Bedarf Wasser hinzu. Wenn Ihnen etwas anbrennt, füllen Sie den nicht angebrannten Rest in einen anderen Topf.

Erbsensuppe mit Krabben

Utensilien: Küchenmesser, Schneidbrett, Kochlöffel, Suppentopf, Messbecher, Küchenwaage, Pürierstab, Küchensieb, kleine Pfanne

Vorbereitungszeit: 5 Minuten   **Garzeit:** 15 Minuten   **Portionen:** 4

2 Schalotten, geschält und fein gehackt	1. In einem Suppentopf das Rapsöl auf mittlerer Einstellung erhitzen. Die Schalotten darin glasig anschwitzen.
2 EL Rapsöl	2. Die Erbsen zugeben, kurz erhitzen, dann mit der Gemüsebrühe ablöschen. Die Suppe 10 Minuten sanft köcheln lassen, danach die Sahne und die Minze hinzugeben. Aufkochen, vom Herd nehmen und mit dem Pürierstab cremig pürieren.
400 g feine Tiefkühlerbsen	
400 ml Gemüsebrühe	
250 g Sahne	3. In einer kleinen Pfanne die Butter bei mittlerer Einstellung erhitzen und die Krabben darin schwenken.
2 EL gehackte frische Minze	
200 g Nordseekrabben, abgespült und abgetropft	4. Die Suppe mit Zitronensaft, Salz und Pfeffer abschmecken. Wenn sie zu dickflüssig ist, noch etwas Gemüsebrühe hinzufügen. Wenn sie zu dünnflüssig ist, noch etwas einkochen lassen.
1 EL Butter	5. Die Suppe in Suppentassen oder -teller füllen, mit Krabben bestreut servieren.
2 TL Zitronensaft	
Salz, Pfeffer	

Linsensuppe

Utensilien: Küchenmesser, Schneidbrett, Messbecher, Küchenwaage, Küchensieb, Suppentopf, Kochlöffel

Vorbereitungszeit: 5 Minuten   **Garzeit:** 30 Minuten   **Portionen:** 4

Rapsöl zum Braten	1. In einem Suppentopf das Rapsöl erhitzen. Zwiebeln, Speck und Knoblauch darin anschwitzen.
2 Zwiebeln, geschält und fein geschnitten	
100 g durchwachsener Speck, fein gewürfelt	2. Linsen in einem Küchensieb mit Wasser abbrausen und mit der Brühe und dem Reis in den Suppentopf geben. Die Suppe bei mittlerer Einstellung 20 bis 30 Minuten kochen, bis die Linsen und der Reis gar sind.

2 Knoblauchzehen, geschält und fein geschnitten

100 g Linsen

1 l Rinderbrühe

150 g Reis

1 Dose Tomaten (à 400 g), grob gehackt

4 Zweige Thymian

Salz, Pfeffer aus der Mühle

1 Bund glatte Petersilie, gehackt

3. Dosentomaten und Thymian zugeben, alles mit Salz und Pfeffer abschmecken und aufkochen lassen.

4. Die Suppe in Suppentellern anrichten und mit Petersilie bestreuen.

Tipp: Besonders gut passt ein Roggenmischbrot zu dieser Suppe.

IN DIESEM KAPITEL

Vinaigrette und Sahnedressing zubereiten

Die Suche nach Grünem

Zehn schnelle und einfache Salate

Kapitel 11
Salate und Dressings

REZEPTE IN DIESEM KAPITEL

- Vinaigrette
- Kartoffelsalat mit Essig und Öl
- Leichtes Mayonnaisedressing
- Einfacher gemischter Blattsalat
- Tomatensalat mit roten Zwiebeln und Basilikum
- Reissalat mit roten Paprika
- Gurkensalat mit Dill
- Salat aus Kirschtomaten mit Fetakäse
- Bunter Nudelsalat
- Kichererbsensalat
- Tomaten mit Mozzarella und Avocado
- Platte mit gegrilltem Gemüse und frischem Pesto
- Früchtesalsa

Ein Salat kann unterschiedliche Funktionen haben. Er kann ein appetitanregender erster Gang, eine frische und knackige Beilage zu einem Hauptgericht oder selbst das Hauptgericht sein. Wenn Sie einen richtig guten Salat zubereiten möchten, müssen Sie zwei Dinge beachten: Verwenden Sie nur frische Zutaten und schneiden Sie alle Zutaten in mundgerechte Stücke. Wer möchte schon sperrige Salatblätter, von denen ölige Salatsoße tropft, um eine Gabel wickeln? Wenn alles in mundgerechte Stücke geschnitten, mit einer leckeren Soße angemacht und auf einem Teller appetitlich angerichtet ist, haben Sie einen wunderbaren Salat.

So viele Salatsoßen, so wenig Zeit

Dressings haben ihren Namen nicht umsonst. Ein gutes Dressing gleicht in vielerlei Hinsicht einem guten Outfit. Es schmückt auf angenehme Art und verleiht der Grundsubstanz die Würze. Im Supermarkt gibt es jede Menge Salatsoßen unterschiedlicher Hersteller. Wahrscheinlich kaufen Sie immer dieselbe: das Italienische Dressing vielleicht, das süße

French Dressing oder vielleicht etwas Modischeres wie das Honigsenf- oder das Joghurtdressing. Gekaufte Soßen können lecker sein. Aber ein Dressing lässt sich auch ganz einfach selbst zubereiten. Warum probieren Sie es nicht einmal aus?

Es gibt zwei Arten von Salatsoßen: Salatsoßen auf Essig-Öl-Basis (Vinaigrette) und Salatsoßen, die mit Mayonnaise zubereitet werden (wie das leichte Mayonnaisedressing). Beide Arten lassen sich einfach zubereiten.

Scharf auf würzige Vinaigretten

Die Vinaigrette ist eine der vielseitigsten Salatsoßen. Sie passt zu allen Arten von Blattsalaten und gegrilltem Gemüse, aber auch zu Fleisch, Geflügel und Fisch als Marinade oder als leichte und leckere Soße. Salatsoßen auf Vinaigrettebasis haben den Vorteil, dass davon große Mengen zubereitet und in einem Glas mit Schraubverschluss aufbewahrt werden können. Eine selbstgemachte Vinaigrette in einer hübschen Flasche ist außerdem ein nettes Geschenk.

Eine Vinaigrette besteht aus zwei Hauptzutaten: Essig und Öl, meist im Verhältnis 1:2 gemischt. Fügen Sie Kräuter und Gewürze hinzu, um Ihrer Vinaigrette einen eigenen Charakter zu verleihen. Aber bevor Ihre Vinaigrette zu ausgefallen wird, sollten Sie sich die Grundzutaten einer qualitativ hochwertigen, selbstgemachten Vinaigrette anschauen.

Das Besondere an Olivenöl und anderen Salatölen

Viele sagen, eine Salatsoße ist nur so gut wie das Öl, mit dem sie zubereitet wird. Und nur wenige Ölsorten ergeben eine bessere, komplexere und interessantere Salatsoße als Olivenöl. Aber der Kauf von Olivenöl im Supermarkt ist angesichts all der Herkunftsländer und ausgefallenen Etiketten inzwischen so schwierig wie das Bestellen von Kaffee. Möchten Sie italienisches, griechisches oder spanisches Olivenöl? Welche Farbe soll es haben? Machen Sie sich um all das keine Gedanken. Das Wichtigste beim Olivenöl ist die Kategorie oder Güteklasse, die meist gleich vorne auf der Flasche aufgedruckt ist. In aufsteigender Folge gibt es diese Güteklassen: Olivenöl, natives Olivenöl (*virgin*) und natives Olivenöl extra (*extra-virgin*).

Die Güteklasse wird durch den Gewinnungsprozess des Öls bestimmt, wobei die besten Öle den geringsten Säuregehalt aufweisen. Alle drei Olivenölarten stammen aus der ersten *Pressung* (der Zerkleinerungsprozess, bei dem das Öl aus den Oliven gewonnen wird), wobei das native Olivenöl extra, aus der ersten Pressung, von höchster Qualität ist. Natives Olivenöl extra ist in der Regel sehr aromatisch und hat einen sehr intensiven Geschmack. Für Olivenöl der Kategorie VI wird Öl aus der ersten und zweiten Pressung von am Baum gereiften Oliven verwendet, das aus geschmacklichen Gründen mit 5 bis 10 Prozent nativem Olivenöl gemischt werden kann.

Es gibt andere Salatöle wie Walnuss-, Haselnuss-, Kürbiskern-, Sesam-, Mais-, Erdnuss-, Distel- und Sojaöl. Für jedes gibt es eine eigene Verwendung. Die geschmacklich neutralen Mais-, Erdnuss-, Raps- und Distelöle können mit derselben Menge Oliven- oder Nussöl gemischt werden. Das ergibt einen leckeren Geschmack. Walnuss-, Haselnuss-, Kürbiskern- und Sesamöl haben ein kräftiges Aroma. Sie können diese Ölsorten sparsam zusammen mit anderen, weniger aromatischen Ölsorten verwenden. Am besten schmecken sie aber pur zu Salatsorten mit kräftigem Eigengeschmack.

In extravaganten Lebensmittel- und in Feinkostläden finden Sie immer häufiger Öle mit Kräutern, Zitrone, Pfefferkörnern und sonnengetrockneten Tomaten. Diese Öle können genau die richtige Würze für einen gemischten Blattsalat sein und schmecken lecker, wenn sie über Pizza, Baguette, Ziegenkäse oder Brie, gegrilltes Gemüse oder geröstete Croûtons geträufelt werden.

 Die Haltbarkeit von Öl hängt von der Ölsorte ab. Olivenöl sollte gut verschlossen an einem kühlen, vor Sonnenlicht geschützten Ort bis zu einem Jahr haltbar sein. Nussöle halten dagegen nur wenige Monate. Daher sollten Sie diese Ölsorten lediglich in kleinen Mengen kaufen.

Balsamico: Der teuerste Essig der Welt

Der traditionelle Balsamicoessig ist eine dunkle, süße, sirupartige Flüssigkeit, die viele Jahre gelagert wird und deren Wert in Gold aufgewogen werden kann. Der echte Balsamico stammt aus der Gegend um Modena und ist als solcher gekennzeichnet. Praktisch alle großen Flaschen Balsamicoessig im Supermarkt sind Imitationen, manche gelagert, manche nicht, die nur so aussehen sollen wie der echte Balsamico. Diese Imitationen müssen nicht schlecht sein, sie sind nur anders.

Echter Balsamico ist leicht zu erkennen: Sie beginnen zu hyperventilieren, wenn Sie den Preis sehen. Echter Balsamico wird nur in kleinen Flaschen verkauft, ist meist älter als 25 Jahre, und eine winzige Flasche kostet ab 25 Euro aufwärts. Solch ein exklusiver Essig wird nicht einfach so über einen Salat gegossen. In Italien wird er für Soßen oder zum Beträufeln von frischen Früchten (am besten Erdbeeren) verwendet.

Wie wird aus Essig eine Vinaigrette?

Zum Öl in der Salatsoße braucht es einen Gegenpol, eine säuerliche Zutat, die den Gaumen stimuliert und die Schwere des Öls relativiert. Meist wird Essig verwendet. Aber frischer Zitronensaft eignet sich hierfür ebenso gut.

Essig gibt es in verschiedenen Varianten, teils auch mit Kräutern aromatisierte Sorten. Als Grundlage wird zwar meist Rot- oder Weißwein verwendet, aber letztlich kann aus jeder Flüssigkeit, die fermentiert, Essig hergestellt werden:

- ✔ **Apfelessig:** Dieser aus Äpfeln hergestellte, klare, braune Essig passt gut zu kräftigen Blattsalaten und schmeckt besonders lecker, wenn er über Fleisch, Fisch oder Obstsalat geträufelt wird. Er passt außerdem hervorragend zu Ingwer- oder Currydressings.

- ✔ **Weißer Essig:** Weißer Essig ist farblos und scharf und wird aus verschiedenen Getreidesorten gewonnen. Er passt gut zu Reis- oder Nudelsalaten.

✔ **Rot- oder Weißweinessig:** Dieser Essig wird aus verschiedenen Rot- oder Weißweinen hergestellt. Er ist vollmundig im Geschmack und passt gut in Salatsoßen zu kräftigen, dunklen Blattsalaten.

✔ **Reisessig:** Der in Japan und China häufig verwendete Reisessig ist nicht so sauer wie weißer Essig und passt gut zu Sesamöl. Reisessig schmeckt auch lecker in Salaten mit Meeresfrüchten.

Probieren Sie die unterschiedlichen Essigsorten aus und finden Sie heraus, welcher Ihnen am besten schmeckt. Die Wahl des Essigs macht Ihre selbstgemachte Vinaigrette zu etwas ganz Besonderem.

Vinaigrette

Die Mengenangaben in diesem Rezept für eine Vinaigrette sind nur ungefähre Angaben. Sie müssen bei der Zubereitung probieren, um die richtige Balance zwischen Essig und Olivenöl zu finden. Oder Sie können den Essig durch 2 Esslöffel frischen Zitronensaft ersetzen.

Utensilien: Kleine Schüssel, Schneebesen

Vorbereitungszeit: Weniger als 5 Minuten   **Portionen:** 6

2 EL Rot- oder Weißweinessig	1. Den Essig und den Senf in eine Schüssel geben. Mit dem Schneebesen gut verrühren.
1 TL Dijonsenf	
4 bis 5 EL Olivenöl	2. Das Olivenöl unter ständigem Rühren zugießen. Mit Salz und Pfeffer abschmecken.
Salz, Pfeffer	

Dressings zubereiten und aufbewahren

Um Zeit zu sparen und nicht jedes Mal, wenn Sie einen Salat möchten, eine Vinaigrette zubereiten zu müssen, können Sie eine größere Menge herstellen und in einer leeren Weinflasche oder einem Twist-off-Glas aufbewahren. So haben Sie jederzeit schnell einen gemischten Blattsalat mit selbstgemachter Vinaigrette griffbereit!

Kartoffelsalat mit Essig und Öl

Utensilien: Topf, Küchenmesser, Schneidbrett, Küchenwaage, Messbecher, Kochlöffel, kleine Pfanne zum Andünsten der Zwiebel, Salatschüssel

Vorbereitungszeit: 10 Minuten   **Garzeit:** 25 Minuten zum Kochen der Kartoffeln
Portionen: 4

500 g kleine Kartoffeln, festkochend, geschält	**1.** Die Kartoffeln im Topf garen, so weit abkühlen lassen, dass man sie anfassen kann, und noch warm in 2 bis 3 Millimeter dicke Scheiben schneiden. Die Kartoffelscheiben in eine Salatschüssel geben.
4 EL Rapsöl	
1 rote Zwiebel, geschält und fein gewürfelt	Wie Sie Kartoffeln garen, lesen Sie in Kapitel 4 im Abschnitt *Gemüse kochen, blanchieren und dämpfen*.
3 EL Apfelessig	
100 ml Gemüsebrühe	**2.** In einer Pfanne das Öl bei mittlerer Temperatur erhitzen. Die Zwiebel darin glasig anschwitzen. Mit dem Essig und der Gemüsebrühe ablöschen, Senf zufügen und einmal aufkochen lassen. Mit Salz, Pfeffer und Zucker würzen.
2 EL Senf	
Salz, Pfeffer, Zucker	
1 Bund Schnittlauch, in Röllchen geschnitten	**3.** Den Sud noch warm über die Kartoffeln geben.
	4. Den Salat noch einmal mit Salz und Pfeffer abschmecken und mit Schnittlauch bestreuen.

Variieren Sie Ihr Dressing

Wer möchte schon jeden Tag immer dieselbe Salatsoße essen? Die Vinaigrette ist ein Grundrezept. Sie können der Vinaigrette mit vielen verschiedenen Zutaten eine andere Farbe, einen anderen Geschmack und eine andere Konsistenz verleihen. Hier ein paar Variationen zum Vinaigrette-Grundrezept aus diesem Kapitel:

✔ Nehmen Sie anstelle der beiden Esslöffel Olivenöl 2 Esslöffel Walnuss- oder Haselnussöl. Dadurch erhält die Vinaigrette einen charakteristischen nussigen Geschmack. Verwenden Sie diese Vinaigrette für gemischten Blattsalat oder Salat mit gegrilltem Geflügel.

✔ Fügen Sie 1 Teelöffel abgetropfte Kapern und 1 Esslöffel gehackten frischen Kerbel, Estragon, Basilikum oder Zitronenthymian hinzu. Diese Kräutervinaigrette peppt einen Nudelsalat richtig auf.

✔ Geben Sie 1 kleine reife Tomate zusammen mit der restlichen Salatsoße in einen Mixer oder in eine Küchenmaschine und pürieren Sie das Ganze.

✔ Um die Vinaigrette anzudicken, mischen Sie sie im Mixer mit 1 bis 2 Esslöffeln Ricotta. Fettarmer Ricotta hat dieselbe Wirkung, aber deutlich weniger Kalorien.

Mayonnaisedressings zubereiten

Ein Mayonnaisedressing kann mit seinem milden Geschmack Salate mit bitterem oder kräftigem Aroma aufwerten und passt gut zu Salaten mit Eiern, Krabben, Nudeln, Thunfisch oder gekochtem Schinken. Und Mayonnaisedressings passen gut zu kalten Meeresfrüchten, Fleisch und Geflügel. Sie sind allerdings nicht lange haltbar. Bewahren Sie sie unbedingt im Kühlschrank auf und verbrauchen Sie sie innerhalb einer Woche.

Leichtes Mayonnaisedressing

Utensilien: Kleine Schüssel, Schneebesen, Küchenwaage

Vorbereitungszeit: Weniger als 5 Minuten   **Portionen:** 6

Saft von 1 Zitrone oder Limette	1. Alle Zutaten in einer kleinen Schüssel mit dem Schneebesen verrühren. Mit Salz und Pfeffer abschmecken.
150 g Joghurt	
2 EL Mayonnaise	
½ TL Salz, etwas Pfeffer	

Tipp: Durch den Zusatz von Kräutern wie Petersilie, Schnittlauch und Dill können Sie das Dressing ideal auf Ihren Salat abstimmen.

Die Seele des Salats: Knackig frische Blattsalate

Für einen Salat benötigen Sie besonders frische Blattsalate und Kräuter und besonders leckeres Gemüse. Kaufen Sie nach Möglichkeit Zutaten der Saison und bringen Sie es zügig nach Hause. Oder noch besser: Pflanzen Sie Gemüse im eigenen Garten an.

Blattsalate gut waschen

Sind Sie schon einmal am Strand mit offenem Mund eingeschlafen, während der Wind den ganzen Sand in Ihre Richtung geblasen hat? Nun, so fühlt sich nicht gewaschener Salat an. Damit Sie wirklich allen Sand aus dem Salat bekommen, lösen Sie die Blätter vom Kopf, tauchen sie kurz in kaltes Wasser und schütteln sie. Spülen Sie die Blätter anschließend unter fließendem Wasser ab. Reinigen Sie dabei das Stielende besonders gründlich.

Es ist wichtig, die Salatblätter gut zu trocknen, da sonst das Dressing daran abperlt. Sie können die Blätter mit einem Tuch trocknen, aber das ist lästig. Am besten verwenden Sie eine Salatschleuder, in der die Blätter durch die Zentrifugalkraft getrocknet werden.

Blattsalate kaufen und aufbewahren

Kaufen Sie keine welken Blattsalate. Ein Kopf Romana-Salat muss wie ein Strauß eng gebundener grüner Blätter aussehen und darf keine braunen Kanten oder faulen Stellen aufweisen. Lassen Sie die Brunnenkresse liegen, wenn die Blätter bereits gelb werden. Braune Flecken auf einem Eisbergsalat sind ein Hinweis darauf, dass er zu faulen beginnt. Blattsalate im Bund, wie Rucola und Löwenzahn, sind besonders empfindlich und verderben leicht. Verbrauchen Sie sie daher innerhalb weniger Tage. Und glauben Sie nicht (nur weil Sie gesehen haben, wie Ihre Mutter es gemacht hat), dass sich welker Salat in kaltem Wasser erholt.

Bewahren Sie gewaschenen und getrockneten Blattsalat – in feuchtes Küchenkrepp oder ein Küchentuch gewickelt – im kältesten Fach im Kühlschrank auf. Brunnenkresse, Rucola, Petersilie und andere Kräuter können Sie wie frische Schnittblumen mit den Stängeln in ein Glas Wasser stellen. Blattsalate lassen sich nicht allzu lange aufbewahren. Verbrauchen Sie sie innerhalb weniger Tage nach dem Kauf.

Auch vorgefertigte Blattsalate mit Dressing, Croûtons oder anderen »Instant«-Salatzutaten werden im Supermarkt angeboten. Salate im Beutel sind praktisch, und manche sind aus biologischem Anbau. Möglicherweise sind darunter auch Salate, die Sie sonst im Supermarkt nicht gefunden hätten. Blattsalat im Beutel ist allerdings teurer. Wenn es Ihnen das Geld wert ist, gewaschene und bereits zerkleinerte Salatblätter direkt aus dem Beutel in die Salatschüssel zu geben, ist das eine gute Lösung. Blattsalate aus dem Beutel schmecken unter Umständen nicht so frisch wie Salate aus der Gemüseabteilung. Aber sie sind immer noch besser, als wenn Sie gar keinen Salat essen würden.

Blattsalatglossar

Blattsalate gibt es von mild über pikant bis hin zu bitter. Milde Blattsalate wie Eisberg- und Kopfsalat können Sie als Grundlage für kräftigere Zutaten und Gewürze verwenden. Verwenden Sie bittere oder herbe Blattsalate wie Radicchio, Rucola und Winterendivie sparsam als Kontrast. Einen Salat mit herbem Radicchio mit einer scharfen Vinaigrette anzumachen, ist so, als würden Sie Baseballbälle ohne Handschuh fangen: Das tut weh! Bei kräftigen Blattsalaten können Sie mit sahnigen Dressings einen Ausgleich schaffen.

Im Supermarkt und beim Gemüsehändler sind das ganze Jahr über verschiedene Blattsalate erhältlich, sodass Sie unterschiedliche Arten in einer Schüssel mischen können. Je größer die Vielfalt in der Salatschüssel, umso besser. Die von uns am meisten geschätzten Blattsalate, von denen einige in Abbildung 11.1 dargestellt sind, sind in den folgenden Abschnitten aufgelistet.

Übertreiben Sie es nicht

Viele machen den Fehler, dass sie Salate in Soße ertränken. Träufeln Sie nur gerade genug Dressing über die Blätter, damit diese beim Anmachen leicht bedeckt werden. Ein fertiger Salat soll nicht aussehen wie ein Schwimmbad im Herbst! Mischen Sie den Salat beim Anmachen gut durch. Verwenden Sie hierzu ein Salatbesteck oder eine große Gabel und einen großen Löffel. Das Dressing sollte auf allen Blättern gleichmäßig verteilt sein.

Milde Blattsalate

Meist knackig und leicht süß lassen sich diese Blattsalate gut essen und passen zu einer sehr aromatischen Vinaigrette:

✔ **Eisbergsalat:** Als Weißbrot der Salatwelt wird der Eisbergsalat an Salatbars und bei Banketten gereicht. Der Eisbergsalat ist sehr knackig, hat aber kaum Geschmack.

Um den Strunk eines Eisbergsalats zu entfernen, werfen Sie den Salatkopf (mit der Strunkseite nach unten) auf ein Schneidbrett oder auf eine Arbeitsfläche. Der harte Strunk sollte sich dann leicht herausdrehen lassen.

✔ **Kopfsalat:** Der »Klassiker«, kombinierbar mit fast allen anderen Sorten.

✔ **Roter Eichblattsalat:** Dieser farbige Salat hat seinen Namen vom Eichblatt, dem er gleicht. Er lässt sich gut mit vielen anderen Blattsalaten mischen und kann als ansprechende Garnitur verwendet werden.

✔ **Romana:** Der Salat mit dunkelgrünen äußeren Blättern und einem hellgelben Salatherz lässt sich gut mit anderen Blattsalaten mischen. Im Kühlschrank bleibt er bis zu einer Woche frisch. Wie andere dunkelgrüne Blattsalate hat auch der Romana einen hohen Gehalt an Vitamin A.

Abbildung 11.1: Unsere Lieblingsblattsalate

Kräftige Blattsalate

Diese kräftigeren Blattsalate haben einen Biss. Damit können Sie mildere Blattsalate interessanter machen.

✔ **Brunnenkresse:** Die kleeblattförmigen Blätter verleihen dem Salat eine scharfe Würze. Brechen Sie die harten Stängel ab und waschen Sie die Blätter gründlich. Brunnenkresse kann auch gut als Garnitur für Suppen oder auf Platten verwendet werden.

✔ **Chicorée:** Dieser Salat mit hellgelben und weißen Blättern ist besonders knackig und leicht bitter. Ziehen Sie die Blätter vom Strunk ab und reißen Sie sie in Stücke für einen grünen Salat. Oder verwenden Sie das ganze Blatt als Grundlage zum Servieren von verschiedenen Käse- und Gemüsedips.

✔ **Feldsalat:** Der aromatische Wintersalat entwickelt sein Aroma erst nach dem ersten Frost. Sein leicht nussiges Aroma verträgt sich sehr gut mit einer Vinaigrette mit Walnuss- oder Kürbiskernöl.

✔ **Friséesalat:** Dieser leicht bittere, hellgelbe Blattsalat hat krause, stark gefiederte Blätter. Verwenden Sie ihn sparsam mit anderen Blattsalaten als Kontrast zu Struktur und Geschmack. Er ist etwas zarter im Geschmack als Endiviensalat.

✔ **Kohl:** Rot- oder Weißkohl ist eine leckere Salatergänzung und erstaunlich preiswert. Schneiden Sie die Blätter mit einem Messer klein und mischen Sie sie mit grünen Salaten. So erhalten diese etwas Farbe und werden knackiger. Kohl hält sich lange frisch und enthält viel Vitamin C.

✔ **Krauser Endiviensalat:** Ähnlich im Geschmack wie die Winterendivie mit besonders krausen Blättern.

✔ **Löwenzahn:** Ein Blattsalat, den Sie wahrscheinlich auf Ihrem Rasen pflücken können (sofern Sie keinen Hund haben und keine Pflanzenschutzmittel im Garten versprühen). Löwenzahnblätter kommen im Frühling auf den Markt. In Italien wird der bittere Geschmack der knackigen Blätter geschätzt. Verwenden Sie junge, zarte Blätter. Ältere Blätter sind zu bitter und hart. Mischen Sie die Blätter mit einem gemischten Blattsalat, hart gekochten und gehackten Eiern und einer Vinaigrette. Löwenzahnblätter enthalten viel Vitamin A, Vitamin C und Kalzium.

✔ **Radicchio:** Ein kleiner, kompakter Kopf mit dunkelroten Blättern, der in einer Schüssel mit grünem Salat einen farblichen Beitrag leistet. Radicchio ist ein sehr kräftiger und vergleichsweise teurer Salat. Verwenden Sie ihn sparsam. Im Kühlschrank lässt er sich gut aufbewahren (bis zu zwei Wochen). Wickeln Sie ihn am besten in ein feuchtes Tuch. Wie Kohl kann Radicchio auch gegrillt, geröstet oder gedünstet werden.

✔ **Rucola:** Sie können die Schärfe in den dunkelgrünen Blättern von Rucola praktisch schmecken. Das Pfefferaroma passt gut zu einem milden Blattsalat oder zu gegrillten Champignons, roten Zwiebeln und einer Zitronenvinaigrette.

✔ **Spinat:** Diese dunkelgrünen, leicht schrumpeligen Blätter enthalten viel Eisen. Werfen Sie die dicken Stängel weg. Die Blätter vom Babyspinat sind kleiner, oval, glatt und butterig. Spülen Sie den Spinat gründlich ab, um alle Blätter von Sand zu reinigen. Trocknen Sie den Spinat gut ab. Mischen Sie die Blätter mit milderen Blattsalaten wie Kopf- oder Pflücksalat.

✔ **Winterendivie oder Eskariol:** Sie können diesen eher herben Blattsalat roh im Salat oder in Olivenöl und Knoblauch gedünstet genießen.

Einfacher gemischter Blattsalat

Je nach Jahreszeit eignen sich die einen oder anderen Blattsalate besser. Wenn es auf dem Markt dunkelgrüne Rucolablätter gibt, mischen Sie sie mit anderen Blattsalaten wie Romana, Rotem Eichblattsalat oder Krausem Endiviensalat. Rucola ist angenehm herb und peppt jeden Salat auf. Er kann jedoch sandig sein. Waschen Sie ihn daher gründlich. Probieren Sie auch verschiedene gehackte Gemüsesorten aus, je nachdem, was frisch aussieht, beispielsweise halbierte Kirschtomaten, Gurken- oder Radieschenscheiben, Paprikastreifen oder auch Apfelschnitze. Im Winter können Sie eingelegtes Gemüse verwenden, zum Beispiel Oliven oder Artischockenherzen.

Utensilien: Salatschleuder, Sieb oder Küchenkrepp, Küchenmesser, Schneidbrett, Küchenwaage, kleine Schüssel, Schneebesen Salatschüssel, Gemüseschäler, Reibe

Vorbereitungszeit: Etwa 20 Minuten   **Portionen:** 6

1 Schüssel gemischter Blattsalat (Romana-, Roter Eichblatt-, Kopfsalat)

2 EL rote Zwiebeln, geschält und fein gehackt

2 Möhren, geschält, gerieben

150 g Rot- oder Weißkohl (nach Geschmack), geputzt und gerieben

Für die Vinaigrette:

1½ EL Rot- oder Weißweinessig

3 EL Olivenöl

Salz, Pfeffer

1 EL gehacktes frisches Basilikum

1. Die Salatblätter in einem großen Topf mit kaltem Wasser oder im Spülbecken waschen. (Das Wasser mehrmals wechseln und den Salat so häufig waschen, bis kein Sand mehr zurückbleibt.) Die Blätter von den harten Stängeln abzupfen. Die Salatblätter in einer Salatschleuder schleudern oder auf Küchenkrepp auslegen und trocken tupfen.

2. Die Salatblätter in mundgerechte Stücke zupfen und in eine Salatschüssel geben. Die Zwiebeln, Möhren und nach Geschmack Kohl dazugeben.

3. Für die Vinaigrette Essig und Öl in eine kleine Schüssel geben. Mit einem Schneebesen gut verrühren und mit Salz und Pfeffer abschmecken. Die Vinaigrette und das Basilikum über den Salat geben und gut vermischen.

Variationen: Wenn Sie etwas Abwechslung mögen, finden Sie hier ein paar Ideen: Mit nur wenig zusätzlichem Aufwand erhält der Salat ein frisches Aroma, wenn Sie in Schritt 3 anstelle des Essigs frisch gepressten Zitronensaft verwenden. Fügen Sie 2 Teelöffel Mayonnaise, Joghurt oder Sauerrahm hinzu, und schon haben Sie eine cremige Salatsoße. Rühren Sie 2 Teelöffel Dijonsenf unter die Vinaigrette. Würzen Sie den Salat mit fein geschnittenen Kräutern wie Estragon, Dill, Kerbel oder Schnittlauch. Krümeln Sie etwas Ziegenkäse oder Blauschimmelkäse über den Blattsalat.

Zehn schnelle Salate . . . so einfach, dass Sie kein Rezept benötigen

Salate lassen sich bequem zubereiten. Vertrauen Sie einfach auf Ihren Geschmack und kreieren Sie eigene Salate. Ein wenig Inspiration für den Anfang gefällig? Probieren Sie einige dieser einfachen Kombinationen aus, die alle vegetarisch sind. Und scheuen Sie sich nicht, Zutaten zu ersetzen, zu experimentieren oder andere Dressings zu verwenden:

- ✔ **Tomatensalat mit roten Zwiebeln und Basilikum:** Schneiden Sie reife, rote Tomaten in etwa 0,5 Zentimeter dicke Scheiben und schichten Sie sie auf einer Platte mit gewürfelten Zwiebeln und 4 bis 5 großen gehackten frischen Basilikumblättern. Träufeln Sie Essig und Öl darüber und würzen Sie das Ganze mit Salz und Pfeffer. Dieser Salat schmeckt auch mit frischem Mozzarella sehr lecker.

- ✔ **Reissalat mit roten Paprika:** Mischen Sie etwa 3 Tassen gekochten geschälten Reis mit 1 Tasse gekochten grünen Erbsen und 2 Tassen entkernten und gehackten roten, grünen oder gelben (oder einer Mischung aus allen drei Farben) Paprikaschoten. Alles mit einer Kräutervinaigrette gut vermengen, mit Salz und schwarzem Pfeffer abschmecken und bis zum Servieren kalt stellen.

- ✔ **Gurkensalat mit Dill:** Mischen Sie geschälte, entkernte und in Scheiben geschnittene Gurken mit einer Dillvinaigrette. (Das Rezept für eine Vinaigrette finden Sie am Anfang dieses Kapitels.)

- ✔ **Salat aus Kirschtomaten mit Fetakäse:** Mischen Sie 300 Gramm Kirschtomaten, gewaschen und halbiert, mit 120 Gramm zerbröckeltem Fetakäse und 100 Gramm entkernten, in Scheiben geschnittenen Oliven. Würzen Sie den Salat mit einer Vinaigrette nach Geschmack. (Ein Rezept für eine Vinaigrette finden Sie weiter vorn in diesem Kapitel.)

- ✔ **Bunter Nudelsalat:** Mischen Sie 500 Gramm Ihrer Lieblingspasta, gekocht, mit ½ Tasse gehackter, sonnengetrockneter Tomaten. Schmecken Sie den Salat mit etwas Öl, Essig und schwarzem Pfeffer ab.

- ✔ **Kichererbsensalat:** Vermengen Sie eine Dose (etwa 450 Gramm) abgetropfte Kichererbsen, 3 Esslöffel gehackte rote Zwiebeln, ein bis zwei durchgepresste Knoblauchzehen und die geriebene Schale einer Zitrone. Vermischen Sie alles mit einer Zitronenvinaigrette. (Das Rezept für eine Vinaigrette finden Sie am Anfang dieses Kapitels.)

✔ **Tomaten mit Mozzarella und Avocado:** Legen Sie abwechselnd dünne Scheiben reifer Tomaten und Mozzarella auf eine runde Platte. Legen Sie in die Mitte Avocadoscheiben, die Sie mit frischem Zitronensaft beträufeln, damit sie sich nicht verfärben. Träufeln Sie Olivenöl und Zitronensaft über den Salat und garnieren Sie ihn mit frischem Basilikum. 🍅

✔ **Platte mit gegrilltem Gemüse und frischem Pesto:** Legen Sie eine Auswahl an Ofengemüse auf eine Platte (siehe Kapitel 7). Servieren Sie das Gemüse mit mehreren Löffeln frischem Pesto (siehe Kapitel 8). 🍅

✔ **Früchtesalsa:** Vermengen Sie 1 reife geschälte, entsteinte und gehackte Avocado, 2 reife geschälte, entkernte und gehackte Papayas und 2 Esslöffel gehackte rote Zwiebeln mit einem Dressing aus 1 Esslöffel Honig und der geriebenen Schale und dem Saft einer Zitrone. Passt zu gegrillten Hamburgern, Hähnchen oder Fisch. 🍅

IN DIESEM KAPITEL

Die Wahl zwischen getrockneten und frischen Nudeln

Ein paar Geheimnisse rund ums Nudelkochen

Verschiedene Arten von Pasta unterscheiden

Die perfekte Pastasoße zubereiten

Klassische Pastarezepte

Kapitel 12
Pastamanie

REZEPTE IN DIESEM KAPITEL

- Spaghetti mit einer schnellen, frischen Tomatensoße
- Penne mit Parmesan und Basilikum
- Tagliatelle mit getrockneten Steinpilzen und Schinken
- Lasagne für die ganze Familie

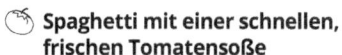

ie meisten Menschen lieben Nudeln, ob es ein Teller voll Spaghetti oder eine Schüssel mit Käse-Makkaroni ist. Nudeln können Sie mit Gemüse, Fleisch oder allen möglichen Arten von Soßen servieren. Sie schmecken heiß als eigene Mahlzeit oder bei Zimmertemperatur als Salat. Nudeln bestehen aus Kohlenhydraten, und eine angemessene Portion Nudeln hat wenig Kalorien und Fett. (Ein großer Schöpflöffel voll Sahnesoße macht das allerdings hinfällig.) Wenn Sie also gerade eine Diät machen, essen Sie lieber Nudeln statt einen Schokoriegel oder ein Stück Weißbrot. Sehr gut geeignet sind Vollkornnudeln, wie Weizenvollkornnudeln.

Im Italienurlaub lernten viele Touristen die klassischen italienischen Gerichte kennen und lieben und so ist die italienische Küche heute eine der beliebtesten in Deutschland. Ob Sie Ihre Nudeln dampfend heiß nur mit etwas Butter oder Olivenöl oder mit viel Soße und Fleischbällchen mögen: In diesem Kapitel erfahren Sie, wie Sie Nudeln selbst kochen können, wenn Sie zu Hause Sehnsucht nach Pasta bekommen.

Getrocknete oder frische Nudeln

Deutschlands Keller und Schränke müssen voller Nudelmaschinen stehen. Eine Zeit lang wollte jeder, der wusste, wie man Wasser kocht, frische Nudeln selbst herstellen. Junge Paare verbrachten ganze Wochenenden in der Küche, verkneteten Mehl und Eier zu Teig, kurbelten und kurbelten und kurbelten immer weiter. Dann hängten sie die Nudeln über Nacht über Stühle, Tische und Wäscheleinen zum Trocknen.

Damals hielt dieser Trend nicht lange an. Und heute gibt es frische Nudeln nicht nur beim Italiener, in Feinkostläden und auf dem Wochenmarkt bei spezialisierten Ständen, sondern selbst im Supermarkt. Dort treffen Sie vor dem Kühlregal auf die nicht mehr praktizierenden Pastafreunde: »Ooooh, frische Pasta. Wir machen total gern frische Nudeln selbst! Mensch, das haben wir schon lange nicht mehr gemacht.«

Tatsächlich sind frische Nudeln nicht viel besser als getrocknete Nudeln, sie sind nur schneller gar. Es sind viele wirklich gute getrocknete Nudeln erhältlich. Und ob Sie nun frische oder getrocknete Nudeln verwenden, ist letztlich eine Frage des persönlichen Geschmacks. Selbstgemachte Nudeln, nun ja, gute selbstgemachte Nudeln sind entschieden leichter und erlesener. Da für getrocknete Nudeln viele unterschiedliche Mehlsorten verwendet werden, unterscheiden sie sich auch im Geschmack. Die besseren getrockneten Nudelsorten sind aus Hartweizengrieß. (Für selbstgemachte Nudeln wird meist einfaches Weizenmehl verwendet.)

In diesem Kapitel verwenden wir getrocknete Nudeln, weil sie überall erhältlich, länger haltbar und preiswerter sind. Wenn Sie besonders gute getrocknete Pasta kaufen wollen, achten Sie auf den Hinweis »Trafilatura al bronzo« oder »Auf traditionelle Art«. Die Oberfläche der durch Bronzeformen gepressten Nudeln ist rauer, dadurch nehmen sie Soße besser auf. Doch unabhängig davon ist es letztlich die Soße, die darüber entscheidet, ob es sich um ein gewöhnliches oder um ein außergewöhnliches Pastagericht handelt.

Tipps und Tricks rund um Nudeln

Nudeln zu kochen ist nicht schwierig. Aber ein paar Dinge sollten Sie wissen, damit Ihre Nudeln immer perfekt gelingen.

- ✔ **Al dente ist kein italienischer Kieferorthopäde.** *Al dente* ist der italienische Ausdruck für »bissfest«. Kochen Sie Nudeln nicht, bis sie komplett weich sind, sondern nur bissfest. Wenn Nudeln zu lange kochen, nehmen sie mehr Wasser auf und werden matschig. Am besten probieren Sie, ob die Nudeln fertig sind. Und hierfür gibt es nur eine bewährte Methode: Fischen Sie mit einer Gabel ein paar Nudeln aus dem Wasser, lassen Sie die Nudeln in die Hand fallen, springen Sie in der Küche umher, werfen Sie die brennend heißen Nudeln in die Luft und probieren Sie sie dann. (Sie müssen die Nudeln nicht unbedingt in die Luft werfen. Aber es macht mehr Spaß.)

✔ **Verwenden Sie viel Wasser (5 bis 6 Liter Wasser für 500 Gramm Nudeln) und einen 7 bis 8 Liter fassenden Topf.** Nudeln brauchen – wie Tangotänzer – Bewegungsfreiheit. Wenn Sie keinen Topf haben, der mit dieser Menge Wasser höchstens ¾ gefüllt ist, ist es besser, die Nudeln auf zwei Töpfe zu verteilen, als zu viele Nudeln in einem Topf kochen zu wollen. Wenn der Topf zu voll ist, wird das Wasser überkochen.

Ein großer Topf mit kochendem Wasser ist der gefährlichste Gegenstand in einer Küche. Verwenden Sie einen Topf mit kurzen Griffen, an die Sie nicht so leicht anstoßen können, und stellen Sie den Topf auf eine der hinteren Platten, weit weg von kleinen und neugierigen Händen.

✔ **Geben Sie Salz ins Wasser.** Dadurch schmecken die Nudeln besser, und die Nudeln können die Soße besser aufnehmen. Als Faustregel gilt: etwa zwei Teelöffel Salz auf vier bis fünf Liter Wasser und ein Esslöffel Salz auf fünf bis sechs Liter Wasser.

✔ **Öl gehört in den Salat, nicht ins Nudelwasser.** Sie brauchen kein Öl ins Wasser zu geben, wenn Sie genügend Wasser verwenden und gelegentlich umrühren, damit die Nudeln nicht festkleben.

Rühren Sie die Nudeln gleich um, nachdem Sie sie ins Wasser gegeben haben, um zu verhindern, dass sie aneinander festkleben.

✔ **Legen Sie einen Deckel auf den Topf, damit das Wasser schnell wieder kocht.** Denn durch das Zugeben der Nudeln zum Wasser kühlt es etwas ab. Sobald das Wasser wieder zu kochen beginnt, nehmen Sie den Deckel wieder ab und kochen Sie die Nudeln ohne Deckel bissfest.

✔ **Stellen Sie eine Tasse Kochflüssigkeit beiseite, wenn die Nudeln fertig sind.** Sie können etwas von der Flüssigkeit für die Soße verwenden. Die Stärke im Wasser bindet die Soße, sodass sie an den Nudeln besser haften bleibt.

✔ **Brausen Sie die Nudeln nicht ab.** Schütten Sie die Nudeln, wenn sie al dente (bissfest) sind, in ein Küchensieb. *Brausen Sie sie nicht ab!* Schließlich soll die Stärke an den Nudeln bleiben, damit die Soße besser haftet. Die einzigen Ausnahmen sind kalte Nudelsalate und Aufläufe wie Lasagne, bei denen die Zutaten geschichtet werden.

✔ **Nach dem Abtropfen der Nudeln können Sie diese in den Topf mit der Soße geben und gut umrühren.** So wird die Soße besser verteilt, als wenn Sie sie mit einem Löffel über die Nudeln geben. Lieben Sie es rustikal, servieren Sie die Nudeln direkt aus dem Topf.

✔ **Kochen Sie niemals zwei Arten oder Größen von Nudeln in einem Topf.** Es ist eine echte Herausforderung, die Nudeln herauszufischen, die zuerst fertig sind.

✔ **Bereiten Sie immer zuerst die Soße zu, bevor Sie die Nudeln kochen.** Gekochte Nudeln müssen sofort nach dem Abtropfen serviert oder in die Soße gegeben werden, da sie sonst steif und klebrig werden. Bei vielen Rezepten bereiten Sie die Soße zu, während das Wasser für die Nudeln zum Kochen gebracht wird oder die Nudeln kochen. So sind die Nudeln und die Soße etwa zur selben Zeit fertig und Sie brauchen die Nudeln nur noch abzugießen (oder in den Topf mit der Soße zu geben und gut untereinander zu mischen).

✔ **Generell können Sie etwa 60 Gramm getrocknete Nudeln pro Person rechnen, wenn Sie die Nudeln als Beilage servieren.** Für ein Hauptgericht braucht man etwa 100 Gramm pro Person. Wenn Sie viele gute Esser satt machen müssen, verwenden Sie entsprechend mehr Nudeln.

✔ **Versuchen Sie nicht, beim Servieren der Nudeln Italienisch zu radebrechen.** »Bonissimo! Perfect-amente mia amigas, Mangia, Mangia!« Das ist albern und irritiert Ihre Gäste.

Namen für die Nudeln: Nudelarten und Garzeiten

Am beliebtesten sind die beiden italienischen Pastasorten Makkaroni und Spaghetti.

Makkaroni sind hohl und gebogen. *Spaghetti*, was übersetzt »Schnürchen« bedeutet, sind lange dünne Nudeln. Manchmal werden *Linguine* und *Fettuccine* von Spaghetti unterschieden, da es sich hierbei um flache Nudeln handelt. In Abbildung 12.1 sind einige gängige Nudelformen abgebildet, die in den nachfolgenden Abschnitten beschrieben werden.

Makkaroni

Die auch als *Röhrennudeln* bezeichneten Makkaroni werden mit dicken, üppigen Soßen serviert. In Tabelle 12.1 sind die unterschiedlichen Arten von Röhrennudeln beschrieben. Hier finden Sie auch Angaben zur Zubereitung sowie zur passenden Soße.

Fadennudeln

Fadennudeln schmecken am besten mit leichten, aromatischen Soßen mit viel Öl, das verhindert, dass die sehr dünnen Nudeln zusammenkleben, etwa Pesto, Zitronensoße oder Salbeibutter passen sehr gut. In Tabelle 12.2 wird beschrieben, wie die einzelnen Fadennudelsorten ideal zubereitet werden.

Flache Bandnudeln

Zu flachen Bandnudeln passen üppige Sahnesoßen oder einfache Buttersoßen mit frischem Gemüse besonders gut. In Tabelle 12.3 erfahren Sie, wie Sie die unterschiedlichen Bandnudelsorten am besten zubereiten.

Abbildung 12.1: Verschiedene Nudelformen

Italienische Bezeichnung	Übersetzung	Beschreibung und ungefähre Garzeit
Cannelloni	großes Rohr	Werden mit Fleisch oder Käse gefüllt und mit Soße bedeckt gebacken. Garzeit etwa 7 bis 9 Minuten.
Ditali	Hütchen	Glatt und kurz. Für Suppen und kalte Nudelsalate. Garzeit etwa 8 bis 10 Minuten.
Penne	Federkiel	Am besten mit viel üppiger Soße. Garzeit etwa 10 bis 12 Minuten.
Rigatoni	große Rillen	Große, weite Röhren. Dazu passt eine Soße mit Tomaten, Fleisch und Gemüse. Garzeit etwa 10 bis 12 Minuten.
Ziti	Bräutigam	Schmale Röhren, die in überbackenen Aufläufen mit dicken Tomatensoßen besonders lecker schmecken. Garzeit etwa 10 bis 12 Minuten.

Tabelle 12.1: Röhrennudeln

Italienische Bezeichnung	Übersetzung	Beschreibung und ungefähre Garzeit
Capelli d'angelo	Engelshaar	Die dünnste Nudelsorte überhaupt. Capelli d'angelo eignen sich besonders gut für Suppen. Kurze Garzeit von nur 3 bis 4 Minuten.
Capellini	kurzes Haar	Etwas breiter als Capelli d'angelo. Garzeit etwa 4 bis 5 Minuten.
Spaghetti	Schnürchen	Lange, mäßig breite Fäden. Garzeit etwa 10 bis 12 Minuten.
Vermicelli	Würmchen	Dünne Fäden. Garzeit etwa 5 bis 6 Minuten.

Tabelle 12.2: Fadennudeln

Italienische Bezeichnung	Übersetzung	Beschreibung und ungefähre Garzeit
Fettuccine	schmales Band	Flache Fäden. Garzeit etwa 8 bis 10 Minuten.
Linguine	kleine Zunge	Lange, dünne Bänder. Garzeit etwa 8 bis 10 Minuten.
Tagliatelle	kleine Abschnitte	Wie Fettuccine, aber etwas breiter. Garzeit etwa 7 bis 8 Minuten.

Tabelle 12.3: Flache Bandnudeln

Gefüllte Nudeln

Mit Fleisch, Käse, Fisch oder Gemüse gefüllte Nudeln werden mit einer einfachen Tomatensoße oder einer leichten Sahnesoße bedeckt. Der Nudelteig wird häufig mit Spinat, Tomaten, Pilzen, Safran oder einem duftenden Gewürz aromatisiert und gefärbt. Gefüllte Nudeln werden meist frisch oder tiefgekühlt verkauft. Tiefgekühlte gefüllte Nudeln haben eine längere Garzeit als frische. In Tabelle 12.4 sind die Garzeiten für tiefgekühlte, gefüllte Nudeln angegeben. Wenn Sie frische gefüllte Nudeln kaufen, folgen Sie den Angaben auf der Verpackung.

Italienische Bezeichnung	Beschreibung	Füllung und ungefähre Garzeit
Agnolotti	Halbmond	Sind mit Fleisch oder Käse gefüllt. Garzeit etwa 7 bis 9 Minuten.
Ravioli	kleine quadratische Kissen	Sind mit Fleisch, Käse, Fisch oder Gemüse gefüllt. Garzeit etwa 8 bis 10 Minuten.
Tortellini	ringförmige Nudeltaschen	Sind mit Fleisch oder Käse gefüllt. Garzeit etwa 10 bis 12 Minuten.

Tabelle 12.4: Tiefgekühlte gefüllte Nudeln

Verschiedene andere Formen

In Tabelle 12.5 sind einige weitere Nudelsorten aufgeführt, die nicht in die bereits genannten Kategorien gehören.

Italienische Bezeichnung	Übersetzung	Passende Soßen und ungefähre Garzeit
Conchiglie	Muschel	Wunderbar mit einer einfachen Butter-Basilikum-Soße und etwas geriebenem Parmesan. Garzeit etwa 10 bis 12 Minuten.
Farfalle	Schmetterling	Sehen in kalten Salaten mit frischem Gemüse sehr schön aus. Garzeit etwa 10 bis 12 Minuten.
Fusilli	Spirale	Korkenzieherform. Lecker mit stückigen Soßen. Garzeit etwa 10 bis 12 Minuten.
Orecchiette	Öhrchen	Lecker in Hühnersuppe und klarer Brühe. Garzeit etwa 7 bis 9 Minuten.
Orzo	Gerste	Form eines Reiskorns. Passt gut zu Gerichten wie einem Salat aus Hähnchen und sonnengetrockneten Tomaten mit einer Vinaigrette. Garzeit etwa 8 bis 10 Minuten.
Rotelle	Rädchen	Lustige Form, die Kindern gefällt. Garzeit etwa 8 bis 10 Minuten.

Tabelle 12.5: Sonstige Nudelformen

Soße: Die beste Freundin der Nudel

Pastasoßen können Sie ganz nach Ihrem Geschmack zubereiten: von leicht bis üppig, von mild bis scharf und alles dazwischen.

Bevor Sie eine Soße auftragen, hier ein paar Tipps, mit denen eine Soße immer gelingt:

✔ Rechnen Sie etwa 125 Milliliter Soße pro Person.

✔ Rühren Sie eine Soße häufig, um zu verhindern, dass sie anbrennt.

✔ 1 Esslöffel Olivenöl schmeckt lecker und bindet eine Tomatensoße.

✔ In Soßen können Sie püriertes Gemüse wunderbar verstecken. Das werden Ihre Kinder nie merken!

✔ Die Soße wird etwas lieblicher, wenn Sie eine geriebene Karotte zugeben. Dann brauchen Sie keinen Zucker.

✔ Mit ein oder zwei der folgenden Zutaten können Sie eine Pastasoße aus dem Glas aufpeppen: in Scheiben geschnittene grüne oder schwarze Oliven, kurz angeschwitzte gehackte Schalotten, eine Dose Thunfisch, eine Tasse gegarte weiße Bohnen, vier Scheiben klein geschnittener Schinkenspeck, klein geschnittene Räucherwurst, etwa 250 Gramm kleine gegarte Garnelen oder 3 Esslöffel frisch geriebener Parmesan.

Namen für die Soße: Klassische Pastasoßen

Italienische Pastasoßen sind ebenso einfallsreich und vielfältig wie Pastaformen. Im Folgenden sind die klassischen Soßen kurz beschrieben, sodass Sie bei Ihrem nächsten Besuch in einer teuren Trattoria wissen, wofür Sie bezahlen.

✔ **Carbonara:** Gebratener Speck (meist italienischer Pancetta) mit Knoblauch, Eiern, Parmesan und manchmal Sahne.

✔ **Alfredo:** Eine üppige Sahnesoße mit Butter, Parmesan und frisch gemahlenem schwarzen Pfeffer, meist zu Fettuccine serviert.

✔ **Marinara:** Das Grundrezept für die italienische Tomatensoße: langsam gekocht und mit Knoblauch und mediterranen Kräutern wie Oregano und Basilikum gewürzt. Diese Soße lässt sich durch Hinzufügen von Pilzen, Hackfleisch oder Gemüse leicht abwandeln.

✔ **Pesto:** Frische Basilikumblätter, Pinienkerne, Knoblauch, Parmesan und Olivenöl zu einer feinen Paste püriert (siehe Kapitel 8).

✔ **Primavera:** Eine Mischung aus gedünstetem Frühlingsgemüse wie Möhren, Tomaten, Spargel und Zuckerschoten sowie frischen Kräutern.

✔ **Puttanesca:** Eine pikante Soße aus Sardellen, Knoblauch, Tomaten, Kapern und schwarzen Oliven.

✔ **Ragù alla Bolognese:** Eine langsam gekochte Fleischsoße – meist mit Hackfleisch von Rind, Kalb oder Schwein – und Tomaten. Die Soße stammt aus Bologna. Für eine echte Bolognese wird das Fleisch leicht angebraten und dann in geringen Mengen Milch und Wein gekocht, bevor Tomaten zugegeben werden.

✔ **Spaghetti alle Vongole:** Spaghetti mit Muscheln, Olivenöl, Weißwein und Kräutern.

Auswahl makelloser Tomaten

Am Stock gereifte Sommertomaten sind in einer selbstgemachten Pastasoße durch nichts zu ersetzen. Sommertomaten aus der Region sind jedoch nur wenige Monate im Jahr erhältlich. Eine Alternative stellen die Gewächshaustomaten dar. Sie werden grün gepflückt, begast, bis sie anfangen, leicht rot zu werden, und dann irgendwo weit weg auf dem Markt angeboten. Wenn in einem Rezept steht, dass frische Tomaten verwendet werden sollen und normale Tomaten nicht schmecken, sollten Sie Eiertomaten oder italienische Tomaten verwenden. Nach der Form benannt, der sie gleichen, reifen Eiertomaten in ein bis zwei Tagen nach dem Kauf nach und eignen sich besonders gut für schnelle Pfannensoßen mit frischem Basilikum und Knoblauch.

Für die Zubereitung der meisten Suppen, Soßen und Eintöpfe eignen sich Eiertomaten aus der Dose. Diese schmecken häufig sogar besser als halbreife frische Tomaten.

 Tomaten reifen am besten nach, wenn Sie sie ein bis zwei Tage in eine braune Papiertüte legen, in der die natürlichen Reifegase der Tomate gefangen werden. Um den Reifeprozess zu beschleunigen, können Sie eine Banane mit in die Tüte legen.

Eine kurze Anleitung zum Schälen und Entkernen von Tomaten finden Sie im Rezept für Spaghetti mit einer schnellen, frischen Tomatensoße weiter hinten in diesem Kapitel (siehe Abbildung 12.2).

Pastakreationen

Im Folgenden finden Sie eine Reihe einfacher Pastarezepte, die Sie abwandeln können, wenn Sie erst einmal wissen, wie sie funktionieren. Denken Sie daran, dass in diesem Buch keine frischen, sondern getrocknete Nudeln verwendet werden.

Wenn Ihnen die Zubereitung von einfachen Nudelgerichten keine Probleme mehr bereitet, können Sie mit anderen Zutaten experimentieren. Vor dem Einkauf sollten Sie sich überlegen, welche Lebensmittel überhaupt zusammenpassen. Schließlich möchten Sie nicht, dass eine einzige Zutat die ganze Soße ruiniert. Sie können sich Folgendes überlegen: Wenn Sie sich die Zutaten in Kombination als Bestandteil eines Gerichts ohne Nudeln vorstellen können, schmecken sie aller Wahrscheinlichkeit nach in einer Pastasoße auch lecker.

Spaghetti mit einer schnellen, frischen Tomatensoße 🍅

Diese Soße lässt sich in nur wenigen Minuten zubereiten. Wenn Sie keine guten frischen Tomaten bekommen, verwenden Sie stattdessen etwa 800 Gramm abgetropfte Tomaten aus der Dose. Sie können diese schnelle Soße mit ihrem frischen Geschmack als Grundsoße für zahllose Abwandlungen mit Kräutern, Gemüse, Fleisch und vielem mehr verwenden.

Utensilien: Schälmesser, Kochmesser, Schneidbrett, Küchenwaage, großer Topf, Gabel, Schaumlöffel, Küchensieb, Kasserolle oder Pfanne, Kochlöffel, Küchenreibe, Servierschüssel

Vorbereitungszeit: Etwa 15 Minuten   **Garzeit:** Etwa 15 Minuten   **Portionen:** 4

400 g Spaghetti oder andere Nudeln, je nach Geschmack

750 g reife Eiertomaten

Salz, Pfeffer

3 EL Olivenöl

2 TL Knoblauch, geschält und fein geschnitten (etwa 2 große Zehen)

2 EL grob gehacktes Basilikum

4 EL geriebener Parmesan

1. Den Stielansatz aus den Tomaten schneiden und die Tomaten schälen. Hierzu die Tomaten etwa 10 bis 30 Sekunden in kochendes Wasser legen. Die Tomaten mit einem Schaumlöffel oder einer langen Gabel aus dem Wasser nehmen und in eine Schüssel mit Eiswasser legen, um sie abzuschrecken. Wenn die Tomaten so weit abgekühlt sind, dass Sie sie anfassen können, schälen Sie sie mit einem Schälmesser und entkernen Sie sie. Die Tomaten in etwa 1 bis 2 Zentimeter große Würfel schneiden. (In Abbildung 12.2 können Sie es sehen.)

2. 4 bis 5 Liter leicht gesalzenes Wasser in einem großen Topf zugedeckt auf großer Flamme zum Kochen bringen. Die Spaghetti zugeben, mit einem Kochlöffel gut verrühren, um die Nudeln voneinander zu trennen, und ohne Deckel etwa 8 Minuten al dente kochen.

3. Während die Spaghetti kochen, Öl in einer Kasserolle oder einer Pfanne bei mittlerer Hitze erwärmen. Knoblauch hinzufügen. Etwa 30 Sekunden garen und dabei mit einem Kochlöffel umrühren. Der Knoblauch darf nicht braun werden. Die in Würfel geschnittenen Tomaten zugeben und mit Salz und Pfeffer würzen. Etwa 3 Minuten kochen. Dabei die Tomaten mit einer Gabel zerdrücken und häufig rühren.

4. Die fertigen Nudeln abgießen, in einem Küchensieb abtropfen und in eine Servierschüssel geben oder auf einzelne tiefe Teller verteilen. Die Soße über die Nudeln geben. Mit dem Basilikum und dem geriebenen Parmesan bestreuen. Sofort servieren.

Variationen: Anstelle von Parmesan können Sie eine kleine Dose abgetropften Thunfisch zerpflücken und über die Nudeln geben. Oder Sie mischen neben dem Parmesan ein paar in Scheiben geschnittene schwarze Oliven und gekochte Artischockenherzen unter die Soße. Ein paar gebratene Garnelen und Spargel oder auch gebratene Geflügelleber passen wunderbar zu dieser klassischen Soße.

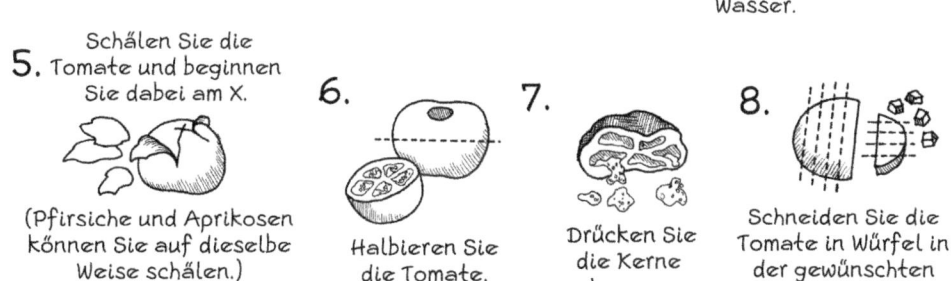

Abbildung 12.2: Wenn Sie Tomaten ein paar Sekunden in kochendes Wasser legen, lassen sie sich leichter schälen.

Penne mit Parmesan und Basilikum

Nicht immer brauchen Sie eine Soße zu Nudeln. Sie können auch einfach eine schnelle Käsebeilage zu den Nudeln geben. Probieren Sie dieses einfache Rezept für ein leckeres Mittagessen oder ein Abendessen ohne viel Aufwand aus.

Utensilien: Großer Topf, Gabel, Küchenmesser, Küchenwaage, Küchensieb, Reibe

Vorbereitungszeit: Etwa 10 Minuten   **Garzeit:** Etwa 20 Minuten   **Portionen:** 4

Salz

400 g Penne

2 EL Olivenöl

1 EL Butter

75 g geriebener Parmesan oder Pecorino

3 EL gehacktes Basilikum

1/8 TL frisch geriebene oder gemahlene Muskatnuss

Pfeffer

1. 3 bis 4 Liter leicht gesalzenes Wasser in einem großen Topf zugedeckt auf großer Flamme zum Kochen bringen. Die Penne zugeben, gut verrühren, um die Nudeln mit einer Gabel voneinander zu trennen, und wieder zum Kochen bringen. Die Nudeln ohne Deckel in etwa 10 Minuten al dente kochen.

2. Kurz bevor die Nudeln fertig sind, etwa ¼ Tasse der Kochflüssigkeit abschöpfen. Die fertigen Nudeln in einem Küchensieb abtropfen und wieder in den Topf (ohne Flüssigkeit) geben. Das Olivenöl und die Butter hinzufügen und gut verrühren. Dann den Käse und das Basilikum zugeben und mit Muskat und Pfeffer abschmecken. Die abgeschöpfte Kochflüssigkeit zugeben.

3. Bei mittlerer Hitze etwa 30 Sekunden erwärmen und dabei alles gut vermischen. Nach Geschmack etwas Salz hinzufügen. Sofort servieren.

Getrocknete Pilze kaufen

Viele Speisepilze wie Austernpilze, Champignons, Herbsttrompeten oder Pfifferlinge eignen sich auch zum Haltbarmachen durch Trocknen. Dafür werden sie häufig in Scheiben geschnitten. Von 1 Kilogramm frischer Pilze bleiben nach dem Dörren am Ende etwa 100 Gramm Trockenpilze. Mit ihrem intensiven Geschmack können sie viele Gerichte aufpeppen oder ihr Aroma zu Risotto, Pilzsuppen und Pilzsoßen beisteuern. Getrocknete Pilze oder Pilzmischungen sollten in einem luftdicht verschließbaren Behälter an einem kühlen, trockenen und lichtgeschützten Ort aufbewahrt werden.

Tagliatelle mit getrockneten Steinpilzen und Schinken

Steinpilze und Rosmarin geben der cremigen Sahnesoße viel Aroma. Wenn Sie das Rezept mit frischen Steinpilzen, Pfifferlingen oder Champignons zubereiten wollen, benötigen Sie etwa 300 Gramm. Schneiden Sie die geputzten Pilze in Scheiben oder Stücke und braten Sie sie zusammen mit Knoblauch und Schalotten kurz an.

Utensilien: Küchenmesser, Schneidbrett, Küchenwaage, große Pfanne oder Kasserolle, großer Topf, Kochlöffel, Küchensieb, Küchenreibe, kleine Schüssel, Kaffeefilter, Messbecher

Vorbereitungszeit: 15 Minuten   **Garzeit:** 20 Minuten   **Portionen:** 4

50 g getrocknete Steinpilze

400 g Bandnudeln (Tagliatelle)

2 EL Olivenöl

2 Schalotten, geschält und fein gewürfelt

1 Knoblauchzehe, geschält und feinblättrig geschnitten

2 Zweige Rosmarin, die Nadeln abgestreift und fein gehackt

200 g Sahne

150 ml Fleischbrühe

100 g milder luftgetrockneter Schinken, in dünne Streifen geschnitten

50 g frisch geriebener Parmesan

2 EL gehackte glatte Petersilie

Salz, Pfeffer

1. Getrocknete Pilze 15 Minuten in einer kleinen Schüssel in so viel warmem Wasser einweichen, dass sie gerade bedeckt sind. Die Pilze durch einen Kaffeefilter abgießen, das Einweichwasser dabei auffangen. Große Pilzstücke grob hacken.

2. 3 bis 4 Liter leicht gesalzenes Wasser in einem großen Topf zugedeckt auf großer Flamme zum Kochen bringen. Die Nudeln zugeben, mit einem Kochlöffel gut verrühren, um sie voneinander zu trennen, und wieder zum Kochen bringen. Die Nudeln ohne Deckel in etwa 8 Minuten al dente kochen. Die Nudeln in einem Küchensieb gut abtropfen lassen.

3. Inzwischen 1 Esslöffel Olivenöl bei mittlerer Einstellung in einer Pfanne erhitzen. Schalotten darin anschwitzen, dann Knoblauch und Rosmarin zugeben und bei milder Hitze kurz mitbraten.

4. Für die Soße Sahne, Fleischbrühe, abgetropfte Pilze und Einweichflüssigkeit hinzufügen. Aufkochen und bei milder Hitze auf ein Drittel sämig einkochen. Den Schinken in die Soße geben. Mit Salz und Pfeffer abschmecken.

5. Die Nudeln auf tiefen Tellern anrichten, die Sahnesoße darauf verteilen und mit geriebenem Parmesan und gehackter Petersilie bestreuen.

Dazu passt: Grüner oder gemischter Salat

Lasagne für die ganze Familie 🍅

Lasagne ist ganz einfach zuzubereiten, vor allem, wenn Sie – wie in diesem Rezept – eine gute Soße aus dem Glas verwenden. Sie können dieses Gericht abändern, indem Sie Zutaten wie Rinderhackfleisch, Spinat, Pilze oder klein geschnittenes Hähnchenfleisch hinzufügen. Sie können auch Lasagneplatten verwenden, die nicht gekocht werden müssen, um noch etwas Zeit zu sparen. Unser einfaches Rezept reicht für mindestens acht Personen. Reste können Sie in der Mikrowelle oder – mit Folie abgedeckt – bei etwa 180 Grad (für 20 Minuten) im Ofen oder in einer zugedeckten Pfanne mit etwas Wasser auf kleiner Flamme auf dem Herd aufwärmen. Wenn Sie keine passende Auflaufform für Lasagne haben, können Sie im Supermarkt eine billige Aluminiumform dafür kaufen.

Utensilien: Großer Topf (ca. 8 l), Küchenwaage, Messbecher, Küchensieb, Auflaufform (22 cm × 33 cm × 8 cm), Küchenmesser, Schneidbrett, Reibe, kleine Schüssel

Vorbereitungszeit: Etwa 20 Minuten   **Garzeit:** Etwa 1 Stunde   **Portionen:** 8

12 Lasagneplatten

500 g Mozzarella

1 Becher Ricotta, ca. 425 g

100 g geriebener Parmesan oder Pecorino

1 bis 1,2 l Tomatensoße oder rote Pastasoße aus dem Glas

Salz, Pfeffer

1. 5 bis 6 Liter leicht gesalzenes Wasser in einem großen Topf auf großer Flamme zum Kochen bringen.

2. Immer jeweils einige Nudelplatten gleichzeitig in das kochende Wasser geben. Den Topf zudecken, bis das Wasser wieder kocht, dann den Deckel abnehmen und nach Packungsanweisung so kochen, dass die Nudeln ein wenig weich, aber nicht so weich sind, dass sie leicht reißen.

   Wenn Sie Lasagneblätter verwenden, die nicht gekocht werden müssen, können Sie diesen Arbeitsgang auslassen.

3. Während die Nudeln kochen, den Backofen auf 190 Grad vorheizen.

4. Den Mozzarella in etwa 1 bis 2 Zentimeter große Würfel schneiden. In einer kleinen Schüssel den Ricotta, 80 Gramm Parmesan und 1 Esslöffel Wasser aus dem Topf mit den kochenden Nudeln vermischen. Die Mischung mit Salz und Pfeffer abschmecken und beiseitestellen.

5. Die fertigen Nudelplatten vorsichtig in ein Küchensieb im Spülbecken gießen und mit kaltem Wasser abschrecken.

6. Gut ¼ der Tomatensoße auf dem Boden einer ofenfesten Auflaufform verteilen. 3 Nudelplatten auf der Soße auslegen, sodass der Boden der Form komplett bedeckt ist. (Die Nudelplatten sollten sich berühren, einander jedoch nicht überlappen.) ⅓ der Ricottamasse gleichmäßig auf den Nudelplatten und ⅓ der Mozzarellawürfel über der Ricottamasse verteilen. Wieder etwa ¼ der Soße darauf verteilen.

7. Weitere Lagen schichten, dabei Schritt 6 wiederholen und mit einer dünnen Schicht Soße aufhören. Die oberste Schicht gleichmäßig mit dem restlichen Parmesan bestreuen.

8. Im vorgeheizten Ofen überbacken. Nach 30 Minuten nachsehen, wie weit die Lasagne ist. Wenn die oberste Schicht austrocknet, die Lasagne mit Alufolie abdecken. Etwa 20 bis 25 Minuten, oder bis die Lasagne richtig heiß ist und Blasen wirft, weiterbacken. Zugedeckt etwa 15 Minuten ruhen lassen, dann in Quadrate schneiden und servieren.

Tipp: Sie können dieses Gericht (bis Schritt 7) am Vortag vorbereiten und dann vor dem Servieren etwa 1 Stunde im Ofen überbacken.

Variationen: Sie können die Lasagne abwandeln, indem Sie verschiedene Zutaten zu den Nudel-, Käse- und Soßenschichten hinzufügen. Mischen Sie beispielsweise 100 Gramm gekochten, gehackten, abgetropften frischen oder tiefgekühlten Spinat oder Brokkoli mit der Ricottamasse. Oder bestreuen Sie die Schichten mit 250 bis 300 Gramm gegartem Rinderhackfleisch oder mit gekochtem, klein geschnittenem Hähnchen- oder Putenfleisch. Oder geben Sie 250 Gramm gekochtes, klein geschnittenes Gemüse wie Pilze, Zucchini oder Karotten auf die Schichten. Sie können Soßen aus dem Glas mit etwas Rotwein oder frischen gehackten Kräutern wie Oregano, Majoran oder Basilikum aufpeppen.

Dazu passt: Zu Lasagne passt ein knackiger Blattsalat (Rezeptideen hierzu finden Sie in Kapitel 11) und ein Laib frisches italienisches Brot sehr gut.

Nudelreste verwerten

Es kann leicht passieren, dass man zu viele Nudeln für eine Mahlzeit kocht. Aber das ist immer noch besser, als wenn Sie zu wenige Nudeln kochen und Ihre Gäste nicht satt werden! Wenn Nudeln übrig bleiben, können Sie sie am nächsten Tag aufwärmen. Sie sollten sie jedoch nicht mehr als zwei bis drei Tage aufbewahren. Um zu verhindern, dass Nudeln zusammenkleben und klebrig werden, vermischen Sie sie mit etwas Tomatensoße oder Olivenöl, und geben Sie sie in einen luftdicht verschließbaren Behälter. Bewahren Sie sie im Kühlschrank auf. Sie können die Nudeln in der Mikrowelle oder auf dem Herd aufwärmen. Geben Sie hierzu noch etwas Soße, ein paar Würfel guten Käse oder einfach nur etwas Butter und Salz hinzu.

> **IN DIESEM KAPITEL**
>
> Die Vorzüge eines Eintopfgerichts genießen
>
> Sich das Leben mit Schnellkochtöpfen und Auflaufform leichter machen
>
> Alles in einem Topf

Kapitel 13
One-Pot-Gerichte und Aufläufe

REZEPTE IN DIESEM KAPITEL

- Rindfleischeintopf mit Wurzelgemüse
- 🍅 Bohneneintopf mit Kürbis und Tomaten
- 🍅 Gemüse-Curry
- Herzhafter Brotauflauf mit Schinken und Käse
- Spanische Paella
- Quiche Lorraine

Wozu zwei und mehr Töpfe verwenden, wenn ein Topf reicht? Ein Topf bedeutet weniger Vorbereitungszeit und weniger Geschirr. Und mittels Auflaufform und Schnellkochtopf lassen sich viele Eintopfgerichte noch einfacher zubereiten. Ob Sie Zeit sparen möchten oder das Seelenfutter Eintopf lieben, in diesem Kapitel werden Sie diese leckere Form des kulinarischen Minimalismus beherrschen lernen.

Schneller kochen mit einem Schnellkochtopf

Der Schnellkochtopf erleichtert die Zubereitung von Eintopfgerichten, sodass das Essen in wenigen Minuten auf dem Tisch steht. Im Schnellkochtopf können Sie Fleisch, Suppen, Schmorgerichte, Reis, Gemüse und viele andere Gerichte zubereiten. Beachten Sie auf jeden Fall die Gebrauchs- und Sicherheitsanweisungen des Herstellers.

Probieren Sie Suppen, Braten und Huhn aus. Mit dem Schnellkochtopf können Sie außerdem lockeren Reis und fantastisches Risotto zubereiten! Pellkartoffeln und Hülsenfrüchte lassen sich problemlos und energiesparend damit garen. Weitere Informationen zum Schnellkochtopf finden Sie in Kapitel 2.

Zeit für Eintopf

Mit Fleisch können Sie in einem Eintopf viel anfangen. Außer Rindfleisch können Sie auch Hähnchen- oder Putenbrust, Schweinefleischwürfel oder Wurststückchen mitgaren. Wenn Sie einen Eintopf mit Hackfleisch zubereiten möchten, braten Sie das Hackfleisch zuvor gut an. Mit etwas teureren Zutaten wie mit Meeresfrüchten wird ein Eintopf feudaler, aber Sie benötigen nicht annähernd so viele Garnelen, Krabben oder Fisch pro Person, als wenn Sie Meeresfrüchte als eigenes Gericht servieren würden.

Bevor Sie getrocknete Kräuter in einen Eintopf geben, zerstoßen Sie die spröden Blätter in einem Mörser oder zerreiben Sie sie mit den Fingern in kleinere, angenehmere Stückchen. Dadurch kommt das Aroma der Kräuter besser zur Geltung.

Kräuter und Gewürze kennenlernen

Weil eine so große Vielzahl an verschiedenen Kräutern und Gewürzen eben so aufregend ist (siehe Kapitel 3), kann es leicht vorkommen, dass man zu viel des Guten tut. Am besten lernen Sie Kräuter und Gewürze kennen, wenn Sie Gerichte kochen, für die nur ein Kraut oder ein Gewürz verwendet wird. Probieren Sie aus, wie es mit unterschiedlichen Lebensmitteln schmeckt, wie es beim Kochen sein Aroma entfaltet und – vor allem – ob es Ihnen schmeckt.

Mit Rosmarin können Sie beispielsweise schnell eine Soße für gebratene oder gegrillte Hähnchenbrust zubereiten, indem Sie drei Teile Hühnerbrühe mit einem Teil Weißwein in einem Stieltopf mischen. Fügen Sie 1 Teelöffel fein gehackten frischen Rosmarin (oder ½ Teelöffel getrockneten Rosmarin) sowie einige sehr dünne Scheiben Knoblauch hinzu und schmecken Sie das Ganze mit Salz und Pfeffer ab. Reduzieren Sie die Flüssigkeit auf etwa drei Viertel der ursprünglichen Menge. Seihen Sie die Soße ab und geben Sie sie über das Hähnchen.

Bei diesem Gericht kommt der reine Geschmack von Rosmarin zur Geltung. Wenn Ihnen das schmeckt, können Sie die Soße verfeinern, indem Sie mehr oder weniger Rosmarin oder auch ein ergänzendes Kraut wie Thymian, Estragon oder Schnittlauch verwenden.

Rindfleischeintopf mit Wurzelgemüse

Utensilien: Küchenmesser, Schälmesser, Gemüseschäler, Schneidbrett, Küchenwaage, Suppentopf (ca. 5 l), Messbecher

Vorbereitungszeit: 15 Minuten   **Garzeit:** Etwa 80 Minuten   **Portionen:** 6

1 kg Rindfleisch (Hohe Rippe), in mundgerechte Stücke geschnitten	1. In einem Suppentopf das Fett bei hoher Einstellung erhitzen und das Rindfleisch darin anbraten.
3 EL Butterschmalz	2. Mit der Rinderbrühe auffüllen. Mit aufgelegtem Deckel 60 Minuten garen. Die Flüssigkeit soll dabei nur sacht köcheln, keinesfalls sprudeln.
300 g Kartoffeln geschält, gewaschen und gewürfelt	3. Kartoffeln und Gemüse (Möhren, Sellerie, Pastinaken) zum Fleisch geben und den Eintopf weitere 30 Minuten garen.
300 g Möhren, geschält und gewürfelt	4. Während der letzten 10 bis 15 Minuten der Garzeit den Lauch hinzufügen. Mit Salz und Pfeffer abschmecken.
1 kleine Sellerieknolle, geschält und gewürfelt	5. Den Eintopf in Suppenteller geben und mit gehackter Petersilie bestreuen.
2 Pastinaken, geschält und gewürfelt	
1 l Rinderbrühe	
1 Stange Lauch, geputzt und in Ringe geschnitten	
Salz, frisch gemahlener Pfeffer	
3 EL gehackte Petersilie	

Dazu passt: Kräftiges Graubrot

Reste fördern die Kreativität

Der Ausdruck *Reste* hört sich nicht besonders vielversprechend an. Mit etwas Fantasie und Erfahrung können Sie jedoch die tollsten Überraschungen zaubern. Wer einmal mit den Resten aus seinem Kühlschrank ein schmackhaftes Essen »erfunden« hat, wird es immer wieder versuchen. Nur Mut!

> **Tipps für Katastrophen**
>
> Was tun, wenn ein Eintopf oder ein Schmorgericht …
>
> - ✔ **… nach nichts schmeckt?** Salzen und pfeffern. Oder geben Sie etwas Sherry oder Madeira hinzu.
> - ✔ **… zäh ist?** Garen Sie es länger. Durch längeres Garen werden die Sehnen im Muskelfleisch zart. Das Gemüse sollten Sie allerdings mit einem Schaumlöffel aus dem Topf nehmen, damit es nicht verkocht.
> - ✔ **… angebrannt ist?** Schöpfen Sie den nicht angebrannten Teil des Eintopfs in einen anderen Topf. Gießen Sie gegebenenfalls Wasser oder Brühe an, um das Gericht zu strecken, und geben Sie Sherry und eine gehackte Zwiebel dazu. (Mit der Süße einer Zwiebel lässt sich manches Missgeschick kaschieren.)
> - ✔ **… zu dünn ist?** Mischen Sie einen Esslöffel Mehl mit einem Esslöffel Wasser. Fügen Sie dieser Mischung eine Tasse von der Flüssigkeit vom Eintopf hinzu und rühren Sie das Ganze unter den Eintopf. Langsam erwärmen, bis der Eintopf eingedickt ist.

Bohneneintopf mit Kürbis und Tomaten

Bohnen im Eintopf sind sehr vielseitig, weil sie mit allen möglichen Gemüse- und Fleischsorten kombiniert werden können. Sie passen zu Paprika, Möhren oder Blattgemüse wie Mangold oder Wirsing. Bei unserer Variante kommen Kürbis und Tomaten mit in den Topf. Der Eintopf schmeckt pur, passt aber auch zu Bratwurst, Lammkoteletts vom Grill oder Brathähnchen.

Utensilien: Suppentopf, Kochlöffel, Küchenmesser, Schälmesser, Schneidbrett, Küchensieb, Messbecher, Küchenwaage, Gemüseschäler

Vorbereitungszeit: 10 Minuten   **Garzeit:** 45 Minuten   **Portionen:** 4

4 EL Rapsöl	1. In einem Suppentopf bei höchster Einstellung das Rapsöl erhitzen und die Zwiebeln darin anschwitzen.
150 g Zwiebeln, geschält und gewürfelt	2. Knoblauch, Kürbis, Möhren und Gewürze zugeben. Umrühren, dann die Tomaten hinzufügen und den Deckel auflegen. Bei niedriger Einstellung 10 Minuten köcheln lassen.
2 Knoblauchzehen, geschält und gewürfelt	
500 g Butternut-Kürbis, geschält und in 2 cm große Stücke geschnitten	3. Mit Gemüsebrühe aufgießen und bei mittlerer Einstellung zum Kochen bringen. Die Bohnen in den Topf geben, die Temperatur herunterstellen und den Eintopf 10 bis 15 Minuten köcheln lassen. Mit Salz und Pfeffer abschmecken.

150 g Möhren, geschält und in Stücke geschnitten

1 TL gemahlener Kreuzkümmel

2 TL gemahlener Koriander

½ TL Zimt

1 Dose Tomaten (à 400 g), grob gehackt

200 ml Gemüsebrühe

1 Glas weiße Bohnen, abgetropft

1 Glas rote Bohnen, abgetropft

Salz, Pfeffer

3 EL gehackter frischer Koriander

4. Eintopf in tiefen Tellern anrichten und mit Koriander bestreuen.

Dazu passt: Roggenbrot

 Zitronenabrieb (und auch Orangenabrieb) stellt man her, indem man mit einer feinen Reibe die Schale einer unbehandelten Zitrone/Orange abreibt. Aber nur das Farbige, auf keinen Fall das Weiße unter der Schale, weil es bitter schmeckt.

Gemüse-Curry

Die vegetarische indische Küche ist sehr vielseitig, weil sie Rezepte für alle möglichen Gemüsesorten liefert. Ob Kartoffeln, Blumenkohl, Paprika, Möhren, Kohl oder Brokkoli, mit Currypulver und Kokosmilch wird daraus ein leckeres, wärmendes und wohltuendes Gericht.

Utensilien: Suppentopf, Kochlöffel, Küchenmesser, Schälmesser, Schneidbrett, Küchensieb, Messbecher, Küchenwaage, Reibe

Vorbereitungszeit: 25 Minuten   **Garzeit:** 20 Minuten   **Portionen:** 4

4 EL Rapsöl

1 Zwiebel, geschält und gewürfelt

1 walnussgroßes Stück frischer Ingwer, geschält und gerieben

2 Knoblauchzehen, geschält und gewürfelt

2 Möhren, geschält und in dicke Scheiben geschnitten

3 kleine Kartoffeln, geschält und geviertelt

1 kleiner Spitzkohl, vom Strunk befreit und in Streifen geschnitten

2 EL mildes Currypulver

1 TL gemahlener Kreuzkümmel

¼ TL Zimt

1 Dose Kokosmilch (à 400 g)

300 ml Gemüsebrühe

Salz, Pfeffer

Saft von 1 Limette

2 EL gehackter frischer Koriander

1. In einem Suppentopf bei höchster Einstellung das Rapsöl erhitzen und die Zwiebel darin anschwitzen.
2. Ingwer, Knoblauch, Möhren, Kartoffeln, Spitzkohl und Gewürze zugeben. Umrühren, dann Kokosmilch und Gemüsebrühe hinzufügen und bei mittlerer Einstellung zum Kochen bringen. Den Deckel auflegen und bei niedriger Einstellung 20 Minuten köcheln lassen. Mit Salz und Pfeffer abschmecken.
3. Den Limettensaft unter das Curry rühren.
4. Das Curry in tiefen Tellern anrichten und mit Koriander bestreuen.

Dazu passt: Reis oder indisches Naan-Brot

Aus dem Ofen auf den Tisch: Einfaches in einer Auflaufform

Vielleicht haben Sie noch altbackenes Brot? Dann können Sie einfach Ihre Auflaufform zur Zubereitung eines herzhaften Auflaufs verwenden. Das hört sich doch gut an! Im Folgenden finden Sie ein leckeres Rezept zum Überbacken im Backofen. In Süddeutschland Ofenschlupfer genannt, in England Brotpudding – eigentlich kennt jedes Land Rezepte zur Verwertung von Brotresten.

Herzhafter Brotauflauf mit Schinken und Käse

Utensilien: Pfanne, ofenfeste Auflaufform, Küchenmesser, Schneidbrett, Kochlöffel, Messbecher, Küchenwaage, Küchenreibe, Schüssel zum Vermengen

Vorbereitungszeit: 10 Minuten   **Garzeit:** 25 Minuten   **Portionen:** 4

3 EL Butter	1. Den Backofen auf 200 Grad vorheizen. In einer Pfanne 2 Esslöffel Butter erhitzen und die Zwiebeln darin glasig dünsten.
2 Zwiebeln, geschält und fein gewürfelt	
200 g gekochter Schinken, gewürfelt	2. Die ofenfeste Form ausbuttern. Zwiebeln, Schinken, Brot und Käse in die Auflaufform geben und gründlich vermischen.
250 g helles Brot oder Toastbrot, gewürfelt	3. In einer Schüssel die Eier mit der Milch und der Sahne verquirlen. In die Auflaufform gießen und das Ganze 25 Minuten im Ofen backen, bis die Eiermilch aufgesogen und gestockt ist. Mit Salz, Pfeffer und Muskatnuss abschmecken.
200 g Bergkäse, beispielsweise Comté, gerieben	
4 Eier, aufgeschlagen	4. Den Auflauf mit Schnittlauch bestreuen und in der Auflaufform servieren.
150 ml Milch	
150 g Sahne	
Salz, Pfeffer, geriebene Muskatnuss	
1 Bund Schnittlauch, in Röllchen geschnitten	

Spanische Paella

Da dieses Reisgericht so vielseitig ist, können Sie problemlos andere Zutaten verwenden und so Reste verwerten, vorausgesetzt, Sie verwenden einige Grundzutaten: Reis, Olivenöl und Safran (ein Gewürz, das aus den gelben Narben einer Pflanze gewonnen und zum Färben und Aromatisieren von Lebensmitteln verwendet wird). Die Paella schmeckt auch als vegetarische Variante mit Gemüsebrühe statt Hühnerbrühe und verschiedenen Gemüsesorten wie grüner Spargel, dicke Bohnen und Zuckerschoten anstelle von Fleisch und Garnelen.

Utensilien: Küchenmesser, Schneidbrett, Küchenwaage, Messbecher, Schmortopf oder mittelgroße Kasserolle mit Deckel, Kochlöffel

Vorbereitungszeit: Etwa 15 Minuten   **Garzeit:** Etwa 70 Minuten   **Portionen:** 8

3 EL Olivenöl

1 Hähnchen, in Stücke geschnitten (etwa 1 kg)

225 g Krakauer oder eine andere Räucherwurst, in Scheiben geschnitten

1 große Zwiebel, geschält und gehackt

3 Knoblauchzehen, geschält und fein gehackt

2 Stangen Staudensellerie, geputzt und fein geschnitten, mit ein paar Blättern

1¼ l Hühnerbrühe

500 g Rundkornreis (Paella- oder Risotto-Reis)

1 Prise Safranfäden

250 g tiefgekühlte Erbsen

500 g mittelgroße Garnelen, ohne Schale und Darm (siehe Anweisung in Abbildung 13.1)

1. Das Olivenöl bei mittlerer Hitze in einem Schmortopf oder in einer mittelgroßen Kasserolle erhitzen.

2. Die Hähnchenteile hinzufügen und bei mittlerer Hitze etwa 10 Minuten braten. Die Teile dabei wenden, damit sie von allen Seiten angebraten werden. Wurst, Zwiebel, Knoblauch und Sellerie zugeben und weitere 10 Minuten braten, bis die Hähnchenteile goldbraun sind und das Gemüse weich ist.

3. Hühnerbrühe, Reis und Safran zugeben. Gut miteinander verrühren. Zum Kochen bringen und dann die Temperatur herunterschalten. Die Erbsen zugeben und umrühren. Zugedeckt bei mittlerer Hitze etwa 45 Minuten köcheln lassen, bis der Reis gar ist und alle Flüssigkeit aufgenommen hat und die Hähnchenteile innen nicht mehr rosa sind. (Nach 25 Minuten Köcheln nachschauen und gegebenenfalls Brühe nachgießen, wenn der Reis trocken aussieht.)

4. Die Garnelen unterrühren und weitere 3 bis 4 Minuten kochen, bis die Garnelen rosa werden. Sofort servieren.

Garnelen waschen und den Darm entfernen

Abbildung 13.1: So waschen Sie Garnelen und entfernen den Darm.

Semmelbrösel herstellen

Sie brauchen Ihr Geld nicht für Semmelbrösel zu vergeuden. Sie können sie stattdessen aus Weißbrotresten selbst herstellen und in einem luftdicht verschließbaren Glas aufbewahren.

1. Brechen Sie das gut ausgetrocknete Brot in Stücke.
2. Geben Sie die Stücke in eine Küchenmaschine oder einen Mixer und verarbeiten Sie sie zu groben Krümeln.

Um das Ganze etwas zu variieren, können Sie getrocknete Kräuter nach Wahl mit in den Mixer geben oder die Brotscheiben vor der Verarbeitung im Mixer mit geschälten und in Scheiben geschnittenen Knoblauchzehen einreiben.

Quiche Lorraine

Auch in einer Backform oder auf dem Backblech lassen sich leckere Gerichte zubereiten, für die keine weiteren Töpfe benötigt werden, von der Lasagne (in Kapitel 12) bis zum Zwiebelkuchen. Ein beliebtes französisches Rezept ist die herzhafte Quiche Lorraine.

Utensilien: Schüssel, Mehlsieb oder einfaches Küchensieb, Küchenmesser, Schneidbrett, kleine Pfanne, kleine Schüssel, Schneebesen, Teigroller, Gabel, Springform (24 cm), Messbecher, Küchenwaage

Vorbereitungszeit: 15 Minuten   **Garzeit:** 40 Minuten   **Portionen:** 4

200 g Mehl

125 g weiche Butter, klein geschnitten

Salz

Für die Füllung:

3 EL Butter

3 Zwiebeln, geschält und gehackt

250 g durchwachsener Speck, gewürfelt

4 Eier

250 g Sahne

Salz, Pfeffer, geriebene Muskatnuss

1. Das Mehl in die Schüssel sieben. 1 Prise Salz, 3 Esslöffel Wasser und die klein geschnittene Butter zugeben. Rasch zu einem Teig verarbeiten und 1 Stunde kühl ruhen lassen.
2. Den Backofen auf 200 Grad vorheizen.
3. In einer kleinen Pfanne 2 Esslöffel Butter erhitzen und die Zwiebeln darin glasig anschwitzen. Den Speck hinzufügen und leicht anrösten. Aus der Pfanne nehmen.
4. In einer kleinen Schüssel Eier und Sahne leicht verquirlen. Mit Salz, Pfeffer und Muskatnuss würzen.
5. Den Teig auf einer bemehlten Arbeitsfläche etwa 3 Millimeter dick ausrollen.
6. Die Springform mit der restlichen Butter ausstreichen und mit dem Teig auslegen.

   Dazu mit dem Springformrand einen Kreis aus der Teigfläche ausstechen, den Boden damit auslegen. Aus dem restlichen Teig eine Rolle formen, an den Springformrand andrücken und mit den Fingern etwa 3 Zentimeter hochziehen. Den Teigboden mit einer Gabel mehrmals einstechen.
7. Den Teig im Backofen 10 Minuten vorbacken.
8. Die Form aus dem Ofen nehmen, den Ofen auf 230 Grad stellen. Zwiebeln und Speck auf dem Teigboden verteilen. Die Eier-Sahne-Mischung darübergießen. Dann die Quiche etwa 45 Minuten weiterbacken. Lauwarm servieren.

Tipp: Stechen Sie die Luftblasen auf, damit sich der Teig nicht aufwölbt.

Variation: Vegetarisch wird diese Quiche, wenn Sie zusammen mit den Zwiebeln zwei dünne Ringe geschnittene Lauchstangen anschwitzen und zur Füllung geben, dafür den Speck weglassen.

IN DIESEM KAPITEL

Zutaten richtig abmessen

Desserts für alle Gelegenheiten

Tiramisu

Kapitel 14
Süße Träume

REZEPTE IN DIESEM KAPITEL

- Mousse au Chocolat
- Rote Grütze mit Vanilleeis
- Aprikosendessert
- Apfel-Birnen-Crisp
- Apfelpfannkuchen mit Quarkcreme
- Klassisches Tiramisu
- Himbeer-Mascarpone-Creme
- Sommer-Obstsalat
- Winter-Obstsalat
- Drei-Beeren-Dessert

Kaum jemand kann einem Dessert widerstehen. Selbst wenn Sie Kalorien zählen oder nach einem herzhaften Abendessen satt sind, wird es Ihnen sehr schwerfallen, eine süße Abrundung der Mahlzeit abzulehnen. Die Rezepte für fruchtige Desserts und allseits beliebte Leckereien aus Schokolade in diesem Kapitel werden Ihren Wunsch nach einem unwiderstehlichen Dessert erfüllen.

Wenn Sie Ihre Familie oder Freunde beeindrucken möchten, probieren Sie eines der Rezepte in diesem Kapitel aus. Lehnen Sie sich dann zurück und lassen Sie sich bewundern.

Die Menge macht's: Messtechniken

Messen ist wichtig, vor allem, wenn Sie noch nicht so viel Erfahrung mit dem Kochen haben. Zu wenig Backpulver – und der Kuchen geht nicht auf. Zu viel Milch – und der Pudding wird nicht fest. Beim Kochen verwenden Sie bereits Messtechniken. Beim Backen ist das Messen jedoch besonders wichtig, denn ohne genaues Abmessen oder Abwiegen fallen Ihre Muffins zusammen oder Ihr Brot schmeckt versalzen oder Ihr Kuchen bleibt flach und geschmacklos oder geht zu stark auf.

Das Messen und Wiegen ersetzt jedoch nicht das Probieren, und je mehr Sie kochen, umso weniger müssen Sie wiegen. Erfahrene Köche können mit den Händen 1 Esslöffel Salz oder ½ Teelöffel Zitronenschale erfühlen. Aber das braucht Übung. Hier ein paar Richtlinien zum Messen:

- ✔ **Wiegen Sie trockene Zutaten grundsätzlich ab.** Verwenden Sie eine Küchenwaage, um trockene Zutaten exakt abzuwiegen, wenn in einem Rezept Gramm oder Kilogramm angegeben sind. Bei kleinen Mengen kann man sich mit einem Tee- oder Esslöffel behelfen. So entspricht zum Beispiel 1 gehäufter Esslöffel Mehl ungefähr 10 Gramm, 1 gehäufter Esslöffel Kakao ungefähr 6 Gramm.

- ✔ **Messen Sie Flüssigkeiten in einem Messbecher aus Glas oder Kunststoff mit einem Schnabel ab.** Halten Sie den Messbecher beim Befüllen nicht in Augenhöhe. Stellen Sie ihn auf die Arbeitsplatte (damit die Flüssigkeit eben ist) und gehen Sie in die Hocke, um den Füllstand abzulesen.

- ✔ **Messen Sie nicht über der Arbeitsschüssel, vor allem dann nicht, wenn sich bereits andere Zutaten darin befinden.** Sonst kann es passieren, dass versehentlich zu viel einer Zutat in der Schüssel landet.

- ✔ **Bei Butter und Margarine können Sie von den Gewichtsangaben auf der Verpackung ausgehen,** um eine bestimmte Menge davon abzustechen.

Süße Verführer

Mousse au Chocolat

Dieses beliebte Dessert können Sie auch ohne die Fertigkeiten eines Patissiers in wenigen Minuten zubereiten. Mousse ist leichter, luftiger und nicht so schwer wie Pudding. Da Mousse weniger Zucker und die Zartbitterschokolade ebenfalls relativ wenig Zucker enthält, stellt Mousse au Chocolat einen guten Ersatz für Pudding mit weniger Kohlenhydraten dar. Mousse au Chocolat ist ein wunderbarer Abschluss für eine Mahlzeit mit der ganzen Familie, und selbst diejenigen, die auf ihr Gewicht achten, können etwas davon probieren. Dieses einfache und dennoch festliche Dessert sollten Sie wegen der verwendeten rohen Eier gut gekühlt und nicht zu lange aufbewahren.

Utensilien: Schüssel aus Edelstahl (ca. 2 l) und Topf, in den die Schüssel passt (Wasserbad), Kochmesser, Schneidbrett, Küchenwaage, Messbecher, Kasserolle, Schneebesen, große Rührschüssel, Schaber, Handrührgerät, Rührschüssel zum Sahne schlagen, Esslöffel, Servierschüssel

Vorbereitungszeit: Etwa 10 Minuten   **Zubereitungszeit:** Etwa 10 Minuten (und einige Stunden zum Kühlen)   **Portionen:** 12

225 g Zartbitterschokolade

6 Eier, getrennt (wie Sie Eier trennen, sehen Sie in Abbildung 9.1)

500 g Sahne, gut gekühlt

6 EL Zucker

Steif geschlagene Sahne oder Schokoladenraspel zum Garnieren

1. Die Schokolade mit dem Kochmesser grob hacken. Die Schokoladenstücke in eine Edelstahlschüssel geben und diese in einen größeren Topf mit leicht köchelndem Wasser stellen.

2. Inzwischen das Eigelb in eine Kasserolle geben und 3 Esslöffel Wasser hinzufügen. Die Kasserolle auf ganz kleine Flamme stellen und dabei kräftig rühren. Wenn das Eigelb allmählich fest wird (die Konsistenz einer Soße bekommt), den Topf vom Herd nehmen.

3. Nach der Schokolade sehen. Wenn sie geschmolzen ist, mit einem Schneebesen gut durchrühren. Die geschmolzene Schokolade zur Eiermischung geben und gut miteinander verrühren. Die Mischung in eine große Rührschüssel geben und dabei den Rand und den Boden mit dem Schaber abschaben.

4. Die Sahne mit dem Handrührgerät in einer gekühlten Schüssel steif schlagen. Gegen Ende 2 Esslöffel Zucker zugeben. Die Sahne unter die Schokoladenmischung heben.

5. Sowohl die Schüssel als auch das Handrührgerät gründlich von der Sahne reinigen und abtrocknen. (Schon die geringste Menge Fett in der Schüssel oder am Rührbesen verhindert, dass das Eiweiß steif wird.) Das Eiweiß mit dem sauberen Handrührgerät in der sauberen Schüssel steif schlagen. Die restlichen 4 Esslöffel Zucker zugeben und weiterrühren, bis das Eiweiß feste Zipfel bildet. Den Eischnee unter die Schokoladenmischung heben.

6. Die Mousse mit einem Löffel abstechen und in eine Servierschüssel füllen. Vor dem Servieren gut kühlen. Mit Schlagsahne oder Schokoladenraspel garnieren.

Variationen: Diese Mousse wird besonders elegant, wenn Sie zur Eigelb-Schokoladen-Mischung kurz vor dem Festwerden etwa 50 Milliliter Amaretto oder Grand Marnier hinzugeben. Sie können die Mousse auch mit Erdbeeren oder gerösteten Mandeln, Haselnüssen oder Walnüssen garnieren.

Rohe Eier können Salmonellen enthalten, die gesundheitsgefährdend sein können. Lassen Sie die Mousse nicht lange bei Zimmertemperatur stehen, stellen Sie sie in den Kühlschrank.

Rote Grütze mit Vanilleeis 🍅

Utensilien: Kochtopf, kleine Schüssel, Schneebesen, Messbecher, 4 Dessertschälchen

Vorbereitungszeit: 5 Minuten   **Zubereitungszeit:** 5 Minuten   **Portionen:** 4

1 Packung rote Tiefkühlfrüchte (ca. 500 g)	1. In einem Topf die Früchte mit der Hälfte des Kirschsafts zum Kochen bringen.
500 ml Kirschsaft	2. Inzwischen in einer Schüssel das Puddingpulver zuerst mit dem Zucker vermischen, dann mit dem restlichen Kirschsaft glatt verrühren.
1 Päckchen Vanillepuddingpulver	
4 EL Zucker	3. Sobald die Früchte und der Saft im Topf kochen, Topf von der Herdplatte nehmen, das angerührte Puddingpulver mit dem Schneebesen einrühren, Topf wieder auf den Herd stellen, bei mittlerer Hitze unter Rühren einige Sekunden aufkochen lassen, dann sofort in Dessertschälchen füllen.
4 Kugeln Vanilleeis	
4 EL Mandelblättchen	
	4. Auf die abgekühlte Grütze jeweils eine Kugel Vanilleeis setzen und mit Mandelblättchen garnieren.

Tipp: Im Sommer können Sie dieses Dessert auch mit frischen Früchten wie Erdbeeren, Kirschen, Johannisbeeren, Himbeeren und Brombeeren zubereiten.

Herrliche Fruchtdesserts

Sommerzeit ist Erntezeit für viele herrliche Früchte. Diese schmecken natürlich frisch sehr lecker. Etwas Abwechslung bringen Sie jedoch auf den Tisch, wenn Sie daraus eine Grütze zaubern, die Sie mit Gelatine andicken – ganz kalorienarm. Sie haben noch nie mit Gelatine gearbeitet? Es ist ganz einfach! Wir zeigen es an dem folgenden Rezept.

Aprikosendessert 🍅

Utensilien: Schüssel zum Einweichen der Gelatine, Schüssel zum Pürieren der Aprikosen, Mixer oder Pürierstab, Küchenwaage, Messbecher, Schneebesen, Kasserolle, Dessertschälchen

Zubereitungszeit: 15 Minuten (und mindestens 1 Stunde zum Kühlen)   **Portionen:** 4

6 Blatt weiße Gelatine	1. Die Gelatineblätter einzeln in eine Schüssel mit ca. 500 ml kaltem Wasser legen und 5 Minuten einweichen.
500 g Aprikosen, entsteint	2. Inzwischen die Aprikosen pürieren und mit dem Zucker vermengen.
50 bis 100 g Zucker (je nach Geschmack und Süße der Frucht)	3. Die Gelatineblätter in eine Kasserolle geben, dabei nicht ausdrücken, es dürfen ruhig einige Tropfen Wasser dabei sein.
	4. Die Kasserolle mit der Gelatine auf die Herdplatte bei ganz kleiner Hitze stellen und mit einem Schneebesen rühren, bis die Gelatine geschmolzen ist, dann sofort vom Herd nehmen.

 Die Gelatine darf nicht aufkochen!

5. Die Aprikosenmasse sofort langsam einrühren, am Anfang esslöffelweise.

6. Die Masse in Dessertschälchen geben und mindestens 1 Stunde kalt stellen.

Dazu passt: Vanillesoße

Obst aus dem Ofen

Wer kann dem Duft gebackener Früchte aus der Küche widerstehen? Bei einem *Crisp* (auch *Crumble* genannt), den wir Ihnen hier empfehlen, werden die Früchte unter einer Decke aus Streuseln gebacken, die aus Mehl, Butter und Zucker, manchmal auch mit Haferflocken, Nüssen und Gewürzen zubereitet wird. Schmeckt im Herbst besonders lecker, wenn Äpfel Saison haben.

 Rezepte für gebackene Früchte sind nicht schwierig. Und mit ein paar einfachen Tricks werden Ihre Kreationen aus gebackenen Früchten unvergesslich:

✔ Für Rezepte für gebackene Früchte werden meist Gewürze wie Zimt, Ingwer, Muskat und Nelken verwendet. Riechen Sie an den Gewürzen, die seit Monaten oder Jahren auf Ihrem Regal ihr Dasein fristen. Wenn sie ihren verführerischen Duft verloren haben, werfen Sie sie weg und gönnen Sie sich neue Gewürze.

✔ Für viele gebackene Früchte wird außerdem Butter verwendet. In diesem Buch nehmen wir ungesalzene Butter (und keine Margarine), und das aus gutem Grund: Butter schmeckt besser als Margarine. Salz (in gesalzener Butter) kann die zarte Süße von Gebäck beeinträchtigen. Manchmal wird jedoch Margarine zusammen mit Butter verwendet. Dadurch wird der Teig leichter und lockerer.

✔ In Rezepten für gebackene Früchte wird häufig Zitronensaft verwendet. Damit wird verhindert, dass die Früchte braun werden. Durch die Säure im Zitronensaft oxidieren die Früchte an der Luft nicht so schnell. Wenn in einem Rezept steht, dass frischer Zitronensaft verwendet werden soll, dann verwenden Sie niemals diese rekonstruierte Flüssigkeit aus der Flasche, die eher an Möbelpolitur als an Zitronensaft erinnert.

Einen Apfel schälen und entkernen

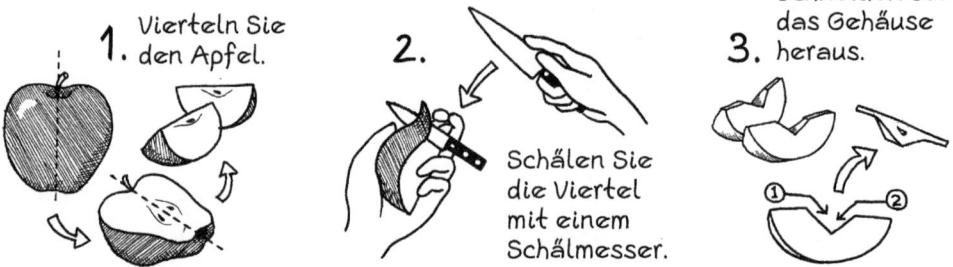

Abbildung 14.1: Äpfel werden vor dem Backen geschält und entkernt.

Welche Äpfel eignen sich zum Backen am besten?

Säuerliche, knackige Äpfel, die ihre Form behalten, eignen sich am besten zum Kuchenbacken. Die beste Zeit für Apfelkuchen ist im Herbst oder im frühen Winter, weil in dieser Zeit die Äpfel frisch geerntet werden. Mit Ausnahme des Granny Smith (säuerlicher grüner Apfel, der ganzjährig erhältlich ist) werden die im Frühjahr und Sommer auf dem Markt angebotenen Äpfel seit der Ernte im Herbst gelagert und schmecken nicht so gut wie frische Äpfel.

Die folgenden Sorten eignen sich besonders gut für Kuchen: Boskop, Granny Smith, Gravensteiner, Jonathan, Cox Orange.

Apfel-Birnen-Crisp

Wie einige andere Dessertklassiker in diesem Kapitel wurde auch dieses Dessert etwas abgewandelt: Außer Äpfeln verwenden wir Birnen, und wir beträufeln das Obst mit etwas Weinbrand oder Rum. Sie können dieses Gericht vor dem Essen vorbereiten und während des Essens backen. Das Vanilleeis oder gesüßte steif geschlagene Sahne müssen Sie nicht dazu reichen, aber Sie sollten es.

Utensilien: Apfelentkerner oder Schälmesser, Schneidbrett, mittelgroße Rührschüssel, Teigmischer oder Tischmesser (zum Vermengen der Zutaten), Küchenwaage, flache ofenfeste Auflaufform aus Glas oder Keramik (ca. 2 l Fassungsvermögen)

Vorbereitungszeit: Etwa 20 Minuten   **Garzeit:** 40 bis 45 Minuten   **Portionen:** 6

3 große Äpfel (Boskop)	1. Einen Rost in das untere Drittel des Backofens schieben. Den Ofen auf 190 Grad vorheizen.
2 große, feste, reife Birnen	2. Die Äpfel waschen, schälen und entkernen und in 2 bis 3 Zentimeter große Stücke schneiden (siehe dazu Abbildung 14.1). Die Birnen waschen, entkernen und in 2 bis 3 Zentimeter große Stücke scheiden.
2 bis 3 EL dunkler Rum oder Weinbrand (nach Geschmack)	
Vanilleeis oder süße Schlagsahne (optionale Garnierung)	Birnen brauchen Sie nicht zu schälen (sie haben eine weichere Schale). Wenn Sie geschälte Früchte lieber mögen, können Sie sie jedoch auch schälen.
Für die Streusel:	3. Das Obst gleichmäßig auf dem Boden einer nicht gefetteten Auflaufform verteilen. Die Früchte nach Geschmack mit Weinbrand oder Rum beträufeln.
200 g Mehl	
150 g Zucker	
2 EL brauner Zucker	4. In einer mittelgroßen Rührschüssel die Streusel zubereiten: Mehl mit Zucker, braunem Zucker, Zitronenschale, Zitronensaft, Salz, Zimt und Muskat vermengen. Die Butter mit einem Teigmischer, zwei Messern oder mit den Händen in die trockenen Zutaten kneten, bis die Mischung wie grobe Brotkrümel aussieht. Gehackte Mandeln oder Nüsse daruntermischen.
Geriebene Schale, Saft einer halben Zitrone	
¼ TL Salz	
½ TL gemahlener Zimt	5. Die Streusel gleichmäßig auf den Früchten verteilen. 40 bis 45 Minuten backen, bis die Früchte weich und die Streusel leicht gebräunt sind. Warm servieren. Nach Geschmack Vanilleeis oder süße Schlagsahne dazu reichen.
¼ TL gemahlene Muskatnuss	
125 g kalte Butter, in kleine Stücke geschnitten	
125 g geröstete gehackte Mandeln oder Nüsse	

Tipp: Damit der braune Zucker nach dem Öffnen nicht hart wird, geben Sie die Verpackung in einen wiederverschließbaren, luftdicht schließenden Plastikbeutel oder ein Twist-off-Glas und bewahren Sie ihn im Kühlschrank auf.

Variationen: Wenn Sie mögen, können Sie 100 Gramm frische, gewaschene Preiselbeeren zur Apfel-Birnen-Mischung geben, bevor Sie die Streusel drüberstreuen. Oder für einen Sommer-Crisp können Sie anstelle von Äpfeln und Birnen Pfirsiche und Nektarinen verwenden.

Apfelpfannkuchen mit Quarkcreme

Pfannkuchen wecken Kindheitserinnerungen, und sie schmecken nicht nur herzhaft, sondern auch süß. Hier gibt's nun eine Variante der beliebten Nachspeise.

Utensilien: Küchenmesser, Schneidbrett, Küchenwaage, Messbecher, Apfelentkerner, 2 Rührschüsseln, Schneebesen oder Handrührgerät, kleine beschichtete Pfanne, Schöpfkelle, kleines Sieb, Pfannenheber

Vorbereitungszeit: 15 Minuten **Garzeit:** 15 Minuten **Portionen:** 4

4 säuerliche Äpfel

4 TL Butter

4 Eier

400 ml Milch

50 g Zucker

240 g Mehl

1 Prise Salz

Puderzucker

Für die Quarkcreme:

250 g Magerquark

125 g Vanillejoghurt

1 Päckchen Bourbon-Vanillezucker

1. In zwei Schüsseln die Eier trennen. Das Eigelb mit Milch, Zucker, Mehl und Salz verrühren, 15 Minuten quellen lassen. Das Eiweiß steif schlagen und vorsichtig unter den Pfannkuchenteig heben.

2. Äpfel abspülen und quer halbieren. Das Kerngehäuse am besten mit einem Apfelentkerner herauslösen (siehe dazu Abbildung 14.1). Die Apfelhälften in dünne Spalten schneiden.

3. In einer Pfanne 1 TL Butter bei mittlerer Hitze zerlassen. Ein Viertel der Äpfel darin 2 Minuten goldbraun braten. Mit einer Schöpfkelle ein Viertel des Pfannkuchenteigs auf den Äpfeln verteilen und 2 Minuten backen. Den Pfannkuchen mithilfe des Pfannenhebers wenden und auf der anderen Seite backen.

4. So fortfahren und insgesamt vier Pfannkuchen backen. Bis zum Servieren warm halten.

5. Für die Quarkcreme Quark mit Vanillejoghurt und Bourbon-Vanillinzucker in einer Schüssel cremig schlagen.

6. Die Apfelpfannkuchen auf einem Teller anrichten und mit Puderzucker bestäuben. Mit der Quarkcreme servieren.

Heute gibt es Tiramisu

In diesem Abschnitt werden Sie Tiramisu kennenlernen, ein ursprünglich aus Italien stammendes Dessert aus in Kaffee getränkten Löffelbiskuits oder Keksen mit gesüßter Mascarponecreme.

Klassisches Tiramisu

Für unser Rezept, das wir von unserem Freund Bill Yosses, dem Konditormeister in der *Citarella* in New York City, haben, verwenden wir eine Mischung aus süßer Schlagsahne und Mascarpone. (Wenn Sie Mascarpone nicht bekommen, nehmen Sie Frischkäse oder verwenden Sie mehr Schlagsahne.) Ein gutes Tiramisu zeichnet sich durch das Aroma von starkem Kaffee aus. Sie müssen aber keinen Espresso zubereiten. Löslicher Kaffee reicht hier völlig aus.

Utensilien: Kleine Kasserolle, kleine Schüssel, Esslöffel, Metallschaber, feines Sieb, Teigschaber, Schneebesen oder Handrührgerät, Messbecher, Küchenwaage, Kochlöffel, runde Form (25 cm Durchmesser), quadratische Dessertform (22 cm × 22 cm) oder Auflaufform, zwei Rührschüsseln

Vorbereitungszeit: Etwa 20 Minuten, sowie 3 Stunden zum Kühlen
Ruhezeit im Kühlschrank: 3 Stunden   **Portionen:** Etwa 8

---

3 gehäufte EL Pulver von löslichem Kaffee

3 EL Zucker

250 ml Wasser

2 Packungen (je 170 g) Löffelbiskuits

500 g Sahne, gut gekühlt

50 g Puderzucker

2 TL flüssiger Vanille-Extrakt

75 g Mascarpone

1 EL Kakaopulver, ungesüßt

---

1. In einer kleinen Schüssel Kaffeepulver und Zucker vermengen. 250 Milliliter Wasser zum Kochen bringen, über die Kaffee-Zucker-Mischung geben und umrühren. Beiseitestellen und auf Zimmertemperatur abkühlen lassen.

2. Etwa die Hälfte der Löffelbiskuits auf dem Boden der Dessertform auslegen.

3. Mit einem Esslöffel die Hälfte der Kaffee-Zucker-Mischung gleichmäßig auf den Löffelbiskuits in der Dessertform verteilen und beiseitestellen.

4. In einer zweiten Schüssel Sahne, Puderzucker und Vanille-Extrakt vermengen. Mit einem Schneebesen oder mit dem Handrührgerät die Mischung steif schlagen. Mindestens 1 Stunde in den Kühlschrank stellen.

5. In einer anderen Schüssel die Mascarpone mit einem Kochlöffel glattrühren.

6. Die Hälfte der Schlagsahne unter die Mascarpone heben und gut miteinander vermengen. Dann die restliche Sahne unterheben. Nicht zu viel rühren.

7. Die Hälfte dieser Mischung mit einem Metallschaber oder Löffel auf den Löffelbiskuits verteilen. Darauf eine zweite Schicht Löffelbiskuits mit der runden Seite nach unten verteilen. Diese Löffelbiskuits mit dem restlichen Kaffee beträufeln und mit der anderen Hälfte der Sahnemischung bedecken. Gleichmäßig mit dem Kakaopulver bestäuben. Drei Stunden im Kühlschrank ziehen lassen. Dann in Stücke schneiden und servieren.

Tipp: Löffelbiskuits sind – je nach Marke – unterschiedlich lang und breit. Daher benötigen Sie für die beschriebenen Formen eine entsprechend unterschiedliche Anzahl an Löffelbiskuits. Zwei Packungen zu je 170 Gramm ergeben meist etwa zwei Schichten.

Himbeer-Mascarpone-Creme

Noch ein geschichtetes Dessert, ein Beerentraum mit Früchten. Statt Himbeeren können Sie auch Erdbeeren nehmen.

Utensilien: Pürierstab, hohe, schmale Schüssel zum Pürieren, flache Schale oder Auflaufform, Rührschüssel, Schneebesen oder Handrührgerät, Küchenwaage

Zubereitungszeit: 15 Minuten   **Ruhezeit im Kühlschrank:** Mindestens 2 Stunden
Portionen: 4

500 g Himbeeren	1. In einer Schüssel Himbeeren mit Zitronensaft, Vanillemark oder Vanillezucker und 2 Esslöffel Zucker vermischen und pürieren.
Saft einer halben Zitrone	
1 Vanilleschote, ausgekratzt, oder 2 Päckchen Bourbon-Vanillezucker mit echter Vanille	2. Eine Schale mit den Amarettini-Keksen auslegen und mit Amaretto beträufeln.
	3. In einer zweiten Schüssel Quark und Mascarpone mit dem restlichen Zucker verrühren. Dann die Sahne unterheben.
80 g Zucker	4. Zunächst die Himbeeren auf den Keksen verteilen, dann darüber die Mascarponecreme verstreichen.
100 g Amarettini-Kekse	
2 EL Amaretto	5. Das Himbeerdessert im Kühlschrank sehr gut durchkühlen lassen. Vor dem Servieren mit Minzeblättchen und geriebener Schokolade garnieren.
250 g Speisequark (20 % Fettgehalt)	
250 g Mascarpone	
250 g Sahne, steif geschlagen	
8 Minzeblättchen	
4 EL geriebene Zartbitterschokolade	

Tipp: Um eine Vanilleschote zu öffnen, nehmen Sie ein scharfes Messer und schneiden die Schote längs so auf, dass die kleinen schwarzen Samen zum Vorschein kommen. Kratzen Sie die Samen mit dem Messer vorsichtig aus der Schote und fügen Sie sie dem Gericht bei. Die ausgekratzte Vanilleschote können Sie zusammen mit Zucker in ein Twist-off-Glas geben. Nach einigen Tagen nimmt der Zucker ein leichtes Vanillearoma an und kann für Süßspeisen verwendet werden.

Obstsalate lassen sich bequem zubereiten. Vertrauen Sie einfach auf Ihren Geschmack und kreieren Sie eigene Desserts, je nachdem, welche Früchte saisonal verfügbar sind und am besten schmecken. Ein wenig Inspiration für den Anfang gefällig? Probieren Sie einige dieser einfachen Kombinationen aus. Und scheuen Sie sich nicht, Zutaten zu ersetzen und zu experimentieren:

- **Winter-Obstsalat:** Vermengen Sie folgende Früchte, jeweils reif, geschält und in Stücke geschnitten: 1 Orange, 1 Grapefruit, 2 Clementinen, 1 Banane, 1 Apfel, 1 Birne mit einem Dressing aus 1 Esslöffel Honig und der geriebenen Schale und dem Saft einer Zitrone.

- **Sommer-Obstsalat:** Vermengen Sie folgende Früchte, jeweils reif, geschält und in Stücke geschnitten: 2 gelbe Pfirsiche, 2 Nektarinen, 4 Aprikosen mit 250 Gramm gewaschenen Himbeeren und den abgezupften und klein geschnittenen Blättern von 2 Stängeln Minze.

- **Drei-Beeren-Dessert:** Vermengen Sie 500 Gramm gewaschene und entstielte Erdbeeren, 250 Gramm Heidelbeeren und 250 Gramm gewaschene Himbeeren in einer Schüssel. Süßen Sie die Früchte nach Geschmack mit Puderzucker und servieren Sie 125 bis 250 g flüssige Sahne dazu.

Teil IV
Kochen für verschiedene Gelegenheiten

IN DIESEM TEIL ...

Nur weil Sie kochen können und gern kochen, bedeutet das noch lange nicht, dass Sie die Zeit, den Platz und die Energie haben, täglich aufwendige Menüs zu kochen. Wir alle haben zu wenig Zeit und mit ständig klingelnden Telefonen, auslaufenden Waschmaschinen, weinenden Kindern und bettelnden Hunden zu kämpfen.

Wenn Sie lieben Besuch erwarten oder aber auch einen gemütlichen Abend mit Ihrem Partner verbringen wollen, nehmen Sie sich die Zeit, ein schmackhaftes Menü zu kochen! Nun können Sie so richtig zeigen, was Sie können.

In diesem Teil geht es außerdem um den wichtigen Aspekt der Zeit, sowohl zum Kochen als auch der Zeit, die Sie Ihren Gästen widmen wollen. Die folgenden Rezepte sind für das wahre Leben gedacht. Hier finden Sie auch Tipps zum Einkaufen mit Köpfchen und zum Vorausplanen, damit Sie ein Menü oder Leckeres für eine Party zubereiten können, das einfach gut schmeckt und garantiert gelingt! Im letzten Kapitel zeigen wir Ihnen, wie Sie Leckeres auf den Tisch zaubern, wenn die Zeit knapp ist.

IN DIESEM KAPITEL

Festliches Essen gekonnt vorbereiten

Ein Menü mit drei Gängen zaubern

Kapitel 15
Ein kleines Menü für lieben Besuch

REZEPTE IN DIESEM KAPITEL

 Salat mit überbackenem Ziegenkäse

Zander unter der Gemüsehaube

 Sauerkirschen mit Stracciatella-Creme

Die Schwiegereltern haben sich angekündigt oder der Partner hat seinen Chef zum Essen eingeladen? Mit dem richtigen Menü ist das für Sie kein Problem. In diesem Kapitel haben wir für Sie ein Essen zusammengestellt, mit dem Sie Ihren Besuch beeindrucken werden.

Nachdem Sie schon so viele Rezepte ausprobiert und fleißig geübt haben, ist es nun an der Zeit, Ihre Kochkünste einem breiteren Publikum zu präsentieren.

Das Drei-Gänge-Menü in diesem Kapitel ist gut vorzubereiten und hat sozusagen eine Gelinggarantie. Außerdem bleibt Ihnen als Gastgeber genügend Zeit, sich Ihren Gästen voll und ganz zu widmen.

Vorbereitung macht den Meister

Das Wichtigste an einem festlichen Essen ist die Planung. Überlegen Sie, wie viel Zeit Sie für die Vorbereitung aufbringen können, ob Sie genügend Geschirr und Töpfe haben, und natürlich, was Ihre Gäste gern essen.

Planen Sie niemals Gerichte ein, die Sie noch nie ausprobiert haben!

Sie möchten während des Essens nicht ständig in der Küche stehen, sondern mit Ihren Gästen zusammen plaudern und das Essen genießen. Planen Sie deshalb vor allem Gerichte, die Sie gut vorbereiten können.

Bevor Sie sich zum Einkaufen aufmachen, erstellen Sie einen detaillierten Einkaufszettel. Überlegen Sie, was Sie schon einige Tage vorher besorgen können, und kaufen Sie lediglich die benötigten frischen Zutaten kurz vorher.

 Vergessen Sie nicht die Getränke: Welcher Wein passt zum Essen, oder ist sogar ein Bier möglich? Wasser und andere alkoholfreie Getränke anzubieten, ist selbstverständlich.

Was wäre ein gutes Essen ohne einen liebevoll gedeckten Tisch? Planen Sie vorab genügend Zeit für das Tischdecken ein oder lassen Sie sich von einem Familienmitglied, einer Freundin oder einem Freund dabei helfen. Die Tischdekoration sollte zum Anlass des Festes und zur Jahreszeit passen. Lassen Sie genügend Platz auf dem Tisch frei, damit Sie Ihre Speisen aufstellen können und diese auch zur Geltung kommen.

Die richtige Zusammenstellung eines Menüs

Doch nun zur Sache: Als Vorspeise für ein Menü eignet sich – je nach Jahreszeit – im Sommer zum Beispiel ein gemischter Salat oder im Winter eine wärmende Suppe. Den Salat können Sie vorab waschen, schneiden und bereitstellen. Die Salatsoße wird dann kurz vor dem Servieren darübergegeben, eine kleine Garnitur dazu – und fertig ist die Vorspeise. Eine Suppe wird lediglich aufgewärmt, eventuell eine Einlage hineingegeben oder klein geschnittene Kräuter darübergestreut.

Als Hauptgericht eignen sich bestens Braten, die im Ofen zubereitet werden. Verzögert sich der Beginn des Festes, warten solche Gerichte geduldig bei reduzierter Temperatur, bis Sie und Ihre Gäste mit der Vorspeise fertig sind. Auch ein Auflauf mit edlen Zutaten garantiert ein stressfreies Essen.

Das Dessert soll Ihr Menü abrunden. Sind Vorspeise und Hauptgang sehr üppig, servieren Sie ein kalorienarmes Dessert, zum Beispiel mit Früchten. Nach einem leichten Essen darf es auch mal etwas Cremiges sein.

Die Rezepte aus diesem Buch lassen sich zu wunderbaren Menüs kombinieren. Lassen Sie Ihre Fantasie spielen und probieren Sie einmal als Sommermenü die Tomatensuppe aus Kapitel 10 als Vorspeise, als Hauptgang das Brathähnchen aus Kapitel 7 mit verschiedenen Sommergemüsen als Beilage und zum Abschluss die Himbeer-Mascarpone-Creme aus Kapitel 14.

Im Herbst und Winter passt hervorragend die cremige Erbsensuppe aus Kapitel 10, dann der Rinderbraten in Rotwein aus Kapitel 6 und als Dessert der Apfel-Birnen-Crisp aus Kapitel 14.

Drei-Gänge-Menü

Das folgende Menü garantiert Ihnen eine stressfreie Feier, denn Sie können die einzelnen Gänge vorab vorbereiten und müssen lediglich kurz vor dem Servieren nochmals kurz Hand anlegen:

✔ Zuerst bereiten Sie das Dessert zu. Die einzelnen Komponenten werden in Schüsseln kalt gestellt und erst kurz vor dem Servieren in Portionsschälchen verteilt.

✔ Waschen und zerkleinern Sie den Salat für die Vorspeise etwa 2 Stunden vorab und bereiten Sie die Vinaigrette zu, stellen Sie beides kühl. Vor dem Anrichten verteilen Sie den Salat auf Teller und geben jeweils etwas von der Vinaigrette darüber. In der Zwischenzeit wird der Ziegenkäse übergrillt, auf die Salatportionen gegeben und sofort serviert. Beginnen Sie mit dem Übergrillen erst, wenn die Gäste schon am Tisch sitzen, denn das Interessante an diesem Gericht ist die Komposition aus frischem, kaltem Salat und dem heißen Käse.

✔ Das Gemüse für den Hauptgang können Sie ebenfalls einige Stunden vorab garen. 2 Stunden vor dem Eintreffen der Gäste bereiten Sie den Auflauf vor, indem Sie den Fisch mit der Ei-Gemüse-Masse übergießen und ihn in den Kühlschrank stellen. Bevor Sie mit der Vorspeise beginnen, schieben Sie die Auflaufform dann für 20 Minuten in den vorgeheizten Backofen.

Während Sie mit Ihren Gästen den Salat genießen, gart der Fischauflauf im Ofen. Es ist nicht tragisch, wenn Sie sich etwas mehr Zeit zum Plaudern nehmen. Schalten Sie den Herd einfach am Ende der Garzeit ab und lassen Sie den Auflauf im Ofen ruhen.

 Planen Sie genügend Zeit zwischen den einzelnen Gängen eines Menüs ein. Das Geschirr muss abgeräumt, eventuell neue Getränke bereitgestellt werden. Planen Sie mindestens 15 Minuten Pause zwischen den einzelnen Gängen ein, ein gemütliches Essen ist kein Marathonlauf.

Vorspeise

Ein leckeres Menü sollten Sie mit einer Vorspeise eröffnen, die den Appetit anregt. Außerdem bringt eine Vorspeise eine Prise Eleganz ins Spiel und zeigt, dass Sie Stunden in der Küche verbracht haben (na, nicht ganz, aber lassen Sie die Gäste in dem Glauben).

Salat mit überbackenem Ziegenkäse 🍅

Utensilien: Küchenmesser, Schneidbrett, große Schüssel, Salatschleuder oder Küchensieb, hitzebeständiger Teller, Pfannenwender

Zubereitungszeit: 15 Minuten   **Portionen:** 4

Blattsalat, zum Beispiel Batavia, Lollo Rosso, Frisée, einige Blätter Rucola

4 Scheiben Ziegenfrischkäse von der Rolle

4 Scheiben Baguette, geröstet

Für die Vinaigrette:

1 EL Balsamicoessig

2 EL Walnussöl

Salz, Pfeffer

1. Den Backofen auf höchste Temperatur erhitzen.

   Wenn Sie einen Elektrogrill haben oder Ihr Backofen über eine Grillfunktion verfügt, dann stellen Sie dort die höchste Temperatur ein.

2. Den Salat waschen, trocken schleudern, zerpflücken.

3. Aus dem Balsamicoessig, dem Öl, Salz und Pfeffer eine Vinaigrette zubereiten.

4. Die Ziegenkäsescheiben auf die Baguettescheiben legen, alle auf einem hitzebeständigen Teller platzieren und im vorgeheizten Backofen oder Elektrogrill 2 bis 3 Minuten übergrillen. Der Käse soll an der Oberfläche leicht goldbraun werden.

5. Den Salat auf vier Teller verteilen, mit der Vinaigrette beträufeln und kurz vor dem Servieren auf jede Portion einen heißen Ziegenkäse auf Baguette geben. Das macht man am besten mit einem Pfannenwender.

Hauptgang

Der Hauptgang ist der Höhepunkt eines Menüs, meist ein Fleisch-, Fisch- oder Geflügelgericht, das von Beilagen begleitet wird. Bedenken Sie bei der Planung eines Menüs, dass Sie Portionen aus Rezepten für Hauptgerichte etwas verkleinern können, denn solche Rezepte sind oft als Hauptmahlzeit ohne Vor- und Nachspeise berechnet.

Zander unter der Gemüsehaube

Utensilien: Küchenmesser, Gemüseschäler, Schneidbrett, Küchenwaage, Messbecher, evtl. Küchenreibe (grob und fein), ofenfeste Auflaufform, Rührschüssel, Handrührgerät, Pfanne, Schaber

Vorbereitungszeit: 20 Minuten   **Garzeit:** 20 Minuten   **Portionen:** 4

20 g Butterschmalz

250 g Möhren, geschält, in feine Stifte geschnitten oder mit einer groben Küchenreibe geraspelt

250 g Sellerie, geschält, in feine Stifte geschnitten oder mit einer groben Küchenreibe geraspelt

Salz, Zucker

125 ml Weißwein (ersatzweise Gemüsebrühe)

800 g Zanderfilet oder anderer Fisch

Zitronensaft

125 g Sahne, sehr steif geschlagen

1 Eigelb

1 Portion Kresse oder andere frische Kräuter

30 g geriebener Käse

1. In einer Pfanne Butterschmalz bei mittlerer Einstellung erhitzen.
2. Das Gemüse im Butterschmalz anschwitzen und mit Salz und Zucker würzen. Den Weißwein zugeben und das Gemüse ca. 10 Minuten dünsten. Zur Seite stellen.

   Bei anderen Gemüsesorten entfällt unter Umständen das Garen oder die Garzeit kann verkürzt werden.
3. Den Backofen auf 170 Grad (Umluft) erhitzen.
4. Den Fisch säubern, mit Zitronensaft beträufeln und salzen, dann in ca. 5 Zentimeter breite Streifen schneiden und dicht zusammen in eine gefettete Auflaufform setzen.
5. In einer Schüssel Sahne sehr steif schlagen und darunter zuerst das Eigelb, dann die Kräuter und den Käse, zuletzt das abgekühlte Gemüse heben.
6. Die Ei-Gemüse-Masse auf die Fischstreifen in der Auflaufform verteilen und im Backofen auf der mittleren Schiene ca. 20 Minuten garen.
7. Das Gericht in der Auflaufform servieren.

Variation: Statt Zander können Sie auch Lachsforelle oder einen anderen festfleischigen Fisch nehmen. Als Gemüse eignet sich zum Beispiel Zucchini (wie Sie Gemüse garen, finden Sie in Kapitel 4). Hier können Sie wählen, was schmeckt und erhältlich ist.

 Zu Vorspeise und Hauptgang servieren Sie am besten eine kleine Auswahl an Brot, zum Beispiel Baguette und einige Scheiben Walnussbrot. Das reicht als Beilage vollkommen aus.

Dessert

Das Dessert bildet sozusagen die Krönung Ihres Menüs. Nach der leckeren Vor- und Hauptspeise darf etwas Süßes einfach nicht fehlen.

Sauerkirschen mit Stracciatella-Creme

Utensilien: Küchensieb, Saftpresse, kleiner Kochtopf, Schneebesen, Küchenwaage, 2 kleine Schüsseln, 2 Rührschüsseln, Handrührgerät

Zubereitungszeit: 20 Minuten   **Ruhezeit im Kühlschrank:** 1 Stunde
Portionen: 4 bis 6

Für das Kirschkompott:

1 Glas Sauerkirschen

2 EL Speisestärke

Saft von 2 Orangen

1 EL Honig

4 EL Amarettolikör

Für die Creme:

250 g Mascarpone

250 g Quark

75 g Zucker

200 g Sahne

2 Päckchen Sahnesteif

50 g dunkle Schokoladenraspel

1. Die Kirschen in ein Küchensieb gießen, den Saft in einer Schüssel auffangen.
2. Die Speisestärke mit ca. 3 Esslöffel Kirschsaft in einer kleinen Schüssel mit dem Schneebesen anrühren.
3. Den übrigen Kirschsaft mit Orangensaft und Honig in einem Topf bei mittlerer Einstellung erhitzen.
4. Die angerührte Speisestärke unter Rühren in den Topf geben und ½ Minute aufkochen lassen.
5. Amarettolikör und Sauerkirschen zufügen und vollständig erkalten lassen.
6. Für die Creme Mascarpone, Quark und Zucker in einer Rührschüssel mit dem Schneebesen verrühren, etwa 15 Minuten kalt stellen.
7. In der Zwischenzeit die Sahne in einer Rührschüssel mit dem Handrührgerät steif schlagen, dabei das Sahnesteif einrühren.
8. Die Schokoladenraspel und die steif geschlagene Sahne unter die Creme heben, mindestens 1 Stunde kalt stellen.
9. Zum Servieren die Sauerkirschmasse auf Dessertschälchen verteilen, von der Stracciatella-Creme mit einem Esslöffel Nocken abstechen und auf die Sauerkirschen setzen.

Dazu passt: Kaffee oder Espresso

IN DIESEM KAPITEL

Tipps für die Vorbereitung

Leckere Partyrezepte

Kapitel 16
Leckeres für die Party

REZEPTE IN DIESEM KAPITEL

- Minipizzas
- Blätterteighörnchen mit Schafskäsefüllung
- Bruschetta
- Frikadellen
- Hähnchenspieße mit Speck
- Käse-Quark-Creme mit Zwiebeln
- Forellencreme
- Schweizer Wurst-Käse-Salat
- Linsensalat

Ob Geburtstag, Beförderung, Polterabend – es gibt viele Anlässe, eine Party zu feiern und Freunde und Familienmitglieder dazu einzuladen. In lockerer Atmosphäre feiern bedeutet für Sie als Gastgeber aber auch, dass Sie während der Party nicht stundenlang in der Küche stehen oder schon zu Beginn der Feier müde und abgekämpft sein wollen. Eine gute Party steht und fällt mit einer guten, vorausschauenden Planung.

Mit diesem Kapitel wird Ihre nächste Party ein voller Erfolg.

Die Party vorbereiten

Bevor Sie sich in die Auswahl der Rezepte und die Planung der Dekoration für Ihre Party stürzen, sollten Sie als Erstes eine Gästeliste zusammenstellen und sich Anzahl, Altersstruktur und Geschlecht der Gäste notieren. Warum? Nun, erfahrungsgemäß essen junge Männer gern Deftiges und Fleischgerichte in größeren Mengen. Frauen dagegen bevorzugen eher Salate und leichtere Gerichte, zum Beispiel Geflügel- statt Schweinefleisch. Das müssen Sie bei der Planung berücksichtigen.

Dann überlegen Sie, wie viel Zeit Sie für die Vorbereitung haben und wer Ihnen dabei helfen könnte. Viele Partys beginnen, lange, bevor die ersten Gäste kommen, mit dem fröhlichen Kochen im kleinen Kreis.

Als Nächstes planen Sie, welches Essen Sie servieren wollen. Bedenken Sie dabei, dass eine Party über viele Stunden geht und das Essen ebenso lange auf dem Büfett steht.

Planen Sie deshalb keine leicht verderblichen Gerichte ein. Rohes Fleisch oder ein Tiramisu – mit rohen Eiern zubereitet – sind für eine Party tabu. Durchgegarte Fleischstücke oder Fingerfood sind viel besser geeignet.

Haben Sie nun einen Speiseplan erstellt, prüfen Sie, ob der Zeitaufwand für die Zubereitung nicht zu hoch ist. Wenn ja, bitten Sie doch einfach gute Freunde unter den Gästen um Mithilfe. Ein oder zwei Ihrer Freundinnen, die gern kochen, werden sich sicher dazu bereit erklären, ein fertig zubereitetes Gericht mitzubringen.

Wenn Sie unsicher sind, welche Essensmengen Sie benötigen, planen Sie als Notnagel einen Brotaufstrich, zum Beispiel die Käse-Quark-Creme aus diesem Kapitel, als Dip ein, der in einer Schüssel auf dem Büfett steht. Liegt ein leckeres Baguette oder Brot daneben, werden sich die Gäste dann gern selbst bedienen.

Salat gehört zu jeder Party. Kennen Sie auch die Schüsseln mit mehr oder weniger wässrigem Inhalt, die zu später Stunde noch auf dem Büfett stehen? Stellen Sie ein Salatbüfett zusammen aus Schüsseln mit verschiedenen Blattsalaten, Paprikastreifen, Gurkenscheiben, gegarten roten Bohnenkernen, Maiskörnern usw. Dazu einen Krug mit einer Vinaigrette und einen Krug mit einem anderen Dressing. Rezepte dazu finden Sie in Kapitel 11. Ihre Gäste können sich dann selbst den Salat ihrer Wahl zusammenstellen.

Vergessen Sie nicht die Getränke: Was bevorzugen Ihre Gäste? Wein, Bier? Wasser und andere alkoholfreie Getränke anzubieten, ist selbstverständlich.

Auf die Plätze, kochen, los

Die Gäste sind eingeladen, Sie wissen, wer kommt und wer welche Vorlieben beim Essen hat. Jetzt geht's an die Vorbereitung. Wir stellen Ihnen hier absolut partytaugliche Rezepte vor, die Ihre Gäste garantiert nicht verschmähen werden.

Wenn Sie am Tag der Party nicht viel Zeit zur Verfügung haben, können Sie bereits am Vortag Kräuter waschen, hacken und in verschlossenen Kunststoffbehältern in den Kühlschrank stellen. Frikadellen kann man am Vortag braten und ebenfalls im Kühlschrank aufbewahren. Fingerfood aus Blätterteig sollte jedoch frisch zubereitet werden, es verliert bei der Lagerung seine knusprige Konsistenz.

Fingerfood

Fingerfood lässt sich, wie der Name schon sagt, sehr gut mit den Fingern essen. Es ist eine beliebte Leckerei für zwischendurch und lässt die Gäste immer wieder an das Büfett zurückkehren – insbesondere zu fortgeschrittener Stunde.

Rezepte mit Fertigteig eignen sich hervorragend für Partybüfetts. Blätterteig wird in zwei Formen angeboten:

- ✔ Im Kühlregal als frischer Blätterteig (ca. 25 cm x 40 cm), bereits backfertig auf Backpapier eingerollt. Diese Form eignet sich bestens für Fingerfood-Rezepte. Sie geben die gewünschte Füllung darauf und rollen die Teigplatte dann ohne Papier einfach auf.

- ✔ In der Tiefkühltheke als TK-Blätterteig in Plattenform. Da Blätterteig im Backofen stark aufgeht, müssen Sie die etwa 3 Millimeter starken Platten auf die gewünschte Stärke (meist 1 mm) ausrollen.

Im Kühlregal Ihres Supermarkts finden Sie außerdem Pizzateig, Mürbeteig, Yufka-Blätter und verschiedene Fertigteige für Brötchen und Baguette.

Utensilien: Schüssel, Messer, Schneidbrett, Küchenwaage, Pfanne, evtl. Teigrolle, Teigrädchen, Backpinsel, Backblech, Backpapier

Zubereitungszeit: Pro Rezept ca. 15 Minuten

Backzeit: Je ca. 10 Minuten

Minipizzas 🍅

1 Paket frischer XXL-Pizzateig (à 550 g)

400 g passierte Tomaten

2 EL Olivenöl

2 EL Tomatenmark

Salz, Pfeffer

3 Pakete Mozzarella (à 125 g), abgetropft

3 TL getrockneter Oregano (nach Geschmack)

1. Den Backofen auf 220 Grad vorheizen.
2. Die passierten Tomaten in einer Schüssel mit dem Olivenöl und dem Tomatenmark vermischen und mit Salz und Pfeffer würzen.
3. Den Mozzarella in dünne Scheiben schneiden.
4. Den Pizzateig aus der Packung nehmen, in kleine Quadrate oder Rechtecke schneiden und diese auf zwei mit Backpapier ausgelegte Backbleche geben (oder nacheinander in zwei Portionen auf ein Backblech).
5. Die Teigstücke mit einem Backpinsel mit der Tomatensoße bestreichen. Den Mozzarella darauf verteilen und mit Oregano bestreuen.
6. Im Backofen (mittlere Schiene) 10 bis 12 Minuten backen.

Blätterteighörnchen mit Schafskäsefüllung 🍅

1 Paket frischer Blätterteig

1 Zwiebel, geschält und fein geschnitten

1 EL Rapsöl

150 g Feta

3 EL Quark

1 EL geriebener Parmesan

2 EL gehacktes frisches Basilikum

1 EL gehackte glatte Petersilie

1 Eigelb, aufgeschlagen

Schwarzkümmel

1. Den Backofen auf 220 Grad vorheizen.
2. In einer Pfanne Öl bei mittlerer Einstellung erhitzen und darin die Zwiebel kurz glasig anschwitzen. Auskühlen lassen.
3. In einer Schüssel den Feta mit einer Gabel zerdrücken und mit Quark, Parmesan, Kräutern und der Zwiebel vermischen.
4. Blätterteigrolle ausrollen und in Dreiecke schneiden. Mit einem Löffel von der Füllung etwas daraufgeben, wie Hörnchen zusammenrollen (am breiten Ende beginnen).
5. Die Hörnchen mit dem Eigelb bestreichen und mit Schwarzkümmel bestreuen.
6. Die Hörnchen auf ein mit Backpapier ausgelegtes Backblech im vorgeheizten Backofen (mittlere Schiene) 8 bis 10 Minuten goldgelb backen.

Bruschetta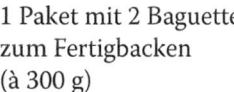

1 Paket mit 2 Baguette zum Fertigbacken (à 300 g)

10 Tomaten, fein gewürfelt

2 Knoblauchzehen, geschält und fein gehackt

6 EL Olivenöl

Salz

4 EL gehacktes Basilikum

1. Den Backofen auf 200 Grad vorheizen.
2. Die beiden Baguettes aus der Packung nehmen, leicht mit Wasser befeuchten und im Ofen 8 bis 10 Minuten oder nach Packungsanweisung goldgelb backen.
3. Die Tomaten mit dem Knoblauch und dem Olivenöl vermischen und etwas salzen.
4. Das Baguette soweit abkühlen lassen, sodass man es anfassen kann, und in Scheiben schneiden.
5. Die Scheiben auf eine Servierplatte geben und die Tomatenmischung darauf verteilen. Mit Basilikum bestreuen.

Leckere Fleischgerichte

Bevorzugen Ihre Gäste herzhafte Fleischgerichte? Dann sind kleine Frikadellen genau das Richtige! Man kann sie kalt essen und sie überstehen auch einige Stunden auf dem Büfett ohne Qualitätsverlust. Wenn es sehr warm im Raum ist, legen Sie einfach einen Kühlakku aus dem Gefrierschrank unter die Servierplatte, dann bleiben Ihre Frikadellen wunderbar frisch.

Frikadellen

Dieses Rezept können Sie beliebig abwandeln, zum Beispiel durch die Zugabe von Curry und etwas fein geraspelter frischer Ingwerknolle. Sehr lecker schmecken die Frikadellen auch mit Knoblauch und mediterranen Kräutern oder Paprikastückchen. Finden Sie einfach selbst Ihre Lieblingsvariante!

Utensilien: Küchenmesser, Schneidbrett, Schüssel, Pfanne, Pfannenwender, Messbecher, Küchenwaage

Vorbereitungszeit: 15 Minuten   **Garzeit:** 8 bis 10 Minuten

400 g Hackfleisch (halb Rind/halb Schwein)

1 Zwiebel, geschält und gehackt

1 Ei

1 Brötchen (kann auch altbacken sein)

1. Das Brötchen in 500 Milliliter lauwarmem Wasser ca. 10 Minuten einweichen.
2. In einer Schüssel Hackfleisch mit Zwiebel und Ei vermischen. Das Brötchen gut mit der Hand ausdrücken und zur Hackfleischmasse geben. Petersilie untermischen und die Masse mit Salz, Pfeffer und Paprikapulver würzen.

1 Bund Petersilie, gehackt

Salz, Pfeffer, Paprikapulver

4 EL Öl

3. Aus der Hackfleischmasse mit angefeuchteten Händen kleine Frikadellen formen.
4. In einer Pfanne Öl bei hoher Einstellung erhitzen, die Frikadellen in die Pfanne geben und auf mittlerer Hitze von beiden Seiten ca. 4 Minuten braten.

Tipp: Achten Sie darauf, dass das Fleisch gut durchgegart ist.

Hähnchenspieße mit Speck

Utensilien: 6 Schaschlikspieße aus Holz oder Metall, Messer, Schneidbrett, Frischhaltefolie, Pfanne, flache Auflaufform, Küchenwaage

Zubereitungszeit: 25 Minuten   **Garzeit:** 30 Minuten   **Portionen:** 4

400 g Hähnchenbrust

2 Knoblauchzehen, geschält und fein gehackt

Paprikapulver

Salz, Pfeffer

4 EL Rapsöl

6 Scheiben durchwachsener Speck

1. Die Hähnchenbrust in sechs Streifen schneiden.
2. In einer flachen Auflaufform Knoblauch, Paprikapulver, Salz und Pfeffer mit der Hälfte des Öls vermischen. Die Hähnchenstreifen hineinlegen. Die Form mit Frischhaltefolie verschließen und das Hähnchenfleisch 2 Stunden im Kühlschrank marinieren.
3. Die Hähnchenstreifen aus der Marinade nehmen, längs auf die Spieße ziehen und mit einer Scheibe Speck umwickeln.
4. In einer Pfanne das restliche Öl bei mittlerer Einstellung erhitzen und die Spieße 10 bis 15 Minuten braten, dabei häufig wenden, damit sie rundherum goldbraun werden.

Tipp: Die Minispießchen kommen so gut an, dass Sie für eine Party besser die doppelte oder dreifache Menge zubereiten und portionsweise braten.

Köstliche Brotaufstriche

Brotaufstriche passen immer und vor allem zwischendurch. Servieren Sie zum Dippen frisches oder gegartes Gemüse, zum Beispiel Karottensticks und Staudenselleriestangen, oder gebratene Auberginen- und Zucchinischeiben. Oder reichen Sie dazu frisches Brot. Es gilt: Probieren Sie, was schmeckt – hier sind keine Grenzen gesetzt.

Selbstgemachte Brotaufstriche sind ideal als Notnagel für eine Party. Sollte der Appetit der Gäste größer sein als erwartet, können Sie damit Ihr Büfett strecken. Brotaufstriche lassen sich im Kühlschrank mehrere Tage aufbewahren.

Käse-Quark-Creme mit Zwiebeln

Utensilien: Messer, Schneidbrett, Messbecher, Küchenwaage, Pfanne, Rührschüssel, Müslischale

Zubereitungszeit: 35 Minuten

100 g Butter

300 g Zwiebeln, geschält und fein gewürfelt

50 g Kürbiskerne

500 g Quark

200 g Bergkäse, gerieben

1 Knoblauchzehe, geschält und fein gewürfelt

150 ml Milch

2 Bund Schnittlauch, in Röllchen geschnitten

Salz, Pfeffer aus der Mühle

1. In einer Pfanne die Butter zerlassen und bei mittlerer Hitze die Zwiebeln darin goldbraun braten. Die Kürbiskerne die letzten 5 Minuten hinzufügen. Abkühlen lassen.
2. Währenddessen in einer Rührschüssel Quark, Käse, Knoblauch, Milch und Schnittlauch vermischen, mit Salz und Pfeffer abschmecken.
3. Drei Viertel der abgekühlten Zwiebeln und Kürbiskerne mit der Grundmasse in der Rührschüssel vermischen.
4. Den Aufstrich in ein dekoratives Gefäß oder in eine Müslischale füllen. Mit den restlichen Zwiebeln und Kürbiskernen garnieren und bis zum Partybeginn kalt stellen.

Forellencreme

Utensilien: Küchenwaage, Schüssel, Handrührgerät oder Küchenmaschine, Müslischale

Zubereitungszeit: 5 Minuten

250 g Räucherforelle (ohne Haut und Gräten)

125 g Doppelrahmfrischkäse

125 g weiche Butter

2 EL Sahnemeerrettich

2 TL Senf

1 EL Zitronensaft

1 Packung Kresse

3 EL fein gehackter Dill

Salz, Pfeffer

1. In einer Schüssel mit dem Handrührgerät oder in der Küchenmaschine alle Zutaten außer den Kräutern glatt pürieren.
2. Die Kresse abschneiden und mit dem Dill unter die Forellencreme mischen. Mit Salz und Pfeffer abschmecken.
3. Den Aufstrich in ein dekoratives Gefäß oder in eine Müslischale füllen und bis zum Partybeginn kalt stellen.

Salate

Salate dürfen auf keinem Büfett fehlen. Nach den Rezepten dieser Salate werden Ihre Gäste Sie garantiert fragen. Aber dann empfehlen Sie einfach Ihr Kochbuch *Kochen für Dummies*.

Schweizer Wurst-Käse-Salat

Utensilien: Messer, Schneidbrett, Schüssel, Schneebesen, Küchenwaage, Messbecher, Salatschüssel

Zubereitungszeit: 15 Minuten   **Portionen:** 4

200 g Emmentaler, in Scheiben

200 g Fleischwurst, zum Beispiel Lyoner

5 Essiggurken, in Scheiben geschnitten

1 rote Zwiebel, geschält und in dünne Streifen geschnitten

8 Radieschen, gewaschen, geputzt und in dicke Scheiben geschnitten

1 Bund Schnittlauch, in Röllchen geschnitten

Für die Vinaigrette:

1 EL scharfer Senf

2 EL Essiggurkensud

50 ml Obstessig

150 ml kaltgepresstes Rapsöl

Salz, weißer Pfeffer aus der Mühle

1. Den Käse und die Fleischwurst in dünne Streifen schneiden. Mit Essiggurken, Zwiebel und Radieschen in eine Salatschüssel geben.

2. Aus Senf, Essiggurkensud, Essig und Rapsöl mit Salz und Pfeffer mit dem Schneebesen eine Vinaigrette rühren. Unter den Wurst-Käse-Salat mischen. Mit Schnittlauch bestreuen.

Dazu passt: Ein schönes Bauernbrot. Ein Weizenmischbrot mit einem kleinen Quarkanteil ist besonders locker und mild-aromatisch.

Linsensalat

Utensilien: Kochtopf, Messer, Schneidbrett, Schüssel, Küchenwaage, Salatschüssel, Schneebesen, Küchensieb

Vorbereitungszeit: Garen der Linsen 25 bis 30 Minuten   **Zubereitungszeit:** 15 Minuten
Portionen: 4

200 g feine Linsen (Puy-Linsen, Alb-, Beluga- oder Berglinsen)

4 Frühlingszwiebeln, in feine Ringe geschnitten

2 gelbe Paprika, in feine Würfel geschnitten

½ Gurke, geschält, entkernt und in feine Würfel geschnitten

200 g Kirschtomaten, halbiert

1 Bund Schnittlauch, in Röllchen geschnitten

2 EL frischer gehackter Dill

Für die Vinaigrette:

3 EL Himbeeressig

6 EL kaltgepresstes Rapsöl

1 TL Senf

Salz, Pfeffer

1. Die Linsen in reichlich Wasser 25 bis 30 Minuten bissfest garen.
2. Mit dem Schneebesen eine Vinaigrette aus Himbeeressig, Rapsöl, Senf, Salz und Pfeffer anrühren.
3. Linsen in einem Küchensieb abtropfen lassen, in einer Salatschüssel mit der Vinaigrette, Frühlingszwiebeln und Paprika vermengen und 30 Minuten ziehen lassen.
4. Gurke, Kirschtomaten und Kräuter unter den Linsensalat mischen und bis zur Party kalt stellen.

Weitere Leckereien für Ihre Party

Für Ihre Party müssen Sie natürlich nicht nur auf die in diesem Kapitel präsentierten Rezepte zurückgreifen. Wie wäre es mit diesen Rezepten?

- ✔ Quiche Lorraine (Kapitel 13)
- ✔ Toskanischer Brotsalat (Kapitel 2)
- ✔ Taboulé (Kapitel 4)

- ✔ Frittata mit Spargel, Tomaten und Bärlauch (Kapitel 9)
- ✔ Eiersalat (Kapitel 9)
- ✔ Kartoffelsalat mit Essig und Öl (Kapitel 11)
- ✔ Tomatensalat mit roten Zwiebeln und Basilikum (Kapitel 11)
- ✔ Reissalat mit roten Paprika (Kapitel 11)
- ✔ Bunter Nudelsalat (Kapitel 11)
- ✔ Kichererbsensalat (Kapitel 11)

> **IN DIESEM KAPITEL**
>
> Schnelle Gerichte in weniger als 30 Minuten
>
> Tipps für die schnelle Küche
>
> Leckeres aus Resten zaubern

Kapitel 17
Rezepte für Eilige: Wenn es mit dem Kochen schnell gehen muss

REZEPTE IN DIESEM KAPITEL

- Kartoffel-Tortilla mit Paprika und Oliven
- Pellkartoffeln mit Kräuterquark
- Hackfleischbällchen in Tomatensoße
- Wokpfanne mit Rindfleisch und Gemüse
- Gnocchi mit Hähnchen
- Indische Reispfanne

Sie kommen nach der Arbeit ausgehungert nach Hause und wollen sich möglichst schnell etwas Warmes kochen. Unerwarteter Besuch steht in der Mittagszeit vor der Tür und Sie hatten eigentlich nicht vor, zu kochen. Aber der Besuch ist auf der Durchreise und hat wohl Hunger … Das heißt, Sie haben nicht viel Zeit zum Kochen und möchten trotzdem nicht auf ein Fertiggericht zurückgreifen?

Wir haben in diesem Kapitel einige Rezepte für Sie zusammengestellt, die Sie in maximal 20 bis 30 Minuten zubereiten können. Kombiniert mit einem Salat dazu oder einem Suppenrest, den Sie vielleicht noch im Gefrierschrank haben, ist eine vollwertige Mahlzeit im Handumdrehen fertig. Zum Schluss zeigen wir Ihnen, was Sie aus den Resten vom Vortag zaubern können.

Auf die schnelle Küche vorbereitet sein

Auch wenn mit dem Begriff »eilig« oft »ungeplant« gemeint ist, können Sie sich auf schnelle Rezepte vorbereiten.

 Erstellen Sie eine Liste mit Rezepten, die Ihnen flott von der Hand gehen, keine ausgefallenen Zutaten erfordern und nicht viel Zeit benötigen. So können Sie in kurzer Zeit ein leckeres Gericht servieren.

Ein guter Helfer bei schnellen Gerichten ist Ihr Gefrierschrank. In der Sommerzeit sind zum Beispiel Möhren, Sellerie und Lauch sehr preiswert. Stellen Sie sich mehrere Portionen mit Suppengemüse zusammen und frieren Sie sie ein. Daraus zaubern Sie dann im Handumdrehen eine leckere Suppe oder einen Eintopf, wenn Sie in Zeitnot sind.

 Denken Sie daran, das Gemüse vor dem Einfrieren zu blanchieren. Wie das geht, lesen Sie in Kapitel 4 im Abschnitt *Gemüse kochen, blanchieren und dämpfen*.

Gerichte, die sich gut einfrieren lassen, zum Beispiel Eintöpfe und Bratengerichte mit Soße, können Sie in doppelter Menge zubereiten und eine Hälfte einfrieren. Als Beilage eignen sich zum Beispiel Reis, Nudeln und Kartoffeln, die sich im Vorratsschrank gut aufbewahren lassen. In Kapitel 4 finden Sie alles über die richtige Zubereitung von Reis und Kartoffeln. In Kapitel 12 gibt es schnelle Pastarezepte, die sich in null Komma nichts zubereiten lassen. Kräuter (egal, ob frisch aus dem Blumenkasten oder getrocknet) geben der Pastasoße eine besondere Note. Salatrezepte finden Sie in Kapitel 11.

 Planen Sie Ihre Mahlzeiten eine Woche im Voraus. So vergeuden Sie keine Zeit damit, zu überlegen, was Sie kochen sollen, oder in letzter Minute in den Supermarkt zu laufen, um die benötigten Zutaten zu kaufen.

Schnelle Gerichte mit Kartoffeln

Kartoffeln lassen sich gut lagern und eignen sich daher hervorragend als Zutat für schnelle Gerichte.

Kartoffel-Tortilla mit Paprika und Oliven

Utensilien: Küchenmesser, Schneidbrett, beschichtete Pfanne mit ofenfestem Stiel, Rührschüssel, Schneebesen, Messbecher

Vorbereitungszeit: 5 Minuten   **Garzeit:** 25 Minuten   **Portionen:** 4

6 festkochende Kartoffeln, geschält, gewaschen und in dünne Scheiben geschnitten

1 EL Butterschmalz

2 rote Paprikaschoten, von Scheidewänden und Kernen befreit, in dünne Streifen geschnitten

1 rote Zwiebel, geschält und in Streifen geschnitten

6 Eier

125 g Sahne

12 schwarze Oliven, ohne Stein

Salz, Pfeffer

1. Den Backofen auf 180 Grad vorheizen.
2. In einer Pfanne Butterschmalz bei mittlerer Hitze erhitzen. Die geschnittenen Kartoffeln hinzufügen und 10 Minuten braten.
3. Paprika und Zwiebel in die Pfanne dazugeben und weitere 5 Minuten mitbraten.
4. In einer Rührschüssel Eier mit Sahne, Salz und Pfeffer verrühren, die Masse auf das Kartoffel-Paprika-Zwiebel-Gemüse in der Pfanne geben und so lange braten, bis die Masse stockt.
5. Anschließend die Pfanne in den Ofen stellen (mittlere Schiene) und die Tortilla dort 10 bis 15 Minuten backen. Kurz vor Ende der Backzeit die Oliven auf der Tortilla verteilen.
6. Die Tortilla aus dem Ofen nehmen, Tortenstücke herausschneiden und heiß oder lauwarm servieren.

Pellkartoffeln mit Kräuterquark 🍅

Utensilien: Topf, Küchenmesser, Schneidbrett, Schere, Schüssel für den Kräuterquark, Teller für die Kartoffelschalen

Vorbereitungszeit: 1 Minute, restliche Vorbereitungszeit, während die Kartoffeln garen
Garzeit: 20 Minuten   **Portionen:** 4

1 kg Kartoffeln, nicht geschält

Für den Kräuterquark:

500 g Quark (10 bis 20 % Fett i. d. Tr.)

150 g Crème fraîche

1 Bund Schnittlauch, in Röllchen geschnitten

1 Bund Dill, fein gehackt

½ Bund glatte Petersilie, fein gehackt

1 Packung Kresse

2 Frühlingszwiebeln, gehackt

Salz, Pfeffer

1. Kartoffeln in wenig kochendem Wasser oder im Dampf 15 bis 20 Minuten garen.

   Wie Sie Kartoffeln kochen, finden Sie in Kapitel 4 im Abschnitt *Gemüse kochen, blanchieren und dämpfen.*

2. Für den Kräuterquark in einer Schüssel Quark und Crème fraîche verrühren. Kresse mit einer Schere kurz abschneiden. Schnittlauch, Dill, Petersilie, Kresse und Frühlingszwiebeln untermischen. Mit Salz und Pfeffer abschmecken.

3. Kartoffeln abgießen und abschrecken. Mit dem Quark servieren, einen Teller für die Kartoffelschalen nicht vergessen.

Schnelles mit Hackfleisch

Hackfleisch bietet viele Vorteile: Es lässt sich gut verarbeiten und Sie können es in Portionen einfrieren und nach Bedarf auftauen. Allerdings verdirbt Hackfleisch sehr schnell. Was Sie bei der Verarbeitung beachten müssen, finden Sie in Kapitel 3 im grauen Kasten *Hackfleisch richtig verarbeiten* am Ende des Kapitels.

 Beachten Sie beim Einfrieren von Hackfleisch, dass die Portionen nicht allzu groß sind. Wenn Sie das Fleisch auf maximal einen Zentimeter platt drücken, lässt es sich schnell auftauen.

Hackfleischbällchen in Tomatensoße

Utensilien: Küchenmesser, Schneidbrett, Schüssel für den Fleischteig, Suppentopf, 2 Töpfe, Küchenreibe, Küchenwaage, Messbecher

Vorbereitungszeit: 10 Minuten **Garzeit:** 15 Minuten **Portionen:** 4

1 altbackenes Brötchen vom Vortag

4 EL Olivenöl

1 Zwiebel, geschält und fein gehackt

2 Dosen stückige Tomaten (à 400 g)

600 g Rinderhackfleisch

1 frisches Ei

2 EL frisch gehackter Thymian

Salz, Pfeffer

1 l Fleischbrühe

2 EL gehackte frische Petersilie

geriebener Parmesan (nach Geschmack)

1. Das Brötchen in 500 Milliliter lauwarmem Wasser ca. 10 Minuten einweichen. Anschließend das Brötchen ausdrücken.
2. Währenddessen in einem Topf das Öl erhitzen und die Zwiebel darin glasig dünsten. Die Tomaten hinzufügen und bei mittlerer Einstellung köcheln lassen. Mit Salz und Pfeffer würzen und ab und zu umrühren.
3. Das Rinderhackfleisch in einer Schüssel mit Ei, Salz, Pfeffer, Thymian und dem ausgedrücktem Brötchen verkneten und zu kleinen Bällchen formen.
4. Die Fleischbrühe bei mittlerer Hitze in einem Topf erhitzen und die Hackfleischbällchen darin 4 bis 5 Minuten garen, herausnehmen und warm stellen.
5. Die Fleischbällchen in die Tomatensoße geben und in einer vorgewärmten Schüssel servieren. Mit Petersilie bestreuen. Dazu Parmesan reichen (nach Geschmack).

Dazu passt: Nudeln und Feldsalat

Schnelles aus dem Wok

Der Wok zeichnet sich dadurch aus, dass man in ihm Fleisch und Gemüse schnell und ohne viel Fett anbraten kann. Wie Sie den Wok richtig einsetzen, steht in Kapitel 2.

Wokpfanne mit Rindfleisch und Gemüse

Utensilien: Küchenmesser, Schneidbrett, Küchenwaage, Wok oder große Sautierpfanne, Kochlöffel, Küchenreibe

Vorbereitungszeit: 15 Minuten **Garzeit:** 10 Minuten **Portionen:** 4

4 Rinderhüftsteaks (à 180 g), in Streifen geschnitten	1. Im Wok 1 Esslöffel Rapsöl bei hoher Temperatur erhitzen. Fleisch zugeben und scharf anbraten. Brokkoli und Paprika zufügen, mit dem restlichen Öl beträufeln und gut sautieren.
200 g Brokkoli, geputzt und in Röschen geteilt	2. Champignons, Lauch, Mungobohnensprossen und Ingwer zufügen, alles gründlich schwenken.
1 rote Paprika, Kerne und Scheidewände entfernt, in Streifen geschnitten (wie Sie bei einer Paprika die Kerne und Scheidewände entfernen, finden Sie in Abbildung 4.1)	3. Anschließend mit Sherryessig und Austernsoße ablöschen und mit Salz und Pfeffer würzen.
	4. In tiefen Tellern anrichten, mit Zitronengras garnieren.
3 EL kaltgepresstes Rapsöl	
100 g braune Champignons, in Scheiben geschnitten	
100 g Lauch, geputzt und in dünne Ringe geschnitten	
3 EL Mungobohnensprossen	
1 TL frisch geriebener Ingwer	
1 EL Sherryessig	
4 EL Austernsoße	
Salz, Pfeffer	
Zitronengras zum Garnieren	

Tipp: Die Champignons können Sie auch durch Shiitakepilze ersetzen, das unterstreicht den asiatischen Touch. Falls Sie kein Zitronengras zur Hand haben, können Sie einige Spritzer Zitronensaft und etwas abgeriebene Zitronenschale dazugeben. Als Ersatz für Austernsoße kann man etwas verdünnte Anchovispaste nehmen. Es ist dann zwar nicht mehr das Originalrezept, schmeckt aber trotzdem sehr lecker. **Dazu passt:** Reis

Mit Resten improvisieren

Bei der Verwertung von Resten sind Ihrer Fantasie keine Grenzen gesetzt. Nutzen Sie die Erfahrung, die Sie beim Kochen sammeln! Fleischreste können Sie in vielen verschiedenen Gerichten verwerten. Wärmen Sie die Reste nicht einfach nur auf, um sie auf dieselbe Weise wie am Vortag zu servieren. Das ist langweilig! Probieren Sie stattdessen einen dieser Vorschläge für kalte Gerichte aus:

- ✔ Verwenden Sie kalte Fleisch- oder Fischreste (Rind, Hähnchen oder Lachs) in einem Salat.
- ✔ Schneiden Sie kalte Fleischreste in Scheiben und belegen Sie damit ein Brot.
- ✔ Wickeln Sie kalte Fleischscheiben in einen Wrap.
- ✔ Verwenden Sie kaltes Fleisch auf Crackern oder Baguettescheiben, die Sie mit einer dünnen Schicht Frischkäse bestreichen, als Vorspeise. Bestreuen Sie die belegten Cracker oder Baguettescheiben mit Brunnenkresse, Salat oder einem frischen Korianderblatt.

Hier einige Ideen für eine warme Mahlzeit mit Fleischresten:

- ✔ Mischen Sie die Fleischreste mit Nudeln oder Bratkartoffeln.
- ✔ Verwenden Sie sie für eine Quiche.
- ✔ Braten Sie sie mit Reis und Gemüse an.
- ✔ Verrühren Sie sie mit Eiern (siehe Kapitel 1).
- ✔ Heben Sie sie unter ein Omelett (siehe Kapitel 9).

Auf dieselbe Weise können Sie auch Gemüsereste verwerten.

Planen Sie beim nächsten Sonntagsbraten etwas mehr Fleisch ein und schon haben Sie Montag oder Dienstag ein schnelles Gericht auf dem Tisch. Zwei Rezepte für Bratenreste stellen wir Ihnen vor.

Gnocchi mit Hähnchen

Utensilien: Pfanne, kleine Schüssel, Messbecher, Küchenwaage, Messer, Schneidbrett, Küchenreibe

Zubereitungszeit: 15 Minuten   **Portionen:** 4

200 g Fleisch vom Brathähnchen	1. Das Fleisch vom Brathähnchen in mundgerechte Stücke zupfen. (Wenn Sie frische Hähnchenbrust verwenden wollen, erfahren Sie in Kapitel 7, wie Sie sie anbraten.)
1 Packung Gnocchi (à 500 g, aus dem Kühlregal)	
3 EL Olivenöl	2. In einer kleinen Schüssel 2 Esslöffel Olivenöl, Petersilie, Basilikum und Knoblauch vermengen.
½ Bund Petersilie, fein gehackt	3. In einer Pfanne 1 Esslöffel Olivenöl bei mittlerer Einstellung erhitzen und die Gnocchi darin unter Rühren 2 Minuten braten.
½ Bund Basilikum, fein gehackt	
1 Knoblauchzehe, geschält und fein gehackt	4. Mit Gemüsebrühe ablöschen. Sahne, Kräutermischung und das zerzupfte Hähnchenfleisch hinzufügen und umrühren. Mit Salz und Pfeffer abschmecken.
3 EL Gemüsebrühe	
100 g Sahne	5. Auf Tellern anrichten und mit Parmesan bestreuen.
Salz, Pfeffer aus der Mühle	
4 EL geriebener Parmesan	

Tipp: Ein Salat dazu und schon haben Sie eine wunderbare Mahlzeit gezaubert.

Indische Reispfanne

Utensilien: Küchenmesser, Schneidbrett, große Pfanne mit Deckel, Küchensieb, kleiner Topf mit Deckel, Küchenreibe, Messbecher, Küchenwaage

Vorbereitungszeit: 10 Minuten   **Garzeit:** 5 Minuten   **Portionen:** 4

200 g Basmatireis	1. In der Pfanne das Rapsöl bei mittlerer Einstellung erhitzen. Die Zwiebel darin glasig anschwitzen.
2 EL Rapsöl	
1 Zwiebel, gewürfelt	2. Knoblauch, Ingwer, Currypulver und Tomatenmark hinzufügen und weitere 2 Minuten anschwitzen, dabei stetig umrühren.
2 Knoblauchzehen	
1 TL frisch geriebener Ingwer	3. Den Reis hinzufügen, umrühren und mit der Gemüsebrühe ablöschen. Auf niedriger Einstellung 20 Minuten köcheln lassen, bis der Reis gar ist und alle Flüssigkeit aufgenommen hat.
2 EL mildes Currypulver	
1 EL Tomatenmark	
450 ml Gemüsebrühe	4. In einem kleinen Topf den Spinat bei aufgelegtem Deckel und mittlerer Einstellung 2 Minuten zusammenfallen lassen.
200 g Babyspinat, gewaschen und abgetropft	
200 g Rindfleisch (Bratenreste), gewürfelt	5. Spinat und Rindfleisch unter den Reis heben. Mit Salz und Pfeffer abschmecken. Auf Teller verteilen, mit Cashewkernen bestreuen und (nach Geschmack) mit Koriander.
50 g Cashewkerne	
2 EL gehacktes Koriandergrün (nach Geschmack)	
Salz, Pfeffer	

Dazu passt: Als Vorspeise ein gemischter Salat

Teil V
Der Top-Ten-Teil

Mehr über die »...für Dummies«-Bände auf Instagram:
https://www.instagram.com/furdummies/

IN DIESEM TEIL ...

In diesem Teil finden Sie Informationen zu Unfällen, die in der Küche häufig passieren. (Übrigens passieren sie selbst den besten Köchen!) Hier finden Sie Tipps, wie Sie Küchenunfälle vermeiden können, und klassisches Küchenwissen, mit dem Sie lernen, wie ein Koch zu denken.

Sie können diesen Teil nach Abschluss Ihres Kochkurses durchlesen und die Listen zum Nachschlagen oder einfach nur zum Spaß verwenden. (Wir hatten jedenfalls Spaß beim Schreiben der Listen.)

Und beachten Sie auch die hilfreichen Anhänge nach den lustigen Kapiteln im Top-Ten-Teil. Hier werden Begriffe rund ums Kochen erläutert, die Ihnen in manchen Kochbüchern begegnen, aber von denen Sie nicht wissen, was sie bedeuten. Und Sie erfahren, welche Zutaten Sie als Ersatz für andere Zutaten verwenden können.

> **IN DIESEM KAPITEL**
>
> Verbrennungen und Schnittwunden verhindern und behandeln
>
> Feuer verhindern und löschen
>
> Ein ruiniertes Rezept retten
>
> Eine Mahlzeit strecken
>
> Die Arbeitsplatte schonen

Kapitel 18
Zehn typische Küchenunfälle und wie Sie damit umgehen

Es spielt keine Rolle, wie vorsichtig Sie sind oder wie viel Erfahrung Sie als Hobbykoch haben, früher oder später geschieht jedem einmal ein Missgeschick. Das passiert den besten Köchen! Wir fühlen Ihren Schmerz, wenn der Topf in Flammen steht oder der ganz besondere Geburtstagskuchen verkohlt ist. Und Sie fühlen den Schmerz, wenn Sie sich in der Küche verbrühen, schneiden, schrammen oder wenn Ihnen ein heißer Apfelkuchen auf die Füße fällt!

Deshalb widmen wir dieses Kapitel den zehn am häufigsten vorkommenden Unglücksfällen in der Küche. Hier erfahren Sie, wie Sie in einem solchen Fall schnell reagieren und wie Sie verhindern können, dass das gleiche Missgeschick noch einmal passiert.

Wenn Sie sich verbrannt haben

Es spielt keine Rolle, ob Sie versehentlich eine heiße Flamme berührt, ohne Topfhandschuhe nach einem heißen Topfgriff gefasst oder beim Herausholen eines Kuchens aus dem Ofen den Handrücken an der Ofenwand verbrannt haben – Verbrennungen tun richtig weh! Halten Sie in der Küche einen Verbandskasten mit Brandsalbe, Pflasterverband und sterilen Mullbinden griffbereit.

Behandeln Sie Verbrennungen, indem Sie die Stelle mit der Verbrennung 5 Minuten lang unter fließendes, kaltes Wasser halten. Wenn sich auf der Haut große Blasen bilden, gehen

Sie zum Arzt. Ansonsten legen Sie nach dem Kühlen mit kaltem Wasser gegen die Schmerzen Eisbeutel auf die Stelle mit der Verbrennung. Wenn der Schmerz nachlässt, tragen Sie Brandsalbe und einen Pflasterverband auf. Bei größeren Verbrennungen oder Verbrennungen, die nicht schnell heilen, entzündet oder infiziert aussehen oder nässen, suchen Sie einen Arzt auf.

Mit den folgenden Tipps können Sie Verbrennungen verhindern:

- ✔ Verwenden Sie Topfhandschuhe, wenn Sie etwas aus dem Ofen holen oder vom Herd nehmen. Die großen, schweren Schutzhandschuhe eignen sich besonders gut, Dinge aus dem Ofen zu holen, weil sie auch den Handrücken schützen.

- ✔ Stellen Sie niemals etwas anderes als Töpfe und Pfannen auf den Herd, vor allem nicht, wenn die Platten möglicherweise noch heiß sind.

- ✔ Gehen Sie einen Schritt zurück, wenn Sie von heißen Töpfen den Deckel abnehmen, um Verbrennungen durch den heißen Dampf zu vermeiden.

- ✔ Seien Sie besonders vorsichtig, wenn Sie heiße Nudeln abgießen oder heiße Flüssigkeiten wie Suppen aus einem Topf in eine Schüssel oder in den Mixer gießen. Ein Spritzer kochendes Wasser, heiße Suppe oder heißes Öl kann zu Verbrennungen führen.

- ✔ Pürieren Sie niemals heiße Flüssigkeiten im Mixer. Sie können aus dem Mixerbehälter herausfliegen, selbst wenn der Behälter mit einem Deckel verschlossen ist. Warten Sie, bis Flüssigkeiten abgekühlt sind, bevor Sie sie pürieren.

- ✔ Halten Sie Abstand zu spritzendem Fett (zum Beispiel beim Anbraten von Speck oder beim Frittieren) und brodelnd kochenden Flüssigkeiten wie Wasser, die ebenfalls spritzen und Verbrennungen verursachen können.

- ✔ Drehen Sie Töpfe und Pfannen immer so, dass die Griffe nicht nach außen über den Herdrand ragen. Es könnte jemand dagegenstoßen und dadurch heißes Essen verschütten.

- ✔ Bringen Sie Kindern bei, dass sie nicht an den Herd, den Ofen oder die Mikrowelle dürfen und niemals etwas, das auf dem Herd oder im Ofen steht, berühren dürfen.

Wenn es brennt

Warum nur haben Sie die Rolle Küchenkrepp auf die Herdplatte gelegt? Warum haben Sie die falsche Flamme aufgedreht? Warum haben Sie den Topf auf dem Herd vergessen? Warum nur sind Sie nicht gleich aufgesprungen, als der Teekessel pfiff!

Wenn es in der Küche eine Stichflamme gibt, müssen Sie schnell reagieren, damit sich das Feuer nicht ausbreitet. Wie Sie reagieren, hängt von der Art des Feuers sowie von der Brandstelle ab. Bei einem kleinen Feuer brauchen Sie weder einen Feuerlöscher noch die Feuerwehr. Aber für den Fall der Fälle sollten Sie immer einen Feuerlöscher im Haus haben. Informieren Sie sich bei Ihrer örtlichen Feuerwehr, was im Brandfall zu tun ist, man wird Sie dort umfassend beraten.

Keine Panik, wenn es in der Küche brennt. Denken Sie an die Anweisungen zum Löschen von Feuer in der Küche:

✔ Wenn es im Ofen brennt, schließen Sie die Tür, und schalten Sie den Ofen aus. Die Flammen ersticken, wenn kein Sauerstoff mehr nachkommt. Wenn der Ofen weiterraucht, als würde es darin noch weiterbrennen, rufen Sie die Feuerwehr.

✔ Wenn es in einem Kochtopf brennt, legen Sie einen Deckel auf den Topf. Halten Sie den Deckel mit einem Topfhandschuh fest, ziehen Sie den Topf vom Herd und schalten Sie den Herd aus. Durch den fehlenden Sauerstoff ersticken die Flammen im Topf.

✔ Wenn sich das Feuer ausbreitet und Sie es nicht mehr unter Kontrolle haben, verlassen Sie das Haus, und wählen Sie in Deutschland und Luxemburg 112, in Österreich 122 und in der Schweiz 118! Sorgen Sie dafür, dass alle Familienmitglieder wissen, wie sie das Haus im Falle eines Feuers sicher verlassen können. Probieren Sie Ihren Fluchtweg aus.

 Löschen Sie brennendes Fett niemals mit Wasser. Fett und Wasser stoßen sich ab, und das Feuer breitet sich durch umherspritzendes Fett weiter aus. Ersticken Sie das Feuer durch das Auflegen eines dicht schließenden Deckels.

Sie können viel dazu beitragen, dass erst gar kein Feuer entsteht:

✔ Lassen Sie Ihre Geräte regelmäßig warten, halten Sie sie sauber und in gutem Zustand. Leeren Sie das Krümelfach des Toasters regelmäßig. Wischen Sie die Mikrowelle aus. Reinigen Sie den Ofen. Wenn das Waffeleisen Funken sprüht oder die Kaffeemaschine außer Kaffee noch eigenartige Geräusche von sich gibt, ziehen Sie den Stecker, und lassen Sie die Geräte reparieren oder kaufen Sie sich neue.

✔ Bauen Sie einen Rauchmelder in der Nähe, aber nicht in der Küche ein (schließlich soll durch die geringe Menge Rauch, die manchmal beim Kochen entsteht, nicht jedes Mal Alarm ausgelöst werden).

✔ Seien Sie vorsichtig beim Anzünden der Flamme am Gasherd. Befolgen Sie die Anweisungen des Herstellers.

✔ Verwenden Sie kein Metall in der Mikrowelle. Aus den Funken kann ein Feuer entstehen. Außerdem kann die Mikrowelle durch die Funken schweren Schaden erleiden.

✔ Geben Sie nicht zu viel Öl oder Fett in Töpfe und Pfannen. Wischen Sie verschüttetes Öl oder Fett sofort auf. Schließlich macht das Kochen an einem verschmutzten Herd auch keinen Spaß.

✔ Lassen Sie Töpfe und Pfannen auf der Herdplatte nicht unbeaufsichtigt. Bei Gerichten mit längerer Garzeit stellen Sie sich den Küchenwecker.

✔ Krempeln Sie lange Ärmel hoch und binden Sie langes Haar beim Kochen nach hinten. Die schönen langen Seidenärmel möchten Sie bestimmt nicht durch die Spaghettisoße ziehen. Und Sie möchten vor allem kein Feuer fangen!

Wenn das Essen verkohlt ist

Früher oder später passiert es jedem Koch, dass er beim Kochen abgelenkt wird und das Essen anbrennt. Das Telefon klingelt, die Kinder brauchen etwas oder der Hund muss raus, und ehe man sich versieht, quillt Rauch aus dem Ofen und der Braten sieht aus wie ein glänzendes Stück schwarzer Lavastein.

Die beste Möglichkeit, zu vermeiden, dass etwas anbrennt, besteht natürlich darin, es nie aus den Augen zu lassen! Wenn im Rezept steht, dass die Soße ständig gerührt werden soll, dann soll sie tatsächlich ständig gerührt werden. Wenn im Rezept steht, dass die Plätzchen 12 Minuten backen sollen, bedeutet das nicht 18 Minuten. Verwenden Sie Bratenthermometer und Frittierthermometer und behalten Sie sie im Auge. Kaufen Sie einen Küchenwecker und verwenden Sie ihn auch. Und verlassen Sie sich nicht darauf, dass Sie rechtzeitig daran denken, dass die Pizza fertig ist. Häufig verfügen die Mikrowelle, der Herd und der Ofen über einen integrierten, meist digitalen Wecker mit lautem Signalton. Nutzen Sie die Technik, um Katastrophen in der Küche zu verhindern! Wenn Ihnen dennoch etwas angebrannt ist, finden Sie im Folgenden einige Vorschläge:

- ✔ Wenn Sie ein großes Stück Fleisch verbrennen, können Sie vielleicht das verbrannte Stück abschneiden und den Rest servieren. Es sieht vielleicht nicht schön aus, ist aber genießbar. Oder Sie schneiden die verbrannten Stücke ab, schneiden den Rest in kleine Stücke und geben diese in eine Suppe. Wahrscheinlich merkt das nicht mal jemand.

- ✔ Wenn Suppe anbrennt, gießen Sie den *nicht* angebrannten Teil der Suppe in einen Topf, nehmen Sie die verbrannten Teile aus der Suppe, wärmen Sie die Suppe auf.

- ✔ Was Ihre armen verbrannten Töpfe und Pfannen betrifft, hilft gründliches Einweichen und kräftiges Schrubben mit einem Topfreiniger (sofern dieser für die jeweilige Oberfläche verwendet werden darf). Manchmal hilft jedoch alles nichts. Dann müssen Sie nur einen neuen Topf kaufen. Seien Sie einfach dankbar, dass kein Feuer ausgebrochen ist!

Wenn Sie sich geschnitten haben

Messer, ob besonders scharf oder stumpf, können sehr gefährlich sein. Mit einem sehr scharfen Messer können Sie sich leicht in die Haut schneiden. Mit einem stumpfen Messer können Sie leicht ausrutschen und sich verletzen.

Halten Sie Ihre Messer immer scharf, aber außerhalb der Reichweite von Kindern! Seien Sie im Umgang mit Messern vorsichtig und biegen Sie die Fingerspitzen beim Schneiden mit einem Messer leicht nach innen. Besser, Sie kratzen am Knöchel, als wenn Sie sich eine Fingerspitze abschneiden!

Legen Sie scharfe Küchenmesser niemals in eine Schublade, sondern schaffen Sie sich einen Messerblock an, in den die Messer so gesteckt werden, dass nur noch der Griff herausragt.

Gehen Sie auch mit Steakmessern vorsichtig um. Und lecken Sie niemals den Frischkäse vom Buttermesser! Damit können Sie sich in die Zunge schneiden. Seien Sie auch vorsichtig im Umgang mit dem Hobel, der Käsereibe sowie mit den Schneiden von Küchenmaschine, Mixer, Kaffee- und Gewürzmühlen. Beim Wechseln oder Herausnehmen der Schneidemesser in elektrischen Geräten ziehen Sie immer den Netzstecker; dann kann das Gerät nicht versehentlich eingeschaltet werden. Wenn sich an Ihrem Schneidbrett keine Gummifüße befinden, sollten Sie beim Schneiden ein Tuch unter das Brett legen, damit es einen besseren Halt hat. Schneiden Sie außerdem niemals Dinge freihändig über dem Waschbecken. Schneiden Sie die rohe Karotte auf dem Schneidbrett und nicht in der Hand!

Wenn Sie sich geschnitten haben, waschen Sie die Wunde aus, und drücken Sie auf die Wunde, um die Blutung zu stoppen. Eine Schnittwunde im Finger blutet stark. Halten Sie die Hand über den Kopf und drücken Sie dabei mit einem Tuch oder einem Küchenkrepp auf die Schnittwunde, bis sie aufhört zu bluten. Desinfizieren und verbinden Sie die Wunde. Wenn die Wunde nicht nach wenigen Minuten aufhört zu bluten oder sehr tief ist, sollten Sie zum Arzt oder in die Notaufnahme gehen. Möglicherweise muss die Wunde genäht werden.

Wenn dem Rezept das gewisse Etwas fehlt

Es kommt vor, dass ein Gericht, obwohl Sie das Rezept genau befolgt haben, einfach nicht besonders schmeckt. Das ist ganz schön ärgerlich, nachdem Sie all die Zutaten gekauft, Zeit investiert und genau das getan haben, was in der Anleitung stand. Manchmal schmeckt das Gericht nicht, weil das Rezept nicht gut ist. Manchmal lässt die Qualität der Zutaten zu wünschen übrig. Und manchmal schmeckt der Auflauf oder das Dessert einfach nicht so, wie Sie es sich beim Lesen des Rezepts vorgestellt haben.

Doch häufig kann ein Gericht nachträglich geschmacklich noch verbessert werden. Hier ein paar Tipps:

- ✔ Bestreuen Sie fad schmeckende Früchte mit Zucker, damit der natürliche Saft austritt, und lassen Sie sie einige Minuten ziehen. Oder beträufeln Sie Früchte mit Honig oder Sahne.

- ✔ Fade Aufläufe, Fleisch-, Fisch- und Eiergerichte, Suppen, Eintöpfe und Salate können Sie mit Kräutern und Gewürzen aufpeppen. Verwenden Sie für Gerichte mit Tomaten oder Eiern eine italienische Kräutermischung aus Oregano, Basilikum und Thymian. Zu Cremesuppen passt Dill, Majoran oder Estragon. Fleischgerichte können Sie mit Chilipulver, Kreuzkümmel, Paprika oder schärferen Gewürzen wie Cayennepfeffer oder scharfen Chiliflocken aufpeppen. (Weitere Ideen zur Verwendung von Kräutern und Gewürzen finden Sie in Kapitel 3.)

- ✔ Den Geschmack von Suppen und Soßen können Sie mit folgenden Zutaten verbessern: mit 2 Esslöffeln Butter oder Olivenöl, 50 bis 100 Gramm Sahne, 1 bis 2 pürierten Tomaten oder mit 1 Suppenwürfel. (Aber denken Sie daran, dass Suppenwürfel viel Salz enthalten.)

- ✔ Langweilige Desserts schmecken besser, wenn Sie etwas Zimt, Muskat oder eine winzige Prise Nelken hinzufügen.

Wenn der Grill in Flammen steht

Nur weil Sie statt drinnen draußen kochen, bedeutet das nicht, dass Ihnen keine Missgeschicke unterlaufen. Vielleicht haben Sie den Grill zu nahe am Sonnenschirm angemacht, sodass dieser Feuer fing. Vor allem beim Holzkohlegrill ist es oft schwierig, die Höhe der Flammen und die Temperatur des Feuers unter Kontrolle zu haben. Daher braucht es zum Grillen etwas Übung. Im Folgenden finden Sie eine Reihe von Tipps, mit denen Sie draußen sicher, gesund und lecker kochen können:

- ✔ Achten Sie vor dem Anzünden des Grills darauf, dass der Grill einen sicheren Abstand (mindestens 1,5 Meter) zum Geländer, zur Dachrinne, zur Markise und allem anderen, was Feuer fangen kann, hat.

- ✔ Seien Sie ganz besonders vorsichtig, wenn Sie für die Briketts flüssigen Anzünder verwenden. Flüssiger Anzünder gehört nicht in Kinderhände.

- ✔ Halten Sie Streichhölzer und Anzünder immer außerhalb der Reichweite von Kindern.

- ✔ Wenn die Flammen im Grill zu hoch werden, decken Sie den Grill ab, und schließen Sie die Lüftungsöffnungen, um die Flammen zu ersticken.

- ✔ Achten Sie schon vorher darauf, wo sich der Feuerlöscher befindet, nur für den Fall, dass die Flammen außer Kontrolle geraten.

- ✔ Befolgen Sie vor allem bei Gasgrills und Gasflaschen die Anweisungen des Herstellers für die Nutzung des Grills.

- ✔ Verwenden Sie anstelle der normalen Küchenutensilien Zangen, Pfannenwender und anderes Grillwerkzeug mit langem Stiel. Ein Grill kann wesentlich heißer werden als der Herd, und durch die langen Griffe am Grillwerkzeug haben Ihre Hände einen größeren Abstand zur Hitze des Grills.

- ✔ Lassen Sie das Grillgut nicht zu lange auf dem Grill liegen. Verkohlte Lebensmittel können gesundheitsschädlich sein und schmecken nicht!

- ✔ Achten Sie darauf, dass Holzkohle sehr lange, meist nicht mehr sichtbar, nachglüht. Ein starker Windstoß kann glühende Kohleteilchen verwehen. Löschen Sie die Holzkohle mit etwas Wasser oder Sand, bevor Sie den Grill unbeaufsichtigt lassen.

Wenn Sie zu viele Personen und nicht genügend zu essen haben

Es ist immer ein Kompliment, wenn zur Party mehr Gäste kommen, als eingeladen wurden, oder Familienmitglieder unerwartet Freunde mitbringen. Vielleicht haben sich Ihre neuen kulinarischen Fähigkeiten schon herumgesprochen? Aber was tun, wenn die vorbereiteten

Portionen nicht für alle reichen? Im Folgenden finden Sie einige Tricks, mit denen Sie Mahlzeiten strecken können:

- ✔ Gestalten Sie die Mahlzeit um. Wenn Sie für jeden Gast eine Hähnchenbrust oder ein Steak geplant haben, schneiden Sie das Fleisch in mundgerechte Stücke, und mischen Sie es mit Reis oder Nudeln und viel in Butter oder Olivenöl gegartem Gemüse. Oder geben Sie alles in einen Wok mit heißem Öl und braten Sie es kurz an.

- ✔ Machen Sie eine Suppe daraus. Werfen Sie Fleisch und Reis mit etwas Hühnerbrühe aus dem Glas und all dem frischen Gemüse aus dem Gemüsefach, das Sie in etwas Butter anschwitzen, in einen Suppentopf. Lassen Sie die Suppe 30 bis 45 Minuten köcheln und servieren Sie sie dann. Rezepte für ein paar einfache Suppen finden Sie in Kapitel 10.

- ✔ Überlegen Sie sich, welche Zutaten Sie vorrätig haben, und erweitern Sie die Mahlzeit um einen Gang. Bieten Sie kleinere Vorspeisenportionen an und reichen Sie zusätzlich einen Salat, eine Suppe, ein Gericht aus Nudeln mit Butter und Kräutern oder einer einfachen Soße, eine Schüssel sämiges Risotto (siehe Kapitel 4) oder braten Sie etwas frisches Gemüse kurz an.

- ✔ Bieten Sie die Mahlzeit als Büfett an, statt am Tisch zu servieren. Stellen Sie die Speisen, die Sie ursprünglich servieren wollten, auf das Büfett und füllen Sie es mit weiteren Speisen auf, die Sie vorrätig haben: eine Schüssel mit Früchten, die Sie in mundgerechte Stücke schneiden, Chips und Salsa oder einen gemischten Salat mit einem Dressing.

Wenn Sie die Arbeitsplatte beschädigt haben

Verzweifeln Sie nicht, wenn Sie Ihre Arbeitsplatte versehentlich anbrennen, verkratzen oder auf andere Weise beschädigen. Manche dieser Schäden können beseitigt werden. Hier ein paar Tipps, wie Sie dazu beitragen, dass Ihre Küche erst gar nicht so ramponiert wird:

- ✔ Verwenden Sie beim Schneiden mit einem Messer, einem Pizzamesser oder anderen scharfen Gegenständen immer ein Schneidbrett, um Kerben und Kratzer zu vermeiden.

- ✔ Wenn Sie etwas verschüttet haben, wischen Sie es sofort auf, damit keine Flecken entstehen. Speisen, die Lebensmittel mit natürlichen Farben enthalten, wie Tomatensoße oder Beeren, geben schnell Flecken. Wenn sich ein Fleck gebildet hat, versuchen Sie, ihn mit einer Bleichmittellösung, einem Bleichstift oder Essig zu entfernen. Bestimmte Produkte mit Enzymen zum Entfernen von Flecken können auch helfen.

- ✔ Stellen Sie heiße Pfannen und Töpfe nicht auf die Arbeitsplatte, sondern immer nur auf den Herd oder auf einen hitzebeständigen Untersetzer aus Keramik oder Metall.

- ✔ Wenn Ihre Arbeitsplatte scheinbar irreparable Flecken, Kratzer oder andere Beschädigungen aufweist, sollten Sie bei einem Spezialisten nachfragen, ob die Arbeitsplatte repariert werden kann oder ausgetauscht werden muss. Jede Oberfläche ist anders. Und holen Sie sich mehrere Meinungen ein, damit Sie besser einschätzen können, was wirklich getan werden muss.

Wenn eine Zutat fehlt

Wenn Sie plötzlich feststellen, dass eine Zutat für ein Rezept fehlt, sollten Sie es sich gut überlegen, ob Sie diese durch eine andere ersetzen. Natron ist nicht dasselbe wie Backpulver. Mehl ist nicht dasselbe wie Stärke. Wein ist kein Essig, Eier sind keine Mayonnaise, H-Milch ist keine Kondensmilch und brauner Zucker ist kein weißer Zucker.

Wenn Sie Zutaten ersetzen, schlagen Sie am besten in zuverlässigen Kochbüchern nach, sodass Sie sicher sein können, dass Sie keine Zutaten verwenden, die das Rezept beeinträchtigen.

Wenn Sie so gut kochen, dass Sie immer kochen müssen

Okay, das ist vielleicht kein großes Drama. Wenn alle nach Ihren berühmten Desserts oder nach dem Traum von Lasagne verlangen, wenn sich die Freunde Ihrer Kinder ständig selbst einladen, »weil es immer so lecker schmeckt«, oder wenn Partys auf wundersame Weise immer bei Ihnen stattfinden, hält sich unser Mitleid mit Ihnen in Grenzen. Sicher, ein guter Koch zu sein, ist harte Arbeit. Aber des guten Essens willen muss es jemand tun. Und freuen Sie sich insgeheim nicht, dass Sie derjenige sind? Im Folgenden finden Sie eine Reihe von Tipps, damit Sie nicht die ganze Zeit nur in der Küche stehen (auch wenn Ihnen das nicht wirklich etwas ausmachen würde):

- ✔ Nehmen Sie Vorschläge entgegen, aber mit Vernunft. Keiner sollte für jedes Familienmitglied eine Extrawurst braten.

- ✔ Bitten Sie andere um Hilfe. Auch jemand, der überhaupt keine Ahnung vom Kochen hat, kann Salat putzen, Gemüse schneiden oder Fleisch aus der Gefriertruhe holen.

- ✔ Machen Sie gemeinsam sauber. Auch jüngere Kinder können ihre Teller abwischen und in die Geschirrspülmaschine stellen.

- ✔ Machen Sie hin und wieder Pause. Nur weil Sie kochen *können*, bedeutet das nicht, dass Sie immer kochen *müssen*. Es ist keine Schande, wenn Sie gelegentlich eine Pizza kommen lassen. Das machen alle.

- ✔ Nehmen Sie Lob an. Vielleicht sind Sie es nicht gewohnt, dass man Ihnen sagt, wie gut Sie kochen. Inzwischen kochen Sie aber wirklich gut. Sie sind vielleicht versucht, auf Lob bescheiden mit Sätzen wie »Ach, so lecker war es nun auch nicht« und »Oh, ich bin wirklich kein so guter Koch« zu antworten. Wenn Ihnen jemand sagt, dass das Gericht, das Sie da gekocht haben, einfach lecker schmeckt, dann antworten Sie mit einem Lächeln und einem höflichen »Danke!« War das so schwierig? Wir glauben nicht.

> **IN DIESEM KAPITEL**
>
> Schnuppern Sie sich durch das Gewürzregal
>
> Gute Vorbereitung!
>
> Menüs für Gäste planen
>
> Rezepte selbst verändern

Kapitel 19
Zehn Arten, wie ein Koch zu denken

Bei der Beobachtung und Befragung vieler Köche haben wir festgestellt, dass diese sich über den Werdegang eines Kochs einig sind. Die zehn Punkte in diesem Kapitel geben deren Ansichten wieder.

Die grundlegenden Techniken kennen

Kochen macht viel mehr Spaß und führt zum gewünschten Erfolg, wenn Sie es mit Überzeugung angehen. Köche sagen, dass Überzeugung entsteht, wenn die Techniken in Fleisch und Blut übergegangen sind.

Nur frische Zutaten verwenden

Verwenden Sie nur die frischesten Zutaten und kaufen Sie nur Obst und Gemüse der Saison, das überall in bester Qualität angeboten wird und recht preisgünstig ist. Wozu im Sommer einen Apfelkuchen aus mehligen Äpfeln backen, die schon ein halbes Jahr irgendwo gelagert wurden, wenn Sie einen Kuchen mit reifen Pfirsichen oder saftigen Pflaumen backen können? Entscheiden Sie anhand des frischen Angebots auf dem Markt spontan, was es heute zum Essen gibt.

Alles zusammenstellen

Auch für Profis macht Vorbereitung (schneiden, schälen, würfeln und so weiter) einen Großteil des Kochens aus.

In Frankreich wird diese Vorbereitung als *mise en place* bezeichnet, was so viel wie »alles an seinem Platz« bedeutet. Waschen, hacken, schneiden und entbeinen Sie alles im Voraus, sodass Sie sich anschließend auf das Kochen konzentrieren können.

So kann es Ihnen nicht passieren, dass die Butter oder das Öl bereits in der Pfanne brutzeln und Sie eine Pause einlegen müssen, weil Sie die Zwiebeln noch schälen und klein schneiden müssen.

Kräuter verwenden

Informieren Sie sich über frische und getrocknete Kräuter, sodass Sie würzen können, ohne ständig in einem Buch oder Rezept nachlesen zu müssen. Die Küchen der Welt basieren auf der Kombination einiger einfacher Kräuter und Gewürze.

Für die italienische Küche werden beispielsweise viel Knoblauch, Oregano, Thymian, Rosmarin und Basilikum verwendet. Für die französische Küche gibt es eine Würzmischung aus gehackten Zwiebeln, Karotten und Sellerie, die als *Mirepoix* bezeichnet wird und die Basis für Suppen, Eintöpfe und Soßen bildet. Bei einer guten Mirepoix wird das Gemüse lange langsam gegart, sodass es leicht karamellisiert und süß wird.

Den Teller schön dekorieren

Überlegen Sie sich, wie Sie die Speisen auf dem Teller anordnen. Das Auge isst mit. Sie sollten die Speisen farbenfroh und ansprechend anrichten und mit frischen Kräutern garnieren.

Menüs im Voraus planen

Denken Sie vor dem Kochen über gegensätzliche Aromen, Konsistenzen und Farben nach. Wenn die Vorspeise aus einem Salat mit gegrillten Champignons besteht, sind Pilze im Hauptgang nicht besonders spannend. Achten Sie darauf, dass die Gänge ausgewogen sind, und bürden Sie sich nicht zu viel auf. Wenn Sie eine aufwendige Vorspeise servieren, die viel Zeit in Anspruch nimmt, dann bieten Sie einen einfachen Hauptgang oder ein Hauptgericht an, das nur in den Ofen geschoben werden muss, zum Beispiel einen Auflauf. Und berücksichtigen Sie bei der Planung die Vorbereitungs- und Garzeit der Gerichte. Überlegen Sie sich genau, wie viel Zeit Sie für die Vorbereitung und Zubereitung der Gerichte benötigen, damit Ihre Gäste zwischen den Gängen nicht zu lange warten müssen.

Sparsam sein

 Werfen Sie nichts weg (außer es ist verdorben). Jeder Happen kann für Suppen, Brühen, Salate und so weiterverwendet werden. Manchmal ergeben Reste noch eine richtig leckere Mahlzeit.

Informieren Sie sich über die unterschiedlichen Fleischstücke und deren Zubereitung, damit Sie nicht auf teurere Stücke angewiesen sind. Üben Sie sich im Umgang mit dem Messer, sodass Sie ganze Hähnchen, Enten oder Fische kaufen und selbst zerlegen können.

Sich nicht sklavisch an Rezepte halten

Verwenden Sie ein gutes, einfaches Rezept, das Ihnen zusagt, als Ausgangspunkt, aber betrachten Sie es nicht als in Stein gemeißelt. Nehmen wir an, Sie haben ein Rezept für einen einfachen Eintopf. Sie kochen das Rezept einmal nach und finden, es könnte etwas mehr Knoblauch vertragen. Also verwenden Sie beim nächsten Mal etwas mehr Knoblauch. Oder Sie können sich anstelle der Speiserüben die Süße von Karotten vorstellen. Also ersetzen Sie das eine Gemüse durch das andere. Mit Erfahrung und guter Technik, und wenn Sie erst einmal wissen, welche Zutaten zusammenpassen, können Sie bereits mit einem Blick in ein Rezept die gewünschten Änderungen vornehmen.

So viel wie möglich vereinfachen

Viele Köche verderben den Brei und viele Gewürze die Brühe. Wenn Sie pro Gericht maximal vier Grundaromen verwenden, ergeben diese ein harmonisches Ganzes, und dennoch behält jedes Aroma seine Individualität. Geben Sie nicht alles, was Sie finden, in ein Gericht. Häufig ist ein sehr einfaches Gericht ganz besonders lecker.

Viel Spaß haben

Nehmen Sie an einem Kochkurs teil, kaufen Sie ein Kochbuch oder bereiten Sie ein neues Gericht zu, das Sie schon immer einmal ausprobieren wollten. Denn Kochen sollte in erster Linie Spaß machen, etwas sein, auf das Sie sich freuen. Was ist schon dabei, wenn hin und wieder etwas schiefgeht? Das gehört einfach dazu.

Weiten Sie Ihr Können aus. Riskieren Sie etwas. Probieren Sie weiter. Sie haben von einem faszinierenden exotischen Gericht gehört? Probieren Sie es aus! Sie möchten gern mehr über die französische Küche erfahren? Machen Sie sich kundig und gehen Sie ans Werk. Die Welt des Kochens birgt ungeahnte Möglichkeiten, ist faszinierend und bringt immer wieder neue Wunder, Aromen, Geheimnisse und Überraschungen hervor. Was könnte mehr Spaß machen als das? Kochen ist ein Abenteuer fürs Leben. Wir sind überzeugt, dass es Ihnen so viel Spaß machen wird wie uns. Guten Appetit!

> **IN DIESEM KAPITEL**
>
> Stöbern Sie im Internet
>
> Inspiration suchen und experimentieren

Kapitel 20
Zehn Tipps zum Weiterlesen

Im Internet finden sich mehr Rezepte, als Sie jemals nachkochen können! Nicht alle sind gut, aber wenn Sie in diesem Buch gelesen und Gerichte ausprobiert haben, entwickeln Sie auch einen Blick dafür, bei welchen Foodbloggern und Kochportalen es sich lohnt, nach Inspiration zu stöbern.

`https://sz-magazin.sueddeutsche.de/tag/das-rezept`

Die Süddeutsche Zeitung veröffentlicht die kreativen Rezepte ihrer Köche und Kolumnen auch online.

`https://www.stevanpaul.de/nutriculinary/`

Stevan Paul, tatsächlich auch ausgebildeter Koch, ist der Hans Dampf unter den Foodbloggern und kreiert im Jahr durchschnittlich 300 Rezepte.

`www.kuechengoetter.de/`

Der Hamburger Jahreszeiten-Verlag verfügt über einen großen Fundus an Rezepten für jede Lebenslage. Unter Küchengötter stehen sie digital im Internet.

`https://rezepte.utopia.de/`

Nachhaltigkeit ist Ihnen wichtig? Utopia informiert nicht nur über Ernährung, Gesundheit, Produkte und Zutaten, sondern veröffentlicht auch Rezepte für nachhaltiges Kochen.

`https://valentinas-kochbuch.de/`

Valentinas stellt nicht nur Kochbücher vor, sondern probiert die besten Rezepte auch aus und macht kenntlich, was wärmstens empfohlen wird (und was nicht!). Mit kleiner Bezahlschranke, das Geld aber allemal wert!

`https://food52.com/`

Englisch ist kein Hindernis für Sie? Bei Food52 wird jeder nach seinem Geschmack fündig, weil es gute Suchfilter gibt – nach Zutaten oder Art des Gerichts beispielsweise.

`www.essen-und-trinken.de/rezepte/`

Viele monatlich erscheinende Kochmagazine stellen ihre Rezepte gratis ins Netz. Bei Essen & Trinken ist alles dreifach erprobt.

`www.zuckerzimtundliebe.de/`

Hier wird von Jeanny gebacken, was Lust und Laune macht, Kuchen, Cupcakes und mehr.

`www.gutekueche.at`

Die österreichische Küche hat viele leckere Schmankerl zu bieten. Unter den Rezepten finden sich daneben auch Grillgerichte, Rezepte nach Jahreszeiten und speziell für Anfänger.

`https://emmikochteinfach.de/`

Ein Foodblog für einfache Rezepte. Statt um Originalität geht es hier um alltagstaugliche, familienfreundliche Gerichte für jeden Tag.

Teil VI
Anhänge

IN DIESEM TEIL ...

Hier finden Sie ein Glossar mit mindestens hundert Begriffen aus dem Bereich des Kochens zum Nachschlagen. Außerdem Tipps und Tricks, welche Zutat Sie durch welche andere ersetzen können, wenn Sie etwas gerade nicht im Haus haben und auch kein freundlicher Nachbar aushelfen kann. Anhang C enthält schließlich Umrechnungstabellen für Maße und Gewichte.

Anhang A
Glossar

Beim Kochen und für Rezeptanleitungen werden einige Fachbegriffe verwendet. Bevor Sie ein Hähnchen braten, ist es beispielsweise gut zu wissen, was *Dressieren* bedeutet. Um ein Soufflé zubereiten zu können, das wunderbar aufgeht, müssen Sie wissen, wie Eiweiß *geschlagen* und *untergehoben* wird. Neben dieser Liste im Anhang finden Sie zu den meisten dieser Begriffe an anderer Stelle im Buch eine ausführliche Beschreibung und Abbildungen.

Abkühlen: Vorgang, bei dem heiße oder warme Speisen bei Zimmertemperatur, an einem kühlen Ort oder im kalten Wasserbad, abgestellt werden, bis die Temperatur der Speisen auf Zimmertemperatur abgesunken ist.

Abschmecken: Vorgang, bei dem ein Gericht vor dem Servieren probiert wird und gegebenenfalls Gewürze (wie Salz und Pfeffer) hinzugefügt werden.

Abschöpfen: Vorgang, bei dem das Fett oder der Schaum, das/die an der Oberfläche einer Suppe oder Brühe schwimmt, mit einem Löffel entfernt wird (siehe Kapitel 10).

Abseihen: Vorgang, bei dem Flüssigkeiten durch Gießen durch ein Sieb von festen Teilen getrennt werden.

Abtropfen lassen: Vorgang, bei dem ein Lebensmittel meist in einem Sieb von Flüssigkeit befreit wird.

Al dente: Ein italienischer Ausdruck für bissfest, der die weiche, aber noch feste Konsistenz perfekt gekochter Nudeln beschreibt (Nudelrezepte finden Sie in Kapitel 12).

Ankochen: Vorgang, bei dem Lebensmittel wie Reis oder Gemüsesorten wie Karotten und Kartoffeln kurz in kochendem Wasser teilweise gegart werden (siehe Kapitel 4).

Anschwitzen: Vorgang, bei dem Gemüse in wenig Fett und bei geringer Hitze kurz gegart werden. Dabei »schwitzt« das Gemüse, verliert Saft und gart langsam.

Aufspießen: Vorgang, bei dem kleine Stücke Lebensmittel auf lange, dünne Stäbchen aus Holz oder Metall aufgefädelt werden, um Fleisch, Fisch oder Gemüse beim Grillen zusammenzuhalten.

Ausdrücken: Vorgang, bei dem Feuchtigkeit aus Massen, wie Knödelteig oder eingeweichten Brötchen, gedrückt wird – manchmal unter Zuhilfenahme eines Tuchs.

Auslassen: Vorgang, bei dem ein Stück Speck bei niedriger Temperatur gegart wird, sodass das Fett schmilzt.

Auspressen: Vorgang, bei dem Saft aus Früchten, in erster Linie aus Zitrusfrüchten, gewonnen wird.

Backen: Vorgang, bei dem Gargut in der trockenen Hitze eines Ofens gegart wird.

Backteig: Eine Mischung aus geschlagenen Eiern, Mehl, Flüssigkeit und einem Triebmittel, wie Hefe oder Backpulver, mit dessen Hilfe der Teig beim Garen aufgeht.

Begießen: Damit das Gargut ein gutes Aroma erhält und saftig bleibt, wird es beim Garen mit Bratensaft, Fett oder einer gewürzten Flüssigkeit bepinselt.

Bepinseln: Vorgang, bei dem die Oberfläche von Speisen mit einer Flüssigkeit, wie zerlassener Butter, Ei oder Fruchtglasur, bedeckt wird.

Bestäuben: Vorgang, bei dem die Oberfläche eines Lebensmittels dünn mit Mehl oder Puderzucker bestreut wird.

Beträufeln: Vorgang, bei dem eine Flüssigkeit, wie etwa zerlassene Butter, Soße oder Sirup, in einem dünnen Strahl langsam über eine Speise gegeben wird.

Beurre manié: Eine Mischung aus Butter und Mehl zum Andicken von Suppen und Soßen, auch als Mehlbutter bezeichnet. (In Kapitel 10 finden Sie eine Anleitung zum Zubereiten von Mehlbutter.)

Binden: Vorgang, bei dem eine Flüssigkeit, wie etwa eine Soße, mit einem Bindemittel, wie Sahne oder Butter, angedickt wird.

Blanchieren: Vorgang, bei dem Gemüse oder Obst kurz in kochendes Wasser getaucht wird, damit sich die Schale oder Haut löst oder die Farbe erhalten bleibt (siehe Kapitel 4).

Bouquet garni oder **Kräutersträußchen:** Verschiedene zusammengebundene Kräuter (oft in einem Baumwollsäckchen), die zum Würzen von Brühen, Suppen und Eintöpfen verwendet werden. Eine typische Mischung besteht aus Petersilie, Thymian und Lorbeerblatt.

Braten: Vorgang, bei dem Speisen bei großer Hitze in Fett gegart werden. Als Braten oder Rösten bezeichnet man auch das Garen in der trockenen Hitze des Backofens (siehe Kapitel 7).

Bräunen: Vorgang, bei dem Speisen bei hohen Temperaturen meist in Fett auf dem Herd schnell gegart werden, sodass die Außenseite eine braune Farbe erhält. Speisen können auch in einem sehr heißen Ofen oder unter dem Grill gebräunt werden.

Brühe: Die geseihte, aromatische Flüssigkeit, die durch das Kochen von Fleisch, Fisch, Geflügel, Gemüse mit Gewürzen und anderen Zutaten in Wasser entsteht (siehe Kapitel 10).

Dämpfen: Vorgang, bei dem Lebensmittel über einer geringen Menge von köchelndem oder kochendem Wasser in einem zugedeckten Topf gegart werden, sodass die Lebensmittel durch den im Topf gefangenen Dampf gar werden (siehe Kapitel 4).

Deglacieren oder **Ablöschen:** Vorgang, bei dem eine Flüssigkeit, meist Wein oder Brühe, in eine heiße Pfanne gegossen und die gebräunten Reste von sautiertem Fleisch, Fisch oder Geflügel vom Pfannenboden gelöst werden. Danach wird die Soße reduziert und gewürzt. (In Kapitel 5 finden Sie Rezepte mit dieser Technik.)

Demiglace: Eine schwere braune Soße, bei der Fleischbrühe so lange eingekocht wird, bis eine dicke Soße entsteht, mit der ein Löffel überzogen werden kann.

Dressieren: Vorgang, bei dem Fleisch oder Geflügel mit Garn und/oder Spießchen gebunden oder zusammengesteckt wird, damit es beim Braten die Form nicht verliert. (In Kapitel 7 finden Sie eine Anleitung mit Abbildung zum Dressieren von Hähnchen.)

Dünsten: Vorgang, bei dem Lebensmittel in einem gut abgedeckten Topf mit wenig Flüssigkeit langsam gegart werden.

Einfetten: Vorgang, bei dem eine dünne Schicht Fett, meist Butter, auf die Innenseite eines Topfs oder einer Backform gestrichen wird, um zu verhindern, dass Speisen nach dem Garen haften bleiben.

Einlegen: Vorgang, bei dem Lebensmittel in einer Lauge oder Essiglösung haltbar gemacht werden.

Einschneiden: Vorgang, bei dem auf der Außenseite eines Lebensmittels (wie etwa Fleisch, Fisch oder Brot) flache Schnitte angebracht werden, damit das Lebensmittel gleichmäßiger gart.

Entbeinen oder **Entgräten:** Vorgang, bei dem die Knochen von Fleisch oder Geflügel beziehungsweise die Gräten von Fisch entfernt werden.

Entdarmen: Vorgang, bei dem der Darm von Garnelen und anderen Krustentieren entfernt wird. (In Kapitel 13 finden Sie eine Anleitung mit Abbildung zum Säubern von Garnelen.)

Entfetten: Vorgang, bei dem das Fett von der Oberfläche einer Suppe oder Soße mit einem Löffel abgeschöpft wird. Dieser Vorgang kann auch erfolgen, indem die Mischung so abgekühlt wird, dass das flüssige Fett fest wird und sich so leicht von der Oberfläche abheben lässt.

Entkernen: Vorgang, bei dem die Kerne einer Zutat, meist von Früchten oder Gemüse, wie etwa eines Apfels oder einer Paprikaschote, entfernt werden.

Entstielen: Vorgang, bei dem der grüne Stiel, zum Beispiel von Erdbeeren, entfernt wird.

Erhitzen: Vorgang, bei dem ein Lebensmittel bis knapp unter den Siedepunkt erwärmt wird.

Fein hacken: Vorgang, bei dem ein Lebensmittel in sehr kleine Teile geschnitten wird.

Fein würfeln: Vorgang, bei dem Speisen in etwa 3 bis 6 Millimeter große Würfel geschnitten werden.

Feste Zipfel: Der Zustand, den steif geschlagenes Eiweiß erreicht, wenn sich feste Zipfel bilden, die aufrecht stehen bleiben, wenn der Rührbesen aus dem Eiweiß genommen wird.

Fett in der Trockenmasse (i. d. Tr.): Damit wird der Fettgehalt von Käse und Quark angegeben.

Filetieren, Filet: Vorgang, bei dem das Fleisch vom Knochen oder beim Fisch von Gräten abgeschnitten wird. Ein Stück Fleisch, Fisch oder Geflügel ohne Knochen oder Gräten wird als Filet bezeichnet.

Flambieren: Vorgang, bei dem in Alkohol getränkte Speisen beim Servieren entzündet werden.

Frikassee: Ein Ragout mit weißer Soße, bei dem das Fleisch oder Geflügel vor dem Kochen nicht gebräunt wird.

Frittieren: Vorgang, bei dem Speisen in heißes Fett getaucht werden, bis sie knusprig sind.

Fumet: Eine konzentrierte Fischbrühe, die als aromatische Grundlage für Soßen verwendet wird.

Garnitur: Eine essbare Verzierung einer Platte oder eines Tellers. Dabei kann es sich von einer einfachen Zitronenscheibe bis zu einer aufwendigen Dekoration aus Schokolade handeln.

Glasieren: Vorgang, bei dem die Oberfläche einer Speise mit Sirup, flüssigem Gelee, Ei oder einer anderen dünnen Flüssigkeit bestrichen wird, damit sie glänzt.

Gratinieren: Vorgang, bei dem ein Gericht mit gebutterten Semmelbröseln, geriebenem Käse oder beidem im Ofen oder unter dem Grill überbacken wird.

Grillen: Vorgang, bei dem Lebensmittel über einem Holzkohle- oder Gasgrill oder in einer Grillpfanne aus Eisen (oder einem anderen Material) auf dem Herd gegart werden. Dabei werden die Lebensmittel mit relativ hohen Temperaturen scharf angebraten, wodurch das typische Grillaroma entsteht.

Hacken: Vorgang, bei dem Speisen mit einem Messer oder mit der Küchenmaschine in kleine Stücke geschnitten werden.

Julienne: Bezeichnung für eine Schneideart, bei der Lebensmittel in dünne (maximal 3 Millimeter breite) Streifen geschnitten werden.

Karamellisieren: Vorgang, bei dem Zucker erwärmt wird, bis er zu einem goldfarbenen bis dunkelbraunen Sirup schmilzt (160 bis 180 Grad). Wird auch verwendet, um Zwiebeln und anderes Gemüse weich zu kochen und zu bräunen (wobei der enthaltene Zucker karamellisiert).

Klären: Vorgang, bei dem trübe Flüssigkeiten von Schwebstoffen befreit werden. So kann beispielsweise eine Brühe geklärt werden, indem man rohes Eiweiß etwa 10 bis 15 Minuten mitkocht. Dabei zieht das Eiweiß die Schwebstoffe an. Danach wird die Flüssigkeit durch ein mit einem Seihtuch ausgelegtes Sieb gegossen.

Klopfen: Vorgang, bei dem ein Lebensmittel, vor allem Hühnerbrust oder Schnitzel, mit einem Fleischklopfer oder der flachen Seite eines großen Messers flach gedrückt wird, damit alle Teile dieselbe Dicke aufweisen. Dadurch wird das Lebensmittel auch zarter.

Kneten: Vorgang, bei dem Hefeteig gedrückt, gefaltet und gepresst wird, damit er eine weiche, elastische Konsistenz erhält. Der Teig kann von Hand, mit einem elektrischen Handrührgerät mit Knethaken oder mit einer Küchenmaschine geknetet werden.

Kochen: Vorgang, bei dem die Temperatur einer Flüssigkeit auf Meereshöhe auf 100 Grad gebracht wird, sodass Blasen an der Oberfläche zerplatzen (siehe Kapitel 4).

Köcheln lassen: Vorgang, bei dem Lebensmittel in einer Flüssigkeit knapp unter dem Siedepunkt oder bis zu dem Punkt, an dem kleine Bläschen an die Oberfläche aufzusteigen beginnen (bei etwa 85 Grad), sanft gegart werden (siehe Kapitel 4).

Kühlen: Vorgang, bei dem Speisen an einen kühlen Ort, meist in den Kühlschrank, gestellt werden, um sie abzukühlen (aber nicht einzufrieren).

Marinade: Flüssigkeit, in die ein Lebensmittel, wie etwa Fleisch, Geflügel, Fisch oder Gemüse, vor dem Garen eingelegt wird. Sie kann mit Gewürzen und Kräutern gewürzt werden, wodurch das Lebensmittel ein entsprechendes Aroma erhält.

Marinieren, Marinade: Vorgang, bei dem ein Lebensmittel, wie etwa Fleisch, Geflügel, Fisch oder Gemüse, vor dem Garen in Flüssigkeit gelegt und ziehen gelassen wird. Die Flüssigkeit wird als Marinade bezeichnet.

Mehlschwitze: Ein gekochter Brei aus Mehl und Fett, wie etwa Öl oder Butter, mit dem Suppen, Eintöpfe und Soßen angedickt werden (siehe Kapitel 8).

Mirepoix: Eine Mischung aus klein geschnittenem sautiertem Gemüse, meist Karotten, Zwiebeln und Sellerie, die als Würzgrundlage für Suppen, Eintöpfe, Füllungen und andere Gerichte verwendet wird (siehe Kapitel 19).

Mischen: Vorgang, bei dem Lebensmittel, wie etwa Blattsalat mit Dressing, gründlich gemischt werden.

Panade: Mehl, Flüssigkeit und Semmelbrösel, in denen Speisen nacheinander gewälzt werden, damit sie innen saftig bleiben und außen eine knusprige Hülle erhalten.

Panieren: Vorgang, bei dem Speisen mit Semmelbrösel umhüllt werden, damit sie innen saftig bleiben und außen knusprig werden. Das Stück Fisch, Geflügel, Fleisch oder Gemüse wird zuvor meist mit Mehl bestäubt und dann in eine Flüssigkeit wie ein geschlagenes Ei oder Milch getaucht, damit die Semmelbrösel besser haften.

Pfannenrühren: Asiatische Garmethode, bei der kleine Stücke Lebensmittel mit einer geringen Menge Fett in einem Wok über sehr großer Flamme schnell angebraten werden. Dabei werden die Zutaten ständig gerührt.

Pochieren: Vorgang, bei dem Lebensmittel in einer köchelnden, nicht kochenden, Flüssigkeit gegart werden (siehe Kapitel 4).

Pökeln: Vorgang, bei dem Fleisch oder Fisch durch Salzen, Trocknen und/oder Räuchern haltbar gemacht wird.

Prise: Eine geringe Menge einer trockenen Zutat, die zwischen die Spitzen von Daumen und Zeigefinger genommen werden kann.

Pürieren, Püree : Vorgang, bei dem Lebensmittel zu einem Brei zerstampft oder gemahlen werden. Dabei werden die Lebensmittel durch ein Sieb gedrückt oder in einer Küchenmaschine oder im Mixer zerkleinert. Fein zerstampfte Lebensmittel werden als Püree bezeichnet.

Ragout: Ein Gericht mit Fleischstücken in sämiger Soße.

Raspeln: Vorgang, bei dem Lebensmittel meist mit einer Reibe in dünne Streifen geschnitten werden.

Rebeln: Getrocknete Kräuter werden zwischen den Handflächen fein zerrieben.

Reduzieren: Vorgang, bei dem das ursprüngliche Volumen einer Flüssigkeit, wie etwa von Wein, Brühe oder Soße, durch sprudelndes Kochen so verringert wird, dass die Flüssigkeit eindickt und das Aroma konzentriert wird.

Reiben: Vorgang, bei dem ein größeres Stück Lebensmittel (wie ein Stück Käse) an den rauen, groben Löchern einer Reibe geschabt wird.

Sautieren: Vorgang, bei dem Lebensmittel in einer geringen Menge Fett, meist Butter oder Öl, bei hohen Temperaturen schnell gegart werden (siehe Kapitel 5).

Schälen: Vorgang, bei dem die Schale von Obst oder Gemüse entfernt wird.

Scharfes Anbraten: Vorgang, bei dem Lebensmittel in einer Pfanne oder unter dem Grill rasch gebräunt werden (siehe Kapitel 7).

Scharfes Würzen: Vorgang, bei dem Speisen mit scharfen Zutaten wie Chili, Senf oder rotem Paprikapulver gewürzt werden.

Schaumig rühren: Vorgang, bei dem eine Zutat, wie etwa Butter, mit einer anderen, wie etwa Zucker, zu einer weichen und glatten Mischung verrührt wird.

Schlagen: Zutaten mit schnellen Kreisbewegungen so rühren, dass eine glatte und cremige Mischung entsteht. 100-mal von Hand gerührt entspricht 1 Minute Rühren mit dem elektrischen Handrührgerät, falls Sie jemand sind, der solche Dinge zählt. (Informationen zum Schlagen von Eiweiß finden Sie in Kapitel 9.)

Schlagen: Vorgang, bei dem in Zutaten wie Eier oder Sahne mit einem Schneebesen oder mit einem elektrischen Rührgerät Luft eingearbeitet wird, damit diese leicht und luftig werden.

Schmetterlingstechnik: Vorgang, bei dem Speisen bis zur Mitte auseinandergeschnitten (und Knochen eventuell entfernt) werden, die beiden Hälften jedoch miteinander verbunden bleiben, sodass die auseinander geklappte Speise einem Schmetterling gleicht.

Schmoren: Vorgang, bei dem Fleisch oder Gemüse in Fett gebräunt und dann in einer geringen Menge Flüssigkeit bei geringer Hitze zugedeckt langsam gegart wird. Durch das lange, langsame Garen werden vor allem Fleischstücke mürbe und erhalten ein gutes

Aroma. Schmoren kann auf dem Herd oder im Ofen stattfinden. (Rezepte zum Schmoren und Dünsten finden Sie in Kapitel 6.)

Sieben: Vorgang, bei dem trockene Zutaten, wie etwa Mehl oder Puderzucker, durch ein feinmaschiges Sieb geschüttelt werden, um Luft unterzuarbeiten und die Zutaten leichter zu machen.

Sieden, simmern: siehe *Köcheln lassen*.

Sprenkeln: Vorgang, bei dem kleine Lebensmittelteile (wie Butterstückchen) auf der Oberfläche einer Speise verteilt werden.

Stampfen: Vorgang, bei dem Lebensmittel, meist mit einem Kartoffelstampfer oder mit einer Kartoffelpresse, zu einem weichen Brei zerdrückt werden.

Stopfen oder **Füllen:** Vorgang, bei dem ein Hohlraum, beispielsweise das Innere eines Hähnchens, einer Gans oder von Tomaten, mit verschiedenen Lebensmitteln gefüllt wird.

Übergrillen: Vorgang, bei dem Speisen unter einem Grill im Ofen gegart werden. Im Gegensatz dazu steht das Grillen, bei dem die Hitze von unten kommt.

Unterhacken: Vorgang, bei dem hartes Fett (wie Butter) mit trockenen Zutaten (wie Mehl) mithilfe eines Messers gemischt wird. Beispiel: »Die Butter unter das Mehl hacken, bis grobe Krümel entstehen.«

Unterheben: Vorgang, bei dem eine leichte Mischung, wie etwa geschlagenes Eiweiß oder Schlagsahne, mit einer schwereren Mischung, wie Eigelb-Zucker-Mischung oder geschmolzene Schokolade, mit vorsichtigen Bewegungen vermischt wird. (Eine Anleitung mit Abbildungen finden Sie in Kapitel 9.)

Verdünnen: Vorgang, bei dem eine Mischung durch Hinzufügen von Wasser oder einer anderen Flüssigkeit verdünnt wird.

Vermengen: Vorgang, bei dem zwei oder mehr Zutaten mit einem Löffel, Schneebesen, Schaber oder elektrischen Handrührgerät miteinander gemischt werden.

Verquirlen: Das Vermischen von mehreren Zutaten mit einer Gabel, einem Schneebesen oder einem Handrührgerät.

Vorheizen: Vorgang, bei dem der Ofen oder Grill vor dem Garen von Lebensmitteln eingeschaltet und die für das Rezept erforderliche Temperatur eingestellt wird.

Weiche Zipfel: Der Zustand, den steif geschlagenes Eiweiß erreicht hat, dass sich weiche Zipfel bilden, wenn der Rührbesen aus dem Eiweiß genommen wird, die sich dann aber wieder legen (siehe auch *Feste Zipfel*).

Wenden (in etwas wenden): Vorgang, bei dem die Oberfläche eines Lebensmittels mit Mehl, Maisgrieß oder Semmelbrösel bedeckt wird.

Würfeln: Vorgang, bei dem Speisen in etwa 1 bis 2 Zentimeter große Würfel geschnitten werden. Gewürfelte Speisen sind größer als fein gewürfelte Speisen. Siehe auch *Fein würfeln*.

Würzen: Vorgang, bei dem Speisen mit Kräutern, Gewürzen, Salz oder Pfeffer aromatisiert werden.

Zerkrümeln: Vorgang, bei dem Zutaten, wie etwa getrocknete Kräuter oder Kekse, mit den Fingern in kleine Stücke gebrochen werden.

Zerlegen: Vorgang, bei dem ein Stück Fleisch am Gelenk abgetrennt wird, wie beispielsweise ein Hühnerbein vom Rumpf.

Zesten: Die geriebene äußere Schale (nur der farbige Teil) von Zitrusfrüchten, die zum Würzen von Dressings, Soßen und Desserts verwendet wird.

Anhang B
Ersatzzutaten

Auch Köchen mit viel Erfahrung passiert es, dass sie während des Kochens feststellen, dass sie nicht genügend braunen Zucker haben oder dass kein Backpulver mehr im Haus ist.

Dieser Anhang ist für Sie! Hier finden Sie Listen mit Zutaten, mit denen Sie das ersetzen können, was Ihnen möglicherweise fehlt, und Tabellen mit häufig verwendeten Abkürzungen und Umrechnungswerten. Wir hoffen, dass Ihnen dieser Anhang beim Kochenlernen eine Hilfe sein wird.

Stellen Sie sich vor, Sie sind gerade dabei, für einen Salat eine Vinaigrette zuzubereiten, und stellen fest, dass Sie keinen Essig mehr im Haus haben. Aber Sie haben Zitronen. Das ist ein akzeptabler Ersatz. Nur: Wie viel Zitrone brauchen Sie? Oder Sie möchten ein Gratin zubereiten und haben keine Vollmilch, sondern Magermilch. Können Sie die Magermilch in dem Fall verwenden? Im folgenden Abschnitt geht es um Situationen wie diese.

Einige Zutaten können fast immer gegen andere ausgetauscht werden: So können Sie beispielsweise beim Sautieren oder Anbraten anstelle von Speiseöl oder Olivenöl meist Butter oder Butterschmalz verwenden. Für Salatdressings oder Marinaden können Sie anstelle von Essig Zitronensaft, für Brot und Muffins anstelle von Walnüssen Mandeln, in Suppen, Aufläufen und Soßen anstelle von Gemüsebrühe Rinder- oder Hühnerbrühe und anstelle von Crème fraîche Sauerrahm verwenden.

In manchen Fällen gibt es für eine bestimmte Zutat jedoch keinen passenden Ersatz. In anderen Fällen ist die Zutat sehr spezifisch. Das ist vor allem beim Backen der Fall. Hier müssen Sie sich genau an das Rezept halten, damit der Kuchen, das Soufflé, das Gebäck oder das Brot richtig aufgeht und die nötige Dichte und Konsistenz aufweist.

Einige der folgenden Ersatzzutaten sind eigentlich nur für den Notfall gedacht – wenn die Gäste schon unterwegs sind und keine Zeit mehr bleibt für einen schnellen Einkauf.

Zum Binden von Suppen und Soßen:

- ✔ 1 Esslöffel Stärkemehl oder Kartoffelstärke = 2 Esslöffel Mehl
- ✔ Wenn die Suppe oder Soße püriert werden soll, können Sie eine kleingeschnittene Kartoffel mitkochen.

Zum Backen:

✔ In flüssigen Teigen können Sie 1 Päckchen Backpulver durch 100 Milliliter Buttermilch oder Joghurt als Treibmittel ersetzen, reduzieren Sie dabei eventuell die Flüssigkeit.

✔ Butter können Sie jederzeit durch Margarine ersetzen.

✔ 50 Gramm Bitterschokolade = 5 Esslöffel Kakao und 1 Esslöffel Butter

✔ 1 Vanilleschote = 2 Päckchen Vanillinzucker oder 5 Tropfen Vanillearoma

Molkereiprodukte:

✔ Vollmilch können Sie im Notfall durch Kondensmilch und Wasser, 1:1 gemischt, oder durch fettarme Milch mit etwas Butter ersetzen.

✔ Anstelle von Crème fraîche können Sie die gleiche Menge Schmand oder Sauerrahm nehmen.

✔ Butter zum Anbraten von Fleisch oder Omeletts ersetzen Sie durch Margarine oder Butterschmalz.

✔ 4 Eier Gewichtsklasse L = 6 Eier Gewichtsklasse S oder 5 Eier Gewichtsklasse M

Zucker:

✔ In Süßspeisen können Sie Honig nehmen.

✔ In vielen Kuchenrezepturen (Ausnahme: Biskuitteig) können Sie Zucker durch Honig ersetzen, meist müssen Sie dann etwas mehr Flüssigkeit zugeben.

Anhang C
Umrechnungstabellen

Flüssigkeiten

1 Liter (l) = 1 000 Milliliter (ml)

1 Deziliter (dl) = 100 ml

1 Zentiliter (cl) = 10 ml

1 Esslöffel (EL) = 15 ml

1 Teelöffel (TL) = 5 ml

3 Teelöffel (TL) = 1 Esslöffel (EL) = 15 Gramm (g)

1 Tasse = 120 bis 150 Milliliter (ml)

1 Liter = 1 000 Milliliter

¾ Liter = 750 Milliliter

½ Liter = 500 Milliliter

⅜ Liter = 375 Milliliter

⅓ Liter = 333 Milliliter

¼ Liter = 250 Milliliter

⅛ Liter = 125 Milliliter

¹⁄₁₀ Liter = 100 Milliliter

Trockene Zutaten

1 Kilogramm (kg) = 1 000 Gramm (g)

1 Pfund = 500 g

1 Messerspitze (Msp.) = Menge auf der Spitze eines Besteckmessers

1 Prise = Menge, die Sie zwischen Daumen und Zeigefinger fassen können

Backzutaten

1 Päckchen (Pck.) = zum Beispiel Backpulver oder Vanillinzucker

1 gestrichener Esslöffel Butter = 20 Gramm

1 gestrichener Esslöffel Kakao = 6 Gramm

1 gestrichener Esslöffel Mehl = 10 Gramm

1 gestrichener Esslöffel Öl = 12 Gramm

1 gestrichener Esslöffel Salz = 15 Gramm

1 gestrichener Esslöffel Semmelbrösel = 10 Gramm

1 gestrichener Esslöffel Speisestärke = 10 Gramm

1 gestrichener Esslöffel Zucker = 15 Gramm

Lebensmittel

1 mittelgroße Zitrone = etwa 3 Esslöffel Zitronensaft oder 2 bis 3 Teelöffel geriebene Schale

1 kg Äpfel = etwa 6 Äpfel

1 Tasse ungekochter Reis = 3 Tassen gekochter Reis

Abbildungsverzeichnis

Abbildung 1.1: Ein gut funktionierendes Küchendreieck 33

Abbildung 2.1: Mit einer gusseisernen Pfanne können Sie bräunen, scharf anbraten und vieles mehr. 50

Abbildung 2.2: Mit einer antihaftbeschichteten Sauteuse können Sie Lebensmittel in wenig Fett kurz anbraten. 51

Abbildung 2.3: Mit einer Kasserolle können Sie Lebensmittel garen und Soßen zubereiten. 52

Abbildung 2.4: Mit einem emaillierten Schmortopf lassen sich Eintöpfe und Suppen am besten kochen. 53

Abbildung 2.5: In einem Suppentopf können Sie Suppen und vieles mehr zubereiten. Mit einem Dämpfeinsatz wird daraus ein Dampfkochtopf. 53

Abbildung 2.6: Eine Sauteuse mit gewölbtem Rand wird meist für die Zubereitung von Soßen verwendet. 54

Abbildung 2.7: Omelettpfannen eignen sich besonders gut für Rührei, Spiegelei und andere Eierspeisen. 55

Abbildung 2.8: Ein Kochmesser eignet sich für verschiedene Schneidearbeiten. 56

Abbildung 2.9: Verwenden Sie ein Gemüsemesser zum Hacken von Zutaten. 58

Abbildung 2.10: In einer Kastenform können Sie verschiedene Arten von Kuchen backen. 62

Abbildung 2.11: Mit einer Springform können Sie leckere Kuchen backen. 62

Abbildung 2.12: Zur Not können Sie Mehl auch mit einem Küchensieb sieben. 62

Abbildung 2.13: Eine Küchenmaschine ist sehr vielseitig. 65

Abbildung 2.14: Mit dem Bratenthermometer können Sie feststellen, ob der Braten gar ist. 67

Abbildung 3.1: Kräuter 73

Abbildung 4.1: Kerne und Scheidewände aus Paprika entfernen 111

Abbildung 5.1: Durch Deglacieren wird Ihre Soße besonders lecker. 118

Abbildung 5.2: Zwiebeln schneiden 119

Abbildung 5.3: Pfefferkörner mit einer schweren Pfanne zerstoßen 125

Abbildung 6.1: Quer zur Faser schneiden, um das Fleisch nicht zu reißen 131

Abbildung 7.1: So stechen Sie mit einem Bratenthermometer in verschiedene Braten ein. 138

Abbildung 7.2: Dressieren hält Geflügel in Form. 141

Abbildung 7.3: So dressieren Sie Geflügel auf die schnelle Art. 142

Abbildung 7.4: So tranchieren Sie ein Hähnchen. 144

Abbildung 7.5: Die richtige Technik beim Tranchieren einer Lammkeule 149

Abbildung 9.1: Für viele Rezepte müssen Eier getrennt werden. Befolgen Sie diese Schritte, um den gewünschten Teil des Eis zu erhalten. 171

Abbildung 9.2: Beim Unterheben von Eischnee müssen Sie schaufeln. 173

Abbildung 9.3: Das Falten eines Omeletts ist nicht so schwierig, wie Sie meinen. 178

Abbildung 11.1: Unsere Lieblingsblattsalate 207

Abbildung 12.1: Verschiedene Nudelformen 217

Abbildung 12.2: Wenn Sie Tomaten ein paar Sekunden in kochendes Wasser legen, lassen sie sich leichter schälen. 223

Abbildung 13.1: So waschen Sie Garnelen und entfernen den Darm. 237

Abbildung 14.1: Äpfel werden vor dem Backen geschält und entkernt. 244

Stichwortverzeichnis

A
Aal 90
Abhängen
  Rindfleisch 87
Abkühlen 297
Ablöschen 117, 298
Abschmecken 297
Abschöpfen 297
  Brühe 189
  Suppe 189
Abseihen 297
Abtropfen lassen 297
Agnolotti 219
Al dente 214, 297
Alfredo 220
Ananas
  lagern 85
Ankochen 297
Anschwitzen 186, 297
Antihaftbeschichtung 49, 51
Äpfel
  Auswahl 84
  lagern 85
  schälen und entkernen 244
  zum Backen 244
Apfel-Birnen-Crisp 244
Apfelessig 201
Apfelpfannkuchen mit Quarkcreme 246
Apothekerschrank 34
Aprikosen 84
Aprikosendessert 242
Arbeitsplatte 287
  entrümpeln 33
Artischocken 85
Artischockenherzen 76
Aubergine
  grillen 152
  lagern 86
Auflaufform 52, 234
Aufspießen 297
Ausdrücken 297
Auslassen 297
Auspressen 297
Austern 91

  Garzeit 113
Avocados
  Auswahl 84
  lagern 85

B
Backblech 61
Backen 298
Backform
  für Muffins 61
Backform 52
Backofen 35
Backpinsel 63
Backpulver 79
  Ersatz 306
Backteig 298
Backutensilien 47
Bain-Marie 96
Balsamico 201
Bananen 85
Bandnudeln 216
Basilikum 71, 290
Béchamelsoße 157
Beeren 86
Begießen 298
Bepinseln 298
Beschichtete Pfanne 48
Bestäuben 298
Beträufeln 298
Beurre manié 189, 298
Binden 298
Bioei 169
Birnen
  Auswahl 84
  lagern 86
Bisque 185
Bittermandelaroma 80
Bitterschokolade
  Ersatz 306
Blanchieren 96, 107, 298
Blätterteig 261
Blätterteighörnchen mit Schafskäsefüllung 262
Blattgemüse 85
Blattsalat 205–206, 208

  aufbewahren 205
  kaufen 205
  lagern 86
  waschen 205
Blattsalat (Rezept) 209
Blumenkohl
  kochen 109
  lagern 86
Bohnen 76
Bohneneintopf mit Kürbis und Tomaten 232
Bohnenkraut 71
Bouillon 185
Bouquet garni 298
Brandsalbe 281
Braten 40, 135, 298
  Garzeiten 138
  Geflügel 140
  in der Pfanne 150
  richtig schneiden 131
  ruhen lassen 137
  Temperaturen 138
  Tipps 151
  würzen 136
Bratensaft
  begießen mit 137
Bratensaftspritze 67, 137
Bratensatz 117
Bratensoße 156
Bratenthermometer 48, 66, 138, 140
Bräter 48, 52
Brathähnchen 142
Bratkartoffeln 121
Bratpfanne
  aus Gusseisen 50
Braune Soße 156
Bräunen 298
Brennendes Fett 283
Brie 82
Brokkoli 86
Brotauflauf mit Schinken und Käse 235
Brotaufstrich 264
Brötchen 81

Brotmesser 48
Brühe 185, 298
   abschöpfen 189
Brunnenkresse 208
Bruschetta 263
Buchweizen 104
Bulgur 104
Butter 80, 116
   Ersatz 306
   geklärte 117
Butterschmalz 117

C

Camembert 83
Cannelloni 218
Capelli d'angelo 218
Capellini 218
Carbonara 220
Cayennepfeffer 74
Cheddar 83
Chèvre 83
Chicorée 208
Chilipulver 74
Chowder 185
Conchiglie 219
Consommé 185
Coq au Vin 132
Cornichons 78
Court Bouillon 185
Crème fraîche 81
   Ersatz 305–306
Crisp 243
Crumble 243
Cumin 75
Currypulver 74

D

Dämpfen 40, 95–96, 107, 298
Deglacieren 117, 298
Demiglace 299
Dessert 239
Dijonsenf 78
Dill 71
Ditali 218
Dorade 90
Dorschfilet in
   Kräutersoße 113
Dose 76
Drei-Beeren-Dessertsalat 249
Dressieren 142, 299
Dressing

aufbewahren 202
variieren 203
zubereiten 202
Dunkle Grundsoße 160
Dünsten 40, 129–130, 299

E

Ei 80
Ei 167, 232
   aufschlagen 170
   Ersatz 306
   Farbe 168
   Größe 168
   Güteklasse 168
   kochen 172
   rohes 169
   schälen 172
   trennen 170
Eichblattsalat 206
Eierrezepte 174
Eiersalat 175
Einfacher gemischter
   Blattsalat 209
Einfetten 299
Einlegen 299
Einschneiden 299
Eintopf 185, 229–230
   Tipps für Katastrophen 232
Eisbergsalat 206
Eiscreme 81
Eiweiß
   schlagen 171
   unterheben 172
Elektrogrill 64
Endiviensalat 208
Entbeinen 299
Entdarmen 237, 299
Ente 89
Entfetten 299
Entgräten 299
Entkernen 299
Entstielen 299
Erbsensuppe mit
   Krabben 196
Erhitzen 299
Ersatzzutat 305
Eskariol 209
Essig 76, 201
   Ersatz 305
   Vinaigrette 200
   weißer 201

Essiggurken 78
Estragon 71

F

Fadennudeln 216
Farfalle 219
Fein hacken 299
Fein würfeln 299
Feldsalat 208
Feste Zipfel 299
Fettarm kochen 49
Fettfisch 90, 122
Fettuccine 218
Feuer löschen 283
Filet 300
Filetieren 300
Filetsteak vom Rind, 97
Fingerfood 261
Fisch 87, 90
   dünsten 126
   Garzeit 113
   pochieren 112
   sautieren 122
Fischfilet mit Spinat und
   Kohlrabi 126
Fischfond 76
Fischkochtopf 55
Flambieren 300
Fleisch 87
   schmoren 130
Fleischgabel 60
Forelle 90
Forellencreme 265
Französische Soße 156
Französische
   Zwiebelsuppe 195
Freilandei 168
French Press 65
Frikadellen 263
Frikassee 300
Frisches Ei 167
Frischkäse 81
Friséesalat 208
Frittata mit Spargel,
   Tomaten und
   Bärlauch 180
Frittieren 300
Fruchtdessert 242
Früchtesalsa 211, 249
Füllen 303
Fumet 185

Fumet 300
Fusilli 219

G

Gans 89
Garmethode 40
Garnelen 237
Garnitur 300
Garzeit
  beim Braten 138
Gasbackofen 35
Gasherd 35
Gäste-Menü 253
Gedünsteter Blattspinat 127
Geflügel 87, 89, 140
  braten 140
Geflügelklein 89, 140
Gefrierschrank 39, 80
Gefüllte Nudeln 218
Gelatine 79, 243
Gelbwurz 74
Gemüse 83
  aus dem Ofen 152
  blanchieren 107
  dämpfen 107
  dünsten 126
  kochen 107
  lagern 84
  sautieren 120
Gemüse-Curry 233
Gemüsemesser 58
Gemüspüree 111
Gemüseschäler 48
Gemüsesoße 156
Gerste 104
Gerstengraupen 104
Geschirrspülmaschine 39
Getreide 104
Getrocknete Pilze 224
Gewürze 70, 230
Gewürznelke 74
Glas 76
Glasieren 300
Glaskeramikkochfeld 36
Glossar 297
Gnocchi mit Hähnchen 276
Gorgonzola 83
Gratinieren 300
Graupen 104
Greyerzer 83
Grillen 300

Größe
  Eier 168
Grundnahrungsmittel 34
Grundsoße
  dunkle 160
Grüne Bohnen
  kochen 109
  lagern 86
Guacamole 165
Gurken 86
Gurkensalat 210
Gusseiserne Bratpfanne 50
Güteklasse Eier 168

H

Hacken 300
Hackfleisch 88, 272
Hackfleischbällchen in
  Tomatensoße 273
Hähnchen 89
  tranchieren 144
Hähnchenbrust mit Tomaten
  und Thymian 123
Hähnchenfleisch
  sautieren 123
Hähnchenspieße mit
  Speck 264
Hammelfleisch 88
Handrührgerät 64
Hartkäse 81
Haushaltsgerät 35
Hefe 79
Herd 35
Hering 90
Himbeer-Mascarpone-
  Creme 248
Hoisin-Soße 76
Honig 80
Hühnerbrust 230
Hühnersuppe mit Nudeln
  191
Hummus 164

I

Indische Reispfanne 277
Induktionsherd 36
Ingwer 74

J

Julienne 300

K

Kabeljau 90
Kaffeemaschine 65
Kaffeemühle 65
Kapern 76
Karamellisieren 300
Kardamom 74–75
Karotten
  aus dem Ofen 152
  lagern 86
Kartoffelcremesuppe
  mit Croûtons 193
Kartoffeln
  aus dem Ofen 152
  Auswahl 84
  lagern 86
Kartoffelpresse 108
Kartoffelpüree 108
Kartoffelsalat mit Essig
  und Öl 203
Karussellschrank 34
Käse 82
Käse-Quark-Creme mit
  Zwiebeln 265
Kasha 104
Kasserolle 48, 52
Kastenform 61
Kerbel 71
Ketchup 78
Kichererbsensalat 210
Kirschen 86
Kiwis 85
Klären 300
Klassisches Tiramisu 247
Klebreis 98
Klinge mit Wellenschliff 57
Klopfen 300
Kneten 301
Knoblauch
  Auswahl 84
  frischen schälen 186
  hacken 118
  lagern 86
Knoblauchpresse 120, 187
Köcheln 96
Köcheln lassen 301
Kochen 40, 95–96, 301
Kochgeschirr 47–48
Kochlöffel 48, 60
Kochmesser 48, 55–56
Kohl 208

kochen 110
lagern 86
Kopfsalat 206
Koriander 72, 75
Kräuter 70, 230
　frische 160
　getrocknete 70, 160
Kräutersträußchen 298
Kreuzkümmel 75
Kristallzucker 79
Küche 32
Küchendreieck 32
Kuchengitter 61
Kücheninsel 35
Küchenmaschine 65
Küchenmesser *siehe*
　Messer
Küchenschrank 34
Küchensieb 48
Kuchenteig 82
Kuchentester 63
Küchenunfall 281
Küchenutensilien 47
Küchenwaage 48
Küchenwecker 66
Kühlen 301
Kühlschrank 38, 80
Kümmel 75
Kürbis
　kochen 110
Kurkuma 74
Kurzbraten 115
Kurzkornreis 97, 100

L

Lachs 90
Lachs-Champignon-
　Pfanne 122
Lammfleisch 88, 145
Lammkeule
　tranchieren 149
Lammkeule mit
　Kräuterkruste, 148
Langkornreis 97, 100
Lasagne 226
Lebensmittel
　in Dosen 76
　in Gläsern 76
Leichtes
　Mayonnaisedressing 204
Linguine 218

Linsensalat 267
Linsensuppe 196
Löffel 60
Lorbeerblatt 72
Löwenzahn 208

M

Magerfisch 90
Mais
　kochen 110
Maisgrieß 104
Majoran 72
Makkaroni 216
Mandeln 80
Mangochutney 78
Mangos 85
Marinade 264, 301
Marinara 220
Marinieren 301
Marmorierung 87
Mascarpone 82, 247–248
Mayonnaise 78, 156
Mayonnaisedressing 204
Meerrettich 78
Meerrettichsoße 157
Mehl 79
Mehlschwitze 157, 301
Mehlsieb 62
Melonen
　Auswahl 84
　lagern 86
Menü 253
　Dessert 258
　Hauptgang 256
　planen 41
　Tischdekoration 254
　Vorbereitung 253, 255
　Vorspeise 255
　Zeitmanagement 254
　Zusammenstellung 254
Merlan 91
Messbecher 48, 63
Messen 239
Messer 55
　geschmiedetes 58
　nachschärfen, 59
Messlöffel 48
Messtechnik 239
Miesmuscheln 91
　Garzeit 113
Mikrowelle 36

Milch 81
　Ersatz 306
Milchlammfleisch 88
Milchreis 98
Minestrone mit Graupen 190
Minipizzas 262
Minze 72
Mirepoix 290, 301
Mischen 301
Mise en place 103, 290
Miso 78
Mixersoße 163
Möhren
　kochen 110
Mörser 71
Mousse au Chocolat 240
Mousseline 160
Mozzarella 83
Muscheln 76, 91
　Garzeit 113
Muskat 75
Muskatreibe 71

N

Naturjoghurt 82
Nektarinen
　Auswahl 84
　lagern 86
Nudelbrett 61
Nudelgericht 221
Nudelholz 61
Nudeln 81, 213
　al dente 214
　Arten 216
　frische 214
　Garzeiten 216
　gefüllte 218
　getrocknete 214
　Reste verwerten 228
　Tipps und Tricks 214
Nudelsalat 210
Nudeltopf 54

O

Obst 83
　aus dem Ofen 243
　lagern 84
Ofengemüse 152
Öl 76, 116
　Ersatz 305
Oliven 76

Olivenöl 200
Omega-3-Ei 169
Omelett
  mediterran 179
  mit Blattgemüse 179
  mit Fleisch 179
  mit Meeresfrüchten 179
  mit Pilzen 179
  spanisch 179
  vegetarisch 179
Omelett mit Kräutern 176
Omelettpfanne 54
Omelettvariationen 179
One-Pot-Gerichte 229
Orangenabrieb 233
Orecchiette 219
Oregano 72
Orzo 219

P

Paella 235
Panade 301
Panieren 150, 301
Papayas 85
Paprikapulver 75
Paprikaschoten
  eingelegte 76
  lagern 86
Parboiled Reis 97
Parboiled Reis 98
Parboiling-Verfahren 98
Party
  vorbereiten 259
  Zeitmanagement 260
Pasta 213
Pastarezept 221
Pastasoße 219
Pastinaken
  aus dem Ofen 152
  kochen 110
Pecorino Romano 83
Pellkartoffeln 109
Pellkartoffeln mit
  Kräuterquark 272
Penne 218
Penne mit Parmesan
  und Basilikum 224
Perlgraupen 104
Pesto 78, 220
Petersilie 72
Pfanne 49

Pfannenrühren 301
Pfannenwender 48, 61
Pfefferkörner 75, 125
Pfirsiche
  Auswahl 84
  lagern 86
Pilze 85
  getrocknete 224
  lagern 86
Piment 75
Pizzastein 55
Pochieren 40, 95–96, 301
Pökeln 301
Polenta 104
Polenta mit Kräutern 106
Poularde 89
Preiselbeeren 76
Pressstempelkanne 65
Primavera 220
Prise 302
Puderzucker 80
Püree aus roten Paprika 112
Püreesuppe 186, 193
Pürieren 302
Pürierstab 64
Pute 89
Puttanesca 220

Q

Quark 81
Quiche Lorraine 238
Quinoa 104
Quirl 64

R

Radicchio 208
Ragout 302
Ragù alla Bolognese 221
Raspeln 302
Rauchmelder 283
Rauchpunkt 116
Ravigote 156
Ravioli 219
Rebeln 302
Reduzieren 96, 156, 302
Reiben 302
Reis 97
Reisessig 202
Reispilaw 101
Reissalat 210
Relish 78

Resteverwertung 231, 275
  Fisch 275
  Fleisch 275
  Gemüse 275
  Nudeln 228
Paella 235
Ricotta 81
Rigatoni 218
Rind 145
Rinderbraten in Rotwein 131
Rinderfiletbraten 147
Rindfleisch 87
  abhängen 88
  sautieren 124
Rindfleischeintopf mit
  Wurzelgemüse 231
Risotto 102
Roastbeef 147
Rohes Ei 169
Röhrennudeln 216
Romana 206
Roquefort 83
Rosenkohl 110
Rosmarin 72, 230
Rote Grütze mit Vanilleeis 242
Rotelle 219
Rotwein 77
Rotweinessig 202
Rucola 208
Rührei 45
Rührgerät 64
Rührschüssel 60

S

Safran 75, 235
Sahne 81
  saure 81
Sahne-Butter-Soße 155
Sahnesoße 159
Salat 199, 266
  Auswahl 84
Salat aus Kirschtomaten mit
  Fetakäse 210
Salat mit überbackenem
  Ziegenkäse 256
Salatöl 200
Salatschleuder 205
Salatsoße 199
Salbei 72
Salmonellen 90

Stichwortverzeichnis

Saltimbocca mit
  Schmortomaten, 151
Salz 136
Salzkartoffeln 109
Sardellen 76
Sauce au Raifort 156
Sauce Béarnaise 156, 160
Sauce Bourguignonne 156
Sauce Champagne 156
Sauce Chantilly 160
Sauce Choron 160
Sauce Hollandaise 156
Sauce Mornay 157
Sauce Poivrade 156
Sauce Provençale 156
Sauce Soubise 157
Sauerkirschen mit
  Stracciatella-Creme 258
Sauerrahm 81
Saure Sahne 81
Sauteuse 51
  mit gewölbtem Rand 54
Sautieren 40, 115, 302
Sautierte Pfannenkartoffeln
  123
Schälen 302
Schalentiere 91
Schälmesser 48, 58
Schalotten
  Auswahl 84
  lagern 86
Scharfes Anbraten 136, 302
Scharfes Würzen 302
Schaumigrühren 302
Schaumlöffel 61
Schellfisch 90
Schlagen 302
Schmetterlingstechnik 302
Schmoren 40, 129–130, 302
Schmortopf 53
Schneebesen 60
Schneidbrett 59, 66
Schnelle Küche
  aus dem Wok 273
  mit Hackfleisch 272
  mit Kartoffeln 271
  Resteverwertung 275
  Vorbereitung 270
Schnellkochtopf 64, 229
Schnittkäse 81
Schnittlauch 72

Schnittwunde 285
Schnitzel 150
  vom Kalb 150
  vom Schwein 150
Schokolade 80
Schöpflöffel 61
Schwein 145
Schweinebraten 145
Schweinefleisch 87
Schweizer Wurst-Käse-Salat
  266
Schwenkpfanne 51
Seehecht 91
Sellerie 86
Semmelbrösel 237
Senf 78
Senfmayonnaise 143
Shakshuka 181
Sicherheit in der Küche 42
Siebeinsatz 96
Sieben 303
Sieden 96
Simmern 96
Sojasoße 79
Sonntagsbraten 149
Soße 155
  binden 122
  braune 156
  deglacieren 117
  dunkle 160
  französische 156
  Mixersoßen 163
  Pastasoßen 219
  weiße 156–157
Spaghetti 218
Spaghetti alle Vongole 221
Spaghetti mit einer
  schnellen, frischen
  Tomatensoße 222
Spaghettizange 61
Spanisches Omelett 179
Spargel
  kochen 110
  lagern 85
Spargeltopf 67
Speisestärke 80
Spiegelei 44
Spinat 209
Sprenkeln 303
Springform 62
Stabmixer 64

Stampfen 303
Standmixer 64
Standrührgerät 64
Stärkemehl
  Ersatz 305
Steamer 107
Stieltopf *siehe* Kasserolle
Stopfen 303
Stubenküken 89
Suppe 183
  abschöpfen 189
  andicken 189
  Arten 185
  fade 188
  Püreesuppen 193
  Techniken für die
    Zubereitung 184
  versalzen 188
Suppenhuhn 89
Suppentopf 48, 53
Süßkartoffeln
  kochen 110
  Szegediner Gulasch 134

T

Tabascosoße 79
Taboulé 105
Tagliatelle 218
Tagliatelle mit getrockneten
  Steinpilzen und Schinken
  225
Tahini 79
Tarteform 61
Teigschaber 60
Temperatur
  beim Braten 138
Thymian 72
Tilapia 91
Tiramisu 246
Toastbrot 81
Tomaten
  aus dem Ofen 152
  Auswahl 221
  eingelegte 79
  eingelegte getrocknete 76
  entkernen 187
  in Dosen 76
  lagern 86
  schälen 187
Tomaten mit Mozzarella und
  Avocado 211

Tomatenchutney 78
Tomatenmark 76
Tomatensalat 210
Tomatensoße 156
Tomatensuppe 194
Topf 49
Topfhandschuhe 282
Topflappen 49
Tortellini 219
Toskanischer Brotsalat 56
Trauben
  Auswahl 84
  lagern 86
Trockenvorrat 34

U

Übergrillen 303
Umluftofen 36
Umrechnungstabelle 307
Unfall
  in der Küche 42
Unterhacken 303
Unterheben 303
Utensilien 47

V

Vanille
  Ersatz 306
Vanillearoma 80
Vanilleschote 80
Vanilleschote 248
Vegetarisches Omelett 179
Verbrennung 281
  verhindern 282
Verdünnen 303
Verkohltes Essen 284
Vermengen 303
Vermicelli 218
Verquirlen 303

Vinaigrette 156, 200, 202
Vollkornreis 98, 103
Vorheizen 303
Vorrat 69
  Backzutaten 79
  Gemüse 84
  getrocknete Kräuter 70
  Gewürze 70
  Lebensmittel 76
  Obst 84
  Trockenvorräte 70
Vorratskammer 34, 69

W

Walnuss
  Ersatz 305
Wasserbad 96, 161–162
Weiche Zipfel 303
Wein 76
  kochen mit 103
  zum Ablöschen 117
Weinkeller 77
Weinregal 77
Weinstein 80
Weiße Buttersoße 156
Weiße Soße 156
Weißer Essig 201
Weißwein 77
Weißweinessig 202
Wellenschliff 57
Wenden 303
Westernomelett 179
Wetzstahl 59
Wiegen 240
Wiener Schnitzel 150
Wildreis 98, 103
Winterendivie 209
Winterkürbis 86
Wittling 91

Wok 54, 273
Wokpfanne mit Rindfleisch
  und Gemüse 274
Würfeln 304
Würzen 304

Z

Zackenmesser 57
Zander 91
Zander unter der Gemüse-
  haube 257
Zange 60
Zeitmanagement
  Menü 254
  schnelle Küche 269
Zerkrümeln 304
Zerlegen 304
Zesten 304
Ziegenkäse 83
Zimt 75
Ziti 218
Zitronenabrieb 233
Zitrusfrüchte 86
Zucchini
  grillen 152
  kochen 110
  lagern 86
Zucker
  Ersatz 306
Zuckerschoten 111
Zutat
  ersetzen 288
Zwiebel
  aus dem Ofen 152
  Auswahl 84
  hacken 118–119
  lagern 86
  schälen 188
Zwiebelsuppe 195